钱穆与同时代学人

陆　阳◎著

九州出版社
JIUZHOUPRESS

图书在版编目（CIP）数据

钱穆与同时代学人 / 陆阳著 . -- 北京 : 九州出版

社 , 2025. 1. -- ISBN 978-7-5225-3452-7

Ⅰ . K825.81

中国国家版本馆 CIP 数据核字第 2025B211Z0 号

钱穆与同时代学人

作　　者	陆阳　著	
责任编辑	周红斌	
出版发行	九州出版社	
地　　址	北京市西城区阜外大街甲 35 号 (100037)	
发行电话	（010）68992190/3/5/6	
网　　址	www.jiuzhoupress.com	
印　　刷	三河市华东印刷有限公司	
开　　本	710 毫米 × 1000 毫米　16 开	
印　　张	23.5	
字　　数	409 千字	
版　　次	2025 年 3 月第一版	
印　　次	2025 年 3 月第一次印刷	
书　　号	ISBN 978-7-5225-3452-7	
定　　价	88.00 元	

自 序

在 20 世纪中国的学术领域里，诸多学术流派切磋磨勘、互竞雄长，一时大家辈出、群星灿烂。钱穆先生就是这样一位在学术星空中闪着不朽光芒的硕学通儒。

钱穆先生以自学名家，由乡村小学教员、校长而中学教员，而大学教授，先后在燕京、北大、清华、北师大、西南联大、成都齐鲁大学、华西大学、四川大学、昆明五华书院、江南大学任教，直至在"手空空，无一物"极端困难的情况下创办新亚书院，"希望在南国传播中国文化之一脉"。有如此丰富的教学经历的，在近代学人中除了钱穆先生似乎没有第二人。钱穆先生学问淹博，沟通四部，一生著书 54 部共计 1700 多万字。有关经部者，如《两汉经学今古文平议》《刘向歆父子年谱》；有关史部者，如《国史大纲》《史记地名考》；有关子部者，早年有考据精湛的成名作《先秦诸子系年》，后有《中国近三百年学术史》，到了晚年又有《朱子新学案》；有关集部者，如《理学六家诗钞》等。在双目失明之后，他又口述了《八十忆双亲》《师友杂忆》两部回忆录，为今人探究那个时代的风云留下了不可或缺的史料。总之，在 20 世纪中国学术史上，他挥就了深浅不一的大家手笔，占据独立不倚的特殊位置。

20 世纪，中国传统的学术文化进入了数千年来未有之巨蜕时期，中西学术文化剧烈碰撞。生在这样一个传统倾圮、国魂飘失的多变之秋，那一时代的知识分子都面临着这样的课题：求之于内，需要探讨作为中国人基本的存在意义；形之于外，对时代、对社会，以及对读书人安身立命的学术文化，又需要投入严肃的关切。对中国文化，既不能作犬儒式的嘲讽和尖酸刻薄的谩骂，也不能仅仅学以为己、自寻乐地、于寂寞中偃修自守。

钱穆先生的心情是沉重的、焦虑的。他说："余对中国传统文化之深博伟大，所知甚浅；然自问爱国热忱，则自幼年迄于今兹，从未后人。凡我所讲，无不自我对国家民族之一腔热忱中来。……我之一生，即常在此外患纷乘、国难深重之困境中。民国元年，我即在乡村小学教书。我之稍有知识，稍能读书，则莫非因国难之鼓励，受国难之指导。我之演讲，则皆是从我一生在不断的国难之鼓励与指导下困心衡虑而得。"他对传统文化自始至终怀持"温情与敬意"的同情和悲悯，正面承担起为往圣继绝学的使命感，接续中国学术内在精神血脉，使之与其所处的时代境况贯通整合。他以自己特有的方式，从源远流长的学术文化资源中为20世纪的中国学术文化做开掘提炼，从学术思想的立场应答时代的课题。这份志业宏愿，加上他对中国学术文化艰厄环境的湛深认识，两相叠合，使他对学术的梳理无形间有着一种高标远引之致。他那名重学界的《国史大纲》《中国近三百年学术史》等，可以说都是忧患发愤之作。

与此同时，20世纪的中国学术正处于由传统向现代的转型时期。一般说来，传统学术借重通人之学，而现代学术更看重学际分科，因而重专家之学。置身在这样一种背景下，钱穆先生却始终不为时代风气所动。1940年，他在《改革大学制度议》一文中于国内教育界第一个提出了"通识教育"的概念。他主张以中华文化为本位，实现"通"和"专"的有机结合；在"通"和"专"之间，他又主张先"通"后"专"，以"通"驭"专"。他作过形象而生动的解读："学问分类日细，路向歧中有歧。但回溯其最先原始，如一大树，乃由同一根干而分条分枝。现在成立的各学科，正如在此大树上各处花开缤纷，果实累累，但此大树根干，却是那些花实之共同生命，共同源泉。"于是，他写文著书，自有一股对抗潮流、"虽千万人吾往矣"般的定力和勇毅之气，以沟通四部之学的践行和成就，坚守着人文学科通才、通儒和通学的立场。这种继承和保持中国学术之真精神的精神，在当时乃至今天都格外显得意味深长。

在数十年的学术生涯中，钱穆先生与同时代学人的交往，在无形中体现了这种在学术理念上的泾渭两途之势。

胡适是中国近代学术界的领军人物。当胡适以《中国哲学史大纲》（上卷）而"暴得大名"之时，钱穆先生在无锡家乡的乡村小学任教，籍籍无名。不过，钱穆先生对外界的新思想、新学说并非全然不闻。钱穆先生晚年回忆："时余已逐月看《新青年》杂志，新思想新潮流纷至涌来。而余已决心重温旧书，乃不为时代潮流挟卷而去。及今思之，亦余当年一大幸运也。"而且，钱穆先生早年治学由子学入门，事实上显然受过胡适的影响。他公开宣称胡适"层层剥笋式"的方法是"一个比较可靠而可少错误的新方法"，并予以借鉴。然而，当钱穆先生北上大学任教后，与胡适的关系并不密切。因为不同的为人之道和迥异的文化观，两人走上了学术"针锋相对"的道路，先后经历了有关《老子》年代、《说儒》《坛经》作者等几次学术论争。更者，胡适主张"全盘西化""充分世界化"。"全盘西化"一词，是胡适在 1929 年为《中国基督教年鉴》所写的一篇英文《中国今日的文化冲突》中提出来的。自 20 世纪 30 年代中期以来，钱穆先生对胡适的"西化"观点的批评乃至对新文化运动的西化倾向的反省不断见诸笔端，并一直持续到生命的最后一刻。钱穆先生去世以后，弟子余英时的悼念文章以"一生为故国招魂"为题。"招魂"两字，画龙点睛地说明了钱门弟子对老师发扬中国传统文化毕生努力的最高评价。而胡适认为中国传统文化里有"无数无数的老鬼，能吃人，能迷人，胜过柏斯德（Pasteur）发现的种种病菌"，因此他把"整理国故"的工作比喻为"捉妖""打鬼"，"用精密的方法，考出古文化的真相，用明白晓畅的文字报告出来"，可以"化黑暗为光明，化神奇为臭腐，化玄妙为平常，化神圣为凡庸"。换句话说，在胡适看来，中国传统文化有许多"阴魂不散"的鬼魅，而"捉妖打鬼"，成了整理国故的首要工作。"打鬼"与"招魂"成了胡、钱两人在面对中国文化时不易调和的两种取向。胡适要"打"的"鬼"，往往就是钱穆先生想"招"的"魂"。

因生活阅历的不同、教学和研究的分歧，加之又都是强者性格，都固执己见，不肯随和，钱穆先生和傅斯年在很多方面显得情不投，意不合。傅斯年曾留学欧洲，被誉为史料学派的舵手，因主持殷墟发掘而名著当时。傅斯年认为，历史学就是"史料学"，"一分材料出一分货，十分材料出十分货，没有材料便不出货"。而钱穆先生主张"历史正为一大事业，一大生命"，认为历史研究不仅应依据材料弄清历史实情（"史情"），更应探求历史实情背后所具有的一番意义（"史意"）；治史不仅应注重材料和方法，更应透过材料而把握其活的时代精神。在钱穆先生看来，史料学派迷信地下出土材料而将古代典籍抛之脑后，这做法与一味疑古、否定典籍同样有害，甚至有过之而无不及。在西南联大时期，钱穆先生出版了煌煌巨著《国史大纲》，在"引论"中对史料学派进行激烈的批评，结果导致他与这一阵营的学者完全决裂。

作为一位恪守传统的知识分子，钱穆先生并不擅长现代社会的人际交往。他曾这样屡屡称述："余性顽固，不能适应新环境，此固余之所短。""余性迂而执，不能应付现代之交际场合。"而且，由于对传统文化的坚守，他更是不避师友，争鸣学术。因而，他与同时代学人的交往图景，就显得十分绚丽多彩，且带几分"火药味"。学问，要学要问；学术，要学要论。钱穆先生这种论学风范，并不影响、反而增强了他在学术史上的光辉。进而言之，这种带有学术色彩的是非恩怨，在一定程度上反映了 20 世纪中国学术的发展及其化合分解，凸现了中国学术曲折而又多途并进的发展历程。

子曰："德不孤，必有邻。"当然，钱穆先生也有学术的"同道者"。顾颉刚对钱穆有"知遇之恩"。正是在顾颉刚的推荐下，钱穆进入燕京大学任讲师，教授国文，开始了他的大学教书生涯。不过，两人治学路径和方法"所同不胜其异"，甚至在学术上有过直接的分歧和交锋，但这些没有妨碍他们成为"和而不同"的朋友。二者既遇，惺惺相惜，钱穆以"房谋杜断"的典故来形容彼此的关系。钱穆与他的老师吕思勉都是一代通史大家，但老师专擅政治和经济问题的研究，而学生则强调以政治制度为"主脑"。钱穆与吴宓的交谊并不十分密切，然而两人在学术上的契合度超过了他们的交谊紧密度。他们都是自命立志守护中国儒家传统文化的那样一种人，即都是儒家文化的"弘道者"。此外，钱穆与蒙文通、汤用彤、梁漱溟、熊十力、张荫麟等诸位先生都保持了较为密切的学术交往。他们甘居学术的"主流圈"外，声气相通，在学术史上留下了交往的佳话。

在香港期间，钱穆先生与唐君毅、徐复观、张君劢等"新儒家"一度同道而行，又因学术观点的不同而渐行渐远。

钱穆先生不仅以著作名世，而且以教龄之长，善于识拔、奖掖和培养青年学人而蜚声士林。李埏、严耕望、余英时等学生在学术上承其无穷余音，又各具特色，别具一格。钱穆历史论著的主要内容，大多是以学术思想为核心，对经济史、制度史的研究是其学术领域中相对薄弱的环节，而这一薄弱环节最终被他的弟子李埏给弥补了。对于严耕望，钱穆希他能从事大本大源的通贯之学，而严氏觉得自己的才性近于追求确实而稳定的历史知识，将用力点放在政治制度史的历史人文地理的研究方面。作为钱穆最为得意的弟子，余英时不负师望，推动钱穆学说在海外的发扬光大，未学斋的书香越飘越远。

总之，钱穆先生与同时代学人的交往史，其实就是一部精彩纷呈、扣人心弦的学术发展史。

钱穆先生曾经说过："古来大伟人，其身虽死，其骨虽朽，其魂气当已散失于天壤之间，不再能搏聚凝结。然其生前的志气德行、事业文章，依然在此世间发生莫大之作用。则其人虽死如未死，其魂虽散如未散，故亦谓之神。"这句话同样也适用于他自己，这就是他常常低吟不已的"立德、立功、立言"三不朽。他的躯体虽然离开了人世，但他的道德文章必将留传后世，存在于天壤之间。

钱穆先生"一生为故国招魂"，谨以此书表达对先生的"温情和敬意"。

目　录

君意"打鬼"　我自"招魂"

——钱穆与胡适

钱穆去世以后，弟子余英时的悼念文章以"一生为故国招魂"为题。"招魂"两字，画龙点睛地说明了钱门弟子对老师毕生努力的最高评价。而胡适相信中国传统文化里有"无数无数的老鬼，能吃人，能迷人，胜过柏斯德（Pasteur）发现的种种病菌"，因此他把"整理国故"的工作比喻为"捉妖""打鬼"。他说，"用精密的方法，考出古文化的真相，用明白晓畅的文字报告出来"，可以"化黑暗为光明，化神奇为臭腐，化玄妙为平常，化神圣为凡庸"。[①]换句话说，在胡适看来，中国传统文化有许多"阴魂不散"的鬼魅，而"捉妖""打鬼"，成了整理国故的首要工作。

"打鬼"与"招魂"，成了胡、钱两人在面对传统文化时迥异的两种取向。胡适要"打"的"鬼"，往往就是钱穆想"招"的"魂"。

初次晤面

胡适，字适之，1891 年生于安徽绩溪。他年长钱穆 4 岁，属同辈中人。1910 年 8 月，胡适赴美留学，先后就读于康奈尔大学、哥伦比亚大学。1917 年 7 月，年仅 26 岁的胡适学成归国，春风得意地登上北京大学讲台，成为该校最年轻的教授。在此后短短的几年时间中，他就取代梁启超成为思想界新一代的领袖人物。其成名之骤、崛起之速，令学界叹为观止。

1919 年 2 月，奠定胡适学术地位的代表作《中国哲学史大纲》（上卷）由

---

① 胡适：《整理国故与"打鬼"——给浩徐先生信》，《胡适文集》第四册，北京：北京大学出版社，1998 年，第 117 页。

商务印书馆出版，北大校长蔡元培作序大加称赞，胡氏因而"暴得大名"。这一年的钱穆，仍然在无锡家乡的乡村小学任教，籍籍无名，"日夜与学校诸童同其起居食息"[①]。不过，这一年是他读书最专、最勤之一年。钱穆所读之书，固然多是《语》《孟》《老》《庄》一类的古典旧籍，但他对外界的新思想、新学说并非全然不闻，而这些新思潮正是在陈独秀、胡适等人主编《青年杂志》（自第二卷起改称《新青年》）的大背景下推动的。钱穆晚年回忆："时余已逐月看《新青年》杂志，新思想新潮流纷至涌来。而余已决心重温旧书，乃不为时代潮流挟卷而去。及今思之，亦余当年一大幸运也。"[②]看来，那时蜗居乡村的钱穆，并没有完全摒弃对新思想的吸纳，自然会读到胡适发表在《新青年》杂志上的文章。胡适的《中国哲学史大纲》（上卷）出版以后，先秦诸子的研究一时蔚成风气，尤其是对墨子的研究，竟成当时显学。钱在此时"重温旧书"，尤其集中于先秦诸子，从这个角度来看，钱穆此时的治学是紧跟潮流的。

钱穆早年治学由子学入门，事实上显然受过胡适的影响。1928 年夏，钱穆应苏州青年学术讲演会的邀请作《〈易经〉研究》演讲，公开声称研究《易经》正是采用了胡适"层层剥笋式"的方法，并宣称这是"一个比较可靠而可少错误的新方法"[③]。而且，钱穆在教学上对胡适所倡导的白话文运动做了自己的实践。1919 年秋，在无锡梅村县四高小任教的钱穆转入后宅初小，他亲自试验了白话文对幼童初学的利弊得失所在。结果，"如是半年，四年级生毕业，最短者能作白话文两百字以上，最多者能达七八百字，皆能文从字顺，条理明畅。"[④]1921 年左右，他还用白话文写过《白话历史教科书》，此稿虽未正式发表，但收入了《素书楼余渖》。此后在 1922—1923 年任教集美中学时，钱穆受胡适《尝试集》的影响曾写过不少白话诗。第一首是《爱》，颇近"艳体"。且看引头四句："好美的月！／我怎一个人睡了？／我永不再上床了，／除非他和我一处。"[⑤]

钱穆与胡适初次谋面是在 1929 年，当时钱是省立苏州中学的国文教师，胡则是上海中国公学的校长。胡适应苏州中学校长汪懋祖的邀请来校做演讲，久仰胡适大名的钱穆"早在前排坐定"，后校长请他到台上同坐。此时钱穆正在写《先秦诸子系年》，有两书"遍觅遍询不得"。遇到学术上的名家，钱穆自然出

---

① 钱穆：《学籥》，北京：九州出版社，2011 年，"序目"，第 2 页。

② 钱穆：《八十忆双亲师友杂忆合刊》，北京：九州出版社，2011 年，第 82 页。

③ 钱穆：《〈易经〉研究》，《中国学术思想史论丛》（一），北京：九州出版社，2011 年，第 234 页。

④ 钱穆：《八十忆双亲师友杂忆合刊》，北京：九州出版社，2011 年，第 105 页。

⑤ 钱穆：《诗联辑存》，《素书楼余渖》，北京：九州出版社，2011 年，第 403—404 页。

口相问。也许他所问的两书确是罕见之书,胡适一时答不上来,场面有些尴尬。初次见面,就以疑难相询,不免使胡氏陷于某种尴尬的境地,钱穆事后也有"自念余固失礼,初见面不当以僻书相询,事近刁难"之自责。不过,因问题久积于心,"骤见一天下名学人,不禁出口",亦属自然之事。这一天,听讲,陪席,同游拙政园。临行前胡适从日记本上撕下一页,写了他在上海的地址给予钱穆,"来上海,可到此相晤"。钱穆在《师友杂忆》记:"余与适之初次识面,正式与余语者仅此。"①

当天的许多细节,虽经 50 年岁月,晚年的钱穆对此却依然历历在目。他在《师友杂忆》中还引用了"颜斶见齐王"的典故来比喻这次会面,"颜斶见齐王,王曰斶前,斶曰王前,终不前",对学界之"王"胡适缺乏礼贤下士之风颇有责备之意。在钱穆的印象中,胡适"既不似中国往古之大师硕望,亦不似西方近代之专家学者。世俗之名既大,世俗之事亦扰困之无穷,不愿增其困扰者,则亦惟远避为是"②。不过,这段评论并不是青年钱穆当时对胡适的看法,而是出自思想完全定型的老年钱穆之口,只是他将"后意"说成"前事"罢了。

将"后意"说成"前事"的,还有他对新文化运动的认识。他晚年在回忆乡教期间的为学经历时,对新文化运动对他的正面影响一概不视。他这样写道:"余幼孤失学,年十八,即为乡村小学教师。每读报章杂志,及当时新著作,窃疑其谴责古人往事过偏过激。按之旧籍,知其不然。……余之治学,亦追随时风,而求加以明证实据,乃不免向时贤稍有谏诤,于古人稍作平反,如是而已。"③

京城交谊

苏州中学别后,钱、胡在短时间之内也未谋再晤。1930 年秋,钱穆离开苏州赴北平,在燕京大学任教。此后不久,胡适离开上海公学赴北平,任北京大学文学院院长。两人同处一城,交往日渐增多。

在《素书楼余渖》"书札"中,收有钱穆致胡适的四封信,其中有两封信是他在燕京大学任教时所作。其中一函云:"日昨来城拜谒,未得晤教,深以为

---

① 钱穆:《八十忆双亲师友杂忆合刊》,北京:九州出版社,2011 年,第 137 页。
② 钱穆:《八十忆双亲师友杂忆合刊》,北京:九州出版社,2011 年,第 137 页。
③ 钱穆:《八十忆双亲师友杂忆合刊》,北京:九州出版社,2011 年,第 348—349 页。

怅","拙著《诸子系年》于诸子生卒出处及晚周先秦史事,自谓颇有董理,有清一代考《史记》,订《纪年》,辨诸子,不下数十百家,自谓此书颇堪以判群纷而定一是,即如孔子行事,前人考论綦详,至于江崔诸老,几若无可复加。拙稿于孔子在卫宋诸节,颇谓足补诸儒考核所未备。其他用力处,穆《自序》中颇有道及""并世治诸子,精考核,非先生无以定吾书,倘蒙赐以一序,并为介绍于北平学术机关为之刊印,当不厪为穆一人之私幸也。"①原来钱穆前往拜见和去函,是邀请胡氏为《先秦诸子系年》写序。另一函云:"穆顷住西城,不日迁居北大附近,再来面候起居。"②这显然不是他在回忆录中所说的"远避为是",而是相当殷勤地设法接近胡适这位学界领袖。

钱穆因不适应教会大学的环境,在燕京大学执教一年后转入北京大学任教。这其中有顾颉刚的推荐之功,也有胡适知人善任的因素在内。1931年3月18日顾颉刚致信胡适:"闻孟真(按:傅斯年)有意请钱宾四先生入北大,想出先生吹嘘。我已问过宾四,他也愿意。我想,他如到北大,则我即可不来,因我所能教之功课他无不能教也,且他为学比我笃实,我们虽方向有些不同,但我颇尊重他,希望他常对我补偏救弊。故北大如请他,则较请我为好,以我有流弊而他无流弊也。"③当顾颉刚向胡适推荐钱穆时,胡适很快就点头答应了,还在当时北大历史系主任傅斯年面前为钱"吹嘘"。北京大学遂将钱穆聘为史学系副教授,比燕大国文系讲师提升了一级。

胡适与钱穆在北大成为同事。虽然因为钱著主张与其意见相左,胡适没有为《先秦诸子系年》作序,但后来仍然写信向商务印书馆总经理王云五推荐了此书。对于钱穆的另一部成名作《刘向歆父子年谱》,胡适的欣赏之感更是明白表露。《刘向歆父子年谱》1930年发表在《燕京学报》第7期上,是一篇解决晚清经学上今古文之争的力作,在学术界引起了极大的震动。胡适于当年10月28日的日记中写道:"昨今两日读钱穆(宾四)先生的《刘向歆父子年谱》及顾颉刚的《五德始终说下的政治和历史》。钱谱为一大著作,见解与体例都好。他不信《新学伪经考》,立二十八事不可通以驳之。顾说一部分作于曾见钱谱之后,而墨守康有为、崔述之说,殊不可晓。"④

① 钱穆:《致胡适》,《素书楼余渖》,北京:九州出版社,2011年,第165页。

② 钱穆:《致胡适》,《素书楼余渖》,北京:九州出版社,2011年,第166页。

③ 顾颉刚:《致胡适》(1931年3月18日),《顾颉刚书信集》卷一,北京:中华书局,2011年,第473页。

④ 1930年10月28日日记。见曹伯言整理:《胡适日记全编》(5),合肥:安徽教育出版社,2001年,第834页。

在这里，胡适将钱穆与顾颉刚的著作做了对比，前者"见解与体例都好"，后者"殊不可晓"，褒贬之意不言自明。胡适、顾颉刚这对师生所发动的"古史辨"运动，当时正在如火如荼地进行之中。因为钱穆的《刘向歆父子年谱》，让胡适在学术上发生了一次转变，让他与顾氏这位"得意弟子"在学术上开始"分道"。胡适原本是相信晚清今文家言的，但他在读了钱氏《年谱》之后改变了看法，逐渐从今文家的主张中摆脱了出来。此点连胡适本人也不讳言。1931年4月21日，胡适主动写信给钱穆，说："我以为廖季平的《今古学考》的态度还可算是平允，但康有为的《伪经考》便走上了偏激的成见一路，崔觯甫（适）的《史记探源》更偏激了。现在应该回到廖季平的原来主张，看看他'创为今古学之分以复西京之旧'是否可以成立。"[1]钱穆对胡适加入讨论颇感兴奋，在4月24日的回信中说："先生高兴加入今古文问题的讨论，尤所盼望"，随后在信中更进一步陈述了自己的见解："窃谓西京学术真相，当从六国先秦源头上窥。晚清今文家承苏州惠氏家法之说而来，后又屡变，实未得汉人之真。即以廖氏《今古学考》论，其书貌为谨严，实亦诞奇，与六译馆他书相差不远。彼论今古学源于孔子，初年、晚年学说不同。穆详究孔子一生，及其门弟子先后辈行，知其说全无根据。又以《王制》《周礼》判分古今，其实西汉经学中心，其先为董氏公羊，其后争点亦以左氏为烈。廖氏以礼制一端，划今古鸿沟，早已是拔赵帜而立汉帜，非古人之真。"[2]在钱穆看来，今文、古今都是清儒主观构造的门户，与历史的真相并不相符，他的目的就是要破除晚清以来学术界今古门户的成见。钱氏自言经学上的问题，同时即是史学上的问题，他"全据历史记载，就于史学立场，而为经学显真是"[3]。钱穆最终是否说服胡适放弃廖平"平分古今"的主张，囿于材料，不敢妄断，但是胡氏日渐脱离今文家言，相信古文经绝非刘歆作伪，在这方面钱穆的作用是显而易见的。在这一问题的讨论上，是钱穆影响了胡适。

胡适痛快地接受《年谱》的结论，自有他的道理。在胡氏的治学中，有一个由"疑"而"信"的转变过程。胡适是现代疑古运动的首倡者、"古史辨派"的坚定支持者，疑古远远早于顾颉刚。正是在胡适"井田辨"的启发下，顾颉刚提出了"古史层累造成说"，从而发动了一场声势浩大的疑古运动。胡适对顾的

---

① 胡适：《致钱穆》（1931年4月21日），《胡适书信集》（上），北京：北京大学出版社，1996年，第546—547页。

② 钱穆：《致胡适》，《素书楼余渖》，北京：九州出版社，2011年，第161—162页。

③ 钱穆：《两汉经学今古文平议》，北京：九州出版社，2011年，"自序"，第3页。

"古史层累造成说"大加称赞，称这一见解"替中国史学界开了一个新纪元"，是史学领域的一次革命，甚至提出了"宁疑古而失之，不可信古而失之"的极端主张。不过，在 20 世纪 20 年代末，胡适逐渐由"疑古"转向"信古"。1929 年 3 月，顾颉刚到上海中国公学去看望胡适，胡对他说："现在我的思想变了，我不疑古了，要信古了！"① 顾颉刚听后大惑不解，急出了一身冷汗。胡适的这一转变，是疑古派内部分化产生的一个标志，而钱穆《年谱》的发表，客观上加速了这一分化。

反过来，早年的钱穆对胡适也颇为敬重。早在 1925 年，钱穆在《新教育》杂志上撰文将胡氏与梁启超并提，称"梁任公、胡适之两先生，曾为学者开列最低限度之国学入门书目"，"梁、胡为并世大师，其言当信"。② 成稿于 1928 年的《国学概论》第十章专论《最近期之学术思想》，对梁、胡两人的诸子学研究做了这样的比较："梁任公谈诸子，尚在胡适之前，然其系统之著作，则皆在胡后"，梁书叙述时代背景，较胡书特为精密详备，"惟其指陈途径，开辟新蹊，则似较胡氏为逊。"③ 对胡适的《中国哲学史大纲》（上卷），钱穆虽不无批评，但基本上持肯定态度："胡氏《哲学史大纲》，介绍西洋新史学家之方法来治国故，其影响于学术前途者甚大"，"要之其书足以指示学者以一种明确新鲜之方法，则其功亦非细矣。"④ 钱穆虽对胡适领导的新文化运动所带来的变革深不以为然，但对胡氏所提倡的新的研究方法则三致其意。胡适力倡的实验主义，曾提出"实验是真理惟一的试金石"⑤ 的观点，钱穆认为这是"自严复开始介绍西洋思想以来，能为有主张的介绍，与国人以切实的影响者"，并进一步指出："新文化运动之经过中，有功于社会者，皆能明了此实验主义而不背焉者也。至于新文化运动中之一切流弊，正缘不能了解此实验主义之真精神与确切应用其方法耳。"⑥ 换句话说，在钱穆看来，胡适推动新文化运动的方法是可取的，但内容是错误的。

① 顾颉刚：《我是怎样编写〈古史辨〉的？》，《古史辨》第一册，上海：上海古籍出版社，1982 年，第 13 页。

② 钱穆：《编纂中等学校国文科公用教本之意见》，《文化与教育》，北京：九州出版社，2011 年，第 279 页。

③ 钱穆：《国学概论》，北京：九州出版社，2011 年，第 323 页。

④ 钱穆：《国学概论》，北京：九州出版社，2011 年，第 323 页。

⑤ 胡适：《杜威先生与中国》，《胡适文集》第二册，北京：北京大学出版社，1998 年，第 280 页。

⑥ 钱穆：《国学概论》，北京：九州出版社，2011 年，第 336 页。

胡适早年大力推动"整理国故"运动。在他看来，"整理就是从乱七八糟里面寻出一个条理脉络来，从无头无脑里面寻出一个前因后果来，从胡说谬解里面寻出一个真意义来，从武断迷信里面寻出一个真价值来"①。这样的目的，与钱穆"继往圣之绝学"的志业并不合辙，方向不同，取舍各异，但钱穆毕生的努力，从早年的《刘向歆父子年谱》《先秦诸子系年》到晚年的《朱子新学案》，在方法论上又何尝不可视作是"整理国故"的具体成绩？

学术分歧

细绎钱穆、胡适的学术观点，更多的是不同和分歧。两人在今古文问题上的观点虽有不同，但总体同途，不过在《老子》年代方面的观点却走上了截然相反之路。

20世纪二三十年代，学术界爆发了一场关于老子其人其书的讨论。主张老子先于孔子"早出说"观点的代表人物是胡适，梁启超对此不以为然，作《论〈老子〉书作于战国之末》首先向胡适发难，提出《老子》为晚出之书，赞同梁氏意见并续有讨论的著名学者有顾颉刚、冯友兰、钱穆等人。

钱穆很早就对《老子》"早出说"持有异议。1923年夏，他写成《老子辨伪》一文，即主《老子》为晚出之书。1930年12月，钱穆把《老子辨伪》易名为《关于〈老子〉成书年代之一种考察》，发表在《燕京学报》第8期上。在文中，他紧紧抓住《老子》书中关于"道"和"名"这两大观念，就先秦学术思想的系统立论，来探求这两大观念的由来以及承先启后、递嬗转变的线索，得出了《老子》一书出《庄子》内篇之后。

钱文刊出后不久，就受到了胡适的注意。1931年3月17日，胡适致信钱穆，对他"思想线索"的论证法提出了批评："去年读先生的《向歆父子年谱》，十分佩服。今年在《燕京学报》第七期（应为"第八期"——引者）上读先生的旧作《关于〈老子〉成书年代之一种考察》，我觉得远不如《向歆年谱》的谨严。其中根本立场甚难成立。……此文的根本立场是'思想上的线索'。但思想线索实不易言。希腊思想已发达到很'深远'的境界了，而欧洲中古时代忽然陷入很粗浅的神学，至近千年之久。后世学者岂可据此便说希腊之深远思想不当在中古之前吗？又如佛教之哲学已到很'深远'的境界，而大乘末流沦为最下

---

① 胡适：《新思潮的意义》，《胡适文集》第二册，北京：北京大学出版社，1998年，第557页。

流的密宗，此又是最明显之例。"①

在胡适给钱穆写信后的第四天，即 3 月 22 日，钱穆在燕大同事顾颉刚、郭绍虞的陪同下，到胡适家中拜访。那天恰好是星期天，主客之间谈论的话题尽是《老子》的年代问题。钱、顾主张晚出，胡仍坚持前说。对于这次面对面的争辩，胡适在当天的日记中也留下了记载：

颉刚与郭绍虞、钱宾四来谈。宾四费了许多年的工夫著了一部《诸子系年考辨》，凡数十万言。老子的移后是其中的一个要点。故他今天仍争辩《老子》不会出于战国以前。他问，《老子》已说"礼者忠信之薄"，似是很晚的一证。我说，《论语》不曾说有林放问礼之本吗？此问与孔子所答正足证其时"礼"已发生疑问了。

他又说，"功成名遂身退天之道"，似也是很晚的证据。有退必有"进"，那时贵族政治之下，有什么个人进退。我说，又错了。《诗三百》篇里已可看出私人的入政治场中，《论语》里已有家臣同升之事，吴越杀功臣不是春秋末年的事吗？再上去，周公居东，祭仲、管仲都不是先例吗？

他又问，散文夹韵文是否散文成立以后的事？我说，韵文成立最早，纯粹散文在后，而《老子》的文体正在过渡时代。②

这是钱、胡两人有关《老子》年代方面的第一次争论，但争论到此并没有结束，第二次交锋是在钱穆任教北大之后。1932 年春，钱穆写成《再论〈老子〉成书年代》一文，从时代背景、思想系统以及文字、文句、文体等方面对《老子》一书进行了全方位考证，力证《老子》出庄周后，为战国晚期的作品。大体而言，此一阶段的争论是钱穆主攻，气势逼人，大有推倒"早出说"之势。胡适主守，仍持旧说，未有改变。

关于《再论〈老子〉成书年代》的成文经过，据钱穆回忆，北京大学哲学系的一位四年级学生在读到《关于〈老子〉成书年代之一种考察》以后，意犹未尽，询问钱穆"尚有其他意见否"。钱穆答："有之。"并建议他前来旁听，可得详情。就这样，一年后，这位学生约邀钱穆再撰一文，一同刊入毕业刊物之

① 胡适：《与钱穆先生论〈老子〉问题书》，《古史辨》第四册，上海：上海古籍出版社，1982 年，第 411 页。

② 1931 年 3 月 22 日日记。见曹伯言整理：《胡适日记全编》（6），合肥：安徽教育出版社，2001 年，第 101 页。

中。① 钱穆应允，写了《再论〈老子〉成书年代》一文刊登。这本毕业刊物，是北京大学《哲学论丛》第一集。该《论丛》由北京大学哲学会编辑，由北平著者书店在 1933 年 5 月出版。

据钱穆回忆，当时这位学生说"亦当请适之师同为一文讨论其事"，然而"适之则竟未为文"。一个"竟"字，透出几分遗憾，但更显出钱氏在这个问题上的自信。不过钱穆对此明显误记了，这期《哲学论丛》的确刊登了胡适的文章，那就是著名的《评论近人考据〈老子〉年代的方法》。在这篇宏文之中，胡适主要对主张"晚出说"的梁启超、钱穆、冯友兰、顾颉刚四位学者的观点进行了评述，并加以反驳。

钱穆在《师友杂忆》中称："余与适之讨论《老子》年代问题，绝不止三数次。"② 钱、胡两位名教授之间激烈的争论，自然引起不小的动静。当年的学生这样回忆在辩论中的胡适："他对于老子的年代问题和钱宾四（穆）先生的意见不相合，有一次他愤然地说道：'老子又不是我的老子，我哪会有什么成见呢？'不过他的态度仍是很客观的。当某一位同学告诉他钱先生的说法和他不同，究竟哪一个对时，他答道：'在大学里，各位教授将各种学说介绍给大家，同学应当自己去选择，看哪一个合乎真理。'"③ 据作家张中行回忆，有一次，钱、胡两人在北大教授会上相遇，钱穆说："胡先生，《老子》年代晚出，证据确凿，你不要再坚持了。"胡适当即回敬道："钱先生，你所举的证据还不能使我心服，如果能使我心服，我连我的老子也不要了。"④ 冯友兰在晚年的回忆中也说："有人告诉我说，胡适在北大的讲堂上说：'我反对老聃在孔子之后的说法，因为这种说法的证据不足，如果证据足了，我为什么反对？反正老子并不是我的老子'。"⑤ 胡适以"不要亲老子"来回敬对方，足见双方争论的激烈。

这种旷日持久的讨论，最终未找出一个能被普遍接受的答案。此后，胡适不再参与辩论，指出在没有找到确切证据之前，"我们只能延长侦查的时期，展缓判决的日子。"⑥ 后来，钱穆把他当时的辩论文章汇成《老子辨》一书交上海大华书局出版，到了 1947 年还写了《三论〈老子〉成书年代》加以回应。20 世纪

① 钱穆：《八十忆双亲师友杂忆合刊》，北京：九州出版社，2011 年，第 156 页。

② 钱穆：《八十忆双亲师友杂忆合刊》，北京：九州出版社，2011 年，第 157 页。

③ 陈平原、谢泳，等：《民国大学：遥想大学当年》，上海：东方出版中心，2013 年，第 388 页。

④ 张中行：《负暄琐话》，北京：中华书局，2012 年，第 87 页。

⑤ 冯友兰：《三松堂自序》，上海：东方出版中心，2016 年，第 227 页。

⑥ 胡适：《评论近人考据〈老子〉年代的方法》，《古史辨》第六册，上海：上海古籍出版社，1982 年，第 410 页。

50 年代，他在香港又把讨论庄、老思想的文章编为《庄老通辨》一书出版，这是那场有关《老子》年代辩论的余声。不过，胡适的"展缓判决"意见，在方法论上尤其值得重视。1973 年，湖南长沙马王堆三号汉墓出土了帛书《老子》两种；1993 年，湖北荆门郭店楚墓中又出土了竹书《老子》三种。从地下出土的新材料所提供的证据来看，似乎更有利于主张"早出说"的胡适。

《老子》年代之争后不久，两人又陷入了一场新的《说儒》之争。1934 年底，胡适的《说儒》在《中央研究院历史语言研究所集刊》第四本第三分册上刊出。在此文中，胡适对"儒的起源"提出了新的见解。他认为，儒的本义是"柔懦之人"，孔子被时人认为是"应运而生的圣者"，孔子的贡献是把殷商民族部落性的儒扩大到"仁以为己任"的儒，把亡国遗民柔顺以取的儒改造成弘毅进取的新儒。胡适对他的这篇长文颇为自负，说："《说儒》一篇提出中国古代学术文化史的一个新鲜的看法，我自信这个看法，将来大概可以渐渐得着史学家的承认，虽然眼前还有不少怀疑的评论。"① 而且，他认为此文可以打开"无数古锁"，"使中国古史研究起一个革命"。②

《说儒》写于 1934 年 3 月至 5 月间。据钱穆回忆，胡适在撰稿期间，多次向他"道其作意"，他也随时"告以己意"。③ 钱穆的持论与胡氏大异，但因为已有冯友兰撰述《原儒墨》长文予以商榷，故而并未撰文反驳。助教贺次君根据钱穆在课堂上讲授的大意写成一文，发表在《益世报》的《读书周刊》上。其实，《说儒》的主题虽然是讨论儒的起源和流变，但胡适撰写此文的最终目的仍是坚持《老子》"早出说"这一观点。所以，《说儒》一文实际上可视为先前讨论《老子》年代问题的继续。胡适不忘批评那些坚持《老子》"晚出说"的学者，"固执是可以惊异的"，"理解是不足取法的"。④ 尽管当时钱穆没有撰文辩论，但在 8 年后的 1942 年，他还是忍不住写下了《驳胡适之〈说儒〉》一文，分五点批驳胡适之立论，总结为："其说之无稽，稍具常识，皆可辨之。粗列五事，聊发其绪。其他游辞曲说，本之而引申者，可不烦再及也。"⑤ 胡适自认为

---

① 胡适：《胡适论学近著》"自序"，《胡适文集》第五册，北京：北京大学出版社，1998 年，第 7 页。

② 胡适：《一九三四年的回忆》，曹伯言整理：《胡适日记全编》（6），合肥：安徽教育出版社，第 424 页。

③ 钱穆：《八十忆双亲师友杂忆合刊》，北京：九州出版社，2011 年，第 157 页。

④ 胡适：《说儒》，《胡适文集》第五册，北京：北京大学出版社，1998 年，第 56 页。

⑤ 钱穆：《驳胡适之〈说儒〉》，《中国学术思想史论丛》（二），北京：九州出版社，2011 年，第 302 页。

《说儒》是一篇"革命性"的宏文，在钱穆笔下竟成了"胡说"。

　　钱穆与胡适学术之争的第三回合，是关于《坛经》作者的争论。胡适对中国禅宗史的研究用力颇深，提出《坛经》为神会所作的新说。钱穆对禅宗史也有研究，但却不赞同胡适这一创说。1945 年春，他写成《神会与〈坛经〉》一长文，对胡适的新说加以批评。该文发表在当年 7 月的《东方杂志》上。胡适是否读到这篇反驳文章目前已经不可推断，但可以肯定的是他对此没有任何直接的回应。1962 年 2 月 24 日，胡适在台北去世，不过由他的新说引发的有关《坛经》作者的争论，并没有因他的辞世而停止。1968 年 3 月，钱穆在《"中央"日报》"副刊"上发表《〈六祖坛经〉大义》一文，杨鸿飞读后著文批评，接着钱穆又连续撰文加以回应。以此为契机，台湾学术界、佛学界不少学者纷纷加入了这场讨论。钱穆认为，胡适研究《坛经》和中国禅学史的最大毛病就在于只讲证据，不及思想。他在《略述有关〈六祖坛经〉之真伪问题》中说，"我认为学术研讨不能抹杀考据工作，但考据工作在学术研讨上其地位亦有限，不能单凭考据，便认为已尽了学术研讨之能事"，"胡博士平常教人，每喜说'拿证据来'，但在思想本身范围之内，有些处只能就思想论思想，证据只能使用在思想之外皮，不能触及思想之内心。"①在后来所写《评胡适与铃木大拙讨论禅》中，钱穆也尖锐地批评道："胡适对中国禅学，并无内在了解，先不识慧能、神会与其思想之内在相异，一意从外在事象来讲禅学史，是其病痛所在。不仅讲禅学史犯此病，其讲全部中国思想史，几乎全犯此病。"②在钱穆看来，研究禅学史应与以前的儒道思想乃及以后的理学思想一并研究，应把禅宗放到整个中国佛教史、中国思想史中去考察。否则，专言考据，只根据一些书籍上的材料，偶见一些小破绽就轻生疑猜，这就如同疑毫芒而疑泰山，并未触及禅学思想的内在本质。在钱氏看来，"我只认为考据在学术研讨上有其应占之地位，我们不能为考据而考据，我们不能一切惟考据是尊。我们应该在考据之上，乃及考据之外，再知有我们之所当用心处。考据则只是学术研讨中一手段一项目。学术研讨，究和仅知整理一堆材料有不同。"③当然，这次争论是钱穆"一个人的战斗"，此时的胡适墓木已拱，听不见钱穆那严厉、尖锐的批评之语了。

　　① 钱穆：《略述有关〈六祖坛经〉之真伪问题》，《中国学术思想史论丛》（四），北京：九州出版社，2011 年，北京：九州出版社，2011 年，第 185—186 页。

　　② 钱穆：《评胡适与铃木大拙讨论禅》，《中国学术思想史论丛》（四），北京：九州出版社，2011 年，第 271—272 页。

　　③ 钱穆：《略述有关〈六祖坛经〉之真伪问题》，《中国学术思想史论丛》（四），北京：九州出版社，2011 年，第 188 页。

"边缘"愤懑

北上任教大学以后，虽然钱穆在学术界声名鹊起，开始确立起自己的学术地位，但他的学术生活并不如想象中的那般"惬意"。

钱穆在《师友杂忆》中自称："大凡余在当时北大上课，几如登辩论场。"[①]"余自入北大，即如入了一是非场中。"[②]这样的不惬意，显然来自胡适。"又有一学生告余，彼系一新学生，旧同学皆告彼，当用心听适之师与师两人课。乃两师讲堂所言正相反，不知两师曾面相讨论可归一是否。"[③]钱穆上门拜访胡适，"适之门庭若市，而向不答访，盖不独于余为然"[④]。而钱穆呢，专心于著述，"余昔年在北平，日常杜门，除讲堂外，师生甚少接触。"[⑤]钱穆后来屡屡称述："余性顽固，不能适应新环境，此固余之所短。"[⑥]"余性迂而执，不能应付现代之交际场合。"[⑦]这些都显现出他在高等学府的环境中有着某种"不适应症"。显然，胡、钱之间在为人治世方面也是截然不同的。当年的学生认为，他们各自代表两种倾向：胡适为"动态的教授"，而钱穆乃"静态的教授"，前者讲学兼议政，后者则一心向学，疏于世事。[⑧]而钱穆终其一生虽非踽踽独行，了无知音，却也近乎与失落、无奈的文化心态相伴始终，这恰是他孤愤著书立说、"为故国招魂"的动因所在。

钱穆和同时代的学者如傅斯年、顾颉刚等相比，显然不是胡适"圈内"的人，而是属于外围或边缘。为人的不同、学术的争论，只是钱穆未能进入胡适"圈内"的外在原因，深究下去，两人迥异的文化观才是其间最为主要的根柢。

胡适主张西化，是新文化运动的领袖和西化派阵营中的代表人物。"全盘西化"一词，是胡适在1929年为《中国基督教年鉴》所写的一篇英文《中国今日

① 钱穆：《八十忆双亲师友杂忆合刊》，北京：九州出版社，2011年，第158页。

② 钱穆：《八十忆双亲师友杂忆合刊》，北京：九州出版社，2011年，第156页。

③ 钱穆：《八十忆双亲师友杂忆合刊》，北京：九州出版社，2011年，第155—156页。

④ 钱穆：《八十忆双亲师友杂忆合刊》，北京：九州出版社，2011年，第170页。

⑤ 钱穆：《八十忆双亲师友杂忆合刊》，北京：九州出版社，2011年，第249页。

⑥ 钱穆：《八十忆双亲师友杂忆合刊》，北京：九州出版社，2011年，第148页。

⑦ 钱穆：《八十忆双亲师友杂忆合刊》，北京：九州出版社，2011年，第144页。

⑧ 柳存仁：《记北京大学的教授》，见肖卫编：《北大岁月：北大名流与北大精神》，海拉尔：内蒙古文化出版社，2001年，第85—89页。

的文化冲突》中提出来的。后来，为了博得人们的支持，胡适对观点做了部分修正，用"充分世界化"代替"全盘西化"。不过名异实同，这并没有改变他一贯主张西化的实质内容。而钱穆主本位，是文化民族主义者。自 20 世纪 30 年代中期以来，钱穆对新文化运动的批评，尤其是对新文化运动中西化倾向的反省和批评就不断见诸笔端。1936 年 9 月，钱穆撰成《略论治史方法》一文，把西化论视为"一种崇洋媚外观"加以批评。在 1937 年 1 月完成的《中国近三百年学术史》"自序"中，他批评西化论者"言政则一以西国为准绳，不问其与我国情政俗相洽否也。扞格而难通，则激而主'全盘西化'，以尽变故常为快"①。到了1940 年，钱穆在其皇皇巨著《国史大纲》"引论"中对以胡适、傅斯年为代表的考订派（科学派）主张更是痛加挞伐，"凡此皆挽近中国之病，而尤莫病于士大夫之无识。士大夫无识，乃不见其为病，急于强起急走以效人之所为。跳踉叫噪，跳跃愤兴，而病乃日滋。于是转而疑及我全民族数千年文化本源，而惟求全变故常以为快。"②"所谓新文化运动，大部分只是中国社会在感受外来影响，追随世界潮流，而并没有形成为一个思想问题或思想系统而出现。即如他们所举最大最主要的所谓赛先生与德先生，科学与民主两运动，也只是表示许多人的共同意见、共同态度，凭借着几个标语与口号而宣扬散播开来，始终未能在此方面深入而严肃地转成为一个思想问题而存在着。在正面则是感受外来影响，追随世界潮流，在反面则是对中国固有文化之唾弃与抨击。如打倒孔家店，线装书扔茅厕里，废置汉字和全盘西化等，此等也只是标语、口号。全是一种偏激的意见和态度，并不曾转变成为一种严肃的、深细的思想问题来讨论、来争持。在当时，这些只求成为一个社会运动，所以都凭借着感情和意气来轰动一时视听，希望群众之接纳，而并未诉之于深细严密之思想系统，来剖析其问题之内在性和其向前之深入性。"③

钱穆的观点，自然激起了胡适一派的强烈反应。据说胡适的密友毛子水读后"愤慨不已"，欲作一文批驳。傅斯年称钱穆"屡言及西方欧美，其知识尽从读《东方杂志》得来"④。言外之意，没有留学欧美背景的钱穆对西方文化知之不多，是不配在这一问题上大发议论的。钱穆对考订派的攻击，身在大洋彼岸的胡适并非全然不闻。1943 年张其昀赴美讲学，把各期《思想与时代》杂志送胡适

---

① 钱穆：《中国近三百年学术史》，北京：九州出版社，2011 年，"自序"，第 3 页。

② 钱穆：《国史大纲》，北京：九州出版社，2011 年，"引论"，第 27 页。

③ 钱穆：《五十年代之中国思想界》，《历史与文化论丛》，北京：九州出版社，2011 年，第 232 页。

④ 钱穆：《八十忆双亲师友杂忆合刊》，北京：九州出版社，2011 年，第 218 页。

指正，其间就有许多钱穆所撰的文章。胡适读后在日记中有这样的评论："此中很少好文字"，"张其昀与钱穆两君均为从未出国门的苦学者；冯友兰虽曾出国门，而实无所见。他们的见解多带反动意味，保守的趋势甚明，而拥护集权的态度亦颇明显。"①在此前的1935年，胡适发表《个人自由与社会进步》，就隐喻地批评了钱穆。他说道，"民族主义有三个方面：最浅的是排外，其次是拥护本国固有文化，最高又最艰难的是努力建立一个民族的国家"②。在胡适看来，钱穆的民族主义突出的表现在"排外"和"拥护本国固有文化"这两点上。

至此，钱、胡两人在思想路径上泾渭分明，分属两个不同的阵营，一个是考订派，也就是西化派的主将，一个是文化民族主义的代表。文化观的南辕北辙最终导致了两人的失和。

抗战胜利，北京大学复员，钱穆未被聘用。对此，钱穆自剖心迹："倘再返北平。遇国共双方有争议，学校师生有风潮，余既不能逃避一旁，则必尽日陷于人事中。于时局国事固丝毫无补，而于一己志业则亏损实大。"他决定"此下暂时绝不赴京沪平津四处各学校，而择一僻远地，犹得闭门埋首温其素习"③。他主动选择了疏离中心学术圈，但被中心学术圈所排挤也是不容忽视的因素。

1949年，胡适跑到美国去做寓公，钱穆则客居香江兴学。1958年4月，胡适结束了在美的寓公生活，回台北任"中央研究院"院长。在这一年元旦，张君劢、唐君毅、牟宗三、徐复观在《民主评论》和《再生》杂志上同时发表了四人联合署名的《为中国文化敬告世界人士宣言》。在这一篇被当今学者视为海外新儒家形成标志的纲领性的文件中，对西化派反传统思想做了系统的检讨和批判，这自然会引起胡适的强烈反应。1958年12月8日，胡适到台中演讲，并在台湾东海大学校长为其举办的茶会上径直告诉徐复观："今天早上在台中农学院讲中国文化，对学生说，中国文化没有价值，不要听徐复观、牟宗三两顽固派的话。"④胡适言他本人"忍了十年，现在要讲话了"⑤。而十年来首次的讲话，就是对新儒家宣言的批评。在《宣言》发表前，张、唐诸人邀请钱穆联署，遭到了他的婉拒。不过在坚守中国文化传统方面，钱穆与现代新儒家的见解并无二致，

①1943年10月12日日记。见曹伯言整理：《胡适日记全编》（7），合肥：安徽教育出版社，2001年，第539—540页。

②胡适：《个人自由与社会进步》，《胡适文集》第十一册，北京：北京大学出版社，1998年，第587页。

③钱穆：《八十忆双亲师友杂忆合刊》，北京：九州出版社，2011年，第249—250页。

④徐复观：《无惭尺步裹头归：交往集》，北京：九州出版社，2014年，第383页。

⑤徐复观：《无惭尺步裹头归：交往集》，北京：九州出版社，2014年，第383页。

所以胡适自然把钱穆划归这一阵营并做了点名批评。对于胡适的公开批评，钱穆的反应是强烈的。他在致余英时之父余协中的信中说："其实在学术上争是非，并非一不该有之事，惟求勿越出学术范围，各在著作上以纯学术之立场争之。胡氏常言拿证据来，若谓此诸人绝不懂中国文化，亦该从证据上立论始得耳。""台北方面学术门户之见太狭，总把弟当作化外人看待，而且还存有敌意。"①钱穆这种被排挤的感觉，并没有因胡适在 1962 年逝世而稍觉缓和。1964 年，钱穆在给萧政之的一封信中写道："穆流亡在此，衷心何尝不一日关心国家民族之前途，苟无此心，亦何苦在此艰难奋斗。至于在台久居，在穆岂无此心，然台湾学术界情形，吾弟宁岂不知？门户深固，投身匪易，而晚近风气尤堪痛心。穆纵远避，而谩骂轻讥之辞尚时时流布，穆惟有置之不闻不问而止。"②

正由于台湾学术圈的排斥，钱穆在胡适生前一直未能当选为"中央研究院"院士。直到胡适去世后的第 6 年，也就是 1968 年，钱穆才获选为院士。连讥贬钱穆不遗余力的李敖也"鸣不平"。他说："在胡适有生之年，在钱穆 74 岁以前，他未能成为'中央研究院'院士，我始终认为对钱穆不公道。"虽然李敖对钱穆在理学方面的见解深不以为然，但他认为钱氏"在古典方面的朴学成就，却比姚从吾等学人更该先入选成院士"。③

钱穆当选"中央研究院"院士，其中还有一段曲折。1948 年 4 月第一次院士选举之时，钱穆未能列名其间。钱门弟子严耕望感到极为不当，他说："论学养成绩与名气，（钱穆）先生必当预其列，但选出院士八十一人，竟无先生名。中研院代表全国学术界，此项举措显然失当。所以当时有'诸子皆出王官'之讥。"④1958 年，严耕望写了一封长信给胡适，希望胡任院长之后能一扫"中央研究院"的门户之见，兼容并包。他在《钱穆宾四先生与我》的回忆中是这么说的："我此番心意不是为钱先生争取此项无用的荣衔，因为（钱）先生学术地位，中外声誉早已大著，独树一帜，愈孤立，愈显光荣。但就'研究院'而言，

① 钱穆：《致余协中书》（1 月 14 日），《素书楼余渖》，北京：九州出版社，2011 年，第 176 页。
② 钱穆：《致萧政之书》（1964 年 7 月 31 日），《素书楼余渖》，北京：九州出版社，2011 年，第 251 页。
③ 李敖：《我最难忘的一位学者——为钱穆定位》，《我最难忘是事和人》，长春：时代文艺出版社，2013 年，第 56 页。
④ 严耕望：《钱穆宾四先生与我》，《治史三书》（增订版），上海：上海人民出版社，2016 年，第 279 页。

尤其就胡先生而言，不能不有此一举，以显示胡先生领袖群伦的形象。"①在严耕望看来，写这封信与其说是为了钱穆，不如说是为了"中央研究院"和胡适；钱穆一天不成为院士，"中央研究院"就难逃门户成见之讥。胡适对严氏的建议"深表同意"，联系几位"年长院士筹划提名"，但结果因为"几位有力人士门户之见仍深"，提名失败。1959年严耕望从美国返回台湾地区，胡适有意跟他说明经过，但欲言又止，显然有难言处。②1959年9月12日，美籍学者杨联陞对台湾学术及"中央研究院"的长期发展提出了诸多建议。在有关院士人选推举方面，杨氏特别提议应聘请钱穆为通信研究员，并愿意亲自承担说服工作，但这一提议并未得到采纳。

这个"难言处"和阻挠提名钱穆的"有力人士"，在余英时1991年悼念杨联陞的文章《中国文化的海外媒介》中呼之欲出："当时（1960年前后）台北学术界主流对钱先生和新亚书院确有一种牢不可破的成见，李济之先生不过表现得更为露骨而已。"余英时在此处特别加一注："据说当时'研究院'的领导层中，还是胡适之先生的成见最浅。"③这一注，看似不经意，实则饶富深意，余英时有意要为胡适洗刷一下长久以来排挤钱穆的名声。

1967年，"中央研究院"又计划提名钱穆为院士，但为钱穆所拒。他对严耕望说："民国三十七年第一次选举院士，当选者多到八十余人，我难道不该预其数？"④近20年的时光，没有消除钱穆心中的愤愤不平。1968年，钱穆终于当选了"中央研究院"院士，这一年他已经73岁了。第二年，他在写给余英时的信中还不无"怅惘"地说道："穆所著书，一向只寄望于身后，不敢遽希诸当前。至今国内学术界始终以白眼视之为怪物，尽力欲冷藏之于举世不闻不问之化外。"⑤在"怅惘"之外，悲愤之情溢于纸表。

---

① 严耕望：《钱穆宾四先生与我》，《治史三书》（增订版），上海：上海人民出版社，2016年，第280页。

② 严耕望：《钱穆宾四先生与我》，《治史三书》（增订版），上海：上海人民出版社，2016年，第280页。

③ 余英时：《中国文化的海外媒介》，《钱穆与中国文化》，上海：上海远东出版社，1994年，第185页。

④ 严耕望：《钱穆宾四先生与我》，《治史三书》（增订版），上海：上海人民出版社，2016年，第280页。

⑤ 钱穆：《致余英时》（1969年4月16日），《素书楼余瀋》，北京：九州出版社，2011年，第377页。

理路深源

在 20 世纪 40 年代，钱穆对西化派的主张就屡有批评，只是未公开点过这一阵营的主将胡适的大名。自 50 年代开始，钱穆对胡适进行了指名道姓的批评，谴责和抨击不断见于他的演讲、文章和书信中，愈到后来愈趋激烈。据杜正胜回忆，他在台北东吴大学任教时，与钱穆比邻而居。每周一次到素书楼听课，逢年过节也去拜年贺节，"但基本上钱先生给我的印象，除了还留下批判胡适之等西化派的激昂神情以外，没有什么更清楚的记忆力了。"[①]

1952 年，钱穆在致徐复观的信中说："胡君治学，途辙不正，少得盛名，更增其病。其心坎隐微处中疢甚深，恐难洗涤。将来盖棺论定，当远不如章太炎、梁任公。"又说："胡君一生不讲西方精微处，专意呵斥本国粗浅处，影响之坏，贻害匪浅。"[②]这是一段相当苛刻的论断，指出胡适在介绍西学时只涉皮毛，论及中学时则扬其缺失而隐其美好。至于"其心坎隐微处中疢甚深，恐难洗涤"，外人似乎很难猜测其所指，但似乎是说胡适心中有阴暗面，指的是胡适的人品。1953 年，钱穆再致徐复观，把胡适与傅斯年又摆到台面作了一番批判："胡氏之害在意见，傅氏之害则在途辙，别有一种假痴聋人，亦不得辞后世之咎耳。"[③]20 余年后的 1980 年，钱穆在《维新与守旧》一文中又说："适之幼年，即赴美留学，于本国历史文化、传统旧学根柢不深。其在美国，读其《藏晖室日记》，可知其西学根柢亦不深。"[④]而对胡氏在新文化运动中之影响，钱穆更是总结为"其为祸之烈，则实有难以估计者"[⑤]。在晚年的钱穆看来，胡适仅仅贩卖的是杜威实用主义的唾余，对西方思想并没有精深的研究，对中国思想界实无贡献可言，这与他早年对胡适宣传实验主义的肯定截然相异，表明钱穆对胡适的思想已做了根本性的否定。

那么，胡适真的如钱穆评论的那般"于本国历史文化、传统旧学根柢不

---

① 杜正胜：《徘徊于素书楼门墙之外》，《钱宾四先生逝世十周年纪念专刊》，台北：台北市立图书馆，2000 年，第 122 页。

② 钱穆：《致徐复观书》，《素书楼余渖》，北京：九州出版社，2011 年，第 272 页。

③ 钱穆：《致徐复观书》，《素书楼余渖》，北京：九州出版社，2011 年，第 279 页。

④ 钱穆：《维新与守旧》，《中国学术思想史论丛》（九），北京：九州出版社，2011 年，第 26 页。

⑤ 钱穆：《维新与守旧》，《中国学术思想史论丛》（九），北京：九州出版社，2011 年，第 28 页。

深""西学根柢亦不深"吗？ 20世纪身负国际重望的英国哲学家罗素（Bertrand Russell），于五四运动前后在中国有过近两年的停留，期间与胡适有过接触。回国后，罗素发表了《中国的问题》（*The Problem of China*）一书，指出：在中国，知识分子在社会上具有重大的影响，一个作家往往兼具社会改革者的功能，引导一代的年轻人。他以胡适作为例子说明这样的知识分子："拿我自己认识的胡适博士作为例子，他学问渊博，吸收多方面的文化，精力旺盛，无惧改革；他的白话文激发了进步的中国人的热情。他主张吸收西方文化中的优良成分，但是他绝不是一个西方文化奴性的仰慕者。"1923年罗素为胡适《先秦名学史》写了书评，称："现在，胡适先生的出现使之得以改观。他对西方哲学的精通丝毫不逊于欧洲人，而英文写作的功力则可与许多美国教授相媲美，同时在移译中国古代典籍的精确性方面，外国人更是无可望其项背。"①

钱穆一生对中国文化的态度充满了"温情与敬意"，对胡适有关中学部分的批评，不少问题切中要害，但是由于受成长环境的限制，他对西方文明的了解远不及胡适之深，则是可以肯定的。所以，他对胡氏西学部分的批评，恐怕就没有那么准确了。胡门弟子就这样反批钱氏："钱氏所批的只限于国学，至于胡氏最精彩的西学，他就无从置喙了。""胡适在中国文化史上最大的贡献并不是'整理国故'，而是他所说的'再造文明'，要走上'再造文明'这一更高阶层，那就不是专倒中国字纸篓、专钻中文故纸堆的国学大师们所能胜任的了。因为这是一种'现代化'（Modernization）的工作。"②

1962年2月24日，胡适在"中央研究院"主持会议时突发心脏病逝世。写过很多悼念亡友文章的钱穆，这次没有动笔。与钱穆偶有过从的林语堂则写下《追悼胡适之先生》，对胡适的学问人品都有极高的评价："胡适之先生的肉身已经脱离尘凡，他留给我们及留给后世的影响是不朽的。他是一代硕儒，尤其是我们当代人的师表。处于今日中西文化交流的时代，适之先生所以配为中国学人的领袖，因为他有特别资格；他能真正了解西方文化，又同时有真正国学的根底……""适之先生在学问，道德文章方面，都足为我们的楷模。学问且不必说，在他个人人品之清高及操守之严谨，都不愧为我们的模范。在精神上，又是爱国，乐观，无党无派，不偏不倚。他有最深国学的根底，又能领导及代表一百

---

①1923年11月4日日记。见曹伯言整理：《胡适日记全编》（4），合肥：安徽教育出版社，2001年，第97—98页。

②唐德刚：《胡适的历史地位与历史作用——纪念胡适之先生诞辰一百周年》，见欧阳哲生编：《解析胡适》，北京：社会科学文献出版社，2000年，第7页。

分接受西方文化的潮流。"①

1983 年，在胡适去世 21 年后，时年 88 岁的钱穆为《现代中国学术论衡》作序，对胡适一生的功过有比较全面的评价，可以视为他对胡适的"盖棺论定"。在 20 世纪初期的学者中，他将胡适与梁启超、王国维相提并论，承认胡适"后来居上"："胡适之早年游学美国，归而任教于北京大学，时任公、静安亦同在北平。适之以后生晚学，新归国，即克与任公、静安鼎足并峙。抑且其名乃渐超任公、静安而上之。……故三人中，适之乃独为一时想望所归。"②不过，钱穆在文中对胡适的评论仍然有贬无褒，说胡适"迳依西学讲国故，大体则有采于太炎之《国故论衡》。惟适之不尊释。其主西化，亦不尊耶。而其讥评国故，则激昂有更超太炎之上者"③。至于提倡白话文，更是以"不学"讥之："适之又提倡新文学白话文，可以脱离旧学大传统，不经勤学，即成专家。谁不愿踊跃以赴？"④白话文之所以能在短时间之内风行全国，在钱穆看来，其原因无非是"不经勤学，即成专家"。博学如钱穆，竟说出如此有违常理的论断，是让人吃惊的。白话文运动之所以成功，是因为 20 世纪初期中国社会的大变动导致新词汇大量出现，使得行之数千年的文言文面临前所未有的挑战，中国语文有变革的必要。胡适看到了这一趋势，登高一呼，从而推动了白话文的普及。

钱穆一生的写作，基本上是浅近的文言，偶尔也写白话，但白话绝非其"正格"。虽然早年他对白话文曾经做过探索，但此后对白话文印象并不很好。1965年，钱穆作《无师自通中国文言自修读本之编辑计划书》，他对白话文有极负面的评价："近代中国，因于推行白话文教育，影响所及，使多数人只能读五十年以内书，最多亦仅能读百年前后书"，"如是则几于把中国传统腰斩了，使绝大多数人，不能了解自己民族的文化传统；于中国文化此下进展，必将受大损害。"⑤晚年的钱穆在写《师友杂忆》序言之时，也不忘讥贬一下白话文："若以白话文写出，则更恐浪费纸张，浪费读者之光阴。"⑥写白话不但"浪费纸张"，而且"浪费读者之光阴"，在钱穆看来白话文简直一无是处。

《现代中国学术论衡》对胡适评价着墨最多的是新文化运动，也是抨击最

① 林语堂：《追悼胡适之先生》，《海外论坛》第三卷第四号，1962 年 4 月 1 日。

② 钱穆：《现代中国学术论衡》，北京：九州出版社，2011 年，"序"，第 2—3 页。

③ 钱穆：《现代中国学术论衡》，北京：九州出版社，2011 年，"序"，第 2 页。

④ 钱穆：《现代中国学术论衡》，北京：九州出版社，2011 年，"序"，第 3 页。

⑤ 钱穆：《无师自通中国文言自修读本之编辑计划书》，《中国文学论丛》，北京：九州出版社，2011 年，第 301、302 页。

⑥ 钱穆：《八十忆双亲师友杂忆合刊》，北京：九州出版社，2011 年，第 31 页。

力、最深的一部分。对于胡适对中国旧学的态度，钱穆写道："适之提倡新文化运动，其意不在提倡专门，凡中国旧学，逐一加以批评，无一人一书足兹敬佩。亦曾提倡崔东壁，然亦仅撰文半篇，未遑详阐。"[①]任何一个对胡适著作稍有认识的人都能指出，这样的批评显然夸张了。从 1919 年出版的《中国哲学史大纲》（上卷）到 1930 年的《说儒》，先秦诸子的哲学是胡适最引以为傲的中国文化遗产。在《白话文学史》中，胡适对李白、杜甫、白居易、元稹都有极正面、极值得后人敬仰的叙述；对明清小说，如《水浒传》《红楼梦》及其作者施耐庵、曹雪芹更是推崇备至；清代乾嘉诸老的考证，胡适誉之为富有现代科学精神，并为戴震、章学诚的思想生平做专题研究；至于近代的孙中山、吴稚晖，胡适对他们的事迹、人格都有很高的评价。钱穆对胡适著作一向极关注，不会不知道胡适对中国旧学的真正态度，说胡适对中国古人"无一人一书足兹敬佩"，纯粹是为批评而批评了。

在《现代中国学术论衡》的序言中，钱穆特别提到 1959 年 7 月胡适应邀赴夏威夷大学参加第三届"东西方哲学家研讨会"的情况："适之晚年出席夏威夷召开之世界哲学会议，会中请中、日、印三国学人各介绍其本国之哲学。日、印两国出席人，皆分别介绍。独适之宣讲杜威哲学，于中国方面一字不提。"[②]同一件事，钱穆在 1980 年写《维新与守旧》一文中已经提及，并归结于"是在适之意中，中国文化传统下，乃无思想哲学可言"[③]。钱穆这一段记载，其实并没有反映实际。胡适参加这次研讨会，共发表了两篇英文文章，除《杜威在中国》之外，另一篇是《中国哲学里的科学精神与方法》。后者其实是胡适晚年很重要的一篇学术论文，也是为中国传统文化辩护的力作。胡适从先秦诸子到乾嘉诸老，反复论证指出：怀疑的精神和实证的考据方法，是三千年来中国思想史上所固有的。这样的精神和方法与近代西洋的科学基本上是相通的。[④]

经历了 95 年漫长的生命，钱穆在我国的史学界乃至儒学界确定了一代宗师的地位，但他对社会发展的影响则不能与胡适相提并论。在五四运动前后那个激变的时代里，钱穆对中国传统所表现出来的维护和依恋，与胡适对中国传统的尖锐批判恰成针锋相对的态势。正因为胡适的影响无所不在，钱穆在批评新文化的

① 钱穆：《现代中国学术论衡》，北京：九州出版社，2011 年，"序"，第 3 页。

② 钱穆：《现代中国学术论衡》，北京：九州出版社，2011 年，"序"，第 3—4 页。

③ 钱穆：《维新与守旧》，《中国学术思想史论丛》（九），北京：九州出版社，2011 年，第 29 页。

④ 胡颂平：《胡适之先生年谱长编初稿》第 8 册，台北：联经出版事业公司，1984 年，第 2955—2977 页。

时候，胡适就成了他挥之不去的"心头人影"了。

"学问不可无宗主，但不必有门户"，这一清代学者章学诚的名言，亦为钱、胡两人屡屡道及，然而在两人晚年的彼此批评中，均陷入门户偏见中而不能自拔。胡适一派所控制的"中央研究院"对钱穆的排拒，钱穆对胡适及"中央研究院"的攻击，的确存在着不少意气之争。

就学术生命而言，20世纪50年代的胡适似已江郎才尽，他在台湾岛内的几次演讲，老调重弹，了无新意。而钱穆的学术之火则颇旺，著书频频，直至耄耋之年仍不断推出新著，学术生命之强韧不息，"少年得志"的胡适倘地下有知，也会有几分感叹吧。

钱穆晚年曾致函弟子余英时，就其论述戴震（东原）和章学诚（实斋）的理路关系表示意见说："尊意谓：'实斋一生治学立言，受东原影响太大，其心中时时有一东原影子，故立论于不自觉处每与东原针锋相对。'此一意见所谓一针见血也。又谓：'实斋论朱（熹）、陆（九渊）异同，其心中即自认彼与东原乃当世之朱、陆。'亦是入木三分。"[1]这段文字，无疑是在谈古人，又何尝不是钱穆与胡适关系的隐约写照。

---

① 钱穆：《致余英时》（1966年11月17日），《素书楼余渖》，北京：九州出版社，2011年，第373—374页。

"房谋杜断" 和而不同

——钱穆与顾颉刚

在我国近代学术界，钱穆与顾颉刚无疑是值得重视和研究的两位学者。两人成名时间与处世方式有差异，治学路径和方法"所同不胜其异"，甚至在学术上有过直接的分歧和交锋，但这些没有妨碍他们成为"和而不同"的朋友。钱氏以"房谋杜断"的典故来形容彼此的关系。两者既遇，惺惺相惜，为 20 世纪的中国学术界留下了浓墨重彩的故事。

知遇之恩

顾颉刚年长钱穆 2 岁，1893 年 5 月出生于江苏苏州。1913 年 4 月，顾颉刚进入北大预科，三年后考入北大中国哲学门。在大学期间，对他影响最大的是刚从美国留学归来、主讲中国哲学史的胡适。1923 年 5 月，顾颉刚在胡适主编的《读书杂志》第 9 期上发表了《与钱玄同先生论古史书》，提出了著名的"古史层累造成说"。此说一出，立即在学术界引起了轩然大波。他的老师胡适、钱玄同表示了支持。当时信奉实用主义的胡适称《古史辨》是"中国史学界的一部革命的书，又是一部讨论史学方法的书"[1]，称赞"颉刚的'层累地造成的中国古史'一个中心学说已替中国史学界开了一个新纪元了"[2]。钱玄同称赞顾说"廓清云雾""精当绝伦"[3]，以后干脆把自己的名字也改为"疑古玄同"。即使是

---

[1] 胡适：《介绍几部新出的史学书》，《古史辨》第二册，上海：上海古籍出版社，1982 年，第 334 页。

[2] 胡适：《介绍几部新出的史学书》，《古史辨》第二册，上海：上海古籍出版社，1982 年，第 338 页。

[3] 钱玄同：《答顾颉刚先生书》，《古史辨》第一册，上海：上海古籍出版社，1982 年，第 81 页。

信奉唯物史观的郭沫若也说："顾颉刚的'层累地造成的古史'，的确是个卓见。从前因为嗜好不同，并多少夹有感情作用，凡在《努力报》上所发表的文章，差不多都不曾读过。他所提出的夏禹的问题，在前曾哄传一时，我当时耳食之余，还曾加以讥笑。到现在自己研究了一番过来，觉得他的识见是有先见之明。在现在新的史料尚未充足之前，他的论辩自然并未成为定论，不过在旧史料中凡作伪之点大体是被他道破了。"① 当然，顾颉刚的观点也引发了反对之声音。东南大学刘掞藜、胡堇人、柳诒徵等学者就批评顾氏："想入非非，任情臆造底附会，真是奇得骇人了！"②"这般望文生义的解释，如何叫人信服呢？"③"勇于疑古，实属疏于读书。"④

当顾颉刚因"古史辨"名满天下之时，正在无锡、苏州两地中学任教的钱穆对此也有所闻。1926 年，《古史辨》第一册结集出版。这一年，钱穆正好到无锡施家宕去拜访同学施之勉。两人同游唐平湖，钱氏手拿当时刚刚出版的《古史辨》，"在湖上，与之勉畅论之"⑤。钱穆后来曾说过，"顾先生的层累地造成的古史观的见解，真是今日史学界的一大贡献"，他"对这个见解和方法，也抱着相当的赞同"。⑥ 他还对当时疑古派代表人物顾颉刚、胡适、钱玄同三人有这样一番评论："（《古史辨》）不胫走天下，疑禹为虫，信与不信，交相转述。三君者，或仰之如日星之悬中天，或畏之如洪水猛兽之泛滥纵横于四野，要之凡识字人几于无不知三君名。"⑦

顾颉刚与钱穆最初相识，是在 1929 年 4 月 15 日。那一天，在广州中山大学任教的顾颉刚回到家乡小住，应邀至苏州中学演说。"四点演说，约一小时。"⑧

---

① 郭沫若：《中国古代社会研究》附录九，《郭沫若全集》第 1 卷，北京：人民出版社，1992 年，第 304—305 页。

② 刘掞藜：《读顾颉刚君〈与钱玄同先生论古史书〉的疑问》，《古史辨》第一册，上海：上海古籍出版社，1982 年，第 87 页。

③ 胡堇人：《读顾颉刚先生论古史书以后》，《古史辨》第一册，上海：上海古籍出版社，1982 年，第 92 页。

④ 柳诒徵：《论以〈说文〉证史必先知〈说文〉之谊例》，《古史辨》第一册，上海：上海古籍出版社，1982 年，第 218 页。

⑤ 钱穆：《八十忆双亲师友杂忆合刊》，北京：九州出版社，2011 年，第 116 页。

⑥ 钱穆：《评顾颉刚〈五德终始说下的政治与历史〉》，《古史辨》第五册，上海：上海古籍出版社，1982 年，第 619 页。

⑦ 钱穆：《崔东壁遗书序》，《中国学术思想史论丛》（八），北京：九州出版社，2011 年，第 400 页。

⑧ 1929 年 4 月 15 日日记，《顾颉刚日记》第二卷，北京：中华书局，2011 年，第 272 页。

在交流中，顾颉刚适见桌上钱穆刚刚杀青的《先秦诸子系年》，征得同意后携回翻阅。几天后，顾颉刚起身北行去往燕京大学，钱穆回访。顾颉刚认定钱穆为研究历史的难得之才，坦诚建议"君似不宜长在中学中教国文，宜去大学中教历史"[1]，并当即表示愿意推荐钱穆到中山大学任教。热心的顾颉刚还主动亲赴"三元坊，访汪校长，商请宾四到粤事"[2]。

其时顾颉刚已然是大学名教授，钱穆还是中学教师，但双方都以平常心相见，可见当时学界风气之诚朴，重实标才学而不讲地位。而顾颉刚与钱穆素昧平生一见识，即热肠荐贤，更尤称古风。

中山大学果真寄来了聘书，但在苏州中学校长汪懋祖的挽留下，钱穆婉拒。顾颉刚得知消息后函促钱穆为《燕京学报》撰文，钱穆应约寄去了《刘向歆父子年谱》。

自晚清以来，经学今古文两家各持门户，入主出奴。康有为著《新学伪经考》，直指古文《左传》诸经尽出刘歆伪造。其说一时风靡，统治了清末民初的经学研究。顾颉刚在中山大学任教时，"以讲述康有为今文经学为中心"，"此去燕大，当仍继续前意"[3]。在顾氏看来，康氏"论上古事茫昧无稽，说孔子时夏、殷的文献已苦于不足，何况三皇五帝的史事，此说即极惬心餍理"，又说康氏"汇集诸子托古改制的事实，很清楚地把战国时的学风叙述出来，更是一部绝好的学术史"[4]。而钱穆对康氏此说深不以为然，认为只要彻底考证刘向、刘歆父子的生平、行踪，就可"撤藩篱而破壁垒"，为"经学显真是"[5]。

《刘向歆父子年谱》，是向康氏《新学伪经考》发动的一次总攻击。该书从刘向、刘歆和王莽年谱着手，缕举细析康书"不可通者二十有八端"[6]，尽扫刘歆伪造群经之说。钱穆很清晰地认识到"此文不啻特与颉刚争议"[7]，但顾颉刚有胸襟而无门户，用了近三个月的时间，阅读校对，详作笔记，并在《燕京学报》第7期（1930年6月）上发表，后来又编入《古史辨》第五册。

钱穆一生著作等身，《刘向歆父子年谱》是他的成名作之一。它是解决道咸以来经学今古文争议的专门著作，对中国经学史的研究有着划时代的贡献。这篇

---

① 钱穆：《八十忆双亲师友杂忆合刊》，北京：九州出版社，2011年，第138页。

② 1929年8月6日日记，《顾颉刚日记》第二卷，北京：中华书局，2011年，第310页。

③ 钱穆：《八十忆双亲师友杂忆合刊》，北京：九州出版社，2011年，第138页。

④ 顾颉刚：《古史辨》第一册，上海：上海古籍出版社，1982年，"自序"，第26页。

⑤ 钱穆：《两汉经学今古文平议》，北京：九州出版社，2011年，"自序"，第3页。

⑥ 钱穆：《刘向歆父子年谱》，《古史辨》第五册，上海：上海古籍出版社，1982年，第101页。

⑦ 钱穆：《八十忆双亲师友杂忆合刊》，北京：九州出版社，2011年，第142页。

论文甫一发表，即引起热议。有人誉之为"学术界之大快事"①，其文"颇足关康有为辈之口，使之无词以自解"②。胡适也赞道："钱谱为一大著作，见解与体例都好。"③钱穆在《师友杂忆》中说："及去燕大，知故都各大学本都开设'经学史'及'经学通论'诸课，都主康南海今文家言。余文出，各校经学课遂多在秋后停开。但都疑余主古文家言。"④顾颉刚同样也说："几年来我们发表了些不信任古文家议论时，人家就替我们加上了'新今文家'的头衔了。"⑤

声气相通

1930 年 9 月，钱穆告别苏州，乘海轮北上，来到了人文荟萃的北平城，任燕京大学国文系讲师。钱穆坦言这是"生活上一大变"⑥。钱穆任教燕大，正是缘于顾颉刚的力荐。钱穆初至燕园，并不感到寂寞，因为顾颉刚于百忙之中抽身为之接洽一切。"初到所遇皆生人，惟晤佑苏绍虞及颉刚，使余无身居异地之感。"⑦在顾的陪同下，钱穆先后拜见了燕大校长吴雷川、北大文学院院长胡适，又结识了郭绍虞、容庚、洪业、吴其昌、吴文藻、谢冰心、张星烺、冯友兰等一大批学人。

钱穆在《师友杂忆》中对燕大时期的生活有这样的回忆："余初到校即谒颉刚。其家在校之左，朗润园则在校之右。其家如市，来谒者不绝。……宾客纷至，颉刚长于文，而拙于口语，下笔千言，汩汩不休，对宾客讷讷如不能吐一辞。闻其在讲台亦惟多写黑板。然待人情厚，宾至如归。"钱穆还特意提到了顾氏夫人。"其夫人奉茶烟，奉酒肴，若有其人，若可无其人，然苟无其人，则绝不可有此场面。盖在大场面中，其德谦和乃至若无其人也。余见之前后十余年，率如此。"⑧

---

①青松：《评〈刘向歆父子年谱〉》，《古史辨》第五册，上海：上海古籍出版社，1982 年，第250 页。

②孙次舟：《左传国语原非一书证》，《责善半月刊》第 1 卷第 4 期，1940 年，第 3 页。

③1930 年 10 月 28 日日记。见曹伯言整理：《胡适日记全编》（5），合肥：安徽教育出版社，2001 年，第 834 页。

④钱穆：《八十忆双亲师友杂忆合刊》，北京：九州出版社，2011 年，第 150 页。

⑤顾颉刚：《古史辨》第五册，上海：上海古籍出版社，1982 年，"自序"，第 3 页。

⑥钱穆：《八十忆双亲师友杂忆合刊》，北京：九州出版社，2011 年，第 141 页。

⑦钱穆：《八十忆双亲师友杂忆合刊》，北京：九州出版社，2011 年，第 144 页。

⑧钱穆：《八十忆双亲师友杂忆合刊》，北京：九州出版社，2011 年，第 143—144 页。

钱穆执教燕大后，每周有三日闲暇。燕大藏书丰富，北平学者云集，相互切磋问学的机会大增。在这样良好的著述环境下，他以半年之力对《先秦诸子系年》旧稿加以增改。顾颉刚读过后在日记中表示十分赞佩："宾四之《诸子系年》作得非常精练，民国以来战国史之第一部著作也。"①他还向胡适做了推荐，称"《诸子系年》，洋洋三十万言，实近年一大著作"②。顾氏将此稿推荐给清华，申请列入《清华丛书》。只是由于审读意见的分歧，书稿最终未获通过。

由于不适应教会大学的环境，钱穆在燕京大学任教一年左右后匆匆南下。爱才心切的顾颉刚，转而向北京大学的胡适、傅斯年推荐了钱穆。他在 1931 年 3 月 18 日致胡适的信中说："我想，他如到北大，则我即可不来，因为我所能教之功课他无不能教也，且他为学比我笃实，我们虽方向有些不同，但我颇尊重他，希望他常对我补偏救弊。故北大如请他，则较请我为好，以我有流弊而他无流弊也。"③

当时，钱穆已经以治先秦诸子闻名，颇合当时北大史学研究偏重先秦的趋势，再加上顾氏的力荐，北大很快就做出了聘请的决定。1931 年 9 月，钱穆北上就任北大史学系副教授。不久，在顾颉刚的接洽和安排下，他又到清华兼课。钱穆回忆："民二十之夏，余在苏州，得北京大学寄来聘书。待余赴平后，清华又来请兼课。此必颉刚在北平先与两方接洽，故一专任，一兼课，双方已先洽定也。"④

此情此景，让钱穆终生难忘。半个世纪以后，钱穆在《师友杂忆》中重提此事，不禁如此慨叹："（顾颉刚）此种胸怀，尤为余特所欣赏，固非专为余私人之感知遇而已。"⑤

此后，从 1931 年到 1937 年 6 年多时间内，钱穆一直在北大授课，顾颉刚也长期待在北平，两人的交往从未中断。在生活上他们是挚友，互相关照：顾颉刚滞留他处时，请托钱穆代为授课；钱穆著作既成时，顾颉刚为其出版四处奔忙；顾颉刚经济困难时，钱穆予以相助。在顾颉刚的引导下，钱穆亦参加了许多学术活动："史学研究会"里有他们的身影；"读书周刊社"的宴席上，他们谈古

①1939 年 7 月 2 日日记，《顾颉刚日记》第四卷，北京：中华书局，2011 年，第 249 页。

②顾颉刚：《致胡适》（1931 年 3 月 18 日），《顾颉刚书信集》卷一，北京：中华书局，2011 年，第 473 页。

③顾颉刚：《致胡适》（1931 年 3 月 18 日），《顾颉刚书信集》卷一，北京：中华书局，2011 年，第 473 页。

④钱穆：《八十忆双亲师友杂忆合刊》，北京：九州出版社，2011 年，第 142 页。

⑤钱穆：《八十忆双亲师友杂忆合刊》，北京：九州出版社，2011 年，第 152 页。

论今；《史学月刊》的刊行，他们勠力同心；"禹贡学会"的成立，他们筚路蓝缕。

"伪经"之争

当然，顾、钱之间深厚的学谊，并不能掩盖两人之间在学术上的分歧。两人之间的分歧正是集中在刘歆"伪经"之争。在钱穆的《刘向歆父子年谱》发表之前，顾颉刚也写下《五德终始说下的政治与历史》一文，刊载于稍早的《清华学报》第六卷第一期（1930 年 5 月），由此带出了 1930 至 1931 年度钱、顾两人对古史、今古文经学一系列问题的辩论。

钱穆在《刘向歆父子年谱》"自序"和《两汉经学今古文平议》"自序"中，两次述及他的这篇文章是针对"康著《新学伪经考》，专主刘歆伪造古文经之说"①而作。他分析指出，今文经学者"谓歆伪诸经以媚莽助篡"之说，长期以来"人易信服，不复察也"。②基于此，钱穆以刘向、刘歆父子的生平事迹为主线索，以"月"为时间段，详细记述这近百年每月间发生的事件，直接或间接地反驳了康氏等人的观点。"余读康氏书，深疾其牴牾，欲为疏通证明，因先编《刘向歆父子年谱》，著其实事。"③但他不为反驳而反驳，澄清真相才是他真正的学术目标，"本书之所用心，则不在乎排击清儒说经之非，而重在乎发见古人学术之真相。亦唯真相显，而后伪说可以息，浮辨可以止。"④

顾颉刚的《五德终始说下的政治与历史》，则旨在讨论从驺衍五德终始说到《世经》之说的"政治与历史"，但也涉及刘向、刘歆父子作伪经、古今文经学等一系列问题。顾颉刚说："我很佩服钱宾四先生，他的《刘向歆父子年谱》寻出许多替新代学术开先路的汉代材料，使我草此文时得到很多的方便。"虽则如此，但顾氏仍然支持刘向、刘歆"伪经"说，称："康长素（按：康有为）先生的《新学伪经考》、崔觯甫（按：崔适）先生的《史记探源》，抉出刘歆作伪之迹，使学术界中认识新代的学术及其改变汉学的情状，自然是巨眼烛照。"当然，顾颉刚指出：康氏"把这个改变的责任一起归在刘歆身上，以为都是他想出

---

① 钱穆：《两汉经学今古文平议》，北京：九州出版社，2011 年，"自序"，第 2 页。
② 钱穆：《刘向歆父子年谱》，《古史辨》第五册，上海：上海古籍出版社，1982 年，第 101 页。
③ 钱穆：《刘向歆父子年谱》，《古史辨》第五册，上海：上海古籍出版社，1982 年，第 248 页。
④ 钱穆：《两汉经学今古文平议》，北京：九州出版社，2011 年，"自序"，第 4 页。

来、造出来的，未免把他的本领看得太大"①，这一观点显然受钱穆《刘向歆父子年谱》的影响。

钱、顾的两篇文章有各自的研究目标，但涉及的内容又互相交叉，而且两文的核心观点颇为针锋相对。这些观点的冲突，显示了当时学术界在古史问题、今古文经学问题上的复杂态度。

需要指出的是，正是康有为的《新学伪经考》《孔子改制考》，直接开启了近代的疑古之风和顾颉刚的古史辨伪。然而，康氏之书写于戊戌维新时期，其书主要是借经学谈政治，为变法维新鸣锣开道。两书在政治上打击泥古守旧思想，意义甚大，但是从学术的角度去衡估，其结论不免牵强、武断，难以令人信服。即便是康有为的学生梁启超，对之也有"往往不惜抹杀证据或曲解证据，以犯科学家之大忌"②的批评。顾颉刚的古史辨伪颇受康有为今文学派观点的影响，对晚清今文学家的疑辨思想和历史解释比较推崇，其著述因此不免用康有为等人的今文家说来为其古史观张目。

1931年4月，钱穆在《大公报》"文学副刊"刊出《评顾颉刚〈五德终始说下的政治与历史〉》。钱穆写道："顾颉刚先生屡次要我批评他的近著《五德终始说下的政治和历史》，为我在他那文以前，曾有一篇《刘向歆王莽年谱》，载《燕京学报》第七期。和他的议论正好相反，我读了他的文章，自应有一些异同的见解。"③这篇文章与钱穆此前的《刘向歆父子年谱》呈现学术观点的一致性。顾颉刚所倡导的"古史辨派"，是继兴盛一时的"今文经学派"之后登上历史舞台的。在这篇文章中，钱穆认为"以今文学家复西汉之古"来解放东汉的古文学，仍会陷入今文经学的固定视角中而受其遮蔽。在当时今古文两派学者纷争、辩论的学术界，必须破除两派门户之见来治学，还历史以原貌。钱穆认为，由于所处的时代不同，两者之间也有诸多不同。顾颉刚辨古史采用的根本方法是"传说演进的见解"，这和康有为"人为的"有意造伪说的武断相比，更较近情理。"顾先生的古史剥皮，比崔述还要深进一步，决不肯再受今文学那重关界的

① 顾颉刚：《五德终始说下的政治与历史》，《古史辨》第五册，上海：上海古籍出版社，1982年，第483页。
② 梁启超：《清代学术概论》，朱维铮校注：《梁启超论清学史二种》，上海：复旦大学出版社，1985年，第64页。
③ 钱穆：《评顾颉刚〈五德终始说下的政治与历史〉》，《古史辨》第五册，上海：上海古籍出版社，1982年，第617页。

阻碍，自无待言。"① 不过他对顾颉刚把晚清今文学家那种辨伪疑古的态度和精神引为同调的做法提出了批评："《古史辨》和今文学，虽则尽不妨分为两事，而一般的见解，常认其为一流，而顾先生也时时不免根据今文学派的态度和议论来为自己的古史观张目。这一点，似乎在《古史辨》发展的途程上，要横添许多无谓的不必的迂回和歧迷。"② 钱穆认为，无论是政治还是学术，从汉武帝到王莽，从董仲舒到刘歆，只是一线的演进和生长，绝非像晚清今文学家和疑古派所说的其间必有一番盛大的伪造和突异的解释，所以他力主用自然的演变说取代刘歆造伪说，并劝顾颉刚和古史辨学者"可用历史演进的原则和传说的流变来加以说明，不必用今文学说把大规模的作伪及急剧的改换来归罪刘歆一人"③。

顾颉刚同样声称自己研究古史问题时持破除今古文两派门户之见的立场。他经常与钱玄同谈论经学问题。钱玄同认为汉代今文经学由孔子学派传衍而来，经长期的蜕化而失其真；古文经学异军突起，将得到的一些古代材料加以整理改造，与今文经学唱对台戏。双方都有谬误，但攻击对方的话多为正确，后人应该用这种相互间的批评来揭露真相。顾颉刚"觉得这是一个极锐利、极彻底的批评，是一个击碎玉连环的解决方法"④，"倘使不用了信仰的态度去看而用了研究的态度去看，则这种迂谬的和伪造的东西，我们正可以利用了它们而认识它们的时代背景。"⑤ 可见顾、钱两人都反对以今古文的立场研究学术。略为不同的是，钱穆希望完全撇开今古文偏见，直接着手经学史真相的研究，而顾颉刚则希望能以今古文问题为对象做"破坏"和"重建"的工作。

不过，钱穆《评顾颉刚〈五德终始说下的政治与历史〉》并没有说服顾颉刚，顾氏又写了一篇《跋钱穆评〈五德终始说下的政治和历史〉》的文章为其观点辩护。他说："钱宾四先生写好了这篇文章，承他的厚意，先送给我读，至感。他在这篇文中劝我研究古史不要引用今文家的学说，意思自然很好，但我对于清代的今文家的话，并非无条件的信仰，也不是相信他们所谓的微言大义，乃

① 钱穆：《评顾颉刚〈五德终始说下的政治与历史〉》，《古史辨》第五册，上海：上海古籍出版社，1982年，第620页。

② 钱穆：《评顾颉刚〈五德终始说下的政治和历史〉》，《古史辨》第五册，上海：上海古籍出版社，1982年，第621页。

③ 钱穆：《评顾颉刚〈五德终始说下的政治和历史〉》，《古史辨》第五册，上海：上海古籍出版社，1982年，第630页。

④ 顾颉刚：《秦汉的方士与儒生》，上海：上海古籍出版社，2005年，"序"，第2页。

⑤ 顾颉刚：《中国上古史研究课·第二学期讲义序目》，《古史辨》第一册，上海：上海古籍出版社，1982年，第259页。

是相信他们的历史考证。他们的历史考证，固然有些地方受了家派的束缚，流于牵强武断，但他们揭发西汉末年一段骗案，这是不错的。"[1]

对于与顾颉刚的学术分歧，钱穆在《师友杂忆》中有一段精辟的论述："颉刚史学渊源于崔东壁之《考信录》，变而过激，乃有《古史辨》之跃起。然考信必有疑，疑古终当考。二者分辨，仅在分数上。如禹为大虫之说，颉刚稍后亦不坚持。而余则疑《尧典》，疑《禹贡》，疑《易传》，疑老子出庄周后，所疑皆超于颉刚。然窃愿以考古名，不愿以疑古名。疑与信皆须考，余与颉刚，精神意气，仍同一线，实无大异。"[2] 顾氏以考辨古史成名，其疑古之力度自不待言，钱穆治先秦诸子也多属考辨性质，其出发点即在于疑。虽然两人此时都主张治史须有疑，然而在疑古的方式、内容及归宿上，两人均大异其趣，但这又不影响两人的交谊，反多有互相启发之处。

感情弥笃

1937 年，抗日战争全面爆发。钱穆随校南迁，执教于昆明的西南联大。顾颉刚先西北，后西南，于 1938 年 10 月抵昆明，任云南大学教授。再次聚首，两人往来依旧频繁。钱穆往返于宜良与昆明之间，从事通史著作《国史大纲》的写作；顾颉刚则以读书笔记体裁写成《浪口村随笔》三册。此间，顾颉刚依然关注钱穆的学术动向，经常阅读其著作，特别对《先秦诸子系年》爱不释手，尝云："宾四《诸子系年》作得非常精炼，民国以来战国史之第一部著作也，读之羡甚，安得我亦有此一部书耶？"[3] 对于钱氏的《先秦诸子系年》，顾氏真的推崇有加。在两人分离后的 1953 年，顾氏还在日记中写下了"宾四《先秦诸子系年考辨》一书实甚精密，为不朽之作"的赞语。[4]

1939 年春夏间，内迁成都的齐鲁大学校长刘世传欲重建国学研究所，邀请顾颉刚前往主持。顾氏很快便答应了，并向钱穆发出了这一邀约。顾颉刚给校长刘世传的推荐信中说："钱宾四先生穆，在北大任历史讲席已越十年，学识淹博，议论宏通，极得学生欢迎。其著作亦均缜密谨严，蜚声学圃，实为今日国史

①顾颉刚：《跋钱穆评〈五德终始说下的政治和历史〉》，《古史辨》第五册，上海：上海古籍出版社，1982 年，第 631 页。

②钱穆：《八十忆双亲师友杂忆合刊》，北京：九州出版社，2011 年，第 159 页。

③1939 年 7 月 2 日日记，《顾颉刚日记》第四卷，北京：中华书局，2011 年，第 249 页。

④1953 年 11 月 25 日日记，《顾颉刚日记》第七卷，北京：中华书局，2011 年，第 474 页。

界之第一人，刚敬之重之。"①

此时，钱穆的《国史大纲》已经出版，引起争论。他在"引论"中对考订派的激烈批评，引起了傅斯年等人的强烈不满，而他的文化保守主义言论也引起了"左倾"教授对他的攻击，钱穆自感在联大似乎已卷入到一场是非之中，萌生去意。加之"适北大历史系同学同来联大者，至是已全部毕业"②，对于顾颉刚的邀约，钱穆欣然同意。

不过，此前他正准备离开云南返苏州省亲。离开云南之前，他答应顾颉刚秋后省亲归来即赴成都，但回到苏州，钱穆意欲奉养老母，加上妻儿从北平归来，亲人团聚不易，于是函告顾氏请假一年。顾颉刚复信允假，且薪金照发，并嘱其编辑《齐鲁学报》。钱穆居留苏州耦园期间，编《齐鲁学报》一卷在上海出版，并写成《史记地名考》一书，以齐鲁大学国学研究所的名义交上海开明书店出版，以作回报。

一年后的1940年，钱穆收拾行囊，前往成都报到。在启程之前的7月2日，钱穆给顾氏邮去一函。内云："弟与兄治学途径颇有相涉，而吾两人才性所异，则所得亦各有不同。妄以古人相拟，兄如房玄龄，弟则如杜如晦。昔唐太宗谓房君善谋，杜君善断。兄之所长在于多开途辙，发人神智。弟有千虑之一得者，则在斩尽葛藤，破人迷妄。故兄能推倒，能开拓，弟则稍有所得，多在于折衷，在于判断。来者难诬，若遇英才能兼我两人之所长，则可以独步矣。"这是钱穆与顾氏交往十余年来对彼此治学及才性的一次深度比较，内中比附"房谋杜断"的典故，辞气间充盈着豪气。顾颉刚特将此函抄入日记，并附言："老友之言当有其积久之观察，录之于此，以待他日之论。"③

10月，钱穆抵达成都。顾颉刚大喜过望，召开欢迎会，并"代钱、胡（厚宣）二君报账"，"代宾四值日"，"邀宾四、西山同开会，讨论所务"④，甚为倚重。此时，顾颉刚主持所务已有一年。齐鲁大学国学研究所原设在成都华西坝，借用华西大学校舍。顾颉刚嫌都市喧嚣，将研究所移至成都北郊崇义桥之赖家园。其地原本为当地富家大姓赖家住宅，占地颇广，为顾氏租借作研究所用。当地有一位姓罗的藏书家慷慨解囊，将其3万册藏书借给研究所使用。为避日机

---

① 顾颉刚：《致刘世传》（1939年7月7日），《顾颉刚书信集》卷三，北京：中华书局，2011年，第122页。

② 钱穆：《八十忆双亲师友杂忆合刊》，北京：九州出版社，2011年，第221页。

③ 1940年6月30日日记，《顾颉刚日记》第四卷，北京：中华书局，2011年，第395页。

④ 顾颉刚：《顾颉刚日记》第四卷，北京：中华书局，2011年，第441—452页。

轰炸，四川省立图书馆版本较佳的图书也多寄存于此。国学研究所无疑是战火纷扰中一处难得的"桃花源"。顾颉刚写了一组《赖园杂咏》诗，有一首这样描述："蓉渚风流久阒寥，养疴我爱竹潇潇。归夸新屋诸般美，相约移来崇义桥。赖家广厦罗家书，赚得门前问字车。尘俗寇兵都不到，被人错认作仙居。"①钱穆对赖家园良好的为学环境也很满意，"每周到城上课，一如往来昆明、宜良之间"，并表示"乡居最惬吾意"。②钱穆曾对顾颉刚说："兄任外，余任内，赖家园环境良好，假以年月，庶可为国家培植少许学术后起人才。"③可见，觅得一个安静独立的治学环境，正是两位学者所共同期望的。

对于齐鲁大学国学研究所，顾颉刚寄予了莫大的期望。他希望借助国学研究所"组织一机关，使各个人能互相发生研究上之关系，自谓有些把握"，"必出其二十年来之经验，好好做一番事，俟将研究所根底打好，必将隐退"，并说"使忌我者看一看我之成绩，知他们尽力破坏，而犹有不能破坏者在也"。④"忌我者"，自然包括昔日同学兼好友傅斯年。比他们晚一辈的余英时就说，顾颉刚重建齐鲁国学研究所，"显然是想在中研院史语所之外，别树一帜。"⑤顾颉刚不仅作此之想，更是矢志行之。钱穆就说："余窥其晨夕劬勤，实有另辟蹊径，重起炉灶之用心。"⑥

写一部理想的中国通史著作，是顾颉刚一生的志业所在。其时，钱穆的《国史大纲》已经出版。顾颉刚对钱穆以一人之力写通史的做法并不认可，认为"通史的写作，非一个人的精力所能胜任，而中国历史上需待考证的问题又太多，因此最好的办法，是分工合作，先作断代的研究，使其精力集中于某一个时代，作专门而精湛的考证论文，如是方可产生一部完美的断代史，也更可以产生一部完美的通史"⑦。不过，认识取向的不同，并不妨碍他对《国史大纲》做公正评价，他说："中国通史的写作，到今日为止，出版的书虽已不少，但很少能够达

---

① 顾潮：《我的父亲顾颉刚》，北京：人民文学出版社，2010 年，第 192—193 页。

② 钱穆：《致李埏书》（1941 年 1 月 20 日），《素书楼余渖》，北京：九州出版社，2011 年，第 315 页。

③ 钱穆：《八十忆双亲师友杂忆合刊》，北京：九州出版社，2011 年，第 232 页。

④ 顾颉刚：《致张维华》（1939 年 6 月 9 日），《顾颉刚书信集》卷三，北京：中华书局，2011 年，第 119 页。

⑤ 余英时：《未尽的才情》（《余英时文集》第十一卷），桂林：广西师范大学出版社，2014 年，第 211 页。

⑥ 钱穆：《八十忆双亲师友杂忆合刊》，北京：九州出版社，2011 年，第 231 页。

⑦ 顾颉刚：《当代中国史学》，沈阳：辽宁教育出版社，1998 年，第 80 页。

到理想的地步。……其中较近理想的，有吕思勉《白话本国史》、周谷城《中国通史》、邓之诚《中华二千年史》、陈恭禄《中国史》、缪凤林《中国通史纲要》、张荫麟《中国史纲》、钱穆《国史大纲》等。其中除吕思勉、周谷城、钱穆三四先生的书外，其余均属未完之作。钱先生的书最后出而创见最多。"①

当然，编写一部理想的中国通史，并非易事，难以"毕其功于一役"。对此，顾颉刚有清晰的认识："此次在齐大研究所任职，立志为中国通史工作打好一个基础。"②这个好的基础，就是标点"二十四史"，编写索引，使散乱的材料系统化。"此事甚大，我辈生命中未必能亲睹其成。但欲引史学上轨道，固非此不可也。"③

齐鲁大学国学研究所在组织上近似中央研究院的学术机构，设有专职研究员。研究员之下设助理员，所内十多名助理员在顾颉刚、钱穆等研究员的指导下从事研究工作，每周六举行一次学术讲论会。当年跟随钱穆在赖家园学习的严耕望回忆道："就研究所的正式工作言，不论研究员或助理员，都各自选定论题，自由钻研，只是每个星期六举行一次讲论会，分组轮流讲演，或作读书报告。每组研究员一人、助理员二人。讲者词毕，与会者共同讨论。最后是由顾、钱两位先生作论评。我参加讲论会时，顾先生已到重庆，主要是由先生论评得失或作补充。"④

齐鲁大学国学研究所还办了《齐鲁学报》《齐大国学季刊》《责善》三种刊物，分别按照年刊、季刊、半月刊的梯次出版。《齐鲁学报》主要是为"孤岛"的名誉研究员，如吕思勉、杨宽、童书业等提供发表的园地，由钱穆主编，一共出版了两期；《齐大国学季刊》是由国学所在成都编辑出版；《责善》半月刊的办刊宗旨有所不同，是为让学生得到治学的门径，使学术研究后继有人。严耕望在《责善》一共发表五篇论文。方诗铭说："严耕望从研究秦汉的政治制度，到研究魏晋南北朝，再到唐代，写出了不少有价值的论文和专著，可以说，也应该追溯于齐鲁大学国学研究所。"⑤除了期刊的发行外，国学所共出版了近二十种日后在学术界颇有影响的著作。张维华回忆："研究所的工作在国内外都产生了

① 顾颉刚：《当代中国史学》，沈阳：辽宁教育出版社，1998年，第77页。

②1939年11月30日日记，《顾颉刚日记》第四卷，北京：中华书局，2011年，第313页。

③1939年10月26日日记，《顾颉刚日记》第四卷，北京：中华书局，2011年，第300页。

④ 严耕望：《钱穆宾四先生与我》，《治史三书》（增订版），上海：上海人民出版社，2016年，第261页。

⑤ 方诗铭：《记顾颉刚先生在齐鲁大学国学研究所》，见王煦华编：《顾颉刚先生学行录》，北京：中华书局，2006年，第255—260页。

颇大的影响，差不多成了西南的一个学术中心。"^①钱穆也认为国学所"不啻是一研究集团"^②。

难免龃龉

顾、钱两人能够携手共事，得益于彼此对治学环境的要求及对治学功用的认识。顾颉刚自提倡古史辨以来，经常被人事纠纷所困扰。在厦门大学、中山大学任教时期，与鲁迅、傅斯年关系不睦。1931 年，北京大学聘请其前往任教，顾氏以"北大实是非之场，能不去时总不想去"^③及其他考虑予以拒绝，推荐钱穆代之，而钱穆在北大教书期间亦有"在当时北大上课，几如登辩论场"^④、"余自入北大，即如入了一是非场中"^⑤之感，西南联大期间也因"昆明尘嚣居隘"^⑥，不得已在昆明、宜良两地往返。

最初的开始，是如此美好，但现实却往往与人们的期望相背离。1941 年 5 月，顾颉刚应中山大学老上级朱家骅之邀，赴重庆创办《文史杂志》，将研究所工作交由钱穆代理。顾颉刚何以会抛弃最初的宏愿而选择离开呢？顾颉刚在给钱穆的一封信中"交代"两个方面的缘由：一个是他在执教燕京大学时学生张维华的"排挤"，另一个是朱家骅和顾梦余的"挽留"。^⑦顾孟余时长校中央大学，也有意邀请顾氏前去任教。顾颉刚与齐鲁大学本无渊源，他到国学研究所正是由张维华推荐，但在顾颉刚勉力主持国学所近两年之后，师生之间的关系由密而转疏，甚至形同路人。而且顾氏对张维华的疑心已经连带到了钱穆身上。"校长于二月一日见招，谓西山自崇义桥归，谓钱、胡二先生对于研究所极热心，极有意见，拟此后照文学院例，开所务会议云云。所务会议当自开，惟钱、胡二位有意见何以不对我说而向西山说，西山何以亦不对我说而对校长说，必由校长以传达于我乎？此中之谜，不猜亦晓。予太负责，致使西山无插足地，故渠必欲破

①张维华：《张维华自传》，《文史哲》1994 年第 6 期。

②钱穆：《八十忆双亲师友杂忆合刊》，北京：九州出版社，2011 年，第 237 页。

③1931 年 3 月 13 日日记，《顾颉刚日记》第二卷，北京：中华书局，2011 年，第 506 页。

④钱穆：《八十忆双亲师友杂忆合刊》，北京：九州出版社，2011 年，第 158 页。

⑤钱穆：《八十忆双亲师友杂忆合刊》，北京：九州出版社，2011 年，第 157 页。

⑥钱穆：《国史大纲》，北京：九州出版社，2011 年，"书成自记"，第 3 页。

⑦顾颉刚：《致钱穆》（1942 年 3 月 4 日），《顾颉刚书信集》卷三，北京：中华书局，2011 年，第 131—134 页。

坏之。渠对宾四，忠顺万状，其目的则联甲倒乙而已。"①"西山"，是指张维华。"此中之谜，不猜亦晓""联甲倒乙"，显然顾颉刚不仅对张维华，而且对钱穆也有了猜疑之心。不过，细绎其间原因，顾氏与国学所背后的"金主"哈佛燕京学社的矛盾才是最主要的因素。此时齐鲁大学和燕京大学同时借住华西协和大学的校舍，又同样利用哈燕社的资金，所以两者一直存在着竞争的意识。当时燕京大学已有文科研究所，哈燕社希望齐鲁大学重视本科教学，不要花力气在研究所。顾颉刚的积极谋划，引起了哈燕社的不满。严耕望就称："因为（齐鲁大学）校长与董事会不和，闹得两败俱伤，哈燕社协助研究所的经费又已大削，必须裁员。"②

在顾颉刚离开以后，所务由钱穆代理，但顾此后又曾两度返回成都处理所务。他在1942年3月致函钱穆透露心迹，希望仿中央、东北两大学合聘金毓黻之例保留齐鲁之职，愿每年"春季到渝，秋季到蓉"③。顾氏在研究所主任一职的游移态度，有可能让钱穆对其产生了"误会"。9月25日顾氏日记："刘书铭来，谓宾四对我有误会。我想，我是竭诚要宾四作研究所主任者，若宾四真对我误会，则宾四为不智矣。"④10月4日又讲："今日丁山（按：张维华）来，又谓在三台时，（蒙）文通适来，谈及钱先生对我有不满意处，而文通谓是宾四对。丁山又云，杨拱辰得崇义桥信，谓钱先生对我不高兴，不欲我回去。三人成市虎，得非宾四对我确有不满意处乎？我对宾四尽力提携，彼来蓉后，要什么便给他什么，且我自知将行，尽力造成以他为主体之国学研究所，我对他如此推心置腹，彼乃以此相报乎？人事难处，至矣尽矣！"⑤不过，这些毕竟只是心底波澜，笔之于日记而已，老友交谊并未破局，这得益于旧时文人之涵养。

钱穆在《师友杂忆》中有言："颉刚留所日少，离所日多，又常去重庆。余告颉刚，处此非常之时，人事忙迫，亦实无可奈何。……而颉刚终以久滞重庆不归，乃正式提出辞去研究所职务，由余接替。"⑥1942年4月25日，顾颉刚"写

---

① 1941年1月31日日记，《顾颉刚日记》第四卷，北京：中华书局，2011年，第485页。

② 严耕望：《钱穆宾四先生与我》，《治史三书》（增订版），上海：上海人民出版社，2016年，第268页。

③ 顾颉刚：《致钱穆》（1942年3月4日），《顾颉刚书信集》卷三，北京：中华书局，2011年，第132页。

④ 1942年9月25日日记，《顾颉刚日记》第四卷，北京：中华书局，2011年，第739页。

⑤ 1942年10月4日日记，《顾颉刚日记》第四卷，北京：中华书局，2011年，第743—744页。

⑥ 钱穆：《八十忆双亲师友杂忆合刊》，北京：九州出版社，2011年，第232页。

刘世传信辞齐鲁大学国学研究所主任职。该职由钱穆接任"[1]。

钱穆在论述汉代今古文之争的时候曾言："一个时代之学术，则必有其一个时代之共同潮流与其共同精神。"[2]学随世变，乃学术之常态。身历目睹民族危机的深重，抗战时期的知识分子更加关注现实，以求能对当世有所贡献。顾颉刚和钱穆概莫能外，学术路向与早年相比均有了转变。顾颉刚认为，"以我国近日所处地位之艰危，学术上实不容更有浪费，故定其价值之高下必以需用与否作衡量之标准"，开始了边疆民族史地的研究与通俗读物的编写工作。[3]钱穆则开始了通史的编撰工作，意在对近百年流行的"空洞浅薄乃至荒谬"的国史观念做纠弹，并最终唤回国人对自身文化传统的温情与敬意。[4]力求通过学术研究来为国家应对现实困境提供思想资源，是顾、钱两位学者相通的经世之道，也是顾、钱两人相聚成都在治学理念方面相通的原因所在。

然而，正由于这种转向后学术路径及学术领域的相异，导致两人的合作相当有限。即使对于编撰通史此项工作，两人也是同曲不同调。顾氏对钱穆以一人之力写通史的做法并不认可，认为"若恃一手一足之烈，闭门为之，虽可有精彩处，究不能有理想之成就也"[5]。1943年3月，顾颉刚在向友人介绍"中国治史各专家"时认为钱穆所长在于"战国史""秦汉史"与"思想史"，通史方面则推荐了缪凤林、李源澄、雷海宗三人，由此可见其对钱穆的通史撰述或是有所保留的。[6]而钱穆认为通史应该"简要明当""于繁重之国史，必先有所取舍"，又需要"先有一系统之观点，以为其取舍之标准"[7]，而系统的观点往往是分工协作很难贯彻的。因此当20世纪30年代北大开设通史课程时，钱穆就主张由其一人独任，拒绝了由他和陈寅恪分任前后两段的提议。

1943年秋，钱穆转教华西协和大学，齐鲁大学国学研究所停顿。这样算来，自从1939年秋加盟（第一年告假在乡）起，钱穆在国学所共历整整四年；自

---

① 顾潮：《顾颉刚年谱》，北京：中国社会科学出版社，1993年，第307—310页。

② 钱穆：《两汉经学今古文平议》，北京：九州出版社，2011年，"自序"，第2页。

③ 顾颉刚：《禹贡学会研究边疆学之旨趣》，《宝树园文存》卷四，北京：中华书局，2011年，第215页。

④ 钱穆：《革命教育与国史教育》，《文化与教育》，北京：九州出版社，2011年，第260页。

⑤ 顾颉刚：《致李文实》（1944年8月5日），《顾颉刚书信集》卷三，北京：中华书局，2011年，第218页。

⑥ 顾颉刚：《致徐文珊》（1943年3月5日），《顾颉刚书信集》卷三，北京：中华书局，2011年，第194—196页。

⑦ 钱穆：《国史大纲》，北京：九州出版社，2011年，"书成自记"，第1页。

1942 年 3 月接任主任起，前后又有一年多时间。钱穆离开一年多时间后，1944 年 11 月，顾颉刚应齐鲁大学校长汤吉禾邀请，再次回国学所任主任。据他自述，"数年前在齐大研究所之中心工作为标点'二十四史'，及编制索引。离蓉之后，该项工作仍未停止，由颉刚在渝主持。计现在已点二十史，其《史记索引》一种，亦粗有成稿。……去年汤前校长见邀，颉刚所肯接任者，实为完成此项工作之故。"①然而回成都不久，齐鲁大学闹学潮，校长汤吉禾下台，顾颉刚在纷纷扰扰当中结束了齐鲁大学的旅程。编撰中国通史的宏愿最终也未能完成，成为顾颉刚又一个"未竟的志业"。抗战胜利后不久，顾颉刚有写自传的计划。对自己的过往，他以"未能尽其才，但已尽了我的力"②来概括，显然蕴含了他在齐鲁大学国学研究所期间因为诸多因素的纠结没能施展抱负而深以为憾的情结。但是，毕竟作为书生报国、心系中国文化存续的大关怀，制订编撰中国通史的计划，进而点校庞大的"二十四史"。其功可彰，其行可表。

"疑""信"之辩

钱穆与顾颉刚自苏州初识以来，交往频繁，时相过从，但并不意味着两人在治学路径、方法和学术观点上都引为同调。纵观钱穆的古史理论，与顾颉刚有共同之处，却又是同不胜异的。他对古史辨派史学的评价，大体经历了一个由基本肯定到基本否定再到全盘否定的发展过程。

"疑古"在中国有很悠久的传统，不过，初期的疑古只是对古书中的某些记载提出怀疑。孟子就说："尽信书，不如无书。"先秦时百家争鸣，不同的学派根据自己信奉的理念对古书的记载进行取舍，这样自然有互相矛盾之处。到了汉武帝时期，为了加强中央集权而独尊儒术，儒家的经典被奉为法定的教科书，由儒家经典中对古史的记载为核心而构成的古史观，也就成为居统治地位的理念。因此对古书记载的怀疑，基本上都是抱定儒家古史观的理念而提出来的。自 20世纪 20 年代开始，以顾颉刚为代表的"古史辨派"所掀起的疑古思潮，则是在一种新的理念指导下进行的，也就是在进化史观的指导下进行的。顾颉刚声称："我们当时为什么会疑，也就是因得到一些社会学和考古学的知识，知道社会进

---

①顾颉刚：《致齐鲁大学校务委员会》（1945 年 3 月 19 日），《顾颉刚书信集》卷三，北京：中华书局，2011 年，第 230—232 页。

②顾潮：《我的父亲顾颉刚》，北京：人民文学出版社，2010 年，"前言"，第 4 页。

化有一定的阶段，而战国、秦、汉以来所讲的古史和这标准不合，所以我们敢疑。"① 所以他在 1926 年就已经提出了四个"打破"：（1）打破民族出于一元的观念；（2）打破地域向来一统的观念；（3）打破古史人化的观念；（4）打破古代为黄金世界的观念。② 这是他对传统古史观决裂的宣言书。以他为代表的"古史辨派"对一系列的古书所作的辨伪，都是自觉或不自觉地为这四个"打破"服务的。因此，这种对古书的辨伪，只是在方法上承传了过去固有"疑古"的传统，而其主旨是和过去只疑古书、不疑古史的辨伪截然不同的，中国史学研究由此而进入了"疑古时代"。他们揭橥致疑、求真的旗帜，运用乾嘉考据方法和近代西方实证主义史学方法，敢于藐视儒家经典的权威，廓清了上古史的许多迷雾，为中国史学向科学化方向迈进做出了相当的贡献。钱穆在《国学概论》中对古史辨运动给予了明确肯定，称："若胡适之、顾颉刚、钱玄同诸家，虽建立未遑，而破弃陈说，驳击旧传，确有见地。"③ 1930 年，钱穆的成名作《刘向歆父子年谱》面世，与顾颉刚的"议论正好相反"④。此后，围绕今古文经学之争，两人又有多篇文章面世，学术观点和根本精神异大于同。但此时的钱穆对顾的史学思想持相当积极的肯定和评价，自谓其破刘歆伪造群经的今文家说，"也只想为顾颉刚助攻那西汉今文学的一道防线，好让《古史辨》的胜利再展进一层。"⑤ 这一阶段，钱穆在《燕京学报》和《清华学报》发表了几篇有关古史地理考证的文章，出奇论，翻积见，标新得。专门撰文与之商榷的饶宗颐就认为钱穆受了顾颉刚《古史辨》中关于"古史地域扩张理论"的影响。⑥

自 1926 年起至 1941 年间，顾颉刚主持汇集"古史辨派"研究成果，编辑出版《古史辨》七巨册。钱穆被收编入《古史辨》的文章，计 22 篇。此外，钱穆为罗根泽所编的第四册作序。显然，仅从现象上说，钱穆如此众多篇目的古史考辨文章入编及作序，说明他实际参与了古史辨运动。和以顾颉刚为首的"古史辨

① 顾颉刚：《我是怎样编写〈古史辨〉的？》，《古史辨》第一册，上海：上海古籍出版社，1982年，第 28 页。

② 顾颉刚：《答刘胡两先生书》，《古史辨》第一册，上海：上海古籍出版社，1982 年，第 99—101 页。

③ 钱穆：《国学概论》，北京：九州出版社，2011 年，第 329 页。

④ 钱穆：《评顾颉刚〈五德终始说下的政治和历史〉》，《古史辨》第五册，上海：上海古籍出版社，1982 年，第 617 页。

⑤ 钱穆：《评顾颉刚〈五德终始说下的政治和历史〉》，《古史辨》第五册，上海：上海古籍出版社，1982 年，第 630 页。

⑥ 周少川：《治史论学六十年——饶宗颐教授访谈录》，《史学史研究》1995 年第 1 期。

派"一样，钱穆同样也主张疑辨，认为"考信必有疑，疑古终当考"①。但是，在对待疑与信、破与立的关系上，他们的看法又不尽相同。尽管"古史辨派"主张"破坏与建设，只是一事的两面，不是根本的歧异"，"我们所以有破坏，正因为求建设"②，然而在具体的古史研究实践中基本上奉行的是以疑破信的原则，主张通过怀疑来达到推翻传统上古史的目的，所以他们常常把疑作为治古史的最高目的，其着眼点在疑不在信，在破不在立。钱穆并不反对疑古，但与"古史辨派"所不同的是，他认为怀疑本身并不是目的，在信而不在疑，在立不在破。钱穆执教北京大学，主讲上古史，在讲台上就宣称上古史"若亦疑古，将无可言"③。1933 年他在给《古史辨》第四册所作之序中就明确提出了"怀疑非破信，乃立信"的观点，指出："信亦有广有狭。疑者非破信，乃所信之广。信乎此，并信乎彼，而彼此有不能并信，于是乎生疑。若世之守信者，信其一拒其余，是非无疑，乃信之狭。若必尊信，莫如大其信。大其信而疑生，决其疑而信定。则怀疑非破信，乃立信。"④ 在 1935 年出版的《先秦诸子系年》"自序"中，钱穆再一次重申了这一主张，"夫为辨有破有立，破人有余，立己不足，此非能破之胜也"⑤。后来他把这一主张更精简地表述为："疑之所起，起于两信而不能决。学者之始事，在信不在疑，所谓'笃信好学'是也。"⑥ 显然，在钱穆看来，怀疑本身并不是治史的最高目的，一味怀疑必然流于破而不能立。他的目的是以信疑伪，疑以坚信，重建上古信史，而不是以疑破信，推翻古史。1935 年，钱穆发表《崔东壁遗书序》。此时他对疑古学派在肯定、同情的同时，已经开始凸显文化观相异的一面。崔述（号东壁）是清朝著名的辨伪学者，其著作由门人汇刻为《东壁遗书》，内以《考信录》三十二卷最令学者注目。"古史辨派"对崔述及其著作极为推崇。1925 年，胡适为崔述作年谱，题名为《科学的古史家崔述》。在该年谱中，胡氏将崔述定位为"新史学的老先锋"，而且非常肯定地说"中国新史学应该从崔述做起"，以崔述的《考信录》为出发点，"然后逐渐谋更向上的进步"。⑦ 顾颉刚也认为，"崔述的《考信录》确是一部

① 钱穆：《八十忆双亲师友杂忆合刊》，北京：九州出版社，2011 年，第 159 页。

② 罗根泽：《古史辨》第四册，上海：上海古籍出版社，1982 年，"顾序"，第 19 页。

③ 钱穆：《八十忆双亲师友杂忆合刊》，北京：九州出版社，2011 年，第 155 页。

④ 罗根泽：《古史辨》第四册，上海：上海古籍出版社，1982 年，"钱序"，第 5 页。

⑤ 钱穆：《先秦诸子系年》，北京：九州出版社，2011 年，"自序"，第 27 页。

⑥ 钱穆：《学术与心术》，《学籥》，北京：九州出版社，2011 年，第 153 页。

⑦ 胡适：《科学的古史家崔述》，见崔述撰著、顾颉刚编订：《崔东壁遗书附录·传状》，上海：上海古籍出版社，1983 年，第 953 页。

极伟大又极细密的著作，我是望尘莫及的。"① 钱穆在《崔东壁遗书序》中对崔述的古史观提出了批评。他说崔述"主于尊经而为之考信"，因其不敢破经，故"信之太深"，又因其过分疑古，故"疑之太勇"，指出崔氏之病在于所信之过狭，其弊陷于所疑之过多，故崔氏"所疑未必是，即古说之相传未必非"。② 钱穆还说，崔述这种疑古太甚、辨驳太刻的疑辨思想生前虽不为清儒所重，但到了五四运动时期却为胡适、顾颉刚等人所承继和发展，演变成对一切古典文献的怀疑。他说胡适"于古今人多评骘，少所许，多所否，顾于东壁加推敬……而最为疑古著者曰顾君颉刚。……深契东壁之治史而益有进"③，"颉刚史学渊源于崔东壁之《考信录》，变而过激，乃有古史辨之跃起。"④ 在钱穆看来，这种对古代典籍普遍怀疑的主张对研究古史特别有害，它势必会导致对上古历史文化的全面否定，所以他对当时只破不立的疑古学风大加批评道："数年以来，有闻于辨伪疑古之风而起者，或几于枝之猎而忘其本，细之搜而遗其巨，离本益远，歧出益迷"⑤，称"近人尽从疑古辨伪上来治史，所以终难摸到历史大动脉之真痛痒"⑥。

到了20世纪40年代初，以出版《国史大纲》为标志，钱穆对"古史辨派"基本采取了否定性的评价。在该书第一章第一节"近人对上古史之探索"中，他先肯定了"古史辨派"的研究，谓"传说神话的审订"此项工作，"近人为之尤力。如顾颉刚等所编集之《古史辨》。"接着笔锋一转，不指名地批评了"近人极端之怀疑论"，指出"亦应稍加修正"。⑦ 他着重从五个方面对顾颉刚的古史理论进行了全面的批评，特别指出，"从一方面看，古史若经后人层累地造成；惟据另一方面看，则古史实经后人层累地遗失而淘汰。层累造成之伪古史固应破坏，层累遗失的真古史，尤待探索。"⑧ 显然，在他看来，古史固然有层累造成

---

① 顾颉刚：《与钱玄同先生论古史书》，《古史辨》第一册，上海：上海古籍出版社，1982年，第59页。

② 钱穆：《崔东壁遗书序》，《中国学术思想史论丛》（八），北京：九州出版社，2011年，第404页。

③ 钱穆：《崔东壁遗书序》，《中国学术思想史论丛》（八），北京：九州出版社，2011年，第399—400页。

④ 钱穆：《八十忆双亲师友杂忆合刊》，北京：九州出版社，2011年，第159页。

⑤ 钱穆：《崔东壁遗书序》，《中国学术思想史论丛》（八），北京：九州出版社，2011年，第408页。

⑥ 钱穆：《史学导言》，《中国史学发微》，北京：九州出版社，2011年，第56页。

⑦ 钱穆：《国史大纲》，北京：九州出版社，2011年，第7—8页。

⑧ 钱穆：《国史大纲》，北京：九州出版社，2011年，第8页。

的一面，同时也有层累遗失的一面，而且后者更为重要，尤需研究，不能只强调前者而忽略后者。若只强调古史层累造成的一面，而不明不提尚有之古史层累遗失的一面，那就是片面的，仅走入怀疑一端了。

钱穆的弟子吴佩兰曾忆述过的一桩故事也可为之佐证。他说自己曾深受顾颉刚古史"古史层累造成说"的影响而顺其说撰成一文，1940 年在齐鲁大学国学研究所时面呈钱穆，结果，钱穆对他的论文"加以批评，态度严肃，声色俱厉，历时亦长"①。

《国史大纲》以后，钱穆的学术重点由史学转向理学，又转向文化，阐扬中华文化。而顾颉刚的"古史辨派"是以反传统的精神考辨古史史料，钱穆维护传统的精神与之不啻南辕北辙，而且距离越来越远了。自 20 世纪 40 年代特别是钱穆居港台以来，他对"古史辨派"批评的言论转多，几近全面否定。1980 年 12 月钱穆发表《维新与守旧》一文，以否定性取向较集中地检讨新文化运动。在批评新文化运动的同时，判认疑古运动为"新文化运动一支流"而加以批评，认为它完全承袭了胡适之"不承认一国家一民族有其固定文化之传统"，只一肯定崔述为"科学的古史家"的偏义而创成。在他看来，"古史辨派"一味疑古辨伪，势必会导致对中国历史文化的全面否定，主张治史不应当专以疑古为务。在晚年著作《晚学盲言》中，钱穆说："吾友顾颉刚，由此'禹'字生疑，创为《古史辨》。不知遇古史有疑，当就其时代善为解释，不当遽以疑古为务。倘中国古史尽由伪造，则中国人专务伪造，又成何等人？"②不过他这时的否定性批评主要是出自文化意义上的批评，即对"古史辨派"否定性的评价主要是从民族文化立场着眼立论的。

与钱穆一样，胡适在经历了初期的推崇和契合之后，随着史学观的转变而开始对于"古史辨派"持批评态度。1928 年，胡适在《治学的方法与材料》一文中批评顾颉刚的《古史辨》"方法虽是科学，材料却始终是文字的"③。当然胡适批评的主要着眼点并不在"疑古"，而在对家国无利埋首故纸堆的学问。他说："我们的三百年最高的成绩终不过几部古书的整理，于人生有何益处？于国家的治乱安危有何裨补？虽然做学问的人不应该用太狭义的实利主义来评判学术的价值，然而学问若完全抛弃了功用的标准，便会走上很荒谬的路上去，变成枉

---

① 吴沛澜：《忆宾四师》，《钱穆纪念文集》，上海：上海人民出版社，1992 年，第 54 页。

② 钱穆：《晚学盲言》，北京：九州出版社，2011 年，第 702—703 页。

③ 胡适：《治学的方法与材料》，《胡适文集》第四册，北京：北京大学出版社，1998 年，第 107 页。

费精力的废物。"①在此前后，胡适还指责顾颉刚的考据证据不足且以辞害意，"无从证实，又无从否证"，"既不能得训练，又不能做学问，毫无益处"。②这与当年盛赞"层累地造成的中国古史"说开启了中国古史学上的"第二次革命"相比③，可谓迥异其趣。顾颉刚的"老对手"鲁迅也说："其实，他（指顾颉刚）是有破坏而无建设的，只要看他的《古史辨》，已将古史'辨'成没有。"④

　　冯友兰在《古史辨》第六册序中将史学界划分为信古、疑古及释古三派。他说："我曾说过中国现在之史学界有三种趋势，即信古、疑古及释古。就其中信古一派，与其说是一种趋势，毋宁说是一种抱残守缺的人的残余势力，大概不久即要消灭；即不消灭，对于中国将来的史学也是没有什么影响的。真正的史学家，对于史料，没有不加以审查而直信其票面价值的。疑古一派的人，所做的工夫即是审查史料。释古一派的人所做的工夫，即是将史料融会贯通。就整个的史学说，一个历史的完成，必须经过审查史料及融会贯通两个阶段，而且必须到融会贯通的阶段，历史方能完成。但就一个历史家的工作说，他尽可只作此两阶段中之任何阶段，或任何阶段中之任何部分。任何一种的学问，对于一个人，都是太大了。一个人只能做任何事的一部分。分工合作在任何事都须如此。由此观点看，无论疑古、释古，都是中国史学所需要的，这其间无所谓孰轻孰重。"⑤钱穆提出的研治上古史的理论与方法，固然是对当时疑古思潮的回应，然而在回应中也在不同程度上表现出了某种信古的倾向。但是，如果就此把20世纪二三十年代的钱穆划归为信古派，又不免失之于简单。这不仅因为钱氏本人曾公开明确地表示过反对复古，更重要的是他主张考古，考而后信，重建上古信史。钱穆对考古派史家王国维的古史新证理论和考古成就极为钦佩，《先秦诸子系年》正是在王国维《古本竹书纪年辑校》《今本竹书纪年疏证》的基础上，沿着王氏的考证之路，以《纪年》订《史记》之误，据之以考订诸子生卒年月和春秋战国史实的。据此可以认为，钱穆早年治史既不同于疑古过头、否定古史的疑古派，也有

————

①胡适：《治学的方法与材料》，《胡适文集》第四册，北京：北京大学出版社，1998年，第112页。

②1931年7月22日日记。见曹伯言整理：《胡适日记全编》（6），合肥：安徽教育出版社，2001年，第130—131页。

③胡适：《介绍几部新出的史学书》，《古史辨》第二册，上海：上海古籍出版社，1982年，第338页。

④鲁迅：《致郑振铎》（1934年7月6日），《鲁迅全集》第13卷，北京：人民文学出版社，2005年，第170页。

⑤罗根泽：《古史辨》第六册，上海：上海古籍出版社，1982年，"冯序"，第1页。

别于迷恋往古、以古为尚的信古派。王国维取地下实物与文献记载相证来研究古史，故能开拓学术之区宇，转时代之风气，其成就也就较乾嘉诸老更上一层。钱穆虽然也赞同以地下新材料与古文献相证来研究古史，但是他却过分重视了文献记载乃至古史传说，因而在一定程度上又忽视了地下出土的实物资料对于上古史研究的重要性。他说："中国古史传说，虽也不免有些神话成分之羼杂，但到底是极少的。我们现在叙述中国古代，也不必拘拘以地下发掘的实物来作根据。"①所以就钱穆研究上古史的方法言，主要仍是走的从文献考证文献的传统路子，这势必会限制他考证古史的成就。这不能不说是他治古史的一大局限。

必须指出，钱穆"以信疑伪""疑以坚信"的古史观，其实与顾颉刚古史辨的原意大体上并不相悖。顾颉刚后来在《我是怎样编写〈古史辨〉的？》一文中，对他的古史考辨亦同样有个强调"信"的说明。他说："这'考而后信'的态度，的确是我们研究史料学的主要任务。"②这"考而后信"与钱穆所言"疑以坚信"意思大体差不多，其意谓疑古考辨只是史料审订的方法工夫，其目的与结果则仍在立信。冯友兰赞誉"《古史辨》是中国近世以来疑古文献的大成"③。但顾颉刚对此说有异议，说："疑古并不能自成一派，因为他们所以有疑，为的是有信。"他认为不先有所信，建立了信的标准，就无所疑，无从辨；有了信的标准，"凡是不合于这标准的则疑之"④。这就是疑起于信，疑中有信。在《古史辨》的几篇"自序"（第一至五册均有顾序）及有关文章中，顾颉刚反复解释与说明了疑古辨伪非无信。顾颉刚对古史所抱的，并非只是怀疑的眼光，而是分析、分解的眼光，而此一眼光则含有"信"的标准。依此眼光看古史，认为"研究古史自应分析出信史和非信史两部分"⑤，而真实的古史材料与伪史不应合在一起，这里，"辨伪的工夫是决不能省的"⑥。顾颉刚说"从杂乱的古史中分出信史与非信史"，是他认为"甚不误"的"基本观念"。⑦显然，顾颉刚的古史辨所疑、所辨的是信史和非信史"杂乱的古史"，更确切地说是非信史，是假古

① 钱穆：《中国文化史导论》，北京：九州出版社，2011 年，第 22 页。

② 顾颉刚：《我是怎样编写〈古史辨〉的？》，《古史辨》第一册，上海：上海古籍出版社，1982 年，第 8 页。

③ 罗根泽：《古史辨》第六册，上海：上海古籍出版社，1982 年，"冯序"，第 1 页。

④ 顾颉刚：《我是怎样编写〈古史辨〉的？》，《古史辨》第一册，上海：上海古籍出版社，1982 年，第 28 页。

⑤ 顾颉刚：《答刘胡两先生书》，《古史辨》第一册，上海：上海古籍出版社，1982 年，第 97 页。

⑥ 钱玄同：《答顾颉刚先生书》，《古史辨》第一册，上海：上海古籍出版社，1982 年，第 81 页。

⑦ 顾颉刚：《答刘胡两先生书》，《古史辨》第一册，上海：上海古籍出版社，1982 年，第 102 页。

董，而信史则是其中之标准。由此疑古辨伪的工夫与方法，是"想回复这些材料的本来面目，剥去它们的乔装"①。这就是确信疑伪，破伪立信。这也就是顾颉刚一再申言的古史辨的宗旨在"打倒伪史，而建设真史"②。所谓"建设"，即是立信史。在方法论上说，就是经过了长时间的讨论，"至少可以指出一个公认的信信和疑疑的限度来。"③那么，从方法论史料学层面看，与其说顾颉刚的古史辨是疑古派，勿宁谓之释古派，或名为辨古派。此始是顾氏已意，故其书名曰《古史辨》。

由此观之，无论是钱穆，还是顾颉刚与"古史辨派"，在古史观方面皆是疑信并用、疑以立信的，终究不过是轻重显晦的量度差别，而不是有无的性质判断。历史学家许冠三在论述顾颉刚古史学时，指出其各个阶段各有重点，谓："颉刚古史学的要旨并不限于疑古和辨伪，考信方面是后来居上。他大致是1928 年前后重疑，三十年代尚辨，四十年代由辨伪向考信过渡。"④

余韵悠悠

出于"所同不胜其异"的原因，顾、钱两人在齐鲁大学国学研究所后再无学术的合作，但论学有诤而不害交谊，两人学术上的分歧并没有妨碍他们成为"始终如一"的朋友。

1944 年初冬，顾颉刚偕新夫人张静秋返成都华西坝，"到宾四处，并晤黄淑兰女士。"⑤黄毕业于华西大学教育系，擅长绘画和音乐。钱穆《师友杂忆》载述："余来华西坝，遂来从学。余病惟彼乃一女生，常侍在侧。"⑥抗战胜利后，钱穆和顾颉刚都没有返回北平任教。顾氏东归后一度在老家苏州社会教育学院任教，钱穆从蜀中东返后居苏州耦园。耦园位于仓街小新桥巷内，三面环水；园内树木成荫，花草葱郁，亭台楼阁环环相扣，顾颉刚"喜其静谧可读书"，曾托钱穆与园主人"接洽房屋"。在借居耦园期间，顾氏埋首著述。他说："耦

① 顾颉刚：《古史辨》第二册，上海：上海古籍出版社，1982 年，"自序"，第 7 页。
② 顾颉刚：《古史辨》第三册，上海：上海古籍出版社，1982 年，"自序"，第 6 页。
③ 顾颉刚：《启事三则》，上海：上海古籍出版社，1982 年，《古史辨》第一册，第 187 页。
④ 许冠三：《新史学九十年》上册，香港：中文大学出版社，1986 年，第 182 页。
⑤ 1944 年 11 月 19 日日记，《顾颉刚日记》第五卷，北京：中华书局，2011 年，第 370 页。
⑥ 钱穆：《八十忆双亲师友杂忆合刊》，北京：九州出版社，2011 年，第 242 页。

园中不闻人声，凉风四至，真读书佳境。天其能佑我成学于此乎？"①1946 年 10 月 22 日，顾颉刚"与吕诚之先生同出，到宾四处谈，游耦园。与诚之、宾四同出，到拙政园"②。这应是顾、钱最后几次交游。不久，钱穆前往昆明五华书院，后转赴无锡江南大学。

1949 年，钱穆南走香港，客居兴学，顾颉刚选择留在大陆，两人再也无缘聚首。1957 年，据顾颉刚日记，"政府派黄居素到港，作联络事宜，故（陈）真如（陈铭枢）返其来此，嘱予为宾四写信，能回来最好，即不回来亦望改善态度。予因作留港旧友书十一通交之。"③钱穆在《师友杂忆》中也说："后余在香港，有人来言，颉刚面告，其在北平重获旧时学业生涯。盼余能早归。则其不忘情于余者，实始终如一。"④不过，顾氏对钱穆参与政治活动大有批评。他在 1949 年 5 月 16 日日记中记："钱穆与张其昀在广州参加 ×× 组织，有演讲，此君亦参加政治矣。"⑤另据《唐君毅日记》载，1949 年 5 月 15 日，"阎锡山与国民党等要人来一帖，约我与钱先生入城茶会，看见三党人不少，然气象罕足观者，后有的提议发起'反侵略会'，我与钱先生遂退。"⑥根据时间上的先后关联，两人的记载应为同一事，但孰是孰非，后已殊为判断。

后来，钱穆因"不食周粟"而遭到了点名批判。留在大陆的顾颉刚因早年提携钱穆之故，也不时在做检讨。到了 20 世纪 60 年代，顾氏的批评意见罕见严厉，且政治化。比如，他在 1965 年 1 月 10 日的日记中说："予受蔡元培先生之爱才思想最为浓重，以致提携钱穆，使彼有资本投入反动阵营，实为予对不起祖国之最大事件。"⑦

1980 年 12 月，顾颉刚去世。钱穆在《师友杂忆》中感叹说："最近又闻颉刚已在北平逝世，则从此更无再见之缘矣。"⑧1988 年，顾颉刚之女顾洪将父亲生前 60 余年的读书笔记（约 400 万言）整理完毕，当时大陆各出版社要出版如此庞大的图书有困难，美籍学者黎东方、张光直先后来大陆访问，得知此事后决

---

①1946 年 8 月 1 日日记，《顾颉刚日记》第五卷，北京：中华书局，2011 年，第 694 页。

②1946 年 10 月 22 日日记，《顾颉刚日记》第五卷，北京：中华书局，2011 年，第 733 页。

③1957 年 5 月 2 日日记，《顾颉刚日记》第八卷，北京：中华书局，2011 年，第 239 页。

④钱穆：《八十忆双亲师友杂忆合刊》，北京：九州出版社，2011 年，第 232 页。

⑤1949 年 5 月 16 日日记，《顾颉刚日记》第六卷，北京：中华书局，2011 年，第 458 页。

⑥1949 年 5 月 15 日日记，《日记》（上）（《唐君毅全集》第 32 卷），北京：九州出版社，2016 年，第 22 页。

⑦1965 年 1 月 10 日日记，《顾颉刚日记》第十卷，北京：中华书局，2011 年，第 196 页。

⑧钱穆：《八十忆双亲师友杂忆合刊》，北京：九州出版社，2011 年，第 232 页。

定援手在台湾出版，再后顾洪打听到钱穆在台湾的地址，也去函求助。钱穆及其夫人胡美琦给予了支持。他们三人不约而同均向台湾联经出版公司推荐。1990年1月，顾颉刚笔记稿在台湾出版，这也是钱、顾友谊的最后一页。

始善终隙　相知相仇

——钱穆与傅斯年

傅斯年和钱穆是20世纪我国史学界两位富有鲜明学术个性和思想的大师级的人物。因生活阅历的不同，教学和研究的分歧，加之又都是强者性格，固执己见，不肯随和，两人在很多方面显得情不投、意不合。傅斯年可谓钱穆在大陆时期最不投契的学者。两人之间的交往，起初有着为推动史学发展相惜相知的成分，后来因史学思想分歧而产生了矛盾纠葛。两人交往过程中的是非恩怨大多带有学术色彩，并且在一定程度上反映了中国现代史学的发展及其化合分解，反映了20世纪中国史学曲折而又多途并进的发展历程。

一

1931年夏，钱穆因不适应教会大学的环境，在燕京大学执教一年后南归。不久，他在苏州家中得到北京大学寄来的聘书。钱穆此次之所以能进入北大执教，固然与顾颉刚的鼎力相荐有关，但与傅斯年也有莫大关系。1930年北大史学系主任朱希祖去职后，系主任一职由中央研究院历史语言研究所所长傅斯年代理。傅氏上任后，为北大史学系招兵买马，首先想到了在燕京大学任教的顾颉刚。两人是北大同学，此前又在中山大学共事，虽因闹矛盾而一时失和，在感情上出现了裂痕，但并没有到彻底断交的地步。他向顾颉刚发出回北大任教的邀请，但遭到了拒绝。顾颉刚虽未加盟北大，但他推荐了钱穆。很快，傅斯年便做出了聘请钱氏的决定。

傅斯年接纳钱穆，在顾颉刚写给胡适的信中也得到了印证。顾在信中说："北大与燕大之取舍，真成了难题目。此间许多人不放走，当局且许我奉养老亲，住入城内。为我自己学问计，确是燕大比北大为好。闻孟真有意请钱宾四先生入北大，想出先生吹嘘。我已问过宾四，他也愿意。我想，他如到北大，则我即可不来，因为我所能教之功课他无不能教也，且他为学比我笃实，我们虽方向有些不同，但我尊重他，希望他常对我补偏救弊。故北大如请他，则较请我为好。"①

此信写于 1931 年 3 月 18 日，当时钱穆尚在燕京大学任教。可见，钱穆受聘北大，早在他回苏州之前就已经安排好了，只是他可能并不知晓罢了。可以说，钱氏加盟北大，顾颉刚的推荐有首善之功，但傅斯年也是主事者之一。

傅斯年，字孟真，1896 年生于山东聊城，比钱穆小一岁。两人皆出身于书香之家，幼年丧父，由母亲教养成人。所不同的是，钱穆高中尚未毕业便因家贫辍学，18 岁时便在家乡无锡做了乡村小学教师，而傅斯年则在他父亲学生的资助下，经历了从小学、中学到大学再出国留学的完整的求学过程。傅斯年 13 岁进入天津府立中学，17 岁考入北京大学预科。在五四运动中，傅斯年是有名的学生领袖。他自豪地说："五四那天上午，我做主席，下午扛着大旗到赵家楼，打进曹汝霖的住宅。"②1919 年底，傅斯年奔赴欧洲留学，先后在英国伦敦大学、德国柏林大学读了七年书。1926 年冬，傅氏学成归国，不久被广州中山大学聘为该校文学院院长和国文、史学两系主任。1928 年，中央研究院历史语言研究所成立，傅斯年出任所长。1929 年，史语所从广州迁往北平，陈垣、陈寅恪、赵元任、李济等一批著名学者聚集在他的麾下。以史语所为中心、以整理和考订史料真伪为职志、以"为学问而学问"的治学态度相标榜的史料学派逐步形成。该派内以乾嘉史学为依托，外以西方近代实证史学为应援，曾雄霸民国史坛达 20 多年，是当时声势最盛的史学主流派。

尽管傅斯年让邓广铭"不要专信钱先生的一家之言"③，但他对钱穆的《刘向歆父子年谱》的学术价值却推崇备至。每逢招待外国学者，傅斯年都邀请钱穆参加，并且把他安排在贵宾身旁，郑重地向客人介绍钱氏"乃《刘向歆父子年谱》之作者"④。显然，傅斯年将钱穆视为学术上的"同志"，争取把他拉进自己的学术圈子。事实上，其时钱穆的成名论著《刘向歆父子年谱》《先秦诸子系

① 顾颉刚：《致胡适》（1931 年 3 月 18 日），《顾颉刚书信集》卷一，北京：中华书局，2011 年，第 473 页。

② 何兹全：《民族与古代中国史》，石家庄：河北教育出版社，2002 年，"序"，第 17 页。

③ 邓广铭：《怀念我的恩师傅斯年先生》，《邓广铭全集》第十卷，石家庄：河北教育出版社，2005 年，第 308 页。

④ 钱穆：《八十忆双亲师友杂忆合刊》，北京：九州出版社，2011 年，第 159 页。

年》均是实证性的研究之作，外界也把钱作为胡适、傅斯年学派阵营的一员。钱穆有一年返回苏州，与张君劢相谈，张就说："君何必从胡适之作考据之学？"①由此可证钱穆是以实证学派学人的特征而为人所重的。钱穆自己也说："余之治学，亦追随时风，而求加以明证实据。"②

20世纪30年代初，正是傅斯年从"疑古"走向"重建"的关键时期。傅氏原本是主张疑古的，他的疑古甚至还早于顾颉刚。1924年1月到1926年9月间，在德国留学的傅斯年给顾颉刚写了一封长信（未寄出），对顾氏和他的"层累的造成的中国古史"说大加称赞，称："史学的中央题目，就是你这'累层的造成的中国古史'"；"你这一个题目，乃是一切经传子家的总锁钥，一部中国古代方术思想史的真线索，一个周汉思想的摄镜，一个古史学的新大成"；"您在这个学问中的地位，便恰如牛顿之在力学，达尔文之在生物学"，"颉刚在史学上称王了"；"几年不见颉刚，不料成就到这么大"。③不过，在回国以后不久，他对顾氏的疑古主张和只破不立的学风有了某种程度的保留，认为在文献不足、无可确指时只可阙疑，不能无据轻断。他说："找出证据来者，可断其为有，不曾找出证据来者，亦不能断其为无。"④他决意在"古史辨派"之外另辟蹊径，逐渐由"疑古"转向了"重建"。1929年，傅斯年应邀作《考古学的新方法》的演讲，称："古代历史，多靠古物去研究，因为除古物外，没有其他东西作为可靠的史料。……我们大概都可以知道，古代历史多不可靠，就是中国古史时期，多相信《尚书》《左传》等书，但后来对于《尚书》《左传》，亦发生怀疑，不可信处很多很多，于是不能不靠古物去推证。中国最早出土的东西，要算是钟鼎彝器了。周朝钟鼎文和商代彝器上所刻的文字去纠正古史的错误，可以显明在研究古代史，舍从考古学入手外，没有其他的方法。"⑤傅斯年在史语所专设考古一组，把田野考古定为考古组的工作重心。在他的倡导和主持下，由李济等人负责实施，从1928年至1937年间先后对殷墟进行了15次发掘，这就是他重建古史的具体行动。钱穆虽然没有运用傅氏提倡的考古方法证史，但他的成名作《刘向歆父子年谱》一扫晚清今文学家的刘歆伪造群经说，对疑古派疑古过

① 钱穆：《八十忆双亲师友杂忆合刊》，北京：九州出版社，2011年，第174页。

② 钱穆：《八十忆双亲师友杂忆合刊》，北京：九州出版社，2011年，第349页。

③ 傅斯年：《与顾颉刚论古史书》，《傅斯年全集》第一卷，长沙：湖南教育出版社，2000年，第447页。

④ 傅斯年：《评〈秦汉统一之由来和战国人对于世界的想像〉》，《傅斯年全集》第一卷，长沙：湖南教育出版社，2000年，第474页。

⑤ 傅斯年：《考古学的新办法》，《傅斯年全集》第三卷，长沙：湖南教育出版社，2000年，第89页。

头、辨别太甚颇有矫正之功，同样为重建古史做出了贡献。这也是傅斯年特别欣赏《年谱》的原因所在。钱穆对此也是了然于胸，他自道："孟真意，乃以此破当时经学界之今文学派，乃及史学界之疑古派。"①

傅斯年是真诚的、热情的，但钱穆并不领情。钱穆对傅斯年主持史语所持肯定态度，"以历史语言两者兼举""尤属创新"，"示人以新观念，新路向"。对其气魄也持有一定的赞赏态度，认定"孟真心中之史学前途，则实不限于此两者"②。虽然如此，但钱穆的治史观念与傅氏还是异大于同的，"意见亦多不合"③，甚至有严重分歧。

很快，两人的分歧就暴露出来了。1932 年钱穆提出在北大开设"中国政治制度史"课，傅斯年和历史系主任陈受颐均表示反对。他们认为，秦以下的政治是君主专制，现在已是民国，以前的政治制度不值得研究，也不需要研究。钱穆却有他的看法。他对传统文化抱以崇尚的心理，对古代中国的政治制度很感兴趣。他认为："历史学有两只脚，一只脚是历史地理，一只脚是制度。中国历史内容丰富，讲的人常可各凭才智，自由发挥；只有制度与地理两门学问都很专门，而且具体，不能随便讲。但这两门学问却是历史学的骨干，要通史学，首先要懂这两门学问，然后自己的史学才有巩固的基础。"④现实政治与历史课教学是两回事，谈实际政治，以前的君主专制可以不提，但讲历史课，应该让学生了解历史政治及其制度文化，使学生对专制政治有所了解。但他无法改变傅斯年、陈受颐对历史专制政治的态度，也就无法在历史系开课。法学院院长周炳霖对钱穆的"中国政治制度史"很重视，于是邀请钱穆为政治系学生开课。⑤课虽则开矣，但钱穆与傅斯年之间有了隔阂。

傅斯年与钱穆在教学上的分歧，还不止于此。九一八事变以后，"国虽幸存"的局面急转直下，民国政府指定中国通史为大学必修课，以培养学生的爱国热情。在北京大学，傅斯年重视断代史研究，主张北大的通史课应分聘北平史学界治断代史、专门史有成就的名家分讲，"不专限北大一校"。北大最初一年讲授通史，即分聘 15 名学有所成的专家授课，钱穆也分讲一段，这种讲法体现了傅斯年的意见。钱穆认为，通史由众人分讲，不能一线贯通而下，实失通史的会

① 钱穆：《八十忆双亲师友杂忆合刊》，北京：九州出版社，2011 年，第 159 页。

② 钱穆：《八十忆双亲师友杂忆合刊》，北京：九州出版社，2011 年，第 160 页。

③ 钱穆：《八十忆双亲师友杂忆合刊》，北京：九州出版社，2011 年，第 159 页。

④ 余英时：《中国史学界的朴实楷模》，《治史三书》（增订版），上海：上海人民出版社，2016 年，第 321 页。

⑤ 钱穆：《八十忆双亲师友杂忆合刊》，北京：九州出版社，2011 年，第 161 页。

通之旨，所以他在课堂上公开声称，"通史一课实不大通"。在他的建议下，北大的通史课先由他和陈寅恪两人讲，1933 年秋以后他独自担任这门课。[①] 钱穆回忆："民国二十二年秋，余始于北京大学任'中国通史'讲席。是课每周四小时，一年而毕。"[②] 后来钱的名著《国史大纲》就是以当时的讲义为基础而写成的。

课程设置的分歧，其实只是表象，再向深处发掘，就牵扯到钱穆与傅斯年治史目的的根本不同。正如钱穆自己认为的那样，他与顾颉刚，"精神意气仍同一线，实无大异，而孟真所主者（西方史学的德国兰克学派），则似尚有迥异于此者。"[③] 其一，在治史的目的上，傅斯年主张治史的目的在于求真，而钱穆则并不排斥史家的主观推想。傅氏主张追求一种排除史家主观的绝对客观的实证研究。他在《〈史料与史学〉发刊词》中说："本所同人之治史学，不以空论为学问，亦不以'史观'为急图，乃纯就史料以探史实也。史料有之，则可因钩稽有此知识；史料所无，则不敢臆测，亦不敢比附成式。"[④] 这里，"乃纯就史料以探史实"者，即通常所说的"求真"。在傅氏看来，历史研究不能作为经国之大业、不朽之盛事，历史研究只能是书院式的研究。他在 1927 年 11 月 1 日出版的《研究所周刊》第一集第一期发表的"发刊词"中说："我们生当现在，既没有功利的成见，知道一切的学问，不都是致用的。"[⑤] 与傅斯年相对，钱穆的信念是"书生报国，当不负一己之才性与能力，应自定取舍，力避纷扰"[⑥]。章太炎 20 世纪 30 年代在北平谈及清代史学时曾说：清人治史，考史者多，作史者少。钱穆亲聆其言，深以为然，发愿以作史为己任。钱穆认为："欲其国民对国家有深厚之爱情，必先使其国民对国家以往历史有深厚的认识。欲其国民对国家当前有真实之改进，必先使其国民对国家以往历史有真实之了解。我人今日所需之历史智识，其要在此。"[⑦] 在钱氏看来，对历史文化的研究，是以补救时弊、复兴国家、引导未来为目的的，自然与以求真为目的的纯学术研究是不同的。钱氏至

① 钱穆：《八十忆双亲师友杂忆合刊》，北京：九州出版社，2011 年，第 162—163 页。

② 钱穆：《国史大纲》，北京：九州出版社，2011 年，"书成自记"，第 1 页。

③ 钱穆：《八十忆双亲师友杂忆合刊》，北京：九州出版社，2011 年，第 159 页。

④ 傅斯年：《〈史料与史学〉发刊词》，《傅斯年全集》第三卷，长沙：湖南教育出版社，2000 年，第 335 页。

⑤ 傅斯年：《历史语言研究所工作之旨趣》，《傅斯年全集》第三卷，长沙：湖南教育出版社，2000 年，第 13 页。

⑥ 钱穆：《八十忆双亲师友杂忆合刊》，北京：九州出版社，2011 年，第 249 页。

⑦ 钱穆：《国史大纲》，北京：九州出版社，2011 年，"引论"，第 3 页。

晚年时仍说："由我观点，仍是欣赏孔子儒家那一套，似乎今日仍应提倡一派新儒学，来为中国社会、人生理想找出路。"① 其二，在治史的方法上，傅斯年主张严格根据史料来说话，钱穆则反对对历史取纯客观的态度，认为必须倾注自己对传统文化热爱的情绪和感情。傅氏主张通过"科学的方法"客观地处理材料以获取历史事实的真实。"科学的方法"，包括语言学的方法、史料比较的方法和自然科学的方法等。正如他在《历史语言研究所工作之旨趣》中声称的那样，"一分材料出一分货，十分材料出十分货，没有材料便不出货。……材料之内使他发见无遗，材料之外我们一点也不越过去说。"② 而钱穆认为历史研究不仅应依据材料弄清历史实情（"史情"），更应探求历史实情背后所具有的一番意义（"史意"）；治史不仅应注重材料和方法，更应透过材料而把握其中活的时代精神。在他看来，历史学家唯有从材料的搜集深入对意义的研究，才能对那个时代的历史实情有一个真正透彻的认识和理解。他说："做学问，当知先应有一番意义。意义不同，则所采取之材料与其运用材料之方法，亦将随而不同。即如历史，材料无穷，若使治史者没有先决定一番意义，专一注重在方法上，专用一套方法来驾驭此无穷之材料，将使历史研究漫无止境，而亦更无意义可言。"③ 又说："古史之真相为一事，某一时代人对古史之想象为又一事。当知某一时代人一种活泼之想象，亦为研究某一时代之历史者一极端重要之事项也。"④ 其三，在历史学的属性问题上，傅斯年认为历史学就是"史料学"，钱穆虽然没有明确就历史学发表过见解，但就其治史的实践来看，实际上他是把历史学作为"生命之学"来对待的。傅斯年在《历史语言研究所工作之旨趣》的开头便说："历史学不是著史。著史每多多少少带点古世中世的意味，且每取伦理家的手段，作文章家的本事。近代的历史学只是史料学，利用自然科学供给我们的一切工具，整理一切可逢着的史料。"⑤ 这一观点，实际上把历史材料等同于客观历史本身，

① 钱穆：《世界局势与中国文化》，北京：九州出版社，2011 年，第 139 页。

② 傅斯年：《历史语言研究所工作之旨趣》，《傅斯年全集》第三卷，长沙：湖南教育出版社，2000 年，第 10 页。

③ 钱穆：《中国历史研究法》，北京：九州出版社，2011 年，"序"，第 1 页。

④ 钱穆：《崔东壁遗书序》，《中国学术思想史论丛》（八），北京：九州出版社，2011 年，第407 页。

⑤ 傅斯年：《历史语言研究所工作之旨趣》，《傅斯年全集》第三卷，长沙：湖南教育出版社，2000 年，第 3 页。

把历史学看成史料考订学。钱穆认为，"历史正为一大事业，一大生命。"[1]他举例说：研究历史，"如人之一身，若呼吸，若血行循环，若消化排泄，若细胞新陈代谢；苟不从其全体生命综合融通看之，亦莫非刹那各自起灭，各自寂尽。然就生命全体看，则起灭中有生命贯注，寂尽中生机常往。读史当悟此意，否则秦皇、汉帝、唐宗、明祖，何一非归灭尽？然此亦如一呼吸一循环，就民族生命全程观之，此乃生生不息中一过程，此过程尚活跃现在，岂得谓是过去之陈迹。"[2]从这个意义上说，钱穆把研究史学当作研究自己民族生命之学。其四，在对博通与专精的理解上，傅斯年强调治史贵专，追求"窄而深"的专家之学，而钱穆重视传统史学的"会通"思想，把融会贯通的通识视为史家治史关乎全局的观点和方法，由此提出了先"通"后"专"、以"通"驭"专"的治史方法。他说，"治史者当先务大体，先注意于全时期之各方面，而不必为某一时期某些特项问题而耗尽全部之精力"，故治史要端当"先从通史入门"，"以通治各史，自知有所别择。然后庶几可以会通条理而无大谬。能治通史，再成专家，庶可无偏碍不通之弊"。[3]

二

一人承担北大中国通史的教学，是钱穆与傅斯年逐渐疏远的最初的标志。数年后《国史大纲》的面世，则宣告了两人在学术上公开的分道扬镳。

1937 年 7 月 7 日，日本发动了全面侵华战争。空前严重的民族危机，令钱穆"一室徘徊，胸沸脉竭"[4]，激发了他的民族忧患意识和文化担当意识。在这样的背景下，他彻底完成了治学方向由"考史"向"著史"的转变，其重要的成果就是《国史大纲》这部皇皇巨著的横空出世。

《国史大纲》于 1940 年由上海商务印书馆出版。在《国史大纲》出版以前，钱穆在昆明发表了该书的"引论"。该文公开宣布了他"宗主"民族文化的

① 钱穆：《中国今日所需要之新史学与新史学家》，《中国历史研究法》，北京：九州出版社，2011 年，第 184 页。

② 钱穆：《中国今日所需要之新史学与新史学家》，《中国历史研究法》，北京：九州出版社，2011 年，第 188 页。

③ 钱穆：《中国历史研究法》，北京：九州出版社，2011 年，第 144 页。

④ 钱穆：《崔东壁遗书序》，《中国学术思想史论丛》（八），北京：九州出版社，2011 年，第 400 页。

鲜明立场，并对西方文化思潮予以猛烈抨击。文章开篇就提出了"四项读此书之条件"，有着十分鲜明的维护中国文化的立场，与傅氏反对把史学当作"经国之大业、不朽之盛事"，而仅为客观之研究的主张截然相反。特别是钱穆标榜的对其本国历史的"温情与敬意"，正是傅氏所极力反对的"那些传统的或自造的'仁义礼智'和其他主观"的表现之一。而"引论"的正文部分洋洋洒洒数万言，把文化、民族与历史三者联系起来考察，认为历史就是民族文化精神的展开和演进，研究历史不仅仅在于厘清真实的历史事实，更重要的在于厘清历史事实背后所蕴藏的民族精神和文化精神。钱穆以鲜明的民族文化立场表明了自己的学问宗主和人生的终极关怀，即关心历史文化的传承，肩负起民族文化托命的神圣责任，标志着他文化民族主义史学的正式形成。在 20 世纪 30 年代中期以前，钱穆的治史似乎游离于顾颉刚的疑古派和傅斯年的重建派之间；现在随着自己治史理论的成熟，逐渐超越两派而自树旗帜，成为抗战时期文化民族主义史学一派的代表人物。

在对中国传统文化进行全面而充满激情肯定的同时，钱穆在"引论"中对以胡适、傅斯年为首的"考订派"做出了严厉的批评。他将中国近世史学分为三派：一曰传统派，亦可谓记诵派；二曰革新派，亦可谓宣传派；三曰科学派，亦可谓考订派。三派有着不同的学术特点："'传统派'主于记诵，熟谙典章制度，多识前言往行，亦间为校勘辑补。此派乃承前清中叶以来西洋势力未入中国时之旧规模者也。其次曰'革新派'，则起于清之季世，为有志功业、急于革新之士所提倡。最后曰'科学派'，乃承'以科学方法整理国故'之潮流而起。此派与传统派，同偏于历史材料方面，路径较近；博洽有所不逮，而精密时或过之。""科学派"和"传统派"都存在脱离现实的弊端。"科学派"虽然打着"以科学方法整理国故"的旗号，实则"震于'科学方法'之美名，往往割裂史实，为局部窄狭之追究。以活的人事，换为死的材料。治史譬如治岩矿，治电力，既无以见前人整段之活动，亦于先民文化精神，漠视无所用其情。彼惟尚实证，夸创获，号客观，既无意于成体之全史，亦不论自己民族国家之文化成绩也"；"传统派""因熟谙典章制度，多识前言往行，博洽史实，稍近人事；纵若无补于世，亦将有益于己"。总的来说，"二派之治史，同于缺乏系统，无意义，乃纯为一种书本文字之学，与当身现实无预"。[1]就是说，传统派和科学派虽然在整理历史材料方面取得了若干成就，但其学术研究缺乏鲜明的现实意义。

在整篇文章中，钱穆辞气之强硬，指向之明确，信念之牢固，在近世名家著

---

[1] 钱穆：《国史大纲》，北京：九州出版社，2011 年，"引论"，第 3—4 页。

作中实为鲜见。此番铿锵之声，回荡于国难当头的神州大地，所引发的效应可想而知。当年许多学生即争相传抄、诵读此书，尤其是先期发表的该书"引论"，触及"五四"以来思想和历史学领域的许多关键问题，几乎是钱穆对举凡涉及中国历史文化的主要"谬说"所做的一次总清算。因不平而鸣，因应时代，在思想学术界引发绝大反响。

面对如此不留余地的批评，即使傅斯年再有雅量和气度，恐怕也很难坐得住。《国史大纲》出版后，张其昀在重庆对傅斯年说起此书，问他有什么看法。傅斯年愤然道："向不读钱某书文一字！"尔后又补充说："钱某何得妄谈世事，彼之世界知识，仅自《东方杂志》而来。"意在讥笑钱穆西方知识匮乏浮浅。张其昀随问："君既不读彼书文一字，又从何知此之详？"傅斯年知道语失，不再说话。①但不可否认他对钱穆及《国史大纲》的成见是很深的。

傅斯年则口称"从不读钱某人的文字"用以泄愤，并称钱穆"知识尽从读《东方杂志》得来"。因是传言，傅是否说过此言尚且不论，以傅的性格，这句话倒也格外典型地表达了他对钱氏治学的批判和排斥态度。而且，傅氏的这段说辞，与其师胡适是心灵相通的。胡适日记中也称钱穆是"从未出国门的苦学者"②。"从不读钱某人的文字"，想来是傅氏的一时偏激之语，但深深地刺激了钱穆。二三十年后的1971年，钱穆在撰写《中国知识分子责任》一文时，再次提及了与傅氏的此段言论，并说："彼之深斥于我，特以我《国史大纲》，于我国家民族历史传统多说了几句公平话。彼之意气激昂，锋铓峻锐有如此，亦使我警悚之至。"③

钱穆对傅氏情绪化批评的强烈反应，必然导致观点上的偏激。钱穆对傅斯年的讥笑，还包括傅斯年对青年学子的限制性培养。他说："凡北大历史系毕业成绩较优者，彼必网罗以去，然监督甚严。有某生专治明史，极有成绩，彼曾告余，孟真不许其上窥元代，下涉清世。然真于明史有所得，果欲上溯渊源，下探究竟，不能不于元清两代有所窥涉，则须私下为之。故于孟真每致不满。"④这话是钱穆80岁时说的，平静之中掩饰不住讥刺，可见当年他对傅斯年所作所为的愤激态度。

① 钱穆：《八十忆双亲师友杂忆合刊》，北京：九州出版社，2011年，第218页。

②1943年10月12日日记。见曹伯言整理：《胡适日记全编》（7），合肥：安徽教育出版社，2001年，第540页。

③ 钱穆：《中国知识分子责任》，《世界局势与中国文化》，北京：九州出版社，2011年，第153页。

④ 钱穆：《八十忆双亲师友杂忆合刊》，北京：九州出版社，2011年，第160页。

如果说，有强烈现实关怀和经世之愿望的钱穆在进北京大学之初还能勉强受傅氏这一治学主张约束的话，随着钱氏在学术界地位的巩固和提高，加之钱、傅都是做事十分执着、个性鲜明之人，彼此在学术上公开分道扬镳乃应有之义。至此，钱、傅两人已经势如水火，再难共事。这与钱穆初入北大时傅斯年经常在宴客时邀他作陪的情形，成了霄壤之别。

三

1945 年抗战胜利后，西南联大解散，北京大学在北平复校，胡适接替蒋梦麟出任校长。但胡适仍在驻美大使任上，由傅斯年代理校务。除日伪时期附逆者外，北大旧人大多收到傅斯年的聘书，钱穆却未被续聘。

据钱穆回忆，"昆明盛呼北大复校，聘胡适之为校长，时适之尚留美，由傅斯年暂代，旧北大同仁不在昆明者，皆函邀赴北平，但余并未得来函邀请。"①钱穆暗示他之未聘，是傅斯年从中"作梗"。傅斯年在写给其夫人的信中说："实在说这样局面下，胡先生办远不如我，我在这几个月给他打平天下，他好办下去。"②不聘日伪时期附逆者，正是傅氏为了让胡适以后能把北京大学"办下去"。那么，傅氏在替胡适一心"打平天下"的过程中，会不会把钱穆也"打"下去呢？1945 年 10 月 17 日，傅氏致函胡适，论及北大史学系人员调整，谓："史学系：（姚）从吾、（郑）毅生、（毛）子水、向达。非大充实不可。（陈）受颐必须拉回，愈早愈好。"以上诸人，皆与钱穆一样为北大旧人。于少年新进，傅氏主张"史语所可以有人补充"，其实这里应该特指张政烺。不仅如此，傅斯年还将触角延伸到海外，大拉留美学生如周一良、王毓铨、胡先晋、邓嗣禹等。其中张政烺、王毓铨、胡先晋都是北大史学系毕业。傅斯年不顾"北大派"的"门户"之讥，力主多延聘北大出身者，概因他认为"国文、史学有学风关系"，不容有失。③而钱穆则因"学风关系"，顺理成章地被拒之门外。

不过，傅斯年之不聘，恐怕与钱穆较早离开西南联大也有关系。钱穆 1939 年离开西南联大后再也没回去。当时，教授们大多在流亡途中，像钱穆那样假期离开学校的很多，如陈寅恪也有此等经历，但他在学校开学后总想办法回校，因

① 钱穆：《八十忆双亲师友杂忆合刊》，北京：九州出版社，2011 年，第 249 页。

② 傅乐成：《傅孟真先生年谱》，台北：传记文学社，1969 年，第 62 页。

③ 傅斯年：《致胡适》（1945 年 10 月 17 日），《傅斯年全集》第七卷，长沙：湖南教育出版社，2002 年，第 292—297 页。

战局紧张实在回不了学校也想办法与学校联系，说明情况。钱穆是否说明情况不得而知，但他在可以回校的时候选择了其他学校却是事实。既然钱穆长期不返，傅斯年不发聘书，也就有足够的理由。

好在此时钱穆已经声名显赫，傅斯年不聘，自有人请。他有感于时局动荡，想找一个安静的地方读书、著书。他应邀到昆明五华书院任教，同时在云南大学兼课。1948年，回到家乡无锡，在江南大学任教。其时，国民党政府大势已去，百万人民大军雄踞长江之北。钱穆身在美丽的太湖之滨，坐卧不宁。在傅斯年的主持下，"抢救"大陆学人去台湾的计划也在紧张地进行着。照理说，像钱穆这样的著名学者应列入被"抢救"的名单，然而与钱穆积怨已深的傅氏自然不会把他列入"抢救"名单，钱穆也不会把被"抢救"的希望寄托在傅氏的身上。随着史语所迁台和傅斯年出任台湾大学校长，钱穆去台湾已无发展的空间。既不愿留在大陆，也不愿浮海入台的钱穆，在人民解放军渡江南下的前夜，南走香港，在"手空空，无一物"的艰难条件下白手起家，创办了新亚书院。

新亚书院初创之时，为筹措办学经费，钱穆常常奔走于香港与台湾之间。1950年冬，钱穆去台北。一天晚上，"行政院"院长陈诚在官邸设宴招待他。据钱回忆，同座的仅有傅斯年一人。这可能是抗战胜利后钱、傅两人仅有的一次会面，"是夕所谈多由孟真与余畅论有关前清乾嘉学术方面事。"[①]此时的钱穆以弘扬宋学精神为己任，与傅斯年对乾嘉汉学的理解已有本质的不同，两人的所谓"畅论"，恐怕也是"所同不胜其异"。

1950年12月20日，一代"学林霸才"傅斯年倒在了台湾省议会厅的质询会上。在后傅斯年时代，台湾史学界对钱穆的排拒并没有因傅的去世而稍减。1958年，胡适从美返台，出任"中央研究院"院长。钱穆在致余协中的信中说："台湾方面学术门户之见太狭，总把弟当作化外人看待，而且还存有敌意。"他在致徐复观的信中也说"胡氏之害在意见，傅氏之害则在途辙"[②]，对胡适、傅斯年一派的不满溢于言表。这也是他在傅斯年、胡适有生之年，长期客居香江不愿做迁台之想的主要原因。钱穆辞新亚书院院长之职后，打算回台定居，但仍然担心台湾主流学界对他的排拒。1964年7月31日，他在致萧政之的信中说："穆流亡在此，衷心何尝不一日关心国家民族之前途，苟无此心，亦何苦在此艰难奋斗。至于在台久居，在穆岂无此心，然台湾学术界情形，吾弟宁岂不知？门户深固，投身匪易，而晚近学风尤堪痛心。穆纵远避，而谩骂轻讥之辞尚时时流

①钱穆：《八十忆双亲师友杂忆合刊》，北京：九州出版社，2011年，第276页。

②钱穆：《致徐复观书》，《素书楼余渖》，北京：九州出版社，2011年，第279页。

布，穆惟有置之不闻不问而止。若果来台，岂能长此装聋作哑，然试问又将如何作对付乎！"[1]

20 世纪五六十年代，台湾史学界的治史理论和方法基本上是处在史料学派观点的笼罩之下。杜维运说，当时"考据仍然是史学的主流，中央研究院历史语言研究所可以说完全笼罩在考据风气之下的，台湾大学历史系、历史研究所与考据有极深的渊源，学术著作的审察以及奖励，也以其是否有考据分量作最重要的标准之一"[2]。1986 年，长期在史语所任职的语言学家李方桂在口述回忆中，说明何以钱穆一直到 1968 年才获选为"中央研究院"院士。他说："他（钱穆）搞的历史研究与我们不同，我们或多或少是根据史实搞历史研究。……他搞的是哲学，他是从哲学观点来谈论历史，因而跟我们搞的大不相同。"[3]在谈到钱、傅两人关系时，他说："我想钱穆和傅斯年之间有些误会，肯定有误会。因为傅斯年的历史观更重史实，而钱穆的历史观则是某种哲学化的历史，所以他们彼此观点各异。这就是傅斯年为什么不特别赏识钱宾四之故。"[4]李方桂，虽然长期在史语所任职，但他与傅斯年的关系并不太融洽，与钱穆的交往却相对较密。抗战时，两人曾同居华西坝。1960 年钱穆赴耶鲁大学讲学，两人见过面，钱穆夫妇还专程到西雅图李方桂家中拜访，在其家住了两周。对钱穆治史并不存在什么偏见的李方桂对他的评价尚且如此，那些门户之见甚深的新考据派对他的排拒便可想而知。

以新考据派巨子李济为例。史语所创建之时，分为历史、语言、考古三组，由李氏出任考古组主任。傅斯年、胡适去世后，李做过史语所所长、"中央研究院"代理院长。这位考古学派的领袖恪守"以事实决事实，不以后世理论决事实"的治学门径，反对谈思想、谈价值，凡是从事实去导出思想、价值，或以思想、价值去评判事实，都在他的排斥之列。李济对钱穆的治学方法更不认同。1960 年，钱穆在耶鲁大学讲学，其间应哈佛燕京学社的邀请，在哈佛东方研究院作"人与学"的学术讲演。钱穆在讲演中以欧阳修为例，说明中国学术传统以"人"为中心。欧阳修一人兼通经、史、子、集，为通人之学，与西方重专门学术不同。钱穆进而论及中国学问主"通"不主"专"，贵"通人"而不尚"专

① 钱穆：《致萧政之书》（1964 年 7 月 31 日），《素书楼余渖》，北京：九州出版社，2011 年，第 251 页。

② 杜维运：《二次大战以后我国的史学发展》，《史学与社会科学论集》，台北：明文书局，1983 年，第 51—52 页。

③ 李方桂：《李方桂先生口述史》，北京：清华大学出版社，2008 年，第 62 页。

④ 李方桂：《李方桂先生口述史》，北京：清华大学出版社，2008 年，第 81—84 页。

家"。演讲时，李济也恰好在座。这位"平时喜作青白眼"的考古派巨子对钱穆的讲法深不以为然，当时的反应正是"白眼时多，青眼时少"。第二天，他见到杨联陞时，盛赞其翻译口才，把钱穆演讲辞中原有的"语病"都掩盖过去了。多年以后，钱门弟子余英时记下了这段往事，说："我记下这一段趣事并不是要算什么旧账，我是想以此说明当时台北学术界主流对钱先生和新亚书院确有一种牢不可破的成见，李济之先生不过表现得更露骨而已。"①

　　总而言之，傅斯年与钱穆都是从事历史研究的人，浸润在传统文化的大泽中，时间久了，自然会像中国传统文人那般讲究门户、学派及其传承，并且因此影响到治学路径的选择。傅斯年虽然以批判的眼光看取传统文化，以现代知识分子自属，但也不可避免地沾染上传统文人的习气。他可以宽看钱穆对传统文化的崇敬，但不能容忍他对自己治学方法的怀疑和否定。同样，钱穆可以理解傅斯年干一番事业的雄心，却不能接受他用"科学方法整理国故"，进而怀疑甚至否定古籍典章。这种分歧，确实是带有根本性的。

四

　　钱穆曾说，九一八事变的爆发，促成了他治学方向的转变。傅斯年的治史虽以求真为职志，但九一八事变后，民族危机的严重，同样激发了他的民族意识和爱国热情。他邀集学界同人编写《东北史纲》，根据历史资料，运用民族学、语言学的理论，有力地驳斥了日本侵略者"满蒙非中国领土"的谬论，证明东北自古以来就是我国的领土，并主张通过修史和编写历史教科书来激发国人的民族意识，唤醒民众的抗日热情。在民族危机严重之时，钱、傅两人的治学立场都发生了转变，实现了在某种方向上的趋同。

　　钱穆自《国史大纲》开始，公开对以傅斯年为首的主流史学阵营进行批评。然而，钱氏的批评并非没有可商榷之处。1941年，即《国史大纲》出版的第二年，周予同在《五十年来中国新史学》一文中有这样一段评论："钱氏（穆）站在'通史致用'的观点，要求治史者'附随一种对其本国已往历史之温情与敬意'，其出发点是情感的、公民的；考古派站在'考史明变'的观点，希望治史者抱一种'无征不信'的客观的态度，其出发点是理智的、学究的。钱氏斥责他

---

　　①余英时：《中国文化的海外媒介》，《钱穆与中国文化》，上海：上海远东出版社，1994年，第185页。

们为'以活的人事换为死的材料',其实考古派也可以说自己是'将死的材料返为活的人事的记载,以便治史者引起对于本国已往历史之温情与敬意'。依个人的私见,这两种见解并不是绝对对立的,考古派的研究方法虽比较琐碎,研究的范围虽比较狭窄,但这种为史学基础打桩的苦工是值得赞颂的。钱氏说'治国史不必先存一揄扬夸大之私,亦不必抱一门户立场之见,仍当于客观中求实证,通览全史而觅取其动态'。所谓'于客观中求实证',考古派学者不是很好的伙伴吗?"①

显然,钱穆与傅斯年提倡的两种不同风格的治史方法并非水火之不相容,两者是可以互相借鉴、互为补充的。然而钱穆并没有如周予同所希望的那样,与新考据派结成"很好的伙伴",傅斯年最终也没有把钱穆视为新考据派的"同志"。自20世纪40年代以来,两人互相攻击,关系形同水火,犹若仇雠,其中夹杂着不少意气之争和门户之见。

对于傅斯年,李济认为他实际上最了解当时中国在世界上的落后地位以及低下的国力,"他在中央研究院创办历史语言研究所的中心目的,固然是由求纯知识的观点出发,但是潜在他的下意识内,所以帮助推动这一学术事业的真正力量,还是'爱'字。因为爱中国文化,他就先从研究中国的历史开始,想彻底明了中国文化的本体,原来的长处及短处。"②傅斯年因为对国家的"爱",所以要绝对客观地研究中国历史,要使"科学的东方学之正统在中国",以提高中国学术。

傅斯年、钱穆对史学研究与历史学家社会抱负的关系有不同看法,但都对中国史学做出了各自的贡献。从两人的治史实践看,存在着殊途同归之处:一方面求取历史之真实,另一方面将历史研究与历史学家的社会抱负结合起来。只不过傅斯年主张纯粹客观的历史研究待史学进步后再推动社会、大众的进步。这自然是其社会抱负与史学思想的一种结合,是其融西方学术态度与中国传统精神于一炉的矛盾统一。钱穆则更为直接,在其学术研究中处处表明对国家和社会的责任、义务,但又不失史学研究的求真精神。因此,傅斯年与钱穆对待学术的态度,从表面上看似对立,但在更深层次的意义上却是和谐一致的。

① 朱维铮:《周予同经学史论著选集》,上海:上海人民出版社,1983年,第553—554页。

② 李济:《值得青年们效法的傅孟真先生》,见李东编:《傅斯年印象》,上海:学林出版社,1998年,第135页。

学脉相承　同为大家

——钱穆与吕思勉

1907 年冬，年仅 25 岁的吕思勉回到家乡常州，在新开办的常州府中学堂任教，是全校最年轻的老师。在中学班的课堂里，最为年轻的学生正是只有 12 岁的钱穆。当时不管对于老师吕思勉来说，还是对于学生钱穆来说，谁也没有料想到日后他们师生两人会成为齐名的史学大家。

最年轻的老师和最年轻的学生

吕思勉，字诚之，1884 年生，江苏武进人。他早年曾受学于近代史学大家屠寄，勤治历史、地理。他一生以阅读正史为"日课"，曾把"二十四史"从头到尾读过三遍。1905 年，吕思勉在常州溪山小学堂任教，著名语言学家、清华国学研究院四大导师之一的赵元任就是他这一时期的学生。

1907 年秋，常州知府许星璧、士绅恽祖祁等人创办常州府中学堂，以屠寄的长子屠孝宽为监督（校长）。屠孝宽上任后，立即聘请其父高足吕思勉到校任教。当时在苏州东吴大学教国文、历史的吕思勉，因不习惯教会大学的环境辞职归常州，很快接受了聘请。吕思勉就成为当时该校最年轻的老师。这年冬，钱穆的哥哥钱挚（声一）从荡口果育小学毕业，报考常州府中学堂，时在果育小学读三年级的钱穆也报名应考，结果兄弟两人皆被录取，哥哥入师范班，弟弟入中学班。时年 12 岁的钱穆成为全校最年轻的学生。

吕思勉在常州府中学堂教历史、地理两门课。钱穆在《师友杂忆》中曾详细地回忆过当年吕思勉给他们上地理课的情形："必带一上海商务印书馆所印中国大地图。先将各页拆开，讲一省，择取一图。先在附带一小黑板上画一十字形，然后绘此一省之四至界线，说明此一省之位置。再在界内绘山脉，次及河流湖泽。说明山水自然地理后，再加注都市城镇关卡及交通道路等。一省讲完，小黑板上所绘地图，五色粉笔缤纷皆是。听者如身历其境，永不忘怀。"①钱穆后来喜治历史、舆地之学，在考证古史地名上卓有成就，与吕思勉早年对他的影响当有较大的关系。

有一次地理考试，吕思勉出了四道题目，每题25分，其中第三题是叙述吉林省长白山的地势军情。钱穆对这道题目很感兴趣，下笔后思如泉涌，欲罢不能，直到交卷时，才发觉自己只答完了一题。考试结束后，吕思勉在办公室阅卷。有几个同学隔窗偷看，见其阅钱穆试卷时，手握一支铅笔奋笔疾书，在卷后加了许多批语，写完一张，又写了一张。这些考卷本不发给学生，只批分数，因此不需加批语。写字太久铅笔需再削，为省事他用小刀将铅笔劈成两半，将中间铅条抽出不断地写下去。最后不知其批语写了多少，也不知其所批何语。而钱穆仅凭这一道题就得了七十五分。可见当时学生的答卷触动了老师，老师也因此给学生打了高分。②

吕思勉在常州府中学堂执教两年多后，又应其师屠寄之召赴南通国文专修馆任教，不过他与钱穆的师生情并没有因他的离去而中断。此后钱穆多次向老师写信求教，虚心问学。吕思勉对这位天赋极佳的学生也另眼相待，时有关心和鼓励。钱穆自18岁起在家乡一带的中小学任教，长达18年之久。此时的吕思勉已经成名，在学术界地位日隆，但他对钱穆的关心依旧，对他也时有提携。1928年春，钱穆完成了他早年的重要著作《国学概论》。此书是他在无锡三师、苏州中学教授"国学概论"一课的讲义，叙述了上至春秋孔子，下至民国初期的学术思想，后由吕思勉推荐给上海商务印书馆，于1931年出版。

"孤岛"师生情

吕思勉与钱穆师生之间再次"亲密"接触，是在抗战全面爆发后不久。上海沦陷，吕思勉任教的光华大学在租界内借宿舍继续上课。1940年，从西南后方回苏州省亲的钱穆来上海拜访吕思勉。当时他的通史著作《国史大纲》已写成，交商务印书馆付印。钱穆告诉商务印书馆总经理王云五，吕思勉是他的老师，可

---

① 钱穆：《八十忆双亲师友杂忆合刊》，北京：九州出版社，2011年，第46—47页。
② 钱穆：《八十忆双亲师友杂忆合刊》，北京：九州出版社，2011年，第47页。

将书稿的最后校样送其过目审读，王答应了。为了书稿之事，在苏州侍母的钱穆又亲自赴沪上拜见老师，当面恳请，"盼师作最后一校"①。吕思勉答应了学生的请求。

钱穆之所以要他的老师为《国史大纲》"作最后一校"，是因为吕氏已是当时国内治中国通史的大家，其自是作校对最合适的人物。吕思勉一生写有两部通史，第一部《白话本国史》在1923年9月由上海商务印书馆出版。在此之前，虽有夏曾佑的《最新中学中国历史教科书》（后易名为《中国古代史》）、刘师培的《中国历史教科书》，但夏书止于隋朝，刘书仅写到西周，都是未完成之作。而吕著《白话本国史》上起远古，下至1922年华盛顿会议，首尾完整，贯通古今，是当时最为完整的，且用白话体写成的第一部通史著作。《白话本国史》自初版发行后，不断再版，成为20世纪二三十年代发行量最大的一部通史，被不少大学用作教本。他的另一部通史《吕著中国通史》上册出版于1934年，下册完成于四年"孤岛"时期，在1945年出版。钱穆喜治通史，除受过夏曾佑著作的影响外，也受到老师吕思勉的影响，他把《国史大纲》送师"作最后一校"，不是偶然的。

有一次，钱穆从苏州赴沪拜见老师。吕思勉告诉他，商务印书馆每天送来的清样在六七十页以上，催他速校，第二天便派人前来取稿，无法细读内容，只改了一些错字。当然，这只是他老师的谦辞。事实上，经过吕思勉的最后校读，书中的错误也大为减少。1972年钱穆在给他的学生严耕望的一封信中说，"排样经吕师诚之思勉通体代校，迄今重读，差误不多。"②吕思勉对他学生写的这部通史也有极高的评价，"盛赞书中'论南北经济'一节"，又谓："书中叙魏晋屯田以下，迄唐之租庸调，其间演变，古今治史者，无一人详道其所以然。此书所论诚千载只眼也。"③钱穆在晚年的《师友杂忆》中饱含深情地说，几十年来没有一个人能像吕师那样评论《国史大纲》，对乃师"特加赏识之恩"常存于心，未曾忘怀。

钱穆在苏州侍母一年，其间每隔一两月必去沪上拜访老师。吕思勉所住法租界霞飞路兰村寓所不宽，"一厅容三桌"，近窗右侧一长方桌，是他写作著述的地方。钱穆到吕思勉的寓所后，或坐师桌旁，或移两椅到窗外厅廊中座谈。每次

---

① 钱穆：《八十忆双亲师友杂忆合刊》，北京：九州出版社，2011年，第48页。

② 钱穆：《致严耕望》（1972年12月7日），《素书楼余渖》，北京：九州出版社，2011年，第328页。

③ 钱穆：《八十忆双亲师友杂忆合刊》，北京：九州出版社，2011年，第48页。

见面必长谈半日或竟日，历三四日始归。一年中，如此相晤，有六七次。

吕思勉还邀请钱穆到光华大学作学术讲演。据钱门弟子胡嘉回忆，钱穆来沪时，光华大学"正迁在汉口路证券大楼上课，吕先生曾请钱先生来校讲学。有一次讲后，我请吕、钱二先生和童丕绳（书业）、杨宽正（宽）等，在四马路会宾楼晚餐，继续畅谈，在座的恰好都是顾颉刚先生发起的禹贡学会会员"①。

受老友顾颉刚的委托，钱穆在苏州省亲期间为内迁到成都的齐鲁大学编《齐鲁学报》。吕思勉把自己所写的重要论文，如《秦汉移民论》《汉人蓄产杂论》《道教起源杂考》等十五篇文章皆交给钱穆在该刊上发表。《齐鲁学报》共编有二期，由上海开明书店出版发行，这是当时"孤岛"时期一份很有学术分量的文史研究刊物。

《国史大纲》出版后，深得学术界的好评，钱穆一时有了"通史名家"之誉，上海开明书店曾约他撰写"国史长编"。钱穆认为吕思勉遍读正史，学问广博，是撰写"国史长编"的最佳人选。在征得老师的同意后，他向开明书店推荐吕思勉代替自己。吕思勉由此确定了撰写六部断代史的计划，最后完成了《先秦史》《秦汉史》《两晋南北朝史》和《隋唐五代史》四部断代史。第一部断代史著作《先秦史》，1941 年即由开明书店出版发行。

钱氏弟子严耕望说："目前所有各种中国通史中，仍以钱宾四先生的《国史大纲》为最佳，内容既见识力，也有深度，迥非其他几部通史所能企及。"但他又指出，在阅读钱著时尚须"以吕思勉先生的几部断代史为辅"②。在严耕望看来，钱书才气磅礴，笔力劲悍，有一贯的体系、一贯的精神，可谓是一部近乎"圆而神"的著作，讲授者可以拿它做一条贯串的线索。吕书周赡绵密，材料翔实，考证精到，可谓是一部近乎"方以智"的著作，所以，讲授者可以拿它作为钱书之辅，以济钱书之疏阔。同时吕书征引原始材料非常详备，最便于讲授者从中撷取作参考之用。③

1940 年秋，钱穆从苏州回到西南后方，痛感日寇侵逼，河山沦丧，出于爱国救世之心而直论世事，评衡时局。而身处"孤岛"的吕思勉，也表现出了强烈的民族意识和高昂的爱国热情。"八一三"事变后，吕思勉之所以来到"孤岛"而不返老家常州，是因为常州城门口有日本兵把守，行人进出城门，要向日本兵

① 胡嘉：《钱师音容如在》，《钱穆纪念文集》，上海：上海人民出版社，1992 年，第 84 页。

② 严耕望：《治史答问》，《治史三书》（增订版），上海：上海人民出版社，2016 年，第 206—207 页。

③ 严耕望：《治史答问》，《治史三书》（增订版），上海：上海人民出版社，2016 年，第 207 页。

行礼鞠躬，所以他坚决不肯回去。在"孤岛"时期，他用各种笔名写出了许多洋溢民族正气、揭露日寇暴行的文章。在《吕著中国通史》最后一章"革命途中的中国"中，他宣称今日中国革命前途的重要问题是"不在对内而在对外"，"非努力打退侵略的恶势力，决无可以自存之理"。诚如范泉在《回忆"孤岛"时期的文艺战友们》一文中所言，"谁都不会相信，一位年老体弱，成天钻研古史的著名历史学家吕思勉先生，竟在'孤岛'时期变得那样年青，用'野猫''六庸'一类的笔名，写下了一系列富有文艺气息的文章，如《武士的悲哀》《眼前的奇迹》等，为中国民族伸张了浩然的正气。……他为了抗战胜利，不计酬劳，默默地奋笔疾书。他那旺盛的写作热情，使我深深体会到：这不是在写作，这是在战斗。"①1941 年 12 月 8 日，太平洋战争爆发，上海租界沦陷，吕思勉回老家常州乡下教书。一年多后，他辞去教职，在家中专心于《两晋南北朝史》的撰写。

在全面抗战期间，吕思勉完成了《吕著中国通史》下册的写作，钱穆也有《国史大纲》面世。顾颉刚在《当代中国史学》中称："编著中国通史的人，最易犯的毛病，是条列史实，缺乏见解，其书无异为变相的《纲鉴辑览》或《纲鉴易知录》之类，极为枯燥。及吕思勉先生出，有鉴于此，乃以丰富的史识和流畅的笔调来写通史，方为通史写作开一个新的纪元。"②他认为较理想的通史，除了吕思勉的《白话本国史》《吕著中国通史》和钱穆的《国史大纲》外，其余就是邓之诚的《中华二千年史》、陈恭禄的《中国史》、缪凤林的《中国通史纲要》和张荫麟的《中国史纲》，共六人七部。应该说，这一评论大体公允。

诠释"百年树人"精神

抗战胜利后，钱穆在无锡江南大学任教期间，曾和常州府中学堂的同学施之勉一道赴常州拜访吕思勉。据吕思勉的学生李永圻回忆，一天下午三时许，钱穆与施之勉来到老师的住所十子街故居，"当时我和老师母正在家，老师则去西庙沟某茶馆喝茶下棋，师母便叫我去茶馆通告老师。老师回来后，非常高兴，晚餐时，还特地去菜馆里叫了菜。饭后，师生一起在书房里畅谈，那一晚一直谈到深夜。钱穆其时胃病新愈，人很消瘦，而双目炯炯有神，对自己的见解，坚信不

---

① 张耕华：《人类的祥瑞——吕思勉传》，上海：华东师范大学出版社，1998 年，第 192 页。
② 顾颉刚：《当代中国史学》，上海：上海古籍出版社，2006 年，第 85 页。

疑，有一种罕见的力量在，令人永远难忘。他谈锋甚健，论古说今，议论风发，金声玉音，满室生辉。"①

第二天一早，吕思勉亲自领学生去访常州府中学堂旧址。常州府中学堂在民国后改名为常州第五中学。故地重游，师生俩回忆起了当年教书、读书的情景，心情格外高兴。钱穆在吕思勉的邀请下为该校学生作了一场演讲，谆谆告诫青年学子："此学校四十年前一老师长，带领其四十年前一老学生，命其在此演讲。房屋建筑物质方面已大变，而人事方面，四十年前一对老师生，则情绪如昨，照样在诸君之目前。此诚在学校历史上一稀遭难遇之盛事。今日此一四十年前老学生之讲辞，乃求不啻如其四十年前老师长之口中吐出。今日余之讲辞，深望在场四十年后之新学生记取，亦渴望在旁四十年之老师长教正。学校百年树人，其精神即在此。"②

此时的钱穆，望重学林，其学术地位已不在乃师之下，而句句以学生自居，对其师尊重和推崇的虔诚之心表露无遗。演讲完毕后，吕思勉还兴致勃勃地带钱穆去街坊品尝常州土特食品。师生情谊深厚，可见一斑。

1949 年春，钱穆离开无锡南下广州之前，专程到沪上看望吕思勉，这是师生之间的最后一次见面。20 世纪 50 年代初，钱穆主持新亚书院时，师生之间仍有几次书信往来，吕思勉对播迁海外的钱穆关心依旧，劝学生回大陆教书讲学。但钱穆拒绝了老师的好意，给吕思勉写了回信。这封信署名"梁隐"，可惜在"文革"中毁失。据读过此信的吕氏学生李永圻回忆，大意是说："老师一生劳瘁，无一日之余闲，现在年事已高，我做学生的不能为您尽一点孝心，不能为老师扫扫地，铺铺床，每想到此，心中总感到非常遗憾。老师劝我沪港两地自由来往，这是我做不到的。……学生对中国文化薄有所窥，但不愿违背自己的主张……愿效法明末朱舜水流寓日本传播中国文化，也很希望在南国传播中国文化之一脉。"③

钱穆笔下的吕氏"新史抄"

钱穆去上海"孤岛"拜见老师，"乃诚之师案上空无一物，四壁亦不见书

① 张耕华：《史学大师吕思勉》，上海：上海教育出版社，2000 年，第 175 页。
② 钱穆：《八十忆双亲师友杂忆合刊》，北京：九州出版社，2011 年，第 49 页。
③ 张耕华：《人类的祥瑞——吕思勉传》，上海：华东师范大学出版社，1998 年，第 264 页。

本，书本尽藏于其室内上层四围所架之长木板上，因室小无可容也。及师偶翻书桌之抽屉，乃知一书桌两边八个抽屉尽藏卡片。遇师动笔，其材料皆取之卡片，其精勤如此。"①

钱穆的寥寥数语，道出了其老师的治史法和治史观。杨联陞对吕思勉也有类似的描述。他说："老辈中用卡片最得力的，我要推重吕思勉（诚之）先生。他的几本大书，貌似堆砌，实有见解。"②所谓"几本大书"就是吕氏的数部断代史，而"貌似堆砌"，正是学界对吕著的普遍印象。严耕望也说，有朋友批评吕思勉的著作"只是抄书"③。

在《白话本国史》的"序例"中，吕思勉就主张"把中国的历史，就个人眼光所及，认认真真的，将他紧要之处摘出来；而有用极严谨的法子，都把原文钞录，有删节而无改易。自己的意见，只注明于后"④。的确，通观吕著，在题目之下往往加以大量史料说明，这样就容易给读者以抄史的观感。

吕氏弟子杨宽在述及乃师撰写断代史的动机时，曾提到在民国初年流行的两种新史书体例："一种采用一般通史体例，是把各个时期经济、政治、文化各方面贯通起来加以论述，偏重于史论。一种则采用分门辑录的方式，把作者觉得重要的史料或评论，分类排比抄录，加上标题或按语，属于新史抄性质。"⑤在当时各朝代、各方面史料都尚未经过细密整理的情形下，一个经综合分析、符合学术要求的通史或断代史实在不易出现。是故，吕思勉决定从正史中抄录重要史料，以此方式来书写断代史，至少可以使读者对史事的议论有所根据。

吕思勉也并不讳言他的这种体例为"新史抄"⑥，并在《中国史学名著选读》一书中陈述其重要性："今日史学界所最需要的，实为用一种新眼光所做的史抄。"而这种史抄绝不是照本抄录史料了事，而是寓论点于史料剪裁编排之中。⑦吕思勉认为："编撰新历史，以供今人的阅读，人人能言之。然其所作之书，多

① 钱穆：《八十忆双亲师友杂忆合刊》，北京：九州出版社，2011年，第49页。

② 杨联陞：《汉学论评集》，台北：食货出版社，1982年，第6—7页。

③ 严耕望：《通贯的断代史家——吕思勉》，《治史三书》（增订版），上海：上海人民出版社，2016年，第192页。

④ 吕思勉：《白话本国史》，北京：商务印书馆，1964年，"序例"，第1页。

⑤ 杨宽：《吕思勉先生的史学研究》，见俞振基编：《蒿庐问学记》，北京：生活·读书·新知三联书店，1996年，第19页。

⑥ 胡嘉：《吕诚之先生的史学著作》，见俞振基编：《蒿庐问学记》，北京：生活·读书·新知三联书店，1996年，第45页。

⑦ 吕思勉：《中国史籍读法》，上海：上海古籍出版社，2009年，第107页。

偏于议论，并未将事实叙明。在此熟于史事的人，观其议论则可；若未熟史事的人，欲如此通知史事，则势有所不能。此实可称为史论，而不可称为新史抄；而其所发的议论，空洞无实，或于史事全未了解，但将理论硬套者，更无论矣。"①

"新史抄"的重点在于选材，吕思勉就此提出三项准则：（一）仍为今人所需要者因仍之；（二）其不需要者略去；（三）为今人所需要，而前人未经注意者，则强调之使其突出。②并且在文字的题材上，最好能因原文，不加点窜；而自己的意见则别着之，使读者仍能看到出处的史料。由此观之，吕思勉的"新史抄"绝不只是"抄书"，而是一种表达论点的方式。四部断代史正是这种"新史抄"的实践。以《隋唐五代史》为例，据现存吕思勉日记可看出，他正是在完成《隋唐五代史抄》的基础上加以润饰、补上札记，就成《隋唐五代史》初稿并交到商务印书馆校稿。③这种运用史抄与札记作为底本润饰而成的断代史，自然使得读者只看到大量史料的累积，以及对引用材料的考订，而无法轻易地在短时间内理解主要论点，以致被人讥为"抄书"。

民国初年的史学，在风尚上存在两大偏向态势：一是扩大新领域，二是追求新境界。这两种风尚，都重视档案与新出土的史料等"新史料"，重视"窄而深"的专题研究，提出新问题，发表新意见。傅斯年、陈寅恪等正是这一风潮中的代表人物。在这样的环境之中，博通周赡但不够深密的学人就不免被忽视。吕思勉属于博赡一途，且其重要著作主要取材于正史，并不去刻意征引罕见的史料，故不免为一般学人所忽视和低估。

当然，吕思勉不顾外界的不良观感而始终钟情于"新史抄"，除了自己主动为之，个人的阅历和所处环境也是不可忽视的因素。吕思勉早年家道中落，成年后辗转各地当中学老师、书局编辑，最后落脚于上海光华大学。在当时高等教育中，私立的光华大学被视为非主流，学生水平自然比不上北平和上海的国立大学。"一·二八事件"之后，光华大学财务十分困难，吕思勉虽为历史系主任，但"欠薪甚多，予实难支持"④。为了维持生计，吕思勉在课余编写了不少中学参考书、大学讲义，赚取生活所需费用。吕思勉的研究成果，除了专著以外，日常读史所得的文章往往发表在一些非学术报刊和各类参考书籍上，即使也有少部分文章发表在学术刊物《齐鲁学报》《大中华》等上，但这些刊物名声显然不及

---

① 吕思勉：《中国史籍读法》，上海：上海古籍出版社，2009年，第107页。

② 吕思勉：《中国史籍读法》，上海：上海古籍出版社，2009年，第107页。

③ 李永圻、张耕华：《吕思勉先生年谱长编》，上海：上海古籍出版社，2013年，第881页。

④ 吕思勉：《自述》，《吕思勉论学丛稿》，上海：上海古籍出版社，2006年，第745页。

于《燕京学报》《清华学报》等学报，读者并非"学术中人"，多为一般学生与读书人。读者群的不同，虽然使吕思勉因编写参考书、讲义而享誉全国，但在学界的声光却不如其他学人。

吕思勉的教学理念也与主流学术界不同，他在《自述》里说道："予于教学，夙反对今人所谓纯学术及为学术而学术等论调。何者？人能做实事者多，擅长理论者少。同一理论，从事实体验出者多，且较确实，从书本上得来者少，且易错误。历来理论之发明，皆先从事实上体验到，然后藉书本以补经验之不足，增益佐证而完成之耳。故致力于书本，只是学术中一小部分。专以此为学术，于学术实未有知也。"①他曾私下跟女儿说："生平不为学术而学术。"②吕思勉的著作以及讲义，用词大多力求浅显易懂，不故弄高深，并且大多教导学生较为实用的学问。即使是代表作《白话本国史》《吕著中国通史》，也分别是"给中学生看的""大学通史的讲义"，目的在于作为比较通俗的教材，而非学术专著。

吕著虽非严谨的学术著作，但并不能因此而否定其学术价值。严耕望尽管认为吕氏的几部断代史的行文体裁"诚有可商之处"，但是，"十几年来诸生到大专中学教历史，常问我应参考何书，我必首举诚之先生书，盖其书既周赡，又踏实，且出处分明，易可检核。"他认为："其实有几个人能像他那样抄书？何况他实有很多创见，只是融铸在大部头书中，反不显露耳。"③杨联陞"貌似堆砌，实有见解"的评论，也是提醒读者不要宥于这种印象，而要多注意著作中的洞见。

吕思勉治史精勤，自言"性好考证"，自23岁以后"即专意治史"④。他一生著有两部通史、四部断代史、五部专门史（《中国民族史》《中国制度史》《先秦学术概论》《理学纲要》《宋代文学》），以及大量的富有学术见解的史学札记（《燕石札记》《燕石续札》等）。严耕望将其与陈垣、陈寅恪、钱穆并称为"民国史学四大家"。他说："民国以来，中国史学界名家辈出……论方面广阔，述作宏富，且能深入为文者，我常推重吕思勉诚之先生、陈垣援庵先生、陈寅恪先生与钱穆宾四先生为前辈史学四大家，风格各异，而造旨均深。"⑤不

①吕思勉：《自述》，《吕思勉论学丛稿》，上海：上海古籍出版社，2016年，第754—755页。
②李永圻、张耕华：《吕思勉先生年谱长编》，上海：上海古籍出版社，2013年，第1187页。
③严耕望：《通贯的断代史家——吕思勉》，《治史三书》（增订版），上海：上海人民出版社，2016年，第192—193页。
④吕思勉：《自述》，《吕思勉论学丛稿》，上海：上海古籍出版社，2016年，第742页。
⑤严耕望：《钱穆宾四先生与我》，《治史三书》（增订版），上海：上海人民出版社，2016年，第227页。

过，吕思勉生前的学术声名虽不如"二陈一钱"显赫，但他实际上的学术成就绝不在三人之下。严耕望认为："仅就吕思勉四部断代史而言，每部书前半部综述这一时代的政治发展概况，后半部就社会、经济、政制、学术、宗教各个方面分别论述。前半部有如旧体纪事本末，较易完成；后半部虽类似正史诸志，而实则不同。除政制外，多无所凭藉，无所因袭，所列章节虽尚不无漏略，但大体已很周匝赅备，皆采正史，拆解其材料，依照自己的组织系统加以凝聚组合，成为一部崭新的历史著作。其内容虽不能说周赡密匝，已达到无憾无憾的境界；但以一人之力能如此面面俱到，而且征引繁富，扎实不苟，章节编排，篇幅有度，无任性繁简之病，更无虚浮矜夸之病。此等成就，其实极不易。"[①]

师生的治史观异同

在评价"古史辨派"的古史理论和方法上，吕思勉与钱穆这对师生之间就有不少相同的见解。近代以来，史学界"疑古"风盛行，吕、钱两人都反对"疑古"过头。1919 年 11 月，胡适致信廖仲恺，就胡汉民所撰著的《中国哲学史之唯物的研究》一文中的某些观点提出商榷，其中首要的一条是关于井田制的。在这封信中，胡适认为古代中国并没有均产的井田制，"井田的均产制乃是战国时代的乌托邦"，是孟子"托古改制"想象杜撰出来的。[②]胡适的观点遭到胡汉民、廖仲恺和朱执信等人的异议。他们认为《孟子》一书所记是可信的史实，不能轻疑。吕思勉也参加了这场讨论，他在 1920 年 8 月的《建设》杂志上发表了长达万言的《论货币与井田——给廖仲恺、朱执信的公开信》（又名《论货币与井田》），对胡适之论深不以为然，认为全盘怀疑古代的历史记载"未免武断"，指出"曾经推行天下，绵历千载之井田，自然无有；而行之一时一地之井田，则不能谓其无有也"[③]。

1941 年，吕思勉与顾颉刚的学生童书业合编《古史辨》第七册。童书业说："这册《古史辨》有三分之一以上是吕先生独立校阅的，其他三分之二是我和吕、杨（宽）二先生合校的。"[④]不过，吕思勉并不属于"古史辨派"这一阵营，

① 严耕望：《通贯的断代史家——吕思勉》，《治史三书》（增订版），上海：上海人民出版社，2016 年，第 191 页。

② 胡适：《井田辨》（四篇），《胡适文集》第二册，北京：北京大学出版社，1998 年，第 306 页。

③ 吕思勉：《论货币与井田》，《论学丛稿》上册，上海：上海古籍出版社，2016 年，第 196 页。

④ 吕思勉、童书业：《古史辨》第七册，上海：上海古籍出版社，1982 年，"自序二"，第 7 页。

治古史的理论也与该派的主张大不相同。他在《古史辨》第七册"自序一"中指出："疑古之说初出，世人大共非訾，然迄于今日，其理卒有不可诬者。……此顾君颉刚所由谓古史为层累造成。抑又未尝无逐渐剥蚀前人所能详，而后人不能举其事者，此其所以益不易董理也。"①由这段话可以看出，吕思勉认为古人著述史事，并无历史观念，不重视史事的真相，他们的诉求和用意是成败存亡的借鉴，或者是道行德施的标尺，即所谓的"轻事重言"，所以留存到后世的关于古史的记录，来源非常繁杂，有民间流传的神话传说，有朝堂遗存的断篇残简，有百家诸子的理想方案，还有托名虚构的寓言故事，后人所看到的条贯清晰的古史大多经过了后人的损益润饰。在这层意义上，吕思勉赞成顾颉刚的"层累地造成的中国古史"说。另一方面，由于古人"轻事重言"，不知道注意事实，在古史层累地造成的同时，许多前人所详知的历史真迹又逐渐地被后人遗失、淘汰了，这即是吕思勉所补充的"古史逐渐剥落说"。在后来所著的《先秦史》中，他又指出："……其传愈久，其伪愈甚，信如今人所言，由层累造成者。然观其反面，则亦知其事迹之真者之逐渐剥落也。"②在《中国史籍读法》中，他明确主张疑古、考古、释古三者并重，提出："读古书的，于近人所谓'层累的造成'之外，又须兼'逐渐的剥落'一义言之，方为完备。"③钱穆早年受过"古史辨派"主将顾颉刚的提携，考辨古史的方法曾受过该派的影响，对其理论多有赞同，20世纪30年代中后期转向了对该派理论的批评。他在《国史大纲》第一编"上古三代之部"中，针对顾颉刚"古史层累造成说"提出了"古史层累遗失说"，认为古史固然有"层累造成"的一面，同时也有"层累遗失"的一面，层累造成的伪古史固应破坏，而层累遗失的真古史尤应探索，不能只注意前者而忽略了后者。吕思勉"古史逐渐剥落说"与钱穆"古史层累遗失说"大体相近。

在治古史地理的理论和方法上，师生两人也有不少相同的见解。钱穆喜治古史地理，尤重古史地名的考证，写过《周初地理考》《秦三十六郡考》《古三苗疆域考》《楚辞地名考》《黄帝故事地望考》等考证古史地名的文章。他说："治古史的应该看重考地的工作。而考论古史地名尤关重要的一点，即万勿轻易把秦以后的地望来推说秦以前的地名，而应该就秦以前的旧籍，从其内证上，来建立更自然的解释，来重新审定更合当时实际的地理形势。"④吕思勉也有类似

① 吕思勉、童书业：《古史辨》第七册，上海：上海古籍出版社，1982年，"自序一"，第1页。
② 吕思勉：《先秦史》，上海：上海古籍出版社，1982年，第20页。
③ 吕思勉：《治古史的特殊办法》，《史学与史籍七种》，上海：译林出版社，2016年，第103页。
④ 钱穆：《提议编纂古史地名索引》，《古史地理论丛》，北京：九州出版社，2011年，第358页。

的见解，他说："在历史上，地理形式不必和现在相同，把现在的地理情形，去解释史事，就要陷于误谬了。所以治史学者，对于历史地理，不能不有相当的知识。其中最重要的，就是要知道各时代地面上的情形和现在不同的，因以推知其时的地理及于其时人类的影响和现在的不同。"①1940 年，钱穆隐居苏州耦园写《史记地名考》，曾专程到上海就一些古史地名问题向吕思勉请教，并提出有意要写一本关于治古史地理方面的书，吕思勉对钱穆的这项研究计划非常赞同，鼓励有加，认为"这是极紧要极好的事情"②。

在对待今古文经学的问题上，钱穆不信古文经为刘歆伪造。其成名作《刘向歆父子年谱》以年谱的著作形式排列了刘向、刘歆父子生卒及任事年月，用具体事实揭橥康有为《新学伪经考》不可通者有二十八处，凡康文曲解史文、抹杀反证之处，均一一"著其事实"加以批驳。吕思勉的家乡常州，是清代今文经学派的大本营，出生、受业于此的吕思勉自然深受影响。钱穆就称，"诚之师谨守其乡前辈常州派今文经学家之绪论"③。在吕思勉早年的著述中，确实可以发现晚清今文经学的影响所在。1926 年初版的《经子解题》一书中列举研究经学的入门必读书目，大多属今文经一派，其中就包括廖平的《今古学考》与康有为的《新学伪经考》。而且，他此时基本认可晚清今文家所谓刘歆、王莽遍伪群经的观点，在 1921 年发表的《答程鹭于书》一文中讲："有孔子而后有所谓经，有刘歆、王莽而后今文经之外，别有所谓古文经。"还指出："自武进庄氏、刘氏，以至最近南海康氏、井研廖氏，则破坏莽、歆所造之古文经，以复孔子学说之旧也。今后学者之任务，则在就今文家言，判决其孰为古代之真事实，孰为孔子之所托，如此，则孔子之学说与古代之事实，皆可焕然大明，此则今之学者之任务也。"④又说康有为《新学伪经考》一书"于重要事实，考辨甚详"⑤。在刘歆是否伪经这一问题上，钱穆与乃师的观点相左。为今古文经学的问题，两人"往返长函几达十数次"，"各累数万字"。钱穆向其师"加以质疑问难"，吕思勉在最后一封回信中说："君学可比朱子，余则如象山，尽可有此异同。"⑥然而自 20 世纪 30 年代以后，随着古史研究的深入，吕思勉对于晚清今文经学的看法逐渐发生了变化。当年光华大学的学生钱锺汉读完《先秦史》的油印稿后，

① 吕思勉：《历史研究法》，《史学与史籍七种》，上海：译林出版社，2016 年，第 27 页。
② 吕思勉：《历史研究法》，《史学与史籍七种》，上海：译林出版社，2016 年，第 27 页。
③ 钱穆：《八十忆双亲师友杂忆合刊》，北京：九州出版社，2011 年，第 47 页。
④ 吕思勉：《答程鹭于书》，《吕思勉论学丛稿》，上海：上海古籍出版社，2006 年，第 672、675 页。
⑤ 吕思勉：《经子解题》，长春：吉林出版集团股份有限公司，2016 年，第 7 页。
⑥ 钱穆：《八十忆双亲师友杂忆合刊》，北京：九州出版社，2011 年，第 47 页。

曾向吕思勉直陈读后印象："过去《白话本国史》有关先秦部分，先生似主要根据今文学派的经学观点，新作似倾向今古文之贯通运用。"吕思勉"当即喜告以过去论述，局限今文，不免拘囿，年来渐感不足，对古文学说史料加以整理，亦多可采用，写《先秦史》时，确已有此转变"①。也就是说，当吕思勉参加编著《古史辨》第七册的时候，与顾颉刚等人关于今古文经的认识实际上已经存在歧异。而且不仅于此，此时他对深受晚清今文经学影响的疑古学说也产生了异议，在《古史辨》第七册的《唐虞夏史考》中就讲道："康南海托古改制之论，已嫌少过，彼亦轻事重言，用信己见而已。今之论者，举凡古人之说一切疑为有意造作，则非予之所敢知矣。"②后来，他更公开表明："《左传》是否《春秋》之传，《诗序》是否诗人本意，这两个问题，我至今抱着否定的意见。然谓作《左传》者，有意造作一书，以破坏《公羊》，作《诗序》者，有意造作三百一十篇之序，以反对鲁、齐、韩三家，则实在并无其事。……所以康有为所云：'古事非真相，乃由先秦诸子有意所托，经说今古歧异，乃由刘歆等辈有意造成。'根本无此事实。"③可以说，最后吕思勉已经基本否定了康有为《孔子改制考》和《新学伪经考》的观点，与钱穆的观点归于一途。

吕思勉一生有不少弟子，如战国史专家杨宽、魏晋隋唐史专家唐长孺、唐史专家黄永年、文献学专家胡道静等。在众弟子中，似乎只有钱穆最近乃师，师生两人皆走博通周赡之路，在通史、断代史研究上均有极高的造诣。诚如一些论者所言，"在现代中国史学，兼有中国通史和断代史著作的史学家，可谓寥若晨星，而吕思勉与钱宾四师弟两人都耀列其间"，"维系了师生传承的中国文化传统和中国史学学脉"。④吕思勉、钱穆都抱有强烈的经世济民的志向，而非纯粹为历史而治史，但两人治史的角色定位有所不同。吕思勉主张以社会经济的发展为主线索编纂通史，钱穆则强调以政治制度为"主脑"编纂通史。《吕著中国通史》内容的编排次序先是社会经济制度，次是政治制度，最后是学术文化。吕思勉曾说："人家都说我治史喜欢讲考据，其实我是喜欢讲政治和经济各问题的。"⑤所以他治史多把目光投注在社会经济方面，在他所撰写的通史和各种断

---

① 钱锺汉：《吕诚之先生的为人和治学》，《蒿庐问学记》，北京：生活·读书·新知三联书店，1996年，第186页。

② 吕思勉：《唐虞夏史考》，《古史辨》第七册，上海：上海古籍出版社，1982年，第270页。

③ 吕思勉：《从章太炎说到康长素梁任公》，《吕思勉论学丛稿》，上海：上海古籍出版社，2006年，第400、401页。

④ 罗义俊：《中国史学的学脉——吕思勉与钱宾四》，《历史教学问题》，1998年1期。

⑤ 吕思勉：《自述》，《吕思勉论学丛稿》，上海：上海古籍出版社，2006年，第742页。

代史中，这方面的内容所占的篇幅极大。与其不同，钱穆治史多注意政治、文化。对于经济，钱穆看到的是"若论经济状态，中国社会似乎大体上是停滞在农业自给的情况之下，由秦汉直到最近二千多年，只有一治一乱。治则家给人足，乱则民穷财尽，老走一循环的路子，看不出中国史在此方面有几多绝可注意之变动与进步"①，所以钱穆撰写通史"首曰政治制度，次曰学术思想，又次曰社会经济"。他始终坚持学术思想为历史"最中层之干柱"，它决定着"上层之结顶"的政治制度，远比"下层之基础"的社会经济重要，所以他对"最下层之基础"的社会经济方面的内容有所忽视。在这一问题上，作为老师的吕思勉对其也有批评之语。在1946年写的一篇长文《从章太炎说到康长素梁任公》中，他说："现存的学者中，我觉得钱宾四先生气象颇有可观，我惟觉得他太重视了政治方面，而于社会方面畸轻，规模微嫌狭隘而已。"②尽管在通史编撰目的、历史观、理论指导、写作内容、写作体例等方面异大于同，但这并不妨碍他们各自写出了有影响的划时代历史著作。

---

① 钱穆：《如何研究中国史》，《中国历史研究法》，北京：九州出版社，2011年，第152页。

② 吕思勉：《从章太炎说到康长素梁任公》，《吕思勉论学丛稿》，上海：上海古籍出版社，2006年，第406页。

始则推崇　终乃不满

——钱穆与章太炎

章太炎，名炳麟，浙江余杭（今浙江杭州）人氏，清末民初民主革命家、思想家、著名学者，一生经历颇具传奇色彩。"考其生平，以大勋章作扇坠，临总统府之门，大诟袁世凯的包藏祸心者，并世无第二人；七被追捕，三入牢狱，而革命之志，终不屈挠者，并世亦无第二人：这才是先哲的精神，后生的楷范。"①这是学生鲁迅对其师的评价，可谓赞颂之至。鲁迅还称其是一位"有学问的革命家"，而汤炳正则称其是一位"有革命业绩的学问家"。②

章太炎生于 1869 年，比钱穆大了整整 26 岁，可谓是钱穆的师长辈。章太炎与钱穆，这两代学者都穷一生精力研究和传播国学。因为时代和个人经历的不同，两人对待国学的态度和治学的路径有所不同，但在重视中国传统文化并想经此增强国人文化自信、民族自信这一点上是相同的。对于章氏学说，钱穆早年的评介颇多赞辞，晚年之时则颇致不满。究其原因，当然与钱穆的文化观相关。

仅有两次的交往

关于两人之间的交往，钱穆在其晚年所作《师友杂忆》中有所提及。该书第十篇《北京大学》中记："某年，章太炎来北平，曾作演讲一次。余亦往听。"③

章太炎的此次北平之行，是在 1932 年 2 月至 5 月。据汤志钧编《章太炎年

---

① 鲁迅：《关于太炎先生二三事》，《鲁迅全集》第 6 卷，北京：人民文学出版社，2005 年，第567 页。

② 汤炳正：《忆太炎先生》，《渊研楼杂忆》，上海：上海辞书出版社，2015 年，第 174 页。

③ 钱穆：《八十忆双亲师友杂忆合刊》，北京：九州出版社，2011 年，第 173 页。

谱长编》（中华书局 1979 年版）载：其年，"一·二八"淞沪抗战爆发。"自民五政变赴沪，专事著述，不问政治"的章太炎，于 2 月 23 日由上海乘海轮到达青岛，第二天转赴天津。2 月 29 日，抵达北平。此后，章太炎在北平作了多次讲座。据章门弟子钱玄同日记载，4 月 20 日至 22 日，章太炎在北京大学国文研究所讲《广论语骈枝》，分三日讲完。钱穆应该是在这次演讲过程中结识了章太炎。钱玄同日记又载，"5 月 1 日，七时至新陆春，应罗根泽之请饭，座中有劭西、子书、宾四，及刘节（初次见）诸人。"①

钱穆在《师友杂忆》中又记："又某年，余返苏州。太炎国学讲习会一门人某君来约，余依时往访。是为余面晤太炎之第一次。亦惟此一次。"两人谈论修史问题，并称"余以下午三时许去，畅谈迄傍晚"②，足见相谈甚欢之情状。

这次会面的具体年份，目前不见任何记载。从章太炎的行状观之，1934 年秋他从上海移居苏州，次年秋在苏州创办"章氏国学讲习会"，转过年来的 1936 年病逝。而钱穆在北平任教，只有寒暑假返归苏州，据此可推测此次会面，不是在 1934 年冬季，就是在 1935 年夏天。

据《师友杂忆》载，钱穆询问章氏对撰写新国史有何计划，章氏说："国史已受国人鄙弃，此下当不再需有新国史出现。"钱穆说："此姑弗深论。倘有新国史出现，较之前二十五史体裁方面将有何不同？"章氏沉默有顷，说："列传与年表等当无何相异。惟书志一门，体裁当有大变动。即如外交志，内容牵涉太广，决非旧史体例可限。"③钱穆对两人晤面的记载，也见于其他著作。钱穆于 1969 至 1970 年间在新亚书院开设"中国史学名著"这一课程，后结集出版，内云："这问题我曾问过章太炎先生，我说：现在是二十五史，下边写新国史该怎样？他没有能回答我。"④钱穆在 1987 年又称："余对此事曾与章太炎有过一次讨论。……如此一段谈话外，余对此事绝未与其他人谈及，此生亦未闻有人论及此事者。"⑤

① 杨天石：《钱玄同日记》（整理本），北京：北京大学出版社，2014 年，第 858 页。
② 钱穆：《八十忆双亲师友杂忆合刊》，北京：九州出版社，2011 年，第 173、174 页。
③ 钱穆：《八十忆双亲师友杂忆合刊》，北京：九州出版社，2011 年，第 174 页。
④ 钱穆：《中国史学名著》，北京：九州出版社，2011 年，第 68 页。
⑤ 钱穆：《中国史学发微》，北京：九州出版社，2011 年，第 277—278 页。

同题《国学概论》的比较

当钱穆在乡村辗转教学之时，章太炎在学术界的风头正炽。在钱穆治学的过程中，章太炎是一个绕不过去的人物。据钱穆《师友杂忆》载，当他早年在无锡梅村县立四小任教时，"得读章太炎、梁任公、胡适之诸人书，乃知墨学竟成为当代一时之显学"，后来钱穆"亦终于写出许多有关古名家墨经及惠施、公孙龙诸人之论文"。[①]此时的章太炎俨然是钱氏的学术前辈，钱穆从章氏文章中受益颇多。再后来，钱穆学术名声渐起，并在1931年5月由商务印书馆出版了代表作之一的《国学概论》。此书是钱穆在无锡江苏省立第三师范学校和省立苏州中学任教期间，为"国学概论"课程所作的讲义，大约在1928年春全部完成。当时此书一经出版，就大受欢迎。据不完全统计，1933年、1943年、1946年商务印书馆都再版过。中华人民共和国成立以后，20年间在大陆和台湾又印刷了十四五次之多，足见这本《国学概论》非常畅销。

清末以来，面对国势衰微的大背景，许多学者采用讲演、著书等形式研究和传播国学，以期唤醒国人的文化自信和爱国热情，并希望最终达到救亡图存的目的。于是，以"国学"为题材的著作屡见不鲜。在此之前的1922年11月，章太炎的《国学概论》由上海泰东图书馆排印出版。此书是根据1922年章氏在上海的公开讲学记录而成，由其弟子曹聚仁进行了系统整理。1922年4月1日，章太炎应邀在上海公开讲学，此后"每星期六午后进行讲授"，6月17日"十讲至此结束"。章氏"十讲"的内容分别为："国学之自体""治国学之法""国学之派别"（分两讲）、"经学之派别""哲学之派别"（分两讲）、"文学之派别"（分两讲）、"国学之进步"。开始听者甚多，第一次"报名者多至六百人之多"，后来听者渐少。《申报》于每次讲演后，即行刊载讲演情况，也将讲授内容发表。而曹聚仁则将讲演记录系统整理，较《申报》为详，也较系统，并以《国学概论》为题公开印行。《国学概论》后又多次再版，上海、重庆、香港都加影印出版，也说明它在当时是深具影响的。此次讲学内容，除了曹聚仁整理出版的《国学概论》外，另有张冥飞笔述的《章太炎先生国学讲演集》，1924年由平民出版局出版。

---

① 钱穆：《八十忆双亲师友杂忆合刊》，北京：九州出版社，2011年，第82页。

在此，有必要对章太炎和钱穆的《国学概论》做一比较：

首先，对两位作者对待国学和国学教育的态度做一探讨，这关系到作者为什么要写此书和如何来写此书。

辛亥革命前，章太炎旅居日本，主编革命报纸《民报》，还举办了国学讲习会、国学振兴社，并为设在上海的《国粹学报》撰文。什么叫作国学？《民报》第七号所载《国学讲习会序》云："夫国学者，国家所以成立之源泉也。吾闻处竞争之世，徒恃国学固不足以立国矣。而吾未闻国学不兴而国能自立者也。吾闻有国亡而国学不亡者矣，而吾未闻国学先亡而国仍立者也。故今日国学之无人兴起，即将影响于国家之存灭，是不亦视前世为尤岌岌乎？"又说："夫一国之所以存立者，必其国有独优之治法，施之于其国为最宜，有独立之文辞，为其国秀美之士所爱赏。立国之要素既如此，故凡有志于其一国者，不可以通其治法，不习其文辞。苟不尔，则不能立于最高等之位置。而有以转移其国化，此定理也。"①据此可见，章太炎把国学理解为一国固有之学，并认为国学兴亡与国家兴亡紧密相连。

那么，国学的范围究竟包括哪些？章太炎在日本期间主持的国学讲习会所讲内容，主要是："一、中国语言文字制作之源；一、典章制度所以设施之旨趣；一、古来人物事迹之可为法式者。"②《民报》另有《国学讲习社广告》："本社为振起国学、发扬国光而设，间月发行讲义，全年六册，其内容共分六种：一、诸子学；二、文史学；三、制度学；四、内典学；五、宋明理学；六、中国历史。"由此可见，章太炎把诸子、文史、制度、内典、理学、历史等都归入国学，也即是把中国以往的经、史、子、集都算作国学，基本上把中国的固有学术、文化等都包括在国学范围内。在当时的时代背景下，以中国传统学术文化为国学，提倡尊重中国历史和文化，来激起民众的爱国热情，是符合国情民意的。

章太炎虽然推崇国学，但并不反对西方文化；虽然提倡国学，但不等于不要西学。章太炎曾译述日本岸本能武太的《社会学》，在主持《民报》期间所撰的论文，也有不少学习模仿西方社会政治学说的记录。在《国学讲习会序》中，他写道："真新学者，未有不能与国学相契合者也。"还认为"今之言国学者，不可不兼合新识"。序文中一方面反对"以科举之道"从事"新学"，把新学作为"利禄之阶梯"，甚至"略识新学"，就"奴于西人，鄙夷国学为无可道者"；另一方面也反对"旧体西用"，说"主张体用主辅说者，而彼或未能深抉中西学

①《国学讲习会序》《民报》第七号，1908年9月5日。原文署名"国学讲习会发起人"。
②《国学讲习会序》，《民报》第七号，1908年9月5日。

术之藩，其所言适足供世人非驴非马之观，而毫无足以餍西方之意。"① 可见他对所谓"新学"并无抵制。关于这一点，章太炎还曾说："中西学术，本无通途，适有会合，亦庄周所谓'射者非前期而中'也。今徒远引泰西，以证经说，有异宋人以禅学说经耶？夫验实则西长而中短，冥极理要，释迦是孔父非矣。九流诸子，自名其家；以意取舍，无妨随义抑扬，以意取舍。乃者以笞篰笺注六艺，局在规蒦，而强相皮傅，以为调人，则只形其穿凿耳。"②

曾有人误以为章太炎"连用西学证明中学也坚决反对"③，这是大错特错的。章氏早就表达过自己对西学的看法，"宜憔悴竭思，斟酌西法，则而行之。"④ 他只是反对康有为"远引泰西以证经说的做法，对于西学还是主张斟酌择用的。

相比章太炎对待国学的态度，钱穆对待国学则更显睿智与豁达。他在《国学概论》开篇就表明了自己的看法："学术本无国界。'国学'一名，前既无承，将来亦恐不立。特为一时代的名词。其范围所及，何者应列国学，何者则否，实难判别。"⑤ 国学的缘起、国学的范围以及国学未来的发展趋势，在这寥寥几十字中尽显真意。

可能是因为时代和个人经历的不同，章太炎与钱穆对待国学的态度已有明显不同：章氏更多地从民族主义的立场出发，而钱氏则更多地是用一种历史的客观的发展的态度来对待国学，但两者在重视中国传统文化并想借传统文化来增加民族自信心和自豪感这一点上是相同的。钱穆一生始终秉持"对历史充满温情与敬意"的信念来研究中国历史与传统文化，着力发掘我们中国历史中的优点和长处，以增强国人的文化自信、民族自信。

钱氏弟子余英时曾说："我们可以这样说：他承继了清末学人的问题，但是并没有接受他们的答案。他的一生便是为寻求新的历史答案而独辟蹊径。《国史大纲》'引论'所说的'于客观中求实际，通览全史而觅取其动态'，正是这一路径的具体描写。但这在他不是空论，而是实践。他的主要学术著作全是针对着当时学术界共同关注的大问题提出一己独特的解答，而他的解答则又一一建立在精密考证的基础之上。"⑥ 从这段余英时对钱穆的评价文字中，我们不难看出钱

---

① 《国学讲习会序》，《民报》第七号，1908 年 9 月 5 日。

② 章太炎：《与人论朴学报书》，《章太炎全集》（八），上海：上海人民出版社，2014 年，第156 页。

③ 章太炎讲演，曹聚仁整理：《国学概论》，上海：上海古籍出版社，2008 年，第 3 页。

④ 章太炎：《变法箴言》，《章太炎全集》（十），上海：上海人民出版社，2014 年，第 17 页。

⑤ 钱穆：《国学概论》，北京：九州出版社，2011 年，"弁言"，第 1 页。

⑥ 余英时：《一生为故国招魂》，《钱穆与中国文化》，上海：上海远东出版社，1994 年，第 24 页。

穆对待学术以及对待国学的独特态度。

其次，分析两人对于国学教育的态度。章氏生于清末，早年跟随旧学名师俞樾学习传统学术，在文字、音韵、史学、哲学等方面颇有造诣；后有感于国事堪忧，逐渐走上革命道路。其对待国学教育有自己的风格特点：其一，以爱国主义为宗旨。在国将不国、旧学式微的危急形势下，章氏怀着"用国粹激动种性，增进爱国热肠"①的信念，多次以开办国学讲习会的形式来传播国学，规模较大的主要有四次：1906 年 9 月到 1911 年 10 月在东京讲学两次，1913 年 12 月到 1914 年 1 月在北京讲学一次，1922 年 4 月到 6 月在上海讲学一次。之后，1934 年秋到 1936 年 6 月每周六在苏州讲演；1935 年 9 月，在苏州寓所开办章氏国学讲习会直至他逝世。其二，有教无类，因材施教。章氏主持或开办国学讲习会时，广收学生，不拘一格，对来听课者无论年龄、水平如何，都持欢迎态度，听课者规模一度达到五百多人。章氏采取分班、分批上课的形式来教学，学生分为预备生、正科生、研究生。其中预备生由章氏夫人和几位章门高徒授课，研究生则由章太炎亲自指点，正科生住在校舍，可参与所有课程。除了讲课与讨论之外，章太炎的国学讲习会还主编了刊物《制言》，作为国学教育的辅助形式，供师生们交流探讨。其创办的目的在于"言有不尽，更与同志作杂志以宣之，命曰《制言》，窃取曾子制言之义。先是集国学会时，余未尝别作文字，今为《制言》，稍以翼讲学之缺。"②其三，教法多样，重视传道。在新旧学交替的背景下讲授国学困难重重，但章太炎能够不畏艰难，迎难而上，实在难能可贵，此种精神本身也是对学生的一种教育。讲课时，他虽不带讲义和参考书，但对所讲内容却非常熟悉，仅靠记忆就可上课。"《说文》《尔雅》能背诵全文，即对《汉书》颜师古注亦如数家珍。"③这种下苦功夫的做法自然也会影响学生。教学中，章太炎主要侧重教学生们治学方法，他只是为学生们指示门径，修正错误，其他的要靠学生自己多读，多思考，多努力。讲每一种问题，他都会用不同的讲解方式，对于有争议的问题他常用例证与反证的方法来论述观点。他还教学生不应墨守成规，要敢于怀疑，敢于创新，但他否定"无故怀疑者"，认为此是"矜奇炫异，拾人余唾，以哗众取宠也"。④其四，思想有时过于极端，受政治影响较

①章太炎：《在东京留学生欢迎会上之演讲》，《章太炎全集》（十四），上海：上海人民出版社，2014 年，第 4 页。

②章太炎：《制言发刊宣言》，《章太炎全集》（九），上海：上海人民出版社，2014 年，第 166 页。

③任启胜：《章太炎先生晚年在苏州讲学始末》，《文史资料选辑》第 94 辑，北京：文史资料出版社，1984 年。

④章太炎：《史学略说》，《章太炎全集》（十五），上海：上海人民出版社，2014 年，第 967 页。

大。如对康有为的鄙夷主要是因为康氏支持清朝而他主张排满；他对甲骨文不以为然，主要是因为甲骨文出土较晚，且对收藏甲骨文的人的品行不信任；他反对白话文，是因为他认为白话文不能尽传真相等。

钱穆对国学教育的态度，与章氏既有相同之处也有不同之处。其一，为近代中国的赢弱寻找病因。近世以来中国屡招外敌欺侮，时人多有认为中国五千年传统文化的劣根性就是罪魁祸首，中国人需要抛弃旧传统并完全西化。钱穆对于此种论调感到痛心疾首。早在"蛰居乡村"期间，钱穆对思想界心慕西化的反传统思潮就深为不满。他晚年曾回忆说："余幼孤失学，弱冠即依乡镇小学教读为生。然于当时新文化运动，一字、一句、一言一辞，亦曾悉心以求。乃反而寻之古籍，始知主张新文化运动者，实于自己旧文化认识不真。"[1]在 1928 年写成的《国学概论》中，钱穆对民初以来的全盘西化思想给予了批评，认为全盘否定自己的文化传统，实是孟子所谓"失其本心"。在 1940 年出版的《国史大纲》中，钱穆对把中国今日之贫穷落后统统诿卸古人的历史虚无主义思想给予了尖锐的批评，他在"引论"中痛切地指出："凡此皆晚近中国之病，而尤莫病于士大夫之无识，乃不见其为病……转而疑及我全民族数千年文化本原，而唯求全变故常以为快。"[2]1943 年时又说："传统五千年，是中国人的生命，一切都象征着中国生命之健全与旺盛。最近五十年，则只是生命过程中之一时病状。……没有为着五十年的病痛，便要根本埋怨到他五千年的生命本身之理。埋怨生命本身，只有自杀。"[3]在提倡重视中国传统文化这一点上，钱穆和章太炎殊途同归，都以中国传统文化为落脚点，并且都以纠正时代之弊病为目的所在。钱穆并不否认中国文化演进到近代衰颓不振、病痛百出这一事实，但他始终认为中国文化必须要进行彻底的调整与更新。然而，调整和更新却不能自外生成，它必须要体认和依凭中国文化内部自身的机制。因为"一民族文化之传统，皆由其民族自身递传数世、数十世、数百世血液所浇灌，精肉所培壅，而始得开此民族文化之花，结此民族文化之果，非可以自外巧取偷窃可得"[4]。在《国史大纲》"引论"中，他把这种调整、更新称之为"更生之变"。他说："所谓更生之变者，非徒于外面为涂饰模拟、矫揉造作之谓，乃国家民族内部自身一种新生命力之发舒与

① 钱穆：《从中国历史来看中国民族性及中国文化》，北京：九州出版社，2011 年，"序二"，第 4 页。

② 钱穆：《国史大纲》，北京：九州出版社，2011 年，"引论"，第 2 页。

③ 钱穆：《五十年来中国之时代病》，《历史与文化论丛》，北京：九州出版社，2011 年，第 323 页。

④ 钱穆：《国史大纲》，北京：九州出版社，2011 年，"引论"，第 2 页。

生长。"①为此，他主张中国近代文化的种种病痛应用中国文化自身内部的力量来医治，应对自己的民族文化抱有坚定的信心，而不是与传统决裂，"尽废故常"。钱穆晚年自述说，抗日军兴，避地昆明，各种思潮纷起，"我国家民族四五千年之历史传统文化精义，乃绝不见有独立自主之望。此后治学，似当先于国家民族文化大体有所认识，有所把捉，始能由源寻委，由本达末，于各项学问有入门，有出路。余之一知半解，乃始有转向于文化学之研究。"②其二，提倡人文主义教育。钱氏所说的人文主义教育指的是一种包涵做人、做事、进行学术研究等广义的教育，其特点是注重人的道德精神。他认为中国传统的儒家思想正是这种教育的典范，正如孟子提出的"人皆可以为尧舜"成为儒家教育的最高理想和信念一样，人文主义教育同样以道德修养为最高目标。针对民国时期教育的弊病，钱穆提出人文主义教育，并指出这种教育不能像西方一样通过宗教来实现，而是要从中国的传统文化中努力寻找。其三，以中国文字、历史、地理为主要教育阵地。钱穆认为要想学好中国传统文化，首先要对中国文字非常了解，这是阅读古书学习传统学术文化的基础。他在执教小学和无锡省立三师期间均有开过文字学课程。而且，他认为历史是一个国家的灵魂所在，所以钱氏的学术研究主要以史学为主，正如他在《国史大纲》"引论"中说的，"惟籍过去乃可认识现在，亦惟对现在有真实之认识，乃能对现在有真实之改进。"③另外，了解中国地理也是学习中国传统文化必不可少的途径。他在西南联大执教期间，曾告诫要去抗日前线的学生要多研究中国地理，多看《读史方舆纪要》这本书；他还曾计划在西南联大开设"军事地理"课，后因离校未开。这和章太炎重视小学、经学、哲学、文学也有相通之处。其四，过于强调道德教育的作用，而贬低科学和物质在历史文化中的基础性作用。这是时代造成的局限性，中国是一个传统的农业社会，对科学技术向来不重视，忽视了现代社会中物质和生产力的决定性作用。这和章太炎的思想局限有相同之处：都对中国传统文化怀有极深的感情并以此为豪；也有不同之处：两者注重的层面不一样，一个重知识，另一个重道德精神。

再次，分析两书的体例与内容。在体例方面，两本《国学概论》的差别还是很明显的。章太炎的《国学概论》的主体部分采用传统"经、史、子、集"四部分类法，但在具体叙述过程中又以"六经皆史"而未把"史"部列出。而钱穆的

① 钱穆：《国史大纲》，北京：九州出版社，2011年，"引论"，第2页。
② 钱穆：《八十忆双亲师友杂忆合刊》，北京：九州出版社，2011年，第362页。
③ 钱穆：《国史大纲》，北京：九州出版社，2011年，"引论"，第2页。

《国学概论》没有采用传统的四部分类法，出于适应学校讲义的需要采用了梁启超《清代学术概论》分期叙述的方法。全书共有十章，每一章讲一个时期的学术思想潮流，使读者能够对中国两千多年来学术思想的流转变迁有一个概观。钱穆之所以与章太炎的选择不同，他在书中也做了解释："时贤或主以经、史、子、集编论国学，如章氏《国学概论》讲演之例。亦难赅备，并与本书旨趣不合。窃所不取。"①

在内容上，章氏的《国学概论》由五个部分组成。第一章是概论，主要从"国学的本体"和"治国学的方法"两方面来讲国学。第二章讲经学的派别，对"六经皆史"和经学从汉代到清代的发展历史做了介绍。第三章讲哲学的派别，认为子学是国学中讨论较多的部分，并对先秦诸子和秦汉以降的哲学发展做了详细分析。第四章讲文学的派别，对西汉以来的文学派别做了探述，并提出有韵文就是诗，同时对白话诗提出了批评。第五章讲国学之进步，认为经学应以"比较知原"求进步，哲学应以"直观自得"求进步，文学应以"发情止义"求进步。正文之后附录了邵力子、裴可桴、曹聚仁的五篇文章。这几篇文章从不同的角度对这本书的内容提出了与章氏不同的观点，供读者思考揣摩。钱穆的《国学概论》在内容方面则是以时间为线索，从古到今分期叙述，共分十章，分别为"孔子与六经""先秦诸子""嬴秦之焚书坑儒""两汉经生经今古文之争""晚汉之新思潮""魏晋清谈""南北朝隋唐之经学注疏及佛典翻译""宋明理学""清代考证学""最近期之学术思想"。每一章都对该时期内的学术思想流变略加概述，整本书更像是一部中国的学术思想史。通读全书，中国两千多年的学术发展脉络清晰可见：由"礼"到"理"再到"礼"，由"经学"到"理学"再到"经学"，由"今文"到"古文"再到"今文"，由"大我"到"小我"再到"大我"，由"唯物"到"唯心"再到"唯物"。而且书中不乏作者自己的真知灼见，如把先秦诸子出现的原因归纳为"士阶级的觉醒"，把魏晋清谈的原因归纳为"个人意识的觉醒"等。

---

① 钱穆：《国学概论》，北京：九州出版社，2011年，"弁言"，第1页。

钱穆对章氏学术的评价

正是在《国学概论》的第十章"最近期之学术思想"中，钱穆第一次论及了章太炎的学术，称章氏"以佛理及西说阐发诸子，于墨、庄、荀、韩诸家皆有创见"①。并附按语，称："章氏《国故论衡》下卷皆论诸子，而《原名》《明见》诸篇，尤精辟有创见。《检论》卷二、卷三、卷四各篇，备论古今学术，皆有系统。《菿汉微言》上卷以惟识学《易》《论语》《孟》《庄》，亦多深思。惟论史重种族之见，论经则专主古文而深斥今文，持论时涉偏激，是其所短。要其中岁以后，所得固非清学所能限尔。"②同时，钱穆总结这一时期的学术，当有三途：第一种是章太炎、胡适、梁启超等人以西学方法来证说古籍；第二种是罗振玉、王懿荣等人以出土的殷墟甲骨来考释古礼、古史；第三种是胡适、顾颉刚、钱玄同等人以实验主义来考证辩伪。

到了 1936 年 11 月 26 日，钱穆应燕京大学历史学会之邀专门就章太炎的学术作了一次演讲。此时距离章氏当年 6 月 14 日逝世过去近半年时间。演讲的内容由他人记录整理后，以《对于章太炎学术的一个看法》为题发表于同年第 1 卷第 3 期《史学消息》之上。该文乃钱穆佚文，全集失收。不过，钱穆对此次演讲的印象还是深刻的。1978 年他在《太炎论学述》中说："太炎逝世，余在燕京大学曾作演讲，介绍其学术大概。"③

这个演讲稿的内容主要分六个部分。（一）"太炎学术的各方面"。简要分述章氏在小学、文学、经学方面的成就。（二）"太炎的史学"。认为"太炎学术我最感兴趣者为史学，但他并没有做过史书，如司马迁之作《史记》。他是不考古而考今。而最特出之点，在于他的史学的哲学主义。同时他的个人事业，生活，时代能合而为一（他是曾做政治活动的），所以他的史学是'体用'，是和近代的政治，时代，生活合而为一的"。（三）"章氏之政治思想"。认为"太炎对政治是悲观的。以为最重要的在社会而不在政治。他说要光复中国，要革命而不要变法。康有为与之相反"。（四）"章氏论历代的风俗人物"。认为"太

---

① 钱穆：《国学概论》，北京：九州出版社，2011 年，第 321 页。

② 钱穆：《国学概论》，北京：九州出版社，2011 年，第 322 页。

③ 钱穆：《太炎论学述》，《中国学术思想史论丛》第八册，北京：九州出版社，2011 年，第 495 页。

炎最崇拜顾亭林，第一佩服他的民族主义，第二佩服他的平民主义，讲风俗及个人行为。但因时代不同，顾氏最反对魏晋，章则特别注重魏晋，最反对唐"。（五）"章氏之论学术"。认为"他讲孔子之学，应去其干禄，存其致用"，"他说孔子之可贵在于其能站在平民立场，对下层阶级的文化有供（贡）献"。（六）"章氏学术在近代学术史上的地位"。认为近年学术可分为政客名流、学者和通儒大师三派，而"太炎先生就是我们的通儒大师，他的学术范围很广"。同时钱穆将章太炎与康有为做了对比，认为章氏是"中国的学者"，"他是中国的人，爱好中国的学者，民族文化之保持者"。而康氏"提倡孔子，把春秋变成宪法，故康有为是西洋的"。最后，钱穆以提纲挈领的语言总结了章氏的学术特点：（一）佩服顾炎武为近代史学家；（二）主张革命；（三）主张循俗；（四）在政治上是积极的，以史学家的眼光出发主张个人修养民族文化。[①]

　　钱穆在演讲开始之时，称自己"想写一篇论太炎学术的文章刊于拙作《三百年学术史》上"。从1933年开始，钱穆着手编撰《中国近三百年学术史》。他说："民国二十年秋，余始任教国立北京大学，为诸生讲近三百年学术史，因撮记要指备诵览。"[②]就在钱氏这次演讲之时，《中国近三百年学术史》已经告竣，然而正式出版时并未论及章太炎。其原因钱穆在1937年所撰《余杭章氏学别记》中曾有说明，文首即称："余为《近三百年学术史》，例不载生人，去岁余杭章太炎先生逝世，余稿已付印，遂未补充。今太炎逝世已周年，聊述此文，表私人之悼念，并将以备余《学术史》之外编焉。"值得注意的是，此文后来见录于《中国学术思想史论丛》第八册，但台湾联经版、大陆九州版《余杭章氏学别记》均无此节文字。后来到了1978年，钱穆在《太炎论学述》中又称："余为《近三百年学术史》，止于南海康氏，太炎尚在世，因未及。"[③]

　　钱穆的《余杭章氏学别记》，刊登于1937年6月10日天津《大公报》的第185期《图书副刊》上。细绎《对于章太炎学术的一个看法》与《余杭章氏学别记》两文内容，在观点上存在着较多的重合。据此推断，前者是后者的雏形，后者是前者的扩展。

　　在《余杭章氏学别记》中，钱穆沿袭了以往对章太炎的推崇。他称："余杭章炳麟太炎，为学博涉多方，不名一家。音韵小学尤称度越前人。然此特经生之专业，殊不足以尽太炎。或艳称其文章。太炎论学颇轻文士，于唐宋文人多所

---

① 钱穆：《对于章太炎学术的一个看法》，《史学消息》，1936年第1卷第3期，第2—7页。
② 钱穆：《中国近三百年学术史》，北京：九州出版社，2011年，"自序"，第1页。
③ 钱穆：《太炎论学述》，《中国学术思想史论丛》第八册，北京：九州出版社，2011年，第495页。

讥弹，谓：'学贵朴不贵华，枝叶盛而根荄废。'自称为文特履绳蹈墨，'说义既了，不为壮论浮词，以自芜秽'。谓：'百年以前，学者惟患琐碎，今正患曼衍也。'又谓：'非为慕古，欲使雅言故训，复用于常文。'其自述文章能事厪此。或又以经学称之。太炎论经学，仅谓：'六经皆史，说经所以存古，非所以适今。过崇前圣，推为万能，则适为桎梏。'亦值并世今文家言方张，激而主古文，时若不免蹈门户之嫌，然后世当谅其意也。今论太炎学之精神，其在史学乎！"①在文末，钱穆这样写道："太炎之于政治，其论常夷常退；其于民族文化，师教身修，则其论常峻常激。然亦不偏尊一家，轻立门户，盖平实而能博大，不为放言高论，而能真为民族文化爱好者，诚近世一人而已矣。"②极尽赞美之语。

然而，时隔四十年之后，钱穆对章太炎的评价却发生了较大的变化。这一转变集中体现在撰写《太炎论学述》一文中。此文刊载于 1978 年 6 月《"中央研究院"成立五十周年纪念论文集》，后见录《中国学术思想史论丛》第八册。该文篇首总结章太炎生平学术，称："太炎之学，可分四支柱：一为其西湖诂经精舍俞樾荫甫所授之小学，一为其在上海狱中所诵之佛经，一为其革命排满从事政治活动，而连带牵及之历史治乱、人物贤奸等史学理论，一为其反对康有为之保皇变法，而同时主张古文经学以与康氏之今文经学相对抗。"③

钱氏在此文中将章太炎之学归结为四个方面，并认为其"史学理论"是因"革命排满从事政治活动，而连带牵及之"，经学亦是因"反对康有为之保皇变法"之需要，寻绎钱氏语意，则史学、经学非章太炎专门之学。而对于章太炎之佛学，钱氏则认为"立论怪诞，而影响不大"，并进而指出："故幸而其思想在当时及身后，亦未有何力量，否则其为祸之烈，恐当尤驾乎其所深恶的后起'新文化运动'之上。而主持新文化运动者，亦仅以'死老虎'目之，置之不论不议之列。近世则群敬以为大师，或目以为怪人。然固无知其立论之怪。"④据此可见，钱穆对章氏学说的评价，与当初的观点已经大为不同，由推崇转向了不满。

至于其原因，当与钱穆的文化观相关。钱穆在文末称"当清末民初之际，学

① 钱穆：《余杭章氏学别记》，《中国学术思想史论丛》第八册，北京：九州出版社，2011 年，第489 页。

② 钱穆：《余杭章氏学别记》，《中国学术思想史论丛》第八册，北京：九州出版社，2011 年，第494 页。

③ 钱穆：《太炎论学述》，《中国学术思想史论丛》第八册，北京：九州出版社，2011 年，第 495 页。

④ 钱穆：《太炎论学述》，《中国学术思想史论丛》第八册，北京：九州出版社，2011 年，第 495 页。

者菲薄传统，竞求一变以为快，太炎与南海康氏，其表率也"[1]。钱穆的批评，不可谓不重。而钱穆一生为故国"招魂"，"由整理国故而表彰传统，由实证主义而转文化保守主义"[2]，其晚年著述如《讲堂遗录》等，对此多有阐发。

---

[1] 钱穆：《太炎论学述》，《中国学术思想史论丛》第八册，北京：九州出版社，2011年，第515页。
[2] 胡文辉：《现代学林点将录》，广州：广东人民出版社，2010年，第46页。

"素书"墨浓 "丹桂"香飘

——钱穆与钱基博、钱锺书父子

钱穆与钱基博、钱锺书父子皆为无锡人士，都专长于文史著述，均卓然成家。钱穆与钱基博、钱锺书父子同宗不同支，相互之间以叔侄相称，学问上相互推重，同治古文国学，皆以治学广博、著述宏富而名播学界。时人将他们合称为"三钱"。他们的遇识订交，源于对中西文化的探讨。他们之间在学问上相互推重，同治古文国学，可谓志同道合。

书香门第

无锡钱氏，皆以五代时吴越国开国之君钱镠（武肃王）为始祖。于宋时自浙江迁入无锡后，乃有堠山、湖头两大支不断繁衍生息。钱基博，字子泉，别号潜庐、潜夫，为堠山城西支第三十二世孙；堠山城西支以"丹桂堂"为堂号。钱穆则出身于湖头文林公支，与钱基博同祖不同支，其为武肃王第三十四世孙。故此，按辈分论，钱基博长钱穆两辈；而按年龄算，生于 1887 年的钱基博则年长钱穆 8 岁，可谓相差无多。钱基博之子钱锺书生于 1910 年，比钱穆小 15 岁。钱穆在《师友杂忆》中写道："江浙钱氏同以五代吴越武肃王为始祖，皆通谱。无锡钱氏在惠山有同一宗祠，然余与子泉不同支。年长则成为叔，遇高年则称老长辈。故余称子泉为叔，锺书亦称余为叔。"[①]

在尚文崇道的钱氏家族中，对来往密切、年长道隆者尊称为叔伯、老长辈，非涉辈分，而专以表敬意而已。如钱穆一直称恩师的钱伯圭，是七房桥旁的同族啸傲泾钱氏，为武肃王第三十五世孙。论辈分，钱穆长于钱伯圭，但他年龄

---

① 钱穆：《八十忆双亲师友杂忆合刊》，北京：九州出版社，2011 年，第 122 页。

小，又是钱伯圭的学生和受恩者，故对钱伯圭始终恭敬如仪称恩师。这在钱穆的《八十忆双亲》中有比较详细的记叙。

近代钱氏名人中，出自杭州的钱学森、湖州的钱玄同，按家谱载均为武肃王第三十三世孙，与钱锺书同一辈分。

江南钱氏，受文化风气的濡染，各有其重视文教的家世渊源。钱基博祖上累代文人，祖父钱维桢曾创办江阴县义塾，与晚清资产阶级改良派的先导人物冯桂芬相友善；其大伯父钱福炜为举人，选授苏州府长洲县学教谕；二伯父钱熙元是江南乡试副举人，设塾授徒四十余年；其父钱福炯年二十举秀才。钱基博4岁起始由其母授识方字，授读《孝经》；自5岁起从长兄钱基成受书；10岁时由伯父钱熙元课以《史记》和唐宋八大家文选，并受教学习写作策论；13岁时读《资治通鉴》和《续资治通鉴》，先后将两部巨著圈点七遍，又精研《读史方舆纪要》；16岁时撰《中国舆地大势论》，发表于《新民丛报》，深得梁启超赞赏，撰《说文》一篇，发表于《国粹学报》。钱福炯在教导儿子读古书的同时，也想要让他了解时务，就订了一份《申报》，每天晚上督责儿子用朱笔点阅报上论说一篇，作为课余。长兄基成借来《格致新报》，上面刊登严复所译《天演论》，基博读了以后，觉得耳目一新，从此开始对生物学乃至整个自然科学发生了兴趣。[①]

1909年，江西提法使陶大均看到钱基博的文章，"骇为龚定庵复生"，遂招之入幕，那时他年仅22岁。1913年，直隶都督赵秉钧、江苏都督冯国璋皆因其才学，招他为秘书，他毅然谢绝。钱基博后进入教育界，先后任圣约翰大学国文系教授、无锡国专教授、清华大学教授和浙江大学教授。抗战胜利后，他受聘于武昌华中大学（即今华中师大前身），直到1957年病逝。

在教育儿子钱锺书方面，钱基博也很有一套。据钱锺书在《槐聚诗存》序文里回忆说："余童时从先伯父与先君读书，经、史、'古文'而外，有《唐诗三百首》，心焉好之。"[②]钱锺书一出世就出嗣给伯父基成，伯父对他管教不严，每天仅下午授课，上午则带着他上茶馆、听说书、品民间小吃。钱锺书玩得非常开心，逐渐染上了晚起晚睡、贪吃贪玩的习惯。1920年伯父去世后，由父亲钱基博直接管教，终于使儿子改变了坏习气。钱锺书才思敏捷，只要静下心来读书，几乎是过目成诵。与伙伴们玩耍时，经常信口开河，臧否古今人物，钱基博就为他改字"默存"，取意于《易经·系辞》中的"默而成知，不言而信，存

① 刘桂秋：《无锡时期的钱基博与钱锺书》，上海：上海社会科学院出版社，2004年，第40页。

② 钱锺书：《槐聚诗存》，北京：生活·读书·新知三联书店，2002年，"序"，第1页。

乎德行"，意思是告诫他少说多做，以防口生祸端。

据钱锺书堂弟钱锺韩回忆说，他们两人在东林小学读书时，每天下午放学后，时在无锡第三师范任教的钱基博就要他们去他办公室自修或教读古文，等到三师在校学生晚餐后才带两兄弟回家。据钱基博的弟子王绍曾说，钱锺书在中学读书时，其父在无锡国专教书，每星期五晚上两节课，即跟他父亲到国专随堂听课。

钱基博对钱锺书管教很严，为其学习不努力不惜饱以老拳。1926 年秋起，钱基博应清华之聘北上应教，当年寒假没回无锡，那时钱锺书正读中学。少了拘管，钱锺书狂读小说，直到假期结束，才恍然记起自己连课本书角都没翻过。1927 年暑假钱基博赶回来考问功课，钱锺书自然不能过关，被痛打一顿。这次痛打竟然起了作用，激起钱锺书发愤读书的志气，广泛涉猎《古文辞类纂》《骈体文钞》《十八家诗钞》等，打下了坚实的古文基础。钱基博还让钱锺书"单日作诗、双日作文"，养成了很好的写作习惯。

20 世纪 30 年代初，钱锺书在清华大学就读，才华毕现，被炒作得沸沸扬扬。钱基博相继给儿子写出两封信，教他"汝头角渐露"，"须认清路头，故不得不为汝谆谆言之"，并严肃指出："汝与时贤往还，文字大忙"，"勿大自喜"；"汝才辩纵横，神采飞扬，而沉潜不如"，"独汝才辩可喜，然才辩而或恶化则尤可危"。所以钱基博要求他"立身务正大，待人务忠恕"，这远远较"名声大，地位高"更可贵。作为严父，钱基博还进一步指出："现在外间物论，谓汝文章胜我，学问过我，我固心喜。然不如人称汝笃实过我，力行过我，我尤心慰。清识难尚，何如至德可师。淡泊明志，宁静致远，我望汝为诸葛公、陶渊明，不喜汝为胡适之、徐志摩。"[①]1935 年 2 月 21 日，钱基博在连载《读清人集别录》的"引言"时又赞赏有加地说："儿子锺书能承父学，尤喜搜罗明清两朝人集。以章氏文史之义，抉前贤著述之隐。发凡起例，得未曾有。每叹世有知言，异日得余父子日记，取其中有系集部者，董理为篇。乃知余父子集部之学，当继嘉定钱氏之史学以后先照映，非夸语也。"[②]言语之中，洋溢着做父亲的自豪。

勤奋治学是钱基博父子的共同特点。钱基博"于车尘马足间，也总手执一

① 此两信后以《谕儿锺书札两通》刊于《光华大学半月刊》第 1 卷第 4 期（1932 年 12 月 5 日）。见《精忠柏石室教育文选》（《钱基博集》），武汉：华中师范大学出版社，2014 年，第 109—111 页。
② 钱基博著，曹毓英校订：《中国文学史》下册，武汉：华中师范大学出版社，2011 年，第 773 页。

卷",以至"生平读书无一字滑过"。①这一习惯至老不改。他的学生张舜徽回忆说:"有时走进他的住房门口,便听到书声琅琅,知道他在背诵过去所读的经传子史,躺在睡椅上反复默诵如流,毫无阻滞。"②他博通四部之学,以治集部之学见称于世,有"集部之学,海内罕对"的美誉。张謇赞叹他的文章"大江以北,未见其伦"③。对于父亲的学术成就,钱锺书又是如何评价的呢?据钟叔河说,1986年前后有人征询关于出版基博著作的意见,钱锺书复信婉拒,不过在此信中坦承"先君遗著有独绝处"④。钱基博著述颇丰,著作主要有《韩愈志》《韩愈文读》《明代文学》《国学必读》《经学通志》《古籍举要》《文心雕龙校读记》《骈文通义》《版本通义》《中国文学史》《现代中国文学史》等,是当之无愧的国学大师。

同样,钱穆所在的七房桥全族书香未断。其曾祖父绣屏公,同钱基博祖父一样为贡生。其祖父鞠如公,邑庠生,有手抄《五经》一函。祖父还对家藏刻本《史记》加以五色圈点,并附批注,眉端行间皆满,多有自出心裁者。钱穆自幼读书,即爱《史记》,皆由此书启之。其父钱承沛自幼为母所教督,于素书堂后苦读勤学,十六岁举案首第一名秀才,远近求学者前后达四十人。其父卒后留有当时窗课(私塾诗文)两本,皆律赋及诗。钱穆时时喜诵此两册窗课,犹忆两题。其中一题为《岳武穆班师赋》,此乃集中最长一篇,以"十年之功废于一旦"为韵,全篇八节,每节末一句各以此八字押韵。钱穆说:"自幼即知民族观念,又特重忠义盖源于此。至其押韵之巧,出神入化。余此后爱读宋人四六,每尚忆及先父此文。"⑤

① 钱基博:《自传》,见曹毓英选编:《钱基博学术论著选》,武汉:华中师范大学出版社,1997年,第4页。

② 张舜徽:《学而不厌诲人不倦的崇高典范》,见周国林编:《张舜徽学术文化随笔》,北京:中国青年出版社,2001年,第380—381页。

③ 钱基博:《自传》,见曹毓英选编:《钱基博学术论著选》,武汉:华中师范大学出版社,1997年,第4页。

④ 钟叔河:《编委笔谈》(二),《钱锺书研究》第2辑,北京:文化艺术出版社,1990年,第1页。

⑤ 钱穆:《八十忆双亲师友杂忆合刊》,北京:九州出版社,2011年,第8页。

论学订交

1922 年秋，钱穆执教于无锡县立第一高等小学，时钱基博已任教无锡省立第三师范学校多年。就在这一时期，两人始遇识订交。据钱穆回忆，两人的相识，始于钱基博"曾私人创办一刊物，忘其名，按期出一纸四面。余读其创刊，即投稿解释《易》坤卦'直方大'三字"[①]。

而钱穆已"忘其名"的刊物，其实是《无锡新报》的专刊《思潮月刊》。《无锡新报》创刊于 1922 年 9 月 1 日，由钱基博的弟弟钱基厚任董事长。《思潮月刊》第一期出版于 1922 年 9 月 16 日，一纸四版，由钱基博主编，钱穆所刊文稿题为"与子泉宗长书"。

在此之前，两人之间曾有一面之缘得以晤谈，讲论中国古代哲学问题兼论及中西文化之异同。此番谈论，钱穆对钱基博颇为赞许，大有相见恨晚之义。"大恨往昔妄自疏外，未敢早进于长者之前，而不期长者不弃其愚诱掖有如此也。"[②]不过，钱穆觉得钱基博所论与自己的看法"似若有相符者，而未能尽切合"，所以写此信给钱基博，以期做进一步的讨论。钱基博看过之后就将此信刊布在《思潮月刊》第一号之上。

《思潮月刊》第一号，在钱基博所撰"发端"之后，打头的文章即是钱穆的《与子泉宗长书》，可见钱基博对此文的推重。关于中国古代哲学，钱穆认为"根本重一'行'字"，非所谓"静""死"之哲学，"中国古代哲学之大归穴，不外'发展个性而无背于群道'一语也"，并认为中西思想可融通互济，以济时弊，"今之学儒者，过重恕，过重和利，其弊至于不忠、不真实。西国学风，大可用为救药"。正如钱穆所说，"东西文化孰优孰劣，围困住近一百年来之中国人，余之一生亦被困在此一问题之内"，"脑中所疑，心中所计，全属此一问题。余之用心，亦全在此一问题上。"[③]钱基博对中西文化的观念可从其文《十年来之国学商兑》窥其一斑。他借裴匡庐之《思辨广录》一文表达自己对十年来国学的斟酌之见："观其所称，见解超卓，议论中正，以聪明人语，说老实

① 钱穆：《八十忆双亲师友杂忆合刊》，北京：九州出版社，2011 年，第 121 页。
② 刘桂秋：《新发现的钱穆佚文〈与子泉宗长书〉》，《江南论坛》2005 年第 4 期。
③ 钱穆：《八十忆双亲师友杂忆合刊》，北京：九州出版社，2011 年，第 34 页。

话……惟先生殚见洽闻，洞见症结，人人所欲言，人人不能言。"①其从治学路径的视角阐释了东西方之间学术的差异。在对待东西文化方面，钱基博和钱穆都认为中西文化乃异质不同之文化，非有先进、落后之差别，肯定东方文化自身的独特性和价值所在，反对西方文化取代东方文化或用"科学方法来整理国故"。

就在《与子泉宗长书》发表几个月后，钱基博推荐钱穆到无锡省立第三师范学校任教。钱基博在先前的1917年夏起任省立三师国文教员兼读经教员；1918年起兼任教务主任。不过，当钱穆来到省立三师之时，钱基博已经接受了上海圣约翰大学的教职，不仅辞去了省立三师教务主任之职，而且也不再担任读经课教师，只担任了本科四年级国文课，欲待其班毕业，故仍留校兼课。钱穆的加盟，所谓适得其时。

在任教省立三师之后，钱穆与钱基博之间的往来更为密切。"钱基博最早欣赏钱穆，每有定夺行止，宾四常与之熟商。"②钱基博每周自沪返三师，课毕，钱穆常至其室长谈。即使在钱基博离开三师后，钱穆依然常去其家晤谈。钱穆对这段交往每每回忆，不胜感慨，称："余在中学任教，集美、无锡、苏州三处，积八年之久，同事逾百人，最敬事者，首推子泉。平生相交，治学之勤，待人之厚，亦首推子泉。"③"余在厦门集美、无锡三师、苏州中学三校，校内敬事者有钱子泉，校外敬事者有金松岑，皆前辈典型人也。"④

在两人订交的两年前，即1920年，钱基博经历了一场与裘廷梁之间的文、白之争。这一年，北洋政府教育部通令全国国民学校在一、二年级国文教材中，改用以白话为基础的语体文。其时任无锡县署三科（主管学务）科长的钱基博草拟了一份致江苏教育厅厅长的呈文，提出教授语体文的办法，并编成一本《语体文范》作为白话文读本。有意思的是，这本《语体文范》的体例仿照曾国藩的《经史百家杂钞》，分"著述""告语""记载"三门。钱基博认为白话文和文言文一样，仍须讲究"言之有物"与"言之有序"，背后仍是以古文辞为参照。当他把《语体文范》寄给乡贤裘廷梁时，裘对此不敢苟同，回信即说《语体文范》是"用文章家的眼光去选的"。裘廷梁是近代白话运动中的一个重要人物，其写作的《论白话为维新之本》是近代白话运动的纲领性文章之一，其创办

---

① 钱基博：《十年来之国学商兑》，见曹毓英选编：《钱基博学术论著选》，武汉：华中师范大学出版社，1997年，第55页。

② 张晓唯：《人生不寿大罪恶》，《书屋》2004年第11期。

③ 钱穆：《八十忆双亲师友杂忆合刊》，北京：九州出版社，2011年，第122页。

④ 钱穆：《八十忆双亲师友杂忆合刊》，北京：九州出版社，2011年，第135页。

的《无锡白话报》是近代中国最早的白话报之一。在裘看来，白话仍主要是教育国民普及文化的工具。不过钱基博仍坚持他的观点："语体文和文言不一样的地方，我以为不过是句式和词头的变幻。"①

巧的是，同样是在 1920 年，钱穆也写下了一篇有关白话文的文章。在前一年的秋天，为了试验白话文对儿童教学的利弊得失，在无锡梅村县四高小任教的钱穆自荐转入后宅初小，亲自试验，进行教学改革。经过半年多的实践，钱穆对于白话文教学有了自己的想法。这一年 2 月，钱穆在家连续两天写作《研究白话文之两方面》，系统地提出了自己的见解。钱穆认为："研究白话文有两方面：一曰'声'，二曰'义'，方言不同，土音各异，则为白话文者，当何去何从？"他认为，就各地方言而言，有字声、语声之分，字义、语义之别，文义、语义之异。若不能将"声""义"兼顾，而是按各地方言所写的文章，有难理解之处。他还举例说，鲁迅和郁达夫的早期作品有些艰涩难懂，可能受到了浙江方言的限制，往往词不达意。钱穆总结说："盖今日之所提倡，当称新体文、不当称白话文。新体文之主旨，在于熔铸白话之精神于文学之中，而还以文学之兴趣，方便灌输于白话使用界之脑海，而求其两面之相接近……"②显然，钱穆的主张十分明确：用白话文的精神，熔铸入于旧文言之中，使白话文有文学的兴趣。他不赞成直接以各地的口语入文学，而主张将口语经过一定的"雅化"过程，形成规范的书面语言。从文学发展的历史进程来看，白话文学的发生和发展，实是得力于文言的帮助。钱穆认为，在文学史上"乃非由白话形成文言，实乃由文言而形成为白话者。不论今日中国各地之白话，其中包孕有极多文言成分，即就宋元时代白话文学言，其中岂非是已包孕有许多自古相传之文言成分乎？由此言之，则在中国文学史上，不仅文言先起，白话晚出，而且文言易于推广，因亦易于持久，而白话文学则以限于地域而转易死亡"③。

在新文化运动初起之时，蛰居乡村的钱穆就关注外面世界的这一变化，逐月阅读《新青年》杂志。1918 年 4 月，胡适在《新青年》第四卷第四号上发表了《建设的革命文学论》，明确提倡用白话文创作各种文学，创立"国语的文学，文学的国语"④。对于胡适等人提倡民主与科学、提倡文学革命的观点，钱穆始

① 刘桂秋：《无锡时期的钱基博与钱锺书》，上海：上海社会科学院出版社，2004 年，第 96—97 页。

② 钱穆：《研究白话文之两方面》，《教育杂志》1920 年第 4 期。此文《钱宾四先生全集》（联经版）、《钱穆先生全集》（九州版）失收。

③ 钱穆：《研究白话文之两方面》，《教育杂志》1920 年第 4 期。

④ 胡适：《建设的革命文学论》，见欧阳哲生编：《胡适文集》第二册，北京：北京大学出版社，1998 年，第 45 页。

则感到新鲜，而后感到不甚理解，"每怪其持论之偏激，立言之轻狂。"①这一篇《研究白话文之两方面》，是钱穆第一次系统评述白话文运动，乃至新文化运动的文章。尽管此文只是对当时白话文教育提出建议，但他对新文化运动的不屑已经初见端倪。在《师友杂忆》中，他记下了他在后宅初级小学的一段轶事："又一日，余选林纾《技击余谈》中一故事，由余口述，命诸生记下。今此故事已忘，姑以意说之。有五兄弟，大哥披挂上阵，二哥又披挂上阵，三哥亦披挂上阵，四哥还披挂上阵，五弟随之仍然披挂上阵。诸生皆如所言记下。余告诸生：'作文固如同说话，但有时说话可如此，作文却宜求简洁。'因在黑板上写林纾原文，虽系文言，诸生一见，皆明其义。余曰：'如此写，只一语可尽，你们却写了五句，便太啰嗦了。'"②

同样，钱基博对于白话文也无好感。前文所引他在给儿子的信中，明确训教钱锺书"望汝为诸葛公、陶渊明，不喜汝为胡适之、徐志摩"。胡适是白话文的倡导者，与徐志摩又同是"新月派"新诗人。1932年，钱基博的《现代中国文学史》一书由上海世界书局出版，其中就将胡适、徐志摩和其他白话文主将逐一抨击。在这部著作之中，他分析了白话文兴起的过程："自陈独秀为文科学长，用适之说，一时新文学之思潮，又复澎湃于大学之内。浙士钱玄同者，尝执业于章炳麟之门，称为高第弟子者也。为人文理密察，雅善持论，至是折而从适，为之疏附。适骤得此强佐，声气腾跃，既倡新文艺以摧毁古文，又讲新文化以打倒礼教，而学生运动亦适一力提倡以臻极盛，然而无以持其后。动而得谤，名亦随之。群流景仰，以为威麟祥凤不啻。……然当是时，白话文乘方兴之运，先之以《新青年》之摧锋陷阵，胡适、陈独秀、钱玄同诸人实为主干。而风气所鼓，继起应和者，北京则有《新潮》月刊、《每周评论》，上海则有《民国日报》附张之'觉悟'、《时事新报》之'学灯'，推波助澜，一以'国语的文学，文学的国语'十字为宣传，是则胡适建设的文学之鹄者也。于是教育部以民国九年颁'小说课本改用国语'之令，而白话文之宣传，益得植其基于法令。"③他批评当时的白话文一味照搬照抄西方文学的范式，说："有摹仿欧文而谥之曰'欧化的国语文学'者，始倡于浙江周树人之译西洋小说，以顺文直译为尚，斥意译之不忠实，而摹欧文以国语，比鹦鹉之学舌……效颦者乃至造述抒志，亦竞欧化，《小说月报》盛扬其焰。然而诘屈聱牙，过于《周诰》，学士费解，何论民

① 钱穆：《孔子与论语》，北京：九州出版社，2011年，"序"，第1页。
② 钱穆：《八十忆双亲师友杂忆合刊》，北京：九州出版社，2011年，第104页。
③ 钱基博：《现代中国文学史》，长沙：岳麓书社，2010年，第413—414页。

众。"①又曰："（周）树人颓废，不适于奋斗；（徐）志摩华靡，何当于民众。志摩沉溺小己之享乐，漠视民众之惨怛，唯心而非唯物者也。至树人所著，只有过去回忆而不知建设将来；只见小己愤慨，而不图福利民众。若而人者，彼其心目何尝有民众耶？"②

由此可以观察，钱基博与钱穆对于白话文的态度，可谓同道。此后，随着阅历的增加以及自身文化观的定型，钱穆对白话文的批评更趋激烈，较之钱基博可谓有过之而无不及。他认为，"民初以来，争务为白话新诗，然多乏诗味。又其白话必慕效西化，亦非真白话。"③在他的眼中，胡适等新派人物，既无文学修养，亦少文学情味，其所作白话新诗也多乏诗味，今人所写白话诗文"无声调、无情味"④。他严厉地批评新文化运动中一些人写白话文"刻薄为心、尖酸为味、狭窄为肠、浮浅为意。俏皮号曰风雅，叫嚣奉为鼓吹、陋情戾气，如尘埃之谜目，如粪壤之窒息。植根不深，则华实不茂，膏油不滋，则光彩不华"⑤。至于对新文化运动的批评，则贯穿了从 20 世纪 30 年代中期到他逝世的大半生时光。

结识锺书

在与钱基博订交的同时，钱穆自然而然地与小 15 岁的钱锺书相识了。钱穆回忆："时其子锺书方在小学肄业，下学，亦常来室，随父归家。子泉时出其课卷相示，其时锺书已聪慧异常人矣。……故余与子泉兄弟及锺书相识甚稔。"⑥

钱穆与钱基博订交的 1922 年，钱锺书就读于无锡东林小学。第二年，13 岁的钱锺书考入苏州教会学校桃坞中学而离开了无锡，直到 1927 年因桃坞中学停办而转回无锡辅仁中学，两年后又考入清华大学。之后，第二年钱穆也来到北平，先任教于燕京大学，后任教于北京大学，并在清华、北师大兼课。于是，钱穆与钱锺书再次相遇。钱锺书才华毕露，钱穆更为敬佩，"及余去清华大学任教，锺书亦在清华外文系为学生，而兼通中西文学，博及群书，宋以后集部殆无

① 钱基博：《现代中国文学史》，长沙：岳麓书社，2010 年，第 414 页。

② 钱基博：《现代中国文学史》，长沙：岳麓书社，2010 年，第 415 页。

③ 钱穆：《八十忆双亲师友杂忆合刊》，北京：九州出版社，2011 年，第 35 页。

④ 钱穆：《现代中国学术论衡》，北京：九州出版社，2011 年，第 227 页。

⑤ 钱穆：《中国民族之文字与文学》，《中国文学论丛》，北京：九州出版社，2011 年，北京：九州出版社，2011 年，第 22 页。

⑥ 钱穆：《八十忆双亲师友杂忆合刊》，北京：九州出版社，2011 年，第 123 页。

不过目"①。

正是就读清华期间，钱锺书与杨绛相识，一见钟情。1933年秋，钱锺书与杨绛在苏州定亲，适钱穆自北平回苏州省亲，钱基博于是特邀钱穆赴宴参加儿子的订婚礼。据杨绛回忆，此次订婚，由于其父杨荫杭生病，所以诸事从简，所请之人必是两家的至亲好友，钱穆能受钱基博之邀，一方面是钱穆可看作钱基博的族人，另一方面也是两人自论学订交之后相互推重、感情日笃的见证。时杨绛已考取清华大学攻读外文系研究生，暑假归去，正好与去北平任教的钱穆同路。于是钱基博在订婚礼席散后，将自己的未婚儿媳嘱托于钱穆，约定同车北去，以便照应。钱穆同杨绛一路同行，谈学论世，杨绛由衷佩服钱穆学识的渊博。杨绛回忆："每逢寒假暑假总回苏州家里度假，这条旅途来回走得很熟，每过'古战场'，常会想到宾四先生谈风有趣。"②

1938年，钱锺书从英伦留学回国，母校清华大学向他发来聘书。当时清华大学已经内迁，与北京大学、南开大学合组西南联大，在昆明开课。钱锺书告别妻女，只身远赴昆明任教，而钱穆随北大内迁也在西南联大任教，两人又成了同事。钱穆回忆："（钱锺书）归，又曾一度与余同在西南联大任教。"③不过，钱锺书在西南联大只教了短短一学年，第二年暑假结束后由上海去往湖南，与父亲钱基博同在蓝田国立师范学院执教。后来，钱锺书回到上海，困守沪上，写出了日后赢得国际赞誉、取得巨大成功的《围城》。

教学同途

抗战期间，钱基博自1938年起一直任教于湖南蓝田国立师范学院，而钱穆则辗转任教于昆明、成都的多所大学，可谓异地相隔，无由相通，然在山河破碎、国难不已的艰难岁月里，"二钱"皆矢志教学育人、笔耕不辍。

抗战胜利后的1946年，钱穆与钱基博、钱锺书父子之间又有了一次晤谈。钱穆在《师友杂忆》中两次提及此事："抗战胜利后之某年暑期，余赴常熟出席一讲学会。适子泉锺书父子俱在，同住一旅馆中，朝夕得相聚。"④"（余）曾

---

① 钱穆：《八十忆双亲师友杂忆合刊》，北京：九州出版社，2011年，第122页。

② 杨绛：《车过古战场——追忆钱穆先生同行赴京》，《杂忆与杂写》，北京：生活·读书·新知三联书店，2015年，第112页。

③ 钱穆：《八十忆双亲师友杂忆合刊》，北京：九州出版社，2011年，第122页。

④ 钱穆：《八十忆双亲师友杂忆合刊》，北京：九州出版社，2011年，第122页。

被邀赴常熟作讲演，钱子泉、锺书父子亦被邀，同住一旅馆中，讨论及此。适沪上各学校争欲招聘，子泉力赞余意，锺书则深盼余留沪。即彼父子两人，子泉仍返湖北，而锺书则终留上海。"①

三人同宿一旅馆中，乃得朝夕聚谈。两位历尽漂泊艰辛的至交好友，他乡遇旧，久别重逢，忆往昔峥嵘岁月，话目前时局纷扰，感慨良多。此时的钱穆认识到，国难尚未已，学校风波仍将迭起，决意不再在北平、天津、南京、上海四处任教，暂避之较僻静处以潜心教学著述。对于钱穆的意见，钱基博是基本赞同的。他也没有回到上海，而是去往武汉，任教于华中大学（今华中师范大学），并在此度过了其一生教学的最后生涯。1948 年，钱基博发表《答诸生论今日之大学》，首先极为肯定华中大学能在学潮纷扰、天下汹汹的时代力维校风的安定、学风的纯正，继而反复陈述力保安定、维持良善之校风，以维学术于不坠的价值追求，"倘社会动荡而吾亦与为动荡，无心问学，以自暴自弃；长此以往，天下之读书种子将绝，聪明亦以渐灭，人道或几乎息，以返于洪荒草昧，张脉偾兴，人将相食，此则吾之所大惧！……吾亦唯有馨香祷祝校风安定之继续，以维斯文于一脉。"②此番言论，忧虑之心与期冀之情比比皆是，可谓句句肺腑、字字泣血。

钱穆在《师友杂忆》中两次提到此次晤面，可见其印象深刻。不过，此段记事的当事人之一钱锺书在读到此书后，却说自己平生从未到过常熟。杨绛就说："那章里有一节讲默存，但是记事都错了。"③现代史学家汪荣祖在他的《史家陈寅恪传》的一处注文中提及："钱穆虽为历史学者，但其自记多有不实。如在《杂忆》中说，曾在常熟见到钱锺书，但锺书先生语我，其生平尚未到过常熟。"④

那么，此处有无钱穆误记之处？对此，薛巧英、傅宏星和刘桂秋三位先生都做过考辨。薛巧英认为，钱穆的"常熟"之忆，或是"无锡"之误，但她的考辨过于简单，多有猜想成分。傅宏星也认可双方的见面之地是在无锡。1946 年 8 月 27 日，无锡县政府为纪念孔子诞辰和抗战胜利后第一届教师节，特召全县中心学校教师举行联合纪念会，并敦聘师钱基博、钱穆作学术演讲。钱基博如期

① 钱穆：《八十忆双亲师友杂忆合刊》，北京：九州出版社，2011 年，第 122 页。

② 周洪宇：《钱基博的使命感和责任心》，《武汉文史资料》，2003 年第 8 期。

③ 杨绛：《车过古战场——追忆钱穆先生同行赴京》，《杂忆与杂写》，北京：生活·读书·新知三联书店，2015 年，第 108 页。

④ 汪荣祖：《史家陈寅恪传》，北京：北京大学出版社，2005 年，第 158 页。

到会并作演讲,"对于孔子之道与学,作详尽之阐发",但"钱宾四先生则在苏未及赶到",所以两人在演讲会当日并未碰面。钱基博此次回锡,从夏天待到秋天,停留了较长的时间。到了9月下旬,钱穆曾回无锡,并接受了《江苏民报》记者的采访。据此,傅宏星推测两人碰面的可能性是很大的。① 而且,钱锺书1946年也回过无锡。不过,傅宏星也直言,钱锺书回锡时是否正值钱基博、钱穆都在无锡,还有待进一步查考。而刘桂秋则通过对《申报》报道的考证,认为钱穆和钱锺书的见面交流,很可能是在1946年8月的上海。那时上海市教育局举办中学教师暑期讲习班,钱锺书和钱穆皆在被聘的"讲习教师"之列。钱锺书前两日分别讲了《英国文学之政治与哲学背景》《幽默与古西洋心理学》。② 钱穆则在稍后登场,前后做了四场历史和国文方面的讲习。《申报》载:"本市中学教员暑假讲习会第六、七两日(十三、十四日)讲习纲要如下:……(历史)钱穆讲:(一)历史教育之任务,(二)中国近代史学界之概况。(国文)钱穆讲:(一)国文教学之旨趣,(二)如何欣赏文学?""上海市教育局主办之中学教师暑期讲习会,第八、九两日(十五、十六日)讲习纲要如下:……(国文)钱穆讲:关于字句篇章背景作意种种教授法之实际举例。(历史)钱穆讲:中国史之新评价。"③ 刘桂秋认为,如果再将钱穆的回忆与当年《申报》的"即时报道"做一比较,可以发现有三点是非常吻合的:一是在"抗战胜利后",二是在"某年暑假",三是在"讲学会(讲习会)"。所以,钱穆所说的很有可能是与钱锺书在这次上海中学教师暑期讲习班期间的见面交流,不过把"上海"误记成了"常熟"。刘桂秋的考证精详,但钱穆说"适子泉锺书父子俱在,同住一旅馆中,朝夕得相聚",刘桂秋对钱穆与钱基博在这期间是否见过面未做考证。看来,这仍是一桩"悬案",有待于进一步地梳理与考辨。

钱基博和钱穆各自以传承中国文化为己任,走着一条终老不辍、育人兴国的教学之路。钱基博自小学教员至大学教授,历经50余年,先后任教十几所学校,著作等身,桃李满天下。对钱基博来说,50余年的教学生涯也是一个不断探索教育理念、教育模式和教学方法的过程。他曾在吴江丽则女子中学发表《吴江丽则女中学国文教授宣言书》,拟订教授国文,尤其是对学生进行写作训练的

---

① 石声淮:《记钱子泉先生捐赠图书文物事》,《华中师范大学学报(社学社会科学版)·纪念钱基博先生诞生百周年专辑》,1987年,第155页。

②《中教暑期讲习会昨第一日讲习》,《申报》1946年8月9日;《中教暑期讲习会第二、三日讲习纲要》,《申报》1946年8月11日。

③《中教讲习会第六、七两日讲习纲要》,《申报》1946年8月16日;《中教讲习会八、九两日讲习纲要》,《申报》1946年8月17日。

"教改方案"，推行"教学改革"，取得了良好的效果。先后发表的《中学教授文法议》《师范集》《治学篇》《四书解题及其读法》等大量有关教育教学的著作、文章，无不凝聚着钱基博对教育的关怀和思索。他提出教育救国须先重视师范教育，在1939年《国师季刊》上刊布的《国立师范学院成立记》中说："人不自强，何能强国！……而诚窃以为此一役也，非造人何以善后！胜，则惟造人可以奠基复兴之基；败，则惟造人乃能图报吴之举。而造人之大任，微师范学院谁与归？"①钱穆自1912年任教三兼小学始，75年教读生涯间先后在二十余所学校执教，还远赴美国哈佛、耶鲁大学等学校讲学，传播、发扬中国文化。钱穆于1919年任后宅镇泰伯市立第一初级小学校长，着力推行教学改革，"务使课程规章生活化，学生生活规章化，使两者融归一体"②，以比较古今中外教育的异同得失。教学过程中钱穆始终没有停止对教育教学问题的思考和探索，以至于形成其富有特色的人文主义教育思想。钱穆在创办新亚书院时，《招生简章》就明言："上溯宋明书院讲学精神，旁采西欧大学导师制度，以人文主义之教育宗旨，沟通世界中西文化，为人类和平、社会幸福谋前途。"③

钱锺书，在20世纪40年代除了创作《围城》以外，还完成了《谈艺录》《写在人生边上》的写作。中华人民共和国成立后，他回到母校清华大学任教。1953年院系调整，钱锺书摆脱教务，在中国社科院文学研究所工作。其间完成《宋诗选注》，并参加了《唐诗选》《中国文学史》（唐宋部分）的编写工作，其中《宋诗选注》列入中国古典文学读本丛书。1972年3月，62岁的钱锺书开始写作《管锥编》，至1977年初稿完成，此后又陆续修改，至1979年由中华书局相继出版。1982年，他创作的《管锥编增订》出版。20世纪80年代，他还出版了《谈艺录》（补订本）和《七缀集》。钱锺书始终以一种文化批判精神观照中国与世界，科学扬弃中国传统文化，有选择地借鉴和吸收外来文化。他不拒绝任何一种理论学说，也不盲从任何一个权威，毕生致力于确定中国文学艺术在世界文学艺术宫殿中的适当位置，从而促使中国文学艺术走向世界，加入世界文学艺术的总的格局中去。为此，他既深刻地阐发了中国文化精神的深厚意蕴和独特价值，也恰切地指出了其历史局限性和地域局限性。他既批评中国人由于某些幻觉而对本土文化的妄自尊大，又毫不留情地横扫了西方人由于无知而以欧美文化

---

① 钱基博：《国立师范学院成立记》，见傅宏星主编：《精忠柏石室教育文选》，武汉：华中师范大学出版社，2014年，第171页。

② 钱穆：《八十忆双亲师友杂忆合刊》，北京：九州出版社，2011年，第97页。

③《招生简章节录》，《新亚遗铎》，北京：九州出版社，2011年，第3页。

为中心的偏见。

序言疑窦

1930 年，钱穆的《国学概论》出版在即，邀请钱基博作序并置于书首。《国学概论》于 1931 年 5 月由商务印书馆出版。此书一经出版，便大受欢迎。据不完全统计，1933 年、1943 年、1946 年商务印书馆都再版过。李德永在一篇序文中回忆道："早在 40 年代初期的学生时代，我就怀着赤子虔诚之心，手抄、默诵他的名著《国学概论》和《国史大纲》。"①

由此可见钱穆的《国学概论》一书在当时的影响的确是非常大的。1956 年 6 月，台北商务印书馆将此书重新出版。钱穆在"新版附识"中声明："此次再版，于本章原文，亦一仍其旧，绝不再加增删。此非谓当时叙述，便成定论。盖使读者获知三十年前人对其当时学术思潮之一种看法，此亦可作一种史料视耳。"②此后在 1968 年、1970 年、1972 年、1979 年、1983 年、1995 年、1996 年，又相继有台湾版问世。大陆方面，迟至 1997 年 7 月才由北京商务印书馆再版第一次。截至 2017 年 6 月，已经是第 12 次印刷，足见这本《国学概论》非常畅销。1998 年，《钱宾四先生全集》54 册在台北联经出版有限公司出版，《国学概论》就收录其中。2011 年 6 月九州出版社又以"钱穆先生全集"为题出版大陆版，第一辑中也包括《国学概论》。

值得注意的是，除了民国时期印刷的版本之外，随后的众多版本，无论台湾版抑或大陆版，都去掉了钱基博的"序言"。其间的原因何在？答案就在杨绛的回忆之中。杨绛在《将饮茶》中说到一件往事："商务印书馆出版钱穆的一本书，上有锺书父亲的序文，据锺书告诉我，那是他代写的，一字没有改动。"③钱穆弟子余英时说，"这事很快传到宾四师耳中，他的感觉可想而知。他原以为'子泉宗老'对他的著作很郑重严肃，不料竟不肯亲自下笔，委之年甫弱冠的儿子。所以后来台北联经的《全集》本《国学概论》中便不再收钱基博的序了，连带着《自序》中谢'子泉宗老'的话当然也删掉了。"④

钱锺书代写序言，钱基博通读一遍，觉得言辞肯綮、无懈可击，就署上自己

①郭齐勇、汪学群：《钱穆评传》，南昌：百花洲文艺出版社，1995 年，"序"，第 1 页。

②钱穆：《国学概论》，北京：九州出版社，2011 年，"新版附识"，第 3—4 页。

③杨绛：《将饮茶》，北京：生活·读书·新知三联书店，2015 年，第 128 页。

④陈致：《余英时访谈录》，北京：中华书局，2012 年，第 153 页。

的大名交稿了。如果钱基博没有对钱穆说过是小儿代写的，则这"代写"一事，宜作为永远的秘密，不应告诉与此无关的人。如果钱锺书告诉了夫人，这"防扩散"的事，就应由伉俪两人共同负责。但是，杨绛公之于世，作为当事人的钱基博如果还在，将何颜以对钱穆。杨绛公布这件代父写序的事，未免有些"以才华超绝时贤为喜"的嫌疑。

最后一页

中华人民共和国成立后，钱穆先在香港办学，后又定居台北，而钱基博、钱锺书父子留在了大陆，双方之间数十年间音讯断绝。大陆实行改革开放以后，钱基博已归道山多年，钱穆与钱锺书伉俪之间又有了书信往来。

至于何时双方有了首次鸿雁往来呢？目前并无确切记录。余英时回忆："大概80年代初，我在台北拜候钱宾四师，他刚收到钱锺书一封两页的亲笔信，交给我看，那是真迹，毫无问题。"[1]余英时所提及的此信，后来杨绛在撰写回忆散文《车过古战场——追忆与钱穆先生同行赴京》时作为附录公开发表。据杨绛回忆，1986年，苏州计划举行建城2500年纪念活动，打算邀请各方面的知名人士参加，长期寓居台湾的钱穆也在其列。当时除了用公家的名义正式发函邀请之外，又特别请钱锺书以宗亲的身份和名义写信去"劝驾"。结果，起先钱锺书在信里写错了几个数字，"主办单位把信退回，请他改正重写。我因而获得这封作废的信。我爱他的文字，抢下没有让他撕掉（默存写信不起草稿，也不留这类废稿）"[2]，于是这封信才得以留存。现移录于下：

宾四宗老大师道座：

契阔暌违，忽五十载。泰山仰止，鲁殿岿存。远播芳声，时殷遐想。前岁获睹大著忆旧一编，追记先君，不遗狂简，故谊亲情，感均存殁。明年苏州市将举行建城二千五百年纪念大会，此间人士佥以公虽本贯吾邑，而梓乡与苏接壤，处廉让之间，又卜宅吴门，乃古方志所谓"名贤侨寓"。且于公钦心有素，捧手无缘，盛会适逢，良机难得，窃思届时奉屈贲临，以增光宠，俾遂瞻对。区区之

---

[1] 陈致：《余英时访谈录》，北京：中华书局，2012年，第152页。
[2] 杨绛：《车过古战场——追忆钱穆先生同行赴京》，《杂忆与杂写》，北京：生活·读书·新知三联书店，2015年，第112页。

私，正复齐心同愿。旧国旧乡，望之畅然，而况于闻闻见见，庄生至言，当蒙忻许，渴盼惠来。公家别具专信邀请，敬修片楮，聊申劝驾之微忱。衬拳边鼓，力薄而意则深也。即叩春安不备。

宗末锺书上 杨绛同候

一九八五年二月三日

钱锺书在信中称钱穆为"宗老"，而自称"宗末"，态度谦卑，很有人情味；而且合乎纯然传统书信的格调。当时钱穆齿德俱尊，学术地位很高，单是称之为"宗老"还不够，于是钱穆又加上"大师道座"四个字。

钱穆得享高寿，信中颂为"鲁殿岿存"，用来形容他乃是硕果仅存的大学者。鲁殿，鲁灵光殿的简称。《文选》卷十一王延寿《鲁灵光殿赋·序》云："鲁灵光殿者，盖景帝程姬之子恭王余之所立也。初，恭王始都下国，好治宫室，遂因鲁僖基兆而营焉。遭汉中微，盗贼奔突，自西京未央、建章之殿皆见隳坏，而灵光岿然独存……""鲁灵光殿"在这里指老辈学者多已辞世，而钱穆健在，不仅措辞雅致，也非常得体。

这封信虽篇幅不长，但内容丰富，文字凝重清新，章法极佳。开头先写亲情故谊，措辞典雅，入题从容，合于传统书信的通则。"大著忆旧一编"指钱穆的回忆录《师友杂忆》，其中忆及钱基博（"先君"），也以"狂简"代指自己，是自谦说法。《论语·公冶长》："吾党之小子狂简，斐然成章，不知所以裁之。"朱熹注："狂简，志大而略于事也。"转入正题后，信中特别强调钱穆与苏州深厚密切的关系，以明邀请之有故、企望之殷勤。钱穆与苏州有着很深的渊源。其家乡七房桥村靠近苏州；1927 年秋至 1930 年夏，钱穆任教苏州中学；1929 年春天以后，全家寓居苏州；1939 年秋至 1940 年夏，钱穆回苏州侍奉老母，居于耦园；抗战胜利后，又曾一度寓居于苏州。所以信中说钱穆曾卜宅吴门，乃古方志所谓"名贤侨寓"，因此渴望他回来参加纪念大会。

信末引用庄子的话，动之以旧国、旧乡之情，将主题升华到新的高度，不单为苏州一处，也不单适用于钱穆先生一个人，而有深远得多的意义。"公家别具专信邀请，敬修片楮，聊申劝驾之微忱。衬拳边鼓，力薄而意则深也"，声明自己这封简单的信不过是辅助性的（"衬拳边鼓"）——这样的说明也很有必要，说得又极其风雅有味。

殊为可惜的是，钱穆受多种因素影响未能光临苏州的盛会。1986 年 2 月，他在台北发表《丙寅新春看时局》，谓"此下的中国，只有全中国和平统一，始是个大前途，大希望。和平统一是本中国传统的文化精神和民族性的大前途，大理想，大原则"。三个多月后的 6 月 9 日，钱穆在台北寓所素书楼为中国文化大学史学研究所博士班讲中国文化思想史。这是他 75 年教读生涯的最后一堂课。在这堂课上，92 岁高龄的老先生最后殷殷寄语学生："你是中国人不要忘了中国，不要一笔抹杀自己的文化，做人要从历史里探求本源，在大时代的变化里肩负维护历史文化的责任。"①

---

① 罗义俊：《钱宾四先生传略》，《钱穆纪念文集》，上海：上海人民出版社，1992 年，第 304 页。

君子如水　志在弘道

——钱穆与吴宓

钱穆与吴宓的交谊，并不十分密切。然而，两人在学术上的契合度，超过了他们的交谊紧密度。他们都是自命立志守护中国儒家传统文化的那样一种人，即儒家文化的"弘道者"。

一

吴宓，字雨生（亦作雨僧），1894 年生于陕西泾阳。他比钱穆年长一岁，两人近乎是同龄人。两人相遇于 20 世纪 30 年代初。彼时，吴宓执教于清华大学外文系，兼教于北京师范大学、北京大学，而钱穆任教于北京大学，并在清华、北师大等大学兼课。在钱穆的《师友杂忆》中有这样的记载："余亦因锡予（即汤用彤）识吴宓雨生。彼两人乃前中大同事。余在清华兼课，课后或至雨生所居水木清华之所。一院沿湖，极宽适幽静。雨生一人居之。余至，则临窗品茗，窗外湖水，忘其在学校中。钱稻孙与余同时有课，亦常来，三人散谈，更易忘时。"[①]吴宓一生勤记日记，但 1931 至 1935 年段的日记大量缺失，故两人最初会晤之日期及情景已经不详。钱穆最早出现在吴宓的日记中是在 1936 年 12 月 12 日。吴宓写道："宓至南池子缎库前巷三号汤用彤宅。与汤君及贺麟、钱穆二君谈。"[②]

吴宓 1911 年考入清华留美预备学校高等科，1916 年毕业时因体检与体育均未通过，延至第二年放洋赴美。起初，吴宓求学于弗吉尼亚州立大学，但从第二

---

① 钱穆：《八十忆双亲师友杂忆合刊》，北京：九州出版社，2011 年，第 171 页。
② 《吴宓日记》第六册，北京：生活·读书·新知三联书店，1998 年，第 62 页。

年起免考转入哈佛大学，师从美国新人文主义文学批评运动领袖白璧德，研习比较文学、西方文学与哲学。在吴宓留学期间，一场摧枯拉朽的新文化运动正在国内蓬勃兴起，而执大旗的正是先期留美的胡适。远在重洋之外的吴宓，对于新文化运动采取了对立的立场，对胡适、傅斯年等代表人物则持激烈抨击的态度。《新潮》是国内宣传新文化运动的重要刊物，主要创办人傅斯年经常撰文鼓吹白话文。吴宓读到后，直言《新潮》的创办人是"狂徒"，而且这些"狂徒"使少年学子"纷纷风向"。他在日记中斥道："近见国中所出之《新潮》等杂志，无知狂徒，妖言煽惑，耸动听闻，淆乱人心，贻害邦家，日滋月盛，殊可惊忧。又其妄言'白话文学'，少年学子，纷纷向风。于是文学益将堕落，黑白颠倒，良莠不别。弃珠玉而美粪土，流潮所趋，莫或能挽。"①。一个月后的12月14日，同在哈佛大学留学的陈寅恪至吴宓处，两人"所谈甚多"。吴宓感谓："今之盛倡白话文学者，其流毒甚大，而其实不值得通人之一笑。明眼人一见，即知其谬鄙，无待喋喋辞辟，而中国举世风靡。哀哉，吾民之无学也！"②吴宓所说的"通人""明眼人"，自然包括他自己与陈寅恪在内。此后，对新文化运动的批判和抨击的言语，屡屡见于他的日记之中。略举几例："'新文学'之非是，不待词说。一言以蔽之，曰：凡读得几本中国书者，皆不赞成。西文有深造者，亦不赞成。兼通中西学者，最不赞成。惟中西文之书，皆不多读，不明世界实情，不顾国之兴亡，而只喜自己放纵邀名者，则趋附'新文学'焉。""夫'新文学'者，乱国之文学也。……'新文学'者，土匪文学也。……今中国之以土匪得志者多，故人人思为土匪。"③"今国中所谓'文化运动'，其所提倡之事，皆西方所视为病毒者，上流人士防止之，遏绝之，不遗余力，而吾国反雷厉风行，虔诚趋奉。如此破坏之后，安能再事建设？如此纷扰之后，安能再图整理？"④"目今，沧海横流，豺狼当道。胡适、陈独秀之伦，盘踞京都，势焰熏天。专以推锄异己为事。宓将来至京，未知能否容身。"⑤言语不可谓不辛辣。

<hr />

①1919年11月12日日记，《吴宓日记》第二册，北京：生活·读书·新知三联书店，1998年，第90—91页。

②《吴宓日记》第二册，北京：生活·读书·新知三联书店，1998年，第105页。

③1919年12月30日日记，《吴宓日记》第二册，北京：生活·读书·新知三联书店，1998年，第114—115页。

④1920年4月19日日记，《吴宓日记》第二册，北京：生活·读书·新知三联书店，1998年，第154页。

⑤1920年5月1日日记，《吴宓日记》第二册，北京：生活·读书·新知三联书店，1998年，第161页。

　　1921 年，吴宓在获得文学硕士学位后归国，在南京东南大学执教。在教学之余，他与梅光迪、柳诒徵一起创办《学衡》杂志，于新旧文化取径独异，"为理想与道德，做勇敢之牺牲"，以"论究学术，阐求真理，昌明国粹，融化新知"。以《学衡》为中心，在思想文化界形成了一个宣传复古主义，反对新文化运动的派别——"学衡派"。吴宓自述此段时光，"昕夕勤劳，至于梦中呓语，犹为职务述说辩论。盖此后三年中，实为予一生最精勤之时期。"① 吴宓特别尊崇孔子，对五四新文化运动"打倒孔家店"之举极为反感。他描述当时的反孔情形时说："自新潮澎湃，孔子乃为人攻击之目标。学者以专打孔家店为号召，侮之曰孔老二，用其轻薄尖刻之笔，备致诋諆。盲从之少年，习焉不察，遂共以孔子为迂腐陈旧之偶像、礼教流毒之罪人，以谩孔为当然，视尊圣如狂病。而近一年中，若武汉、湘中等地，摧毁孔庙，斩杀儒者，推倒礼教，打破羞耻，其行动之激烈暴厉，几令人疑其为反对文明社会，匪特反对孔子而已。"② 他用自己留学、游历的切身体会来说明中国文化和孔子学说的优点，"宓曾间接承继西洋之道统，而吸收其中心精神。宓持此所得之区区以归，故更能了解中国文化之优点与孔子之崇高中正。"③ 他指出，目前应当着重研究孔教、佛教、希腊罗马之文章哲学及耶教（基督教）之真义，"中国之文化，以孔教为中枢，以佛教为辅翼；西洋之文化，以希腊罗马之文章哲学与耶教融合孕育而成。今欲造成新文化，则当先通知旧有之文化……于以上所言之四者——孔教、佛教、希腊罗马之文章哲学及耶教之真义，首当着重研究，方为正道"，然后把"吾国道德学术之根本"的孔孟人本主义，与柏拉图、亚里士多德以下之学说"融合贯通，撷精取粹"，"再加以西洋历代名儒巨子之所论述"，熔铸一炉，以为"吾国新社会群治之基"，这便可以做到"国粹不失，欧化也成"，并进而创造"融会东西两大文明之奇功"的新文化。④ 正是站在这样的高度，吴宓专门写了《孔子之价值及孔教之精义》一文，发表于 1927 年 9 月 22 日的《大公报》上。在文章中，吴宓是本着"智慧思考"，"坚持孔子之学说"的理念来"复申"孔子的价值及其学说的精义的。他认为，真正的尊孔应该注重两条途径：一是实行，二是理论。因为"孔子教人，首重躬行实践，今人尊孔的要务"，便在"自勉勉人，随时地实行孔子之教"。在理论上，吴宓提出了求得孔教真义的基本方法："融汇新旧道

　　① 吴宓著，吴学昭整理：《吴宓诗话》，北京：商务印书馆，2005 年，第 202 页。

　　② 吴宓：《孔子之价值及孔教之精义》，《大公报》1927 年 9 月 22 日。

　　③ 吴宓：《空轩诗话·二十四》，《吴宓诗集·卷末》，上海：中华书局，1935 年，第 161 页。

　　④ 吴宓：《论新文化运动》，《学衡》1922 年第 4 期。

理，取证中西历史，以批评之态度，思辨之工夫，博考详察，深心体会，造成一贯之学说，洞明全部之真理。"①"学衡派"和吴宓的逆流而动，在那个激情燃烧的岁月里，自然沦为"笑柄"，被斥"顽固""保守""反动"。鲁迅在《估〈学衡〉》一文中讽刺道："夫所谓《学衡》者，据我看来，实在不过聚在'聚宝之门'左近的几个假古董所放的假毫光；虽然自称为'衡'而本身的称星尚且未曾钉好，更何论于他所衡的轻重的是非。"②不过，钱穆倒是与"学衡派"声气相通。晚年他在纪念老友张其昀的文章中说，他早年对北方《新青年》和南方《学衡》两杂志的文章，皆悉心拜读，在内心赞同"学衡派""昌明国粹，融化新知"的文化主张。③

相对于强大的新文学阵营，"学衡派"显然不是对手，《学衡》杂志每期发行量只有数百份。而且，由于所持办刊宗旨和趣向的不同，其他社员渐渐不再过问杂志，只剩下吴宓一人勉力支持。吴宓偶尔也觉得自己在干一件"出力不讨好"的工作，不过，这些思想的波动并没有使《学衡》半途而废。他说："宓愿自发奋用功，《学衡》续办不衰，以自表见，则兹之讥讽，可洗其羞矣。"④吴宓就憋着一口气，定要使自己的精神追求保有话语权的场域，并坚信历史终究会给他一个答复。

由于东大内部派系倾轧，矛盾重重，吴宓在 1924 年 8 月去往东北大学任教，接着又于 1925 年初转往清华大学外文系任教。在清华任教期间，吴宓一面继续编辑与经营《学衡》，一面又于 1928 年元月主编《大公报》的"文学副刊"，继续与新文化运动相颉颃。

此时，新文化运动已占据了学术主流地位，吴宓更是时感压抑和颇受胡适之排挤。吴宓 1925 年 5 月 25 日日记云："在歆海、端升处谈。歆海谓宓办《学衡》为'吃力不讨好'，不如不办。乃谓《现代评论》，作者以文登其中为荣。又谓宓为'中世之圣僧'云。噫！"⑤在这样势单力薄的情况下，吴宓还要坚持与胡适对抗，被看作"中世之圣僧"也是十分自然的，吴宓也只能发出"噫"这样的叹息表示自己的伤感和悲愤了。同年 7 月 26 日日记云："下午，钱端升来，述日前歆海宴胡适，胡因 Winter（温德）之询，对宓嘲笑之语。宓境殊危，但亦

①吴宓：《孔子之价值及孔教之精义》，《大公报》1927 年 9 月 22 日。

②鲁迅：《估〈学衡〉》，《鲁迅文集》第三卷，哈尔滨：黑龙江出版社，1995 年，第 92 页。

③钱穆：《纪念张晓峰吾友》，台北：台湾《传记文学》1985 年第 47 卷第 6 期。

④1925 年 7 月 3 日日记，《吴宓日记》第三册，北京：生活·读书·新知三联书店，1998 年，第40 页。

⑤《吴宓日记》第三册，北京：生活·读书·新知三联书店，1998 年，第 28 页。

当坦然处之耳。"①尽管同处一城，但吴宓与胡适见面的机会并不多，吴宓甚至刻意回避与胡适的见面。1926年7月14日日记云："陈、凌婚礼，未往，以胡适等在座，多所不便。"②1937年4月24日是清华成立纪念节的前一天，此日学校"已甚热闹"。吴宓以往"屡年参与此会"，"而今年校中更请胡适演讲考证学之来源，使宓列坐恭听，宓尤不耐，乃决入城避之，遂于今日上午11：00入城。至中央公园长美轩，独坐，午餐，阅报，但心神翻觉爽快。"③吴宓甚至对亲近胡适的朋友也心怀芥蒂。1925年11月，清华校内传出校长曹云祥将赴英国的消息，梁启超愿意接任，并宣称要聘请胡适来清华研究院担任导师。吴宓和梁启超是清华国学研究院同事，私交甚好，吴宓支持梁氏担任清华校长也在情理之中，但是他听说梁氏想聘请胡适来清华研究院，立刻触及思想底线，内心开始盘算："即梁就职，且招胡来，是逼宓去。张任校长，其不利于宓，尚未至此也。大好时地，不能安居读书，奔走何苦战？宓乃爽然自失矣。"④

1929年，吴宓与胡适在一次宴会上有了一次同桌的机会。胡适告诉吴宓想购买一整套《学衡》，让吴宓寄到其在上海的住处。吴宓此次见胡适的印象是："胡适居首座，议论风生，足见其素讲应酬交际之术。"⑤吴宓的这一观感，倒与钱穆有相似之处。有一次，胡适拜访钱穆。钱穆写道："适之门庭若市，而向不答访，盖不独于余为然。"⑥

《大公报·文学副刊》本为报社约请吴宓所办。1928年3月12日，吴宓看到"文学副刊"第10期上《胡适评注词选》一文"排为四号大字，开前此所无之例"，这在吴宓看来无疑是"系馆中人欲藉名流以自重之意"，自感："以宓之辛苦劳瘁，而所经营之《文学副刊》乃献媚于胡适氏，宁不为识者齿冷？"于是，吴宓即作长函致报社总经理张季鸾责问之，表明了"若馆中以捧胡适为正事，宓即请辞职"态度。吴宓生怕此函"太伤感情"，又改写短函，"严嘱其以后非经宓诺，不得擅改字体大小云云。"⑦而事实上并非吴宓所猜想，而是他自

①《吴宓日记》第三册，北京：生活·读书·新知三联书店，1998年，第49页。

②《吴宓日记》第三册，北京：生活·读书·新知三联书店，1998年，第191页。

③《吴宓日记》第六册，北京：生活·读书·新知三联书店，1998年，第114页。

④1925年11月24日日记，《吴宓日记》第三册，北京：生活·读书·新知三联书店，1998年，第101页。

⑤1929年1月27日日记，《吴宓日记》第四册，北京：生活·读书·新知三联书店，1998年，第202页。

⑥钱穆：《八十忆双亲师友杂忆合刊》，北京：九州出版社，2011年，第170页。

⑦《吴宓日记》第四册，北京：生活·读书·新知三联书店，1998年，第34页。

已红笔批明的。数天后吴宓接张季鸾复函，"并附示原稿，始悉《胡适评注词选》一文之用四号字排印，乃宓以红笔批明者"。吴宓遂自责且叹："宓一时荒唐，自家错误，而妄以责人；且牵引大题目，几伤感情。"[①]1931 年 6 月 12 日晚，在欧洲游学的吴宓"阅《大公报》万号特刊，见胡适文，讥《大公报》不用白话，犹尚文言；而报中季鸾撰文，已用白话，且约胡之友撰特篇，于以见《大公报》又将为胡辈所夺"，并担心"《文副》将不成宓之所主持矣"[②]。由此可见吴宓对胡氏的潜在的压力和威胁感觉有多么明显。

对于吴宓对新文化运动的攻讦，胡适自然是了然于胸的，不过君子不出恶声罢了，但胡适私下对吴宓的不满是明显的。胡适在日记中说，他看到吴氏学生陈铨的著作，发现作者把两个中国古代名人的生卒年月和出生地址写错了，不由嘲讽："看陈铨的《中德文学比较》，此书甚劣，吴宓的得意学生竟如此不中用。"[③]吴宓主持的《大公报·文学副刊》于 1933 年年底停刊，胡适在日记中有某种幸灾乐祸情结的表露："今天听说，《大公报》已把'文学副刊'停办了。此是吴宓所主持，办了三百一十二期。此是'学衡'一班人的余孽，其实不成个东西。甚至于登载吴宓自己的烂诗，叫人作恶心！"[④]吴宓主持的《学衡》在此前的 1933 年夏停刊，所以在胡适眼里"文学副刊"是《学衡》的"余孽"，不言而喻。在胡适看来，《学衡》与《大公报·文学副刊》都是具有"孽"的性质的，是不能容许存在的。胡适是否插手"文学副刊"停办之事，无史料根据不便妄猜。从胡的态度看，即使他不插手此事，也会在客观上产生不利于"文学副刊"的影响，因此作为当事者的吴宓认定胡适一帮人是肇事者，也在情理之中。在"文学副刊"停刊的同时，胡适主持的《大公报》"星期评论"副刊创刊了，这两人的博弈关系今天看来是很明显的。即使到了晚年，胡适还说："《学衡》是吴宓这班人办的，是一个反对我的刊物。"[⑤]

据钱穆回忆，他认识吴宓是因为两人同与北京大学教授汤用彤私交密切。不过，两人的接近，除了同与汤用彤为友外，还可能因为他们两人都受到新文化运动派的压抑。钱穆初进北京大学时与胡适、傅斯年关系尚好，但后因治学路径不同，钱后来回忆其逐渐与"孟真（傅斯年）意见亦多不合"[⑥]。钱穆与胡适的

---

①《吴宓日记》第四册，北京：生活·读书·新知三联书店，1998 年，第 37 页。

②《吴宓日记》第五册，北京：生活·读书·新知三联书店，1998 年，第 332 页。

③1937 年 2 月 19 日记，《胡适日记全编》（6），合肥：安徽教育出版社，2001 年，第 655 页。

④1933 年 12 月 30 日记，《胡适日记全编》（6），合肥：安徽教育出版社，2001 年，第 267 页。

⑤胡颂平：《胡适之先生晚年谈话录》，北京：中国友谊出版公司，1993 年，第 61 页。

⑥钱穆：《八十忆双亲师友杂忆合刊》，北京：九州出版社，2011 年，第 159 页。

学术见解亦多有分歧，如钱穆回忆，"余在当时北大上课，几如登辩论场。"[①]
尤其是他与胡适关于《老子》年代问题以及在蒙文通任教职解聘问题上，意见对立。而当时胡适、傅斯年在学界居领袖地位，钱穆逐渐与他们见解不和，显然自感受到压抑。对于吴宓所办《大公报·文学副刊》被停刊一事，钱穆即颇为不平，"雨生本为天津《大公报》主持一文学副刊，闻因《大公报》约胡适之、傅孟真诸人撰星期论文，此副刊遂被取消。"[②]

历史的恩恩怨怨，牵扯到一代名师的私下交往，不免有些遗憾。吴宓是位古典的坚守者，《学衡》是吴宓坚守的一块古典阵地。他不惜牺牲个人的精力、财力，支撑《学衡》整整十二年。在很长一段时间内，吴宓就是《学衡》，《学衡》就是吴宓，这是吴宓和《学衡》留给外界的共同观感。事实上，站在今天回顾，新文化运动有其时代价值，但也有过于激进的一面，如因为矫枉过正，否定、破坏传统文化的危害甚大。以吴宓为首的"学衡派"，与《新青年》一味破旧立新不同，也与一味复古拒新的严复、林纾等"国粹主义"者不同，他们并不是纯粹意义上的保守主义者，而是和《新青年》一样，都在探索中国文化的现代道路。而且，"学衡派"对主流学术运动起到了一定的制衡和纠偏的作用，在一定程度上弥补了新文化派的学术缺失。"学衡派"所提倡的在稳健、平和的态度下调和中西文化的构想，在某种程度上有其合理的意义。在《传统回归》热兴起之后，他们作为保守主义者所产生的现代意义也需要人们重新加以评价。

二

抗战开始后，北京大学与清华大学、南开大学南迁，在长沙合组临时联合大学。南迁教师或先或后，或独自或结伴，纷纷南下。据钱穆回忆，南下时他恰巧与吴宓在天津晤面。"民国二十六年，双十节过后，余与汤用彤锡予、贺麟自昭三人同行。在天津小住数日，唔吴宓雨生偕两女学生亦来，陈寅恪夫妇亦来。……吴、陈两队皆陆行，余与锡予、自昭三人则海行，直至香港。"[③]但此毕竟是其事后回忆，记事有些出入自是难免。据吴宓日记记载，吴宓与钱穆等不仅曾在天津会面，且曾由天津至青岛间同乘海轮"海行"一段旅程，而南下"海

---

① 钱穆：《八十忆双亲师友杂忆合刊》，北京：九州出版社，2011 年，第 158 页。
② 钱穆：《八十忆双亲师友杂忆合刊》，北京：九州出版社，2011 年，第 171 页。
③ 钱穆：《八十忆双亲师友杂忆合刊》，北京：九州出版社，2011 年，第 199 页。

行"的具体时间是 1937 年 11 月 10 日。吴宓日记记云："贺麟、汤用彤等……亦同乘海口舟，但直往香港。"在此，吴宓用"等"字省略了钱穆，但钱穆确实是这次与贺、汤同行乘海轮到香港的，而且还一度与吴宓乘"海口舟"同行了一段距离。吴宓、陈寅恪等先乘海轮转到青岛，后乘火车转济南、郑州、武汉到长沙[①]，与钱穆回忆中的吴、陈"皆陆行"有别。而钱穆与贺麟、汤用彤则先"海行"到香港，然后"陆行"至目的地。

吴宓到长沙临时联合大学后，即访故交新知。1937 年 12 月 3 日日记记"汤用彤、贺麟、钱穆等，新自港绕来"[②]，再次印证了钱穆等人是从香港"陆行"而来的事实。临时大学文学院安置在南岳，文学院的教师于是由长沙转到南岳。钱穆与吴宓两人彼时又成了室友。这一天，是 1937 年 12 月 18 日。吴宓日记中又记载："大风雨。是日上午 10—12 偕诸教授移居山下之楼上宿舍。四人一室。宓与沈有鼎、钱穆、闻一多同室。四木床，草荐。二长桌，四煤油小灯。叠箱为置物处。私厨暂停，与中央研究院同人在楼下一室共食。"[③]相比较而言，钱穆对这段经历记录得较为详细："一日，余登山独游归来，始知宿舍已迁移，每四人一室。不久即当离去。时诸人皆各择同室，各已定居。有吴雨僧、闻一多、沈有鼎三人，平日皆孤僻寡交游，不在诸人择伴，乃合居一室，而尚留一空床，则以余充之，亦四人合一室。……雨僧则为预备明日上课抄笔记些纲要，逐条书之，又有合并，有增加，写定则于逐条下加以红笔勾勒。雨僧在清华教书至少已逾十年，在此流寓中上课，其严谨不苟有如此。""翌晨，雨僧先起，一人独自出门，在室外晨曦微露中，出其昨夜所写各条，反复循诵。俟诸人尽起，始重返室中。余与雨僧相交有年，亦时闻他人道其平日之言行，然至是乃始深识其人，诚有卓绝处。非日常相处，则亦不易知也。"[④]钱穆对吴宓显然是十分赞赏的，只是他说吴宓和闻一多"孤僻寡交游"，也说自己"独游"，故三人均应属于"孤僻寡交游"那一类人。之所以如此，是因为他们均有自己的主张和定见，同是那种与主流派不合拢的"边缘派"学者。

此后，长沙临时大学的师生又迁至云南昆明成立西南联合大学。联大文学院起初设址于云南蒙自，到 1938 年秋季回迁昆明。在离开蒙自之前，钱穆与吴宓又有了一次同室之谊。"乃更约吴雨僧、沈有鼎及其他两人，共余七人，借居旧

①《吴宓日记》第六册，北京：生活·读书·新知三联书店，1998 年，第 246—257 页。

②《吴宓日记》第六册，北京：生活·读书·新知三联书店，1998 年，第 267 页。

③《吴宓日记》第六册，北京：生活·读书·新知三联书店，1998 年，第 274 页。

④钱穆：《八十忆双亲师友杂忆合刊》，北京：九州出版社，2011 年，第 201—202 页。

时法国医院。……医院地甚大，旷无人居，余等七人各分占一室，三餐始集合，群推雨僧为总指挥"①。借住的西式楼房，吴宓取了个富有禅意的名字——"天南精舍"。1938年9月2日，吴宓日记云："是日钱穆、姚从吾、容肇祖（均住楼下，每室月租$7）、沈有鼎（住楼上，$5）均移入天南精舍居住。连旧有之汤用彤、贺麟与宓共七人。"②钱穆在《师友杂忆》中回忆这段难忘的生活时说："三餐前，雨僧挨室叩门叫唤，不得迟到。及结队避空袭，连续经旬，一切由雨僧发号施令，俨如在军遇敌，众莫敢违。然亦感健身怡情，得未曾有。"③吴宓在日记中对三餐做了记录："天南精舍每日三餐。晨粥，鸡卵二枚。午晚米饭，四菜一汤。晚菜有红烧肉一盘。张氏母子制菜饭，已比五月间有大进步。"④吴宓在日记中对同住之同事、朋友均有评价，如对汤用彤、容肇祖、沈有鼎，都有比较不堪的评价，对钱穆有两个字的考语："此外，钱君穆，静穆；姚君从吾，爽直。"并补充说："以交谊较浅，接触亦少。"⑤"静穆"似乎由钱穆的名字引申而来，每临大事有静气，庄敬端穆，的确是很好的考语。10月29日，七人集体离蒙自赴昆明。至此，联大最后一批人员告别了蒙自。前两天的10月27日，吴宓还和钱穆、沈有鼎两人至南湖、军山一带散步，游览蒙自秋景。

钱穆《国史大纲》完成后，于1939年回苏州老家探亲，在苏州滞留一年后未再回到西南联合大学，而是受顾颉刚之邀到齐鲁大学国学研究所任职。到了1943年，钱穆转到华西协和大学任教，一年后又兼教于四川大学。吴宓在昆明生活了6年多之后，也于1944年9月向联大请假前往成都燕京大学讲学，1945年9月改任四川大学外文系教授，1946年2月到武汉大学任外文系主任（至1946年6月迁回武昌）。其间，两人都曾多次受到西南联大的邀约，但都没有"回炉"。

三

钱穆与吴宓所在的西南联大是抗战时期中国最著名的高校，是学人向往的

---

① 钱穆：《八十忆双亲师友杂忆合刊》，北京：九州出版社，2011年，第208页。

②《吴宓日记》第六册，北京：生活·读书·新知三联书店，1998年，第351页。

③ 钱穆：《八十忆双亲师友杂忆合刊》，北京：九州出版社，2011年，第208—209页。

④《吴宓日记》第六册，北京：生活·读书·新知三联书店，1998年，第351页。

⑤1938年10月5日日记，北京：生活·读书·新知三联书店，1998年，《吴宓日记》第六册，第360页。

学术中心，钱、吴两人为何先后舍弃西南联大呢？应该说，其中的原因是多方面的。如对钱穆来说，老友顾颉刚在燕京大学任职是吸引钱的内在动力；对吴宓而言，老友陈寅恪在燕京大学任教则是其乐于前往燕大的内因。而就两人共同点来看，却是都感受到了西南联大主流学派给予他们的外在压力。

西南联大，是战时中国民主思想的坚强堡垒，但对传统文化派仍有巨大的排压惯性，传统文化学人并无挑战新文化学人主流地位的空间。钱穆于《国史大纲》书稿完成后，乃"写一引论载之报端，一时议者哄然"①。所谓"议者哄然"，显然表明有不同的声音。钱穆回忆说："闻毛子水将作一文批驳。子水北大同事，为适之密友……及见余文，愤慨不已……张其昀晓峰来昆明出席中央研究院评议会，晤及陈寅恪。寅恪告彼近日此间报端有一篇大文章，君必一读。晓峰问，何题。乃曰，钱某《国史大纲》引论。晓峰遂于会后来宜良，宿山中一宵，告余寅恪所言。"②"《史纲》出版，晓峰一日又告予，彼在重庆晤孟真，询以对此书之意见。孟真言：向不读钱某书文一字。"③因是传言，傅是否说过此言尚且不论，以傅的性格，这句话倒也格外形象地表达了傅此时对钱治学的批判和排斥态度，也体现了学界主流学者对钱穆关于中国历史文化著述的看法。钱穆回忆："自余离联大后，闻一多公开在报纸骂余为冥顽不灵。时陈寅恪尚在昆明，亲见其文。后陈寅恪来成都，亲告余。""凡联大'左倾'诸教授，几无不视余为公敌。"④也就是说，钱穆当时受到自由派学者和左派学者的两面夹击，而且其程度也是颇为强劲的。

钱穆的学术立场与左、右两派文化人对立，而吴宓亦然。吴宓对传统文化持有鲜明的维护立场，在自由思想占主流的西南联合大学里自然感受到主流派对他的冷遇。吴宓 1943 年 6 月 30 日日记云："赴中国文化讲谈会……宓最后被请略发言。而闻一多自诩用 anthropology（人类学）治中国古籍，觉中国古圣贤之文化实甚 primitive（原始的）。而如《大学》中之格、致、心、物等字，皆原出初民之风俗及习惯，均是日常卑俗之实物近事。故《四书》《五经》实极浅俚，不过初民之风俗与迷信。即周秦诸子与老庄亦同。此中本无些须（许）哲学，后儒神而化之，强解释出一番深奥高尚之义理，乃有所谓中国圣贤文化。又曰，予治中国古学，然深信其毫无价值。"吴宓大发感慨："呜呼，今清华有力之

① 钱穆：《八十忆双亲师友杂忆合刊》，北京：九州出版社，2011 年，第 218 页。
② 钱穆：《八十忆双亲师友杂忆合刊》，北京：九州出版社，2011 年，第 218 页。
③ 钱穆：《八十忆双亲师友杂忆合刊》，北京：九州出版社，2011 年，第 218 页。
④ 钱穆：《八十忆双亲师友杂忆合刊》，北京：九州出版社，2011 年，第 253 页。

名教授，皆如闻、雷二君（其他后进之教授，由彼等选拔聘用）而陈寅恪等引去。……宓之强留此间，虱彼群中，一傅众咻，为力亦仅。"①吴宓为好友陈寅恪离开联大愤愤不平，认为他是被胡适、闻一多等新文化学人所迫，自己是只身"虱彼群中"，其孤单与压力感乃透于言中。无论闻一多、雷海宗是否有意针对吴氏，吴氏的此种感受都是十分强烈的。同年 8 月 15 日，吴宓知陈寅恪"携家赴成都，就燕京教授聘"。受此影响，吴宓"痛感"在联大所受"经济、精神种种艰迫，遂决即赴燕京与寅恪、公权共事共学"②。此时的吴宓已经有了离开西南联大的想法，只是并未立即付诸实施。1944 年 1 月 17 日，吴宓赴联大宴请两位外籍教授聚餐，席间吴宓再度感受到孤立之状，"席间诸人盛道新文学，而指宓为守旧。宓默不一言，极深厌世离群之感。"③同年 5 月 4 日，他在日记中记载了他对新文化的一贯对立态度："宓思胡适等白话文之倡，罪重未惩，举国昏瞀。心厌若辈所为，故终日深居简出。"④5 月 10 日，吴宓从报上看到闻一多的有关演讲词，又感觉受到挤压："报载前日闻一多演辞，竟与我辈'拥护文学遗产'者挑战。恨吾力薄，只得隐忍。"第二日又记："见学生壁报，承闻一多等之意，出特刊讨论尊孔、复古问题。不胜痛愤，仍强为隐忍"，"中国人之道德如此败坏，而□□等方赞扬五四、攻诋孔子之教，真令人痛愤欲绝"。他不由再次感喟："宓之蠹入联大，尤沉愧悲。"⑤7 月 10 日，吴参加讨论部颁课目表的修改问题，会上"闻一多发言，痛斥各大学之国学教法，为风花雪月、作诗作赋等恶劣不堪之情形，独联大翘然待异，已由革新求合时代云云"，会后宴请，"宓因闻一多等暴厉之言行，心中深为痛愤……故以酒浇愁，痛饮多杯。又因积劳空腹，遂致大醉，为三年来所未有。"⑥道不同，不相与谋。大致两个多月后的 9 月 23 日，吴宓离开西南联大，乘车到成都的燕京大学讲学。

吴宓是有自己一贯主张的学者，他的主张就是维护中国的儒家文化精华，融合西方的新文化，而形成中国新的适应时代潮流需要的新文明。这一点，他与钱穆是基本相同的。因此，当吴宓披览钱穆《国史大纲》时，他在日记中写道：

①《吴宓日记》第九册，北京：生活·读书·新知三联书店，1998 年，第 63—64 页。

②《吴宓日记》第九册，北京：生活·读书·新知三联书店，1998 年，第 97 页。

③《吴宓日记》第九册，北京：生活·读书·新知三联书店，1998 年，第 191 页。

④《吴宓日记》第九册，北京：生活·读书·新知三联书店，1998 年，第 255 页。

⑤《吴宓日记》第九册，北京：生活·读书·新知三联书店，1998 年，第 258—259 页。

⑥《吴宓日记》第九册，北京：生活·读书·新知三联书店，1998 年，第 291 页。

"读钱穆《国史纲要》，甚佩。"①

成都与昆明不同，一些后来被称为"新儒家"的学人逐渐聚集到成都一带，成都俨然成为"弘道"者们的高地。以成都为中心，他们的学术空间范围大致活动到时为陪都的重庆、贵州的遵义、四川的乐山和陕西的西安等地，这些地方的传统文化派还保存有一定的实力。

可以说，钱、吴两人先后离开西南联大，是他们自己放逐自己、边缘自己的主动选择。

在成都时期，吴宓与钱穆又有了一定的交往。吴宓在日记中屡有记载。1946年5月23日，"遂偕至长美轩，客为钱穆、束世澂……"②6月12日，"宓再到高宅，钱穆至。"③6月22日，"朱自清来，略谈联大近情。大抵学生教授皆发二党，对立相争。而学生更极骄横，教授为其指挥云云。"④由于燕大的学术环境，加之清华大学的一再劝回，吴宓有意重回清华。同时，武汉大学也向吴宓递来了橄榄枝。7月1日，"穆力劝宓舍清华而就武大。"⑤7月9日，钱穆计划从武汉去往昆明五华学院任教，特意向吴宓辞行。"3：00回舍。钱穆来辞行。"⑥

1945年7月，吴宓作《赋呈陈寅恪兄留别》诗，内称："半载清谈接，平生问学心。锦城欣得聚，晚岁重知音。病目神逾朗，裁诗意独深。神州文化系，颐养好园林。"⑦此诗表达了吴宓与陈寅恪在成都重会后的精神满足之感与对陈氏将赴英国治疗眼疾的祝福之情。萧公权在贺吴宓五十"生朝"赋诗表祝寿之意，赞吴"诗健别从新境辟，道高犹许后生闻"；吴宓在《赋答萧公权兄》诗中，写有"惟狂思作圣，向道能贵仁"的诗句⑧。诗为心声，萧、吴两人的唱和，体现了友人对吴宓"道高"形象的认定和吴宓对自我期许"作圣""向道"与"贵仁"形象的体认。其中，"道""圣""仁"都是中国儒家文化的核心概

①1940年12月16日日记，《吴宓日记》第七册，北京：生活·读书·新知三联书店，1998年，第277页。

②《吴宓日记》第十册，北京：生活·读书·新知三联书店，1998年，第54页。

③《吴宓日记》第十册，北京：生活·读书·新知三联书店，1998年，第56页。

④《吴宓日记》第十册，北京：生活·读书·新知三联书店，1998年，第73页。

⑤《吴宓日记》第十册，北京：生活·读书·新知三联书店，1998年，第78页。

⑥《吴宓日记》第十册，北京：生活·读书·新知三联书店，1998年，第83页。

⑦《吴宓诗集》，北京：商务印书馆，2004年，第416页；又见《吴宓日记》第九册，北京：生活·读书·新知三联书店，1998年，第482—483页。

⑧萧公权：《问学谏往录》，合肥：黄山书社，2008年，第146—147页；又见《吴宓诗集》，北京：商务印书馆，2004年，第407—408页。

念，吴氏以圣人自况的"思作圣"传道，弘道者的心态表露无遗。

钱、吴交往虽非甚密甚深，学术专业也非一致，但同为民族传统文化的弘道者，是两人在学术上最大的共同点。抗战开始后，钱穆在国难的刺激下，苦心孤诣地系统梳理中国的历史文明，并充分肯定中国历史文化的价值及当代意义。吴宓酷爱传统文化和古典文化，见之而喜，深信传统文化的历史价值与当代意义，并欲成立"心社"予以实践，后虽未实现，而其意其志可见。可以说，钱、吴两人共同具有的弘道主旨是十分鲜明的。需要说明的是，即使在极其需要弘扬传统文化的抗战时期，传统文化派仍然处于学界的边缘，这由钱穆和吴宓两人在抗战时期的学术境遇可见一斑。正因他们并非主流与显学派，才更显其坚守弘道立场的可贵与可敬。他们那种为延续本民族文化命脉而守护的自觉与执着，确是值得后人给予"同情之了解"。

当然，钱、吴两人还有其互不相同的一面，这也是不可忽视的。钱穆是在抗战背景下逐渐从史学实证派大阵营里分化出来的，开始既讲"实证"又讲"义理"。他的主张是借历史和古人之口进行阐发，比较隐晦，但《国史大纲》的广泛发行，使他的学术思想和学术业绩得到学界和社会的广泛重视，尽管学界有不同的声音，甚至有来自主流学者那里的批评与压制，反而让钱穆作为一家之言的形象更加鲜明。他自成体系的气势也渐积淀而成，他"为故国招魂"的一代宗师形象得以奠立。吴宓的言行，弥漫着浓重的理想主义色彩。与他一生情感纠结的毛彦文就说："吴君是一位文人学者，心地善良，为人拘谨，有正义感，有浓厚的书生气质而兼有几分浪漫气息。"[①] 他公开捍卫中国儒家文化的正当性与合理性，但早年的留学教育背景又使他试图将中国的儒家思想与西方的古典人文主义结合在一起，融合中西文化，进而创新中国的文化和文明。这是他思想的鲜明特点，也是他有别于钱穆之处。他虽然早年编辑《学衡》时在学界形成了一定的影响力，但在"五四"和后"五四"时期，他的影响力毕竟还是有限的。在抗战的情势下，他再也找不到向思想界乃至社会宣传其思想主张的适当学术载体，因而其传布学术主张的范围较钱穆要小得多，主要限定在其在本校讲课与到外校讲学的有限空间与范围之内。而且他的学术专业在于教授外国文学，加之个性上的浪漫、悲剧色彩，所以他往往处于感情的困惑和思想的孤独状态，这无疑限制了他的学术深度，使他难以像钱穆那样对传统文化进行深入和系统的研究。他虽不像钱穆那样成一家之言，但这并不妨碍他对传统文化的坚定信仰和他一贯执着的弘道立场。

①　毛彦文：《有关吴宓先生的一件往事》，《往事》，北京：商务印书馆，2012年，第62页。

同声相应　同气相求

——钱穆与汤用彤

钱穆在《师友杂忆》中对哪位同时代的学人着墨最多？无疑是汤用彤。检索《师友杂忆》全稿，"锡予"（汤用彤字）竟然出现了八十处之多，钱穆在书中讲述了两人交谊的十数则往事。此外，1982 年为纪念汤用彤诞辰 90 周年，88 岁的钱穆专门撰写了纪念文章《忆锡予》，高度评价了汤用彤的道德与文章，情真意切地悼念亡友，饱含生死茫茫、相对无言的凄凉。

一

汤用彤，字锡予，祖籍湖北黄梅，1893 年生于甘肃渭源。1908 年，汤用彤求学于北京顺天学校，与梁漱溟、张申府、郑天挺等人同校，曾与梁漱溟共读印度哲学典籍及佛教经典。1911 年，汤用彤考入清华学校，接受了美雨新知的洗礼，同时也未舍弃对国故的偏好，曾与吴宓、闻一多等人同到清华国文特别班，研习国故典籍，又与挚友吴宓共创"天人学会"。1916 年夏，汤用彤毕业后考取官费留美，因治疗沙眼而未能按期成行，乃以学生身份充任清华国文教师，兼《清华周刊》总编辑。第二年夏，汤用彤入美国汉姆林大学主修哲学。1919 年夏，他以优异的成绩进入哈佛大学研究院，仍主修哲学。在此期间，他曾与陈寅恪等人同时师从 Lanman 教授学习梵文和巴利文；又曾与吴宓、陈寅恪等人接触过哈佛教授、新人文主义大师白璧德，在思想与学术上因有共鸣而颇受白氏之影响。汤用彤与吴宓、陈寅恪并称中国留学生的"哈佛三杰"。

1921 年，汤用彤获哲学硕士学位后留在哈佛继续学习一年。1922 年夏，汤用彤回国，在南京东南大学哲学系任教，曾任系主任。其时，欧阳竟无在"近代佛学之重镇"金陵刻经处的基础上创办支那内学院。汤用彤授课之暇，在支那内学院旁听欧阳氏讲授唯识学，与熊十力、蒙文通等相识。不久支那内学院设研究部，汤氏即被聘为研究部导师，指导研究僧学习佛学。1924 年上半年，31 岁的汤氏同时兼任巴利文导师，指导"文典《长阿含游行经》演习"，秋季又讲授"释迦时代之外道"及"金七十论解说"两课题。1926 年起他又任教于南开大学和南京中央大学。1931 年夏，北京大学文学院院长胡适以特别研究教授之名义邀请汤氏到北大哲学系任教。1935 年起他任北大哲学系主任，讲授中国佛教史、印度哲学史、魏晋玄学等课程。

钱穆也在 1931 年来到北京大学，两人遂成为同事并订交，"一面如故交"①。钱穆一度独身在平，经汤用彤劝说后借住于汤宅，"锡予为余一人饮食不便，又劝余迁居其南池子之寓所，割其前院一书斋居余。"②在钱穆眼中，"锡予寡交游，闭门独处，常嫌其孤寂。"③除钱穆外，其交游者仅熊十力、蒙文通、林宰平、梁漱溟、陈寅恪等数人而已。这些学者虽然志同道合、情意殷殷，却也难免学术上的歧见。熊十力、蒙文通皆从学于欧阳竟无，而熊氏撰文非议师说，蒙氏因此与其起争端，喋辩不休。梁漱溟、熊十力常谈及政事，亦有争议。钱穆回忆："时十力对欧阳竟无唯识新论有意见，撰文驳斥。四人相聚，文通必于此与十力启争端，喋喋辩不休。自佛学又牵涉到宋明理学。遇两人发挥已意尽，余或偶加一二调和语，锡予每沉默不发一语。有时又常与梁漱溟相聚，十力、漱溟或谈及政事，余亦时参加意见，独锡予则沉默依然。"④对此钱穆也有些诧异，"论佛学，锡予正在哲学系教中国佛教史，应最为专家，顾独默不语。"⑤

数十年后，钱穆对汤氏的不争视作柳下惠之举。他在《忆锡予》中写道："孟子曰：'柳下惠圣之和。'锡予殆其人乎！居今世，而一涉及学问，一涉及思想，则不能与人无争。而锡予则不喜争。绝不可谓锡予无学问，亦绝不可谓锡予无思想，而锡予独能与人无所争。但锡予亦绝非一乡愿。《中庸》言：'苟非至德，至道不凝焉。'人性有异，而德不同。伊尹之任，伯夷之清，皆易见，亦易有争。锡予和气一团，读其书不易知其人，交其人亦绝难知其学，斯诚柳下之

---

① 钱穆：《忆锡予》，见汤一介、赵建永编：《汤用彤学记》，北京：生活·读书·新知三联书店，2011 年，第 14 页。

② 钱穆：《八十忆双亲师友杂忆合刊》，北京：九州出版社，2011 年，第 169 页。

③ 钱穆：《八十忆双亲师友杂忆合刊》，北京：九州出版社，2011 年，第 168 页。

④ 钱穆：《忆锡予》，见汤一介、赵建永编：《汤用彤学记》，北京：生活·读书·新知三联书店，2011 年，第 14 页。

⑤ 钱穆：《八十忆双亲师友杂忆合刊》，北京：九州出版社，2011 年，第 169 页。

流矣。"①

钱穆在《师友杂忆》中谈到他们生活中的一段插曲，读起来也别有一番兴味。他说一家传三世的善相之人，曾两次为他们看相，"所言皆能微中"。相士谓熊氏"麋鹿之姿"，梁氏"恐无好收场"，钱氏"精气神三者皆足"，"当能先后如一"，唯独未提及汤氏。②相士之言，神秘兮兮，固然无稽，但其于四人之中独不言汤氏，或许另有隐衷。而汤氏深藏若虚，也令仅谋面两次的善相之士难测其深浅，恐怕也是事实。

汤用彤自任教中央大学起，就主要讲授"东汉魏晋南北朝中国佛教史"课程。汤用彤治学非常尊重史实，重视史料，以考据见长，但他和旧式的考据学家又不可同日而语，他在西方受过严格的现代学术教育，重视学术研究的理论体系，不搞零敲碎打式的考证，或者材料的堆积。对于讲义，他一旦心中有不满之处，就舍弃旧稿，从头撰写。钱穆听后，"心大倾佩"，想来自己"授课有年，所撰讲义有不满，应可随不满处改写"，"因知锡予为学，必重全体系、全组织，丝毫不苟，乃有此想。与余辈为学之仅如盲人摸象者不同。"③钱穆此话，固然有夫子自谦的成分在内，但汤氏治学的严谨态度由此可见一斑，就连胡适也称赞他："锡予与陈寅恪两君为今日治此学最勤的，又最有成绩的。锡予训练极精，工具也好，方法又细密"，"锡予的书极小心，处处注重证据无证之说虽有理亦不敢用。这是最可效法的态度。"④

二

1937 年七七事变后，中华大地硝烟弥漫。北京大学奉令南迁，与清华、南开在长沙成立临时大学。由于战火迫近，临时大学刚进行了一个学期的教学，再次被迫南迁昆明办学。在这两次南迁过程中，钱穆与汤用彤都是结伴前行，友谊日益深厚。

---

①钱穆：《忆锡予》，见汤一介、赵建永编：《汤用彤学记》，北京：生活·读书·新知三联书店，2011 年，第 15 页。

②钱穆：《八十忆双亲师友杂忆合刊》，北京：九州出版社，2011 年，第 184 页。

③钱穆：《忆锡予》，见汤一介、赵建永编：《汤用彤学记》，北京：生活·读书·新知三联书店，2011 年，第 14 页。

④1937 年 1 月 17 日、18 日日记，见曹伯言整理：《胡适日记全编》（6），合肥：安徽教育出版社，2001 年，第 641、642 页。

　　1938年春天，西南联大文学院先借址蒙自小城开课。汤用彤与贺麟、吴宓、浦江清及长子汤一雄同住校外一幢被称为"天南精舍"的西式二层小楼。8月底，联大文、法学院又从蒙自迁至昆明，汤用彤与钱穆、姚从吾、容肇祖、沈有鼎、贺麟、吴宓仍留蒙自教书。年底，诸先生推汤用彤为赴昆明旅行团团长，同赴昆明。钱穆为专心撰述《国史大纲》，卜居昆明附近的宜良山中，以半星期去昆明任课，以半星期闭门撰述。好友情深，汤用彤和贺麟一同陪钱氏前往。钱穆回忆："是夜锡予、自昭与余同卧外室地铺上。两人言：'此楼真静僻，游人所不到。明晨我两人即去，君一人独居，能耐此寂寞否？'余言：'居此正好一心写吾书。寂寞不耐亦得耐。窃愿尽一年，此书写成，无他虑矣。'"①到了寒假，汤用彤拉上陈寅恪一同前来，"在楼宿一宵，曾在院中石桥上临池而坐。"②钱穆在学生李埏的邀请下曾有路南一游，尝到了路南的土特产羊乳，"真大可口"。于是回到昆明后，钱穆急不可待拉上汤用彤，"同赴酒家再试尝之"，"锡予亦甚赞不绝。"③在宜良与昆明之间的一处山中有温泉，钱穆又拉上汤用彤、贺麟一起泡温泉浴。④如此小节，晚年的钱穆都将其写入回忆录，可见两人的交情非比寻常。

　　汤用彤任联大哲学心理系主任，兼北大文科研究所所长。在西南联大时，汤用彤一人就开有七门课：印度佛学概论、汉唐佛学概论、魏晋玄学、斯宾诺莎哲学、中国哲学与佛学研究、佛典选读、欧洲大陆理性主义。汪子嵩先后听过上述课程，感叹道："一位教授能讲授中国、印度和欧洲这三种不同系统的哲学史课程的，大概只有汤先生一人。"⑤冯契也回忆说："他一个人能开设三大哲学传统（中、印和西方）的课程，并且都是高质量的，学识如此渊博，真令人敬佩。……正如高屋建瓴，他讲课时视野宽广，从容不迫；资料翔实而又不烦琐，理论上又能融会贯通，时而作中外哲学的比较，毫无痕迹；在层层深入的讲解中，新颖的独到见解自然而然地提出来了，并得到了论证。于是使你欣赏到理论的美，尝到了思辨的乐趣。所以，听他的课真是一种享受。"⑥

---

① 钱穆：《八十忆双亲师友杂忆合刊》，北京：九州出版社，2011年，第210页。

② 钱穆：《八十忆双亲师友杂忆合刊》，北京：九州出版社，2011年，第213页。

③ 钱穆：《八十忆双亲师友杂忆合刊》，北京：九州出版社，2011年，第217页。

④ 钱穆：《八十忆双亲师友杂忆合刊》，北京：九州出版社，2011年，第217页。

⑤ 汪子嵩：《魏晋玄学中的"有""无"之辩》，见汤一介、赵建永编：《汤用彤学记》，北京：生活·读书·新知三联书店，2011年，第58页。

⑥ 冯契：《忆在昆明从汤先生受教的日子》，见汤一介、赵建永编：《汤用彤学记》，北京：生活·读书·新知三联书店，2011年，第33—34页。

　　1939 年夏，钱穆的皇皇巨著《国史大纲》完稿，计划趁暑假期间将书稿交由已迁香港的商务印书馆印行。同时，汤用彤计划利用假期赴沪接眷属至昆明。于是，两人又得同行。他们绕道河内，乘海轮抵达香港，将稿件交予商务印书馆王云五。事谐之后，两人北上抵沪。接着，汤氏又伴钱穆至苏州省亲。

　　一路上，两人之间有了一次学术上的对话，而这次对话促成了钱穆学术用力的转向。汤用彤问钱穆在《国史大纲》之后"将何从事"，钱穆反过来征询汤氏的意见。汤用彤说："君于古今典籍四部纲要窥涉略备，此下可开始读英文书，或穷研佛典，求新接触，庶易得新启悟。"[1]"兄如不喜向此途钻研，改读英文，多窥西籍，或可为兄学更辟一新途境。"[2]钱穆明白，"锡予之意，非欲余改途易辙。'日知其所无'，乃能'月无志其所能'"[3]。到了苏州，两人同逛书肆，汤用彤为钱穆选购了三本英文书。钱穆问："街头英文书堆积如山，何竟为予仅选此三书？"[4]汤答："以一年精力，读此三书足矣。"[5]不过，由于事务缠身，钱穆"一年后，即转赴成都，读英文书工夫递减即止。而于佛书亦少精研"，不由感谓："余之孤陋一如往昔。回念锡予此一番语，岂胜惘然！"[6]

三

　　"于佛书亦少精研"，是钱穆的夫子自谦。他在抗战期间撰述了反驳胡适"新说"的《神会与坛经》，正是对禅宗学及佛教史的论述。钱穆回忆："抗战胜利后，又去昆明续读智圆书。及在香港，又续读宝志书及《少室逸书》等。及迁居台北，又读宗密《原人论》诸书，更读铃木大拙书。络续为文，皆一意相承……此实为治禅史及理学史思想传递一大公案。"[7]钱穆不由感慨："余此诸

---

　　① 钱穆：《忆锡予》，见汤一介、赵建永编：《汤用彤学记》，北京：生活·读书·新知三联书店，2011 年，第 16 页。

　　② 钱穆：《八十忆双亲师友杂忆合刊》，北京：九州出版社，2011 年，第 222 页。

　　③ 钱穆：《忆锡予》，见汤一介、赵建永编：《汤用彤学记》，北京：生活·读书·新知三联书店，2011 年，第 16 页。

　　④ 钱穆：《忆锡予》，见汤一介、赵建永编：《汤用彤学记》，北京：生活·读书·新知三联书店，2011 年，第 16 页。

　　⑤ 钱穆：《八十忆双亲师友杂忆合刊》，北京：九州出版社，2011 年，第 222 页。

　　⑥ 钱穆：《忆锡予》，见汤一介、赵建永编：《汤用彤学记》，北京：生活·读书·新知三联书店，2011 年，第 16 页。

　　⑦ 钱穆：《八十忆双亲师友杂忆合刊》，北京：九州出版社，2011 年，第 243 页。

文，前后亦历三十年之久，惜未获如锡予者在旁，日上下其议论也。"①

在《师友杂忆》中，钱穆对汤用彤的记载虽多，但并未对其学术有直接的评论，此段记述可以视作对汤氏学说的间接评述。

汤氏自 20 世纪 20 年代初回国以后，就浸淫于佛学研究。十数年磨一剑，至全面抗战爆发后的 1938 年元旦，他于南岳掷钵峰下将《汉魏两晋南北朝佛教史》最后定稿付梓，由商务印书馆在长沙印行。汤用彤自述："十余年来，教学南北，尝以中国佛教史授学者。讲义积年，汇成卷帙。自知于佛法默应体会，有志未逮语文史地，所知甚少，故陈述肤浅，详略失序，百无一当。惟因今值国变，戎马生郊。乃以一部，勉付梓人。非谓考据之学，可济时艰。然敝帚自珍，愿以多年研究之所得，作一结束，惟冀他日国势昌隆，海内又安，学者由读此篇，而于中国佛教史继续著作，俾古圣先贤伟大之人格思想终得光辉于世，则拙作不为无小补矣！"②《汉魏两晋南北朝佛教史》，在 1940 年时与陈寅恪的《唐代政治史述论稿》一同获教育部学术研究一等奖。对于此书的价值，贺麟在《五十年来的中国哲学》中写道："写中国哲学史最感棘手的一段，就是魏晋以来几百年佛学在中国的发展，许多写中国哲学史的人，写到这一时期，都碰到礁石了。然而这一难关却被汤用彤先生打通了。……所著的《汉魏两晋南北朝佛教史》一书，材料的丰富，方法的谨严，考证方面的新发现，义理方面的新解释，均胜过别人。"③

此后的半个多世纪，来自国内外学术界的类似好评依然连续不断。1959 年，荷兰莱顿大学的汉学家许理合（E. Zurcher）出版了其扛鼎之作《佛教征服中国》。在该书的"序言"中，许理合称汤用彤的《汉魏两晋南北朝佛教史》是中国佛教史这一领域中"价值至高之工具和导引"，东瀛学者则称该书是"中国佛教研究中最宝贵的研究成果"④。

在出版《汉魏两晋南北朝佛教史》之后，汤用彤计划继续撰述《隋唐佛教史》，但很遗憾最终未能成稿。在 1939 年夏那次结伴回程的路上，"余屡劝锡予为隋唐天台禅华严三宗续有撰述。锡予谓：'心力已瘁，亟求休息，无他奢愿

① 钱穆：《八十忆双亲师友杂忆合刊》，北京：九州出版社，2011 年，第 243 页。

② 汤用彤：《汉魏两晋南北朝佛教史》（《汤用彤全集》第一卷），石家庄：河北人民出版社，2000 年，第 655 页。

③ 贺麟：《五十年来的中国哲学》，北京：商务印书馆，2002 年，第 21—22 页。

④ 汤一介、赵建永：《汤用彤学记》，北京：生活·读书·新知三联书店，2011 年，第 113 页。

矣。'"①在《师友杂忆》中钱穆也不无遗憾地说:"余昔曾屡促锡予为初唐此三大宗作史考,锡予未遑执笔。"②在此,钱穆所称的"未遑执笔",大概是指汤氏《隋唐佛教史》的书稿最终未能定稿付梓。事实上 20 世纪 20 年代末汤氏在中央大学时已有《隋唐佛教史》讲义的油印本,30 年代初有北京大学铅印讲义,后者对前者已经有所增删、修改,但在南迁过程中,藏有相关佛教书籍(如《大正大藏》《宋藏遗珍》等)的两个大箱子在运输途中遗失,这使他没有足够的资料来完成《隋唐佛教史》。但是,汤氏并没有放弃对隋唐佛教史的思考。1999年印行出版的《汤用彤全集》第二卷就收有一篇他在西南联大时的演讲稿《隋唐佛教之特点》。汤氏这篇演讲稿,完全可以视作修改《隋唐佛教史稿》思路的切入点。

据哲嗣汤一介回忆,晚年的汤用彤一直都有修改《隋唐佛教史》旧稿的愿望,他阅读了几百种佛学著作,写了大约 40 万字的读书札记,但是晚年的他力不从心。在他去世以后,汤一介在编辑《汤用彤全集》时,把《汉魏两晋南北朝佛教史》收入第一卷,《隋唐佛教史稿》收入第二卷。略加比较,就不难看出,后者无论是在与前者的比较之下,还是就其所涉及的研究课题而言,在资料、论证、篇幅、结构等方面,都是明显不相称的。因此,给后者冠以"稿"字,是符合实际情况的。不过,据汤一介说,其父生前是不会这样做的。的确,任继愈在《汤用彤全集》"序二"中说:"《全集》中的《隋唐佛教史稿》是汤先生在北大的讲义。新中国建国后,中华书局曾请求将此讲义出版,以应社会急需。汤先生不允,说还要补充、修改。可惜先生逝世,此稿无从修订,只能照原稿出版。"③

在西南联大期间,汤用彤将学术的重点转向了魏晋玄学的领域,开设了魏晋玄学纲领和专题等课。在此期间,他经历了两次沉重的"家难"打击。1939 年夏天,他失去长子汤一雄。1944 年初,女儿汤一平又病逝于昆明。在国仇家难的双重打击下,他原计划撰写的《魏晋玄学》一书也未能成书,但他仍然写出了相关方面的九篇论文。这些论文具有极高的学术价值,对 20 世纪魏晋玄学研究的基本思路产生了决定性的影响。正是在汤用彤之后,魏晋玄学成为中国哲学史研究领域中的一门显学。周法高在回忆时深有感触地说:"他在西南联大时期又

---

① 钱穆:《忆锡予》,见汤一介、赵建永编:《汤用彤学记》,北京:生活·读书·新知三联书店,2011 年,第 16 页。

② 钱穆:《八十忆双亲师友杂忆合刊》,北京:九州出版社,2011 年,第 243 页。

③ 任继愈:《汤用彤全集》,石家庄:河北人民出版社,2000 年,"序二",第 1—2 页。

写了一部《魏晋玄学》的讲义，冯友兰先生说是等这部书出版了，要拿来修订他的《中国哲学史》。"①这些论文，直至 1957 年 6 月才编为《魏晋玄学论稿》由人民出版社结集出版。

四

汤用彤曾住在昆明青云街靛花巷，这里有北大文科研究所。1941 年 9 月，老舍来昆明讲演，就住在靛花巷。他在这里见到郑天挺、汤用彤等联大学者。老舍怀着崇敬的心情在《滇行短记》中写道："毅生（按：郑天挺）先生是历史家，我不敢对他谈历史，只能说些笑话，汤老先生是哲学家，精通佛学，我偷偷的读他的魏晋六朝佛教史，没有看懂，因而也就没敢向他老人家请教。"②

钱穆回忆："予与锡予，自苏州别后，亦仅得两面。"③1939 年暑假后，钱穆没有返回北大，而是去了齐鲁大学，此后又辗转于华西大学、四川大学、五华学院和江南大学任教。但身在北大的汤用彤，并没有忘却老友。据郑天挺日记，1940 年 12 月 20 日，汤用彤建议以祝贺胡适五十寿辰为名，由在美诸友筹资，"为北大文科研究所基金设专任导师，凡不愿任课之学者，如寅恪、宾四、觉明诸公，皆延主指导。"④不过，汤氏的建议未被采纳，钱穆最终也未能回到北大。

到 1948 年秋天，两人又有了一次晤面，但此次晤面，竟成了两人的"永别"。此时，钱穆在无锡的江南大学任教，刚从美国哈佛大学讲学归国的汤氏前来拜访。数日间，钱穆陪同他畅游了太湖、鼋头渚、梅园名胜。汤氏对自己的去向，正在犹疑之中。"倘返北平，恐时事不稳，未可定居"，"中央研究院已迁至南京，有意招之，锡予不欲往。"汤氏意欲转到江南大学任教，但此时"适在秋季始业后不久"，"添新人选，须到学年终了，始能动议"，钱穆于是"劝其且暂返北平"。⑤不料，局势突变，人民解放军围城，国民党实施"抢救学人计划"，派遣飞机至北平向外接运学人，汤用彤也在名单之中，但他选择留在北平。

---

① 周法高：《记昆明北大文科研究所》，（《中文报刊资料》(中国文史类)，1988 年第 8—9 期。
② 老舍：《滇行短记》，《老舍作品经典》第六卷，北京：中国华侨出版社，2000 年，第 205 页。
③ 钱穆：《忆锡予》，见汤一介、赵建永编：《汤用彤学记》，北京：生活·读书·新知三联书店，2011 年，第 16 页。
④ 郑天挺著，俞国林点校：《郑天挺西南联大日记》，北京：中华书局，2018 年，第 354 页。
⑤ 钱穆：《八十忆双亲师友杂忆合刊》，北京：九州出版社，2011 年，第 263 页。

五

在后一辈学者的记忆中，汤用彤是一位蔼然仁者，一位能让学生感到如沐春风的良师。季羡林回忆说："先生虽留美多年，学贯中西，可是身着灰布长衫，脚踏圆口布鞋，望之似老农老圃，没有半点'洋气'，没有丝毫教授架子和大师威风，我心中不由自主地油然而生幸福之感，浑身感到一阵温暖。"又说："他面容端严慈祥，不苟言笑，却是即之也温，观之也诚，真蔼然仁者也。"[①]在西南联大，以及在中华人民共和国成立后的北京大学，汤用彤一直有"汤菩萨"的绰号。他晚年的学生回忆："我常常看到汤副校长，他那时是六十岁出头年纪，矮胖身材，一头短而亮的白发，戴一副黑框眼镜。每次开大会时，他都是在主席台上正襟危坐，目不旁视，远远望去，那白雪似的短发亮得耀眼，配着那红润的圆脸庞和黑框眼镜，像是一尊良善的普救众生的佛。听人说，汤用彤先生平日不善与人争，对人总是一团和气，因而有人给他起了个绰号'汤菩萨'。他的外貌和为人都会让人想到菩萨的慈善。""他似乎是个沉默寡言的人，开会时他不常讲话，讲话也很短。"[②]其时，汤氏任北大副校长。

对于汤氏的沉潜温和、不激不随，钱穆有着近距离的观察。他写道："锡予之奉长慈幼，家庭雍睦，饮食起居，进退作息，固俨然一纯儒之典型，绝不有少许留学生西方气味。而其任职处事，交游应世，又何尝有少许佛门信徒之形态。然则锡予之为学似一事，其为人则又似一事，而在锡予，则融凝如既不露少许时髦之学者风度，亦不留丝毫守旧之士大夫积习。"为此，"锡予既不可谓是一佛学家，亦不可谓是一西方哲学家。既非擅交际能应世，亦非傲岸骄世，或玩世不恭。锡予之毕生好学，矻劳不息之精神，则尽在其为人处世之日常生活中表现。徒读其书，恐将终不及其为人。徒接其人，亦将终不得其为学。故锡予之为学与为人，则已一而化矣。"最后，钱穆这样总结："余与锡予交，不可谓不久，不可谓不亲，惟所能言者，仅如此。"[③]

---

① 季羡林：《忆汤用彤先生》，见汤一介、赵建永编：《汤用彤学记》，北京：生活·读书·新知三联书店，2011年，第23页。

② 马嘶：《近看汤用彤》，《学人书情随录》，长沙：岳麓书社，2010年，第79—80页。

③ 钱穆：《忆锡予》，见汤一介、赵建永编：《汤用彤学记》，北京：生活·读书·新知三联书店，2011年，第14—15页。

钱穆自谓："余以一不通西方哲学，不通佛学，仅仅稍窥中国几本古典籍，亦得与锡予为密友，岂不可从此想象其为人为学之大要乎。"[①]或许，汤氏的沉潜、温和，是他与本性傲岸的钱穆之间维系了一生友谊的重要因素。也正因为他的沉潜、温和，使得他在门户林立的民国学界能为各方所接受。汤一介也说："我父亲与当时学者大都相处很好，无门户之见，钱穆与傅斯年有隙，而我父亲为两人之好友；熊十力与吕澂佛学意见相左，但均为我父亲的相知友好；我父亲为'学衡'成员，而又和胡适相处颇善，如此等等。"[②]1930 年，汤用彤应北大文学院院长胡适的邀请，出任哲学系教授，从此再未离开北大。在西南联大的八年间，汤用彤先任联大哲学系主任，后又任文学院院长。1946 年，胡适担任北京大学校长，汤用彤为文学院院长，胡适有事外出时常托汤氏代管北大事务。1947 年，汤用彤前往美国讲学，谢绝哥伦比亚大学的邀请，于 1948 年 9 月返回北京大学。1948 年底，解放军包围北平。12 月 15 日下午，胡适乘飞机离开北平，行前致便函汤用彤、郑天挺："今日下午连接政府几个电报要我即南去，我就毫无准备地走了。一切事只好拜托你们几位同事维持。我虽在远，决不忘掉北大。"[③]未几，国民党政府派人送机票给汤用彤，胡适也来电促其南下。在留与去之间，汤氏毅然选择了留。胡适飞离北大后，汤用彤被推选为北大校务委员会主席。1952 年院系调整后，他被正式任命为北大副校长，分管财务、基建。他那学兼中、印、欧的学术思想，也未能再投向更大的学术工程，而不得不转向土木工地了。

从 20 世纪 50 年代初起，大陆在相当一段时期内对胡适及其学说持批评态度。海南出版社 2003 年出版的《古史考》，其中第一卷至第四卷中的"批胡适甲、乙、丙、丁"编就有 243 篇文章（1949—1979），里面没有一篇是汤用彤写的。而这当中，北大有许多位学者写了批判文章，包括不少曾经与胡适关系密切的同事、学生、朋友。

1954 年，汤氏积劳成疾，患脑出血卧床不起，因特殊护理而脱离危险。1963 年五一节晚，汤氏应邀在天安门城楼观看烟火，周恩来总理关切地问起他的健康恢复状况，并向毛泽东主席引见。毛泽东同样不无关怀地说："你的病好了，你的文章我都看了，身体不大好，就写那样的短文好了。"据任继愈回忆，

①钱穆：《忆锡予》，见汤一介、赵建永编：《汤用彤学记》，北京：生活·读书·新知三联书店，2011 年，第 16 页。

②汤一介：《我的父亲汤用彤》，《寻找溪水的源头》，深圳：海天出版社，2016 年，第 14 页。

③《汤用彤年谱简编》，《汤用彤全集》第七卷，石家庄：河北人民出版社，2000 年，第 680 页。

汤氏那天回来十分兴奋,表示要更好地把他的知识献给人民。[1]1964 年,汤氏脑血管病再发,5 月 1 日与世长辞。

据钱穆回忆,1937 年离开北平之前,他曾将 20 万卷的藏书寄宅主家中,抗战胜利后未能移书南下。后北平解放,宅主托汤氏将藏书转北大存放。汤氏踌躇再三,不得不让一个与钱氏相熟的书贾以百石米价取去存藏。其时,钱穆已经南走广州,得到此讯,电告汤用彤"所藏书仍盼保留"。不过,由于时局因素汤氏没能践诺。后来,钱穆在香港得到了《资治通鉴》一部,乃是兄长钱挚生前读本。钱穆不由哀叹:"今此书出现港埠,则其他五万册书,流散人间,可以想见。"[2]

对于汤用彤的学术,汤一介如此评述:"从他一生看,早年他倾向儒家思想,作有《理学谵言》,盛赞宋明理学;中年研究中国佛教史,他的《汉魏两晋南北朝佛教史》为中国佛教史的研究开辟了一新的方向,成为传世之作,接着又研究以老庄思想为骨架的'魏晋玄学',为这门学问的研究奠定了坚实的基础;在他将近'知天命'之年,他又从中国文化的总体上更多地肯定儒家思想在历史上的地位。"正因为他有着深厚的国学基础,使得他的佛学研究从一开始就显示出独创性,卓然于民国学界。钱穆就说:"锡予之治佛书,正多从中国典籍与西方哲学中悟入,而岂如近代专家之学即就佛书为佛学之所能同类并视乎?"[3]同样,钱穆早年以治子学在学界立足,后以《国史大纲》而卓然成家,后又转入文化领域,肯定和复兴儒家文化,"一生为故国招魂"。这可以说是两位不同领域、不同命运学者的"殊途同归"吧。

对于汤用彤的为人为学,季羡林说:"在中国几千年的学术史上,每一个时代都诞生少数几位大师。是这几位大师标志出学术发展的新水平;是这几位大师代表着学术前进的方向;是这几位大师照亮学术前进的道路;是这几位大师博古通今,又熔铸今古。他们是学术天空中光辉璀璨的明星……我认为,汤用彤(锡予)先生就属于这一些国学大师之列。""汤先生的人品也是他的弟子们学习的榜样。他淳真、朴素,不为物累;待人宽厚,处事公正。蔼然仁者,即之也温。他是一个真正的人,他是一个真正的学者,他是一个真正的大师。"[4]相对于季

---

① 麻天祥:《汤用彤评传》,南昌:百花洲文艺出版社,2015 年,第 42 页。

② 钱穆:《八十忆双亲师友杂忆合刊》,北京:九州出版社,2011 年,第 180—181 页。

③ 钱穆:《忆锡予》,见汤一介、赵建永编:《汤用彤学记》,北京:生活·读书·新知三联书店,2011 年,第 16 页。

④ 季羡林:《汤用彤先生的为人为学》,《会通中印西》,上海:东方出版中心,2012 年,第 453—455 页。

羡林的极尽赞美，钱穆的评价则比较中和。他说："锡予之为人为学，与世无争，而终不失为一性情中人，亦正见其为一有意于致中和之中国学人矣。"①这是对汤用彤一生最好的总结。

①钱穆：《忆锡予》，见汤一介、赵建永编：《汤用彤学记》，北京：生活·读书·新知三联书店，2011年，第15页。

聚合离散　惺惺相惜

——钱穆与陈寅恪

　　陈寅恪，1890 年生人，出自被誉为"江西近代第一名门世家"的江西义宁陈家。祖父陈宝箴曾任湖南巡抚，举办新政，支持变法维新；父陈三立，清末著名诗人，近代同光体诗派重要代表人物；兄陈衡恪（师曾）为国画大家。陈寅恪 13 岁时随兄东渡日本，以后又负笈欧美，就读于德国柏林大学、瑞士苏黎世大学、法国巴黎大学、美国哈佛大学。1926 年，陈寅恪受聘于清华大学，是清华国学研究院四大导师之一。国学研究院停办后，他受聘于清华大学历史系、中文系，是该校文学院中唯一一位合聘教授。其因身出名门，而又学识过人，在清华任教时被称作"公子的公子，教授之教授"。

　　清华教授吴宓曾同陈寅恪一起留学哈佛大学，素以学问渊博、中西融通而名闻中外，其在中西文学方面的兼通程度在当时的学界首屈一指，但他对陈寅恪推崇有加，说："始宓于民国八年，在美国哈佛得识陈寅恪，当时即惊其博学，而服其卓识。驰书国内诸友，谓合中西新旧各种学问而统论之，吾必以寅恪为全中国最博学之人……寅恪虽系吾友，而实为吾师。"[①]陈寅恪的语言功夫，常为人们所称道。据说他掌握了十几种语言，确切的数目难以统计，现代语言如英、法、德、日、俄、希腊、拉丁语以及我国少数民族满、蒙、藏、维吾尔等文字均能通晓；古代语言如突厥文、西夏文、梵文和这些少数民族的古语言也擅长，其中梵文的造诣尤其深厚。受家学影响，他还擅长旧体诗词，融合李商隐及宋代诗派而加以创新，对唐代刘禹锡、元稹、白居易、李商隐，宋代欧阳修与明末清初文学，以及佛经翻译对中国文学之影响，均有深入研究及真知灼见。

---

　　① 吴宓著，吴学昭整理：《吴宓诗话》，北京：商务印书馆，2005 年，第 196 页。

一

　　钱穆在北大任教时，有一段时间住在南池子缎库胡同三号汤用彤家中。汤用彤与陈寅恪系留学哈佛的同学，当时汤氏在北大哲学系开"东汉魏晋南北朝佛教史"课程，陈氏在清华中文系开"魏晋南北朝史专题""隋唐史专题"两课程。陈寅恪常进城到南池子汤家拜访，因而结识了寓居汤宅的钱穆。这是在1931年夏。

　　陈寅恪的生活作息时间颇有规律，寓所门上下午常挂"休息敬谢来客"一牌，相见颇不容易。钱穆也在清华兼课，讲授"秦汉史"。据当时在清华读书的侄儿钱伟长回忆，钱穆每周星期四上完课后，在清华工字厅住一夜，第二天下午方返北大红楼上课。钱穆上课之余，也不时到陈宅聚谈。钱穆对陈氏的学问非常佩服，而且在穿着上也仿效他。钱穆回忆："余本穿长袍，寅恪亦常穿长袍，冬季加披一棉袍或皮袍，或一马褂，或一长背心，不穿西式外套，余亦效之。"①

　　综观钱穆与陈寅恪的交往，并非太深、太密，但就两人所持的文化主张而言，却又是声气相通、惺惺相惜的。

　　钱穆在《师友杂忆》中两次提及陈寅恪对自己的学术赞誉——

　　一处是陈寅恪对钱穆《先秦诸子系年》的好评。在正式结识之前，钱、陈两人已先有过一次文字之交。1930年秋，钱穆因顾颉刚之荐入燕京大学任教。该年冬，历时七年之久的《先秦诸子系年》成稿。适值清华大学编"清华丛书"，顾颉刚介绍钱穆此书参加审查。后此书虽未获通过，但当时参与审查的陈寅恪却对此书大有好感。钱穆回忆："列席审查者三人，一芝生（按：冯友兰），主张此书当改变体裁便人阅读。一陈寅恪，私告人，自王静安后未见此等著作矣。闻者乃以告余。"②

　　王国维（字静安）乃近世学人中极受陈寅恪推赞的一位。认为《先秦诸子系年》可追步王国维，陈寅恪此一评价不可谓不高。实际上，除《师友杂忆》所载这一情节外，20世纪30年代的陈寅恪曾在多种场合表示对此书的称道。如朱自清日记载，1933年3月陈寅恪在叶公超晚宴上"谈钱宾四《诸子系年》稿"，

<hr>

① 钱穆：《八十忆双亲师友杂忆合刊》，北京：九州出版社，2011年，第171页。
② 钱穆：《八十忆双亲师友杂忆合刊》，北京：九州出版社，2011年，第150页。

"谓作教本最佳，其中前人诸说皆经提要收入，而新见亦多。最重要者说明《史记·六国表》但据《秦记》，不可信。《竹书纪年》系魏史，与秦之不通于上国者不同。诸子与《纪年》合，而《史记》年代多误。谓纵横之说，以为当较晚于《史记》所载，此一大发明。寅恪云更可以据楚文楚二主名及《过秦论》中秦孝公之事证之。"①1934年5月16日，陈寅恪对杨树达"言钱宾四（穆）《诸子系年》极精湛。时代全据《纪年》订《史记》之误，心得极多，至可佩服"②。

冯友兰反对出版钱著的正面理由是《先秦诸子系年》的体裁不便阅读。《先秦诸子系年》是一部考证诸子年代、行事的考据之作，在哲学家冯友兰看来，做教本最好采用章节体例，使用具有通识性的语言文字，考据性的文字不免有冗长、烦琐之弊，故做教本当改变体例。陈寅恪是史学家，强调治学重证据，凡立一说，必旁搜博采，博求证据，而《先秦诸子系年》的考证方法与他的治史理念相通，所以钱著自然引起了他强烈的共鸣。这是陈氏特别欣赏《先秦诸子系年》的原因所在。

另一处是陈寅恪对《国史大纲》"引论"的肯定。《国史大纲》出版前，钱穆先撰有"引论"一篇发表在昆明版的《中央日报》上。这是钱氏流转西南以来的"最用力之作"，也是阐发他史学思想的代表作。1939年3月，参加中央研究院评议会的浙大教授张其昀（晓峰）于会后探访卜居宜良的钱穆，转告了陈寅恪对《国史大纲》"引论"的称道。钱穆写道："寅恪告彼近日此间报端有一篇大文章，君必一读。晓峰问：'何题？'乃曰：'钱某《国史大纲》引论。'晓峰遂于会后来宜良，宿山中一宵，告余寅恪所言。"③钱穆认为："欲其国民对国家有深厚之爱情，必先使其国民对国家已往历史有深厚的认识。欲其国民对国家当前有真实之改进，必先使其国民对国家已往历史有真实之了解。我人今日所需之历史智识，其要在此。"④此一思想与陈寅恪"在史实中求史识"，总结历史教训而为当下现实做借鉴和参照的见解相通，所以"引论"的观点自然引起了他的共鸣，他向来访的张其昀推荐了此文，说这是一篇值得一读的"大文章"。

《国史大纲》"引论"发表后，"一时议者哄然"⑤。所谓"议者哄然"，表明有不同的声音。曾受业于钱穆的李埏回忆说："开学后不久，《国史大纲》

---

① 1933年3月4日日记，《朱自清全集》第九卷，南京：江苏教育出版社，1998年，第202页。

② 杨树达：《积微翁回忆录》，上海：上海古籍出版社，1986年，第82页。

③ 钱穆：《八十忆双亲师友杂忆合刊》，北京：九州出版社，2011年，第218页。

④ 钱穆：《国史大纲》，北京：九州出版社，2011年，"引论"，第3页。

⑤ 钱穆：《八十忆双亲师友杂忆合刊》，北京：九州出版社，2011年，第218页。

'引论'在昆明《中央日报》上刊布了。大西门外有一个报纸零售摊，未终朝，报纸便被联大史学系师生争购一空。一些同学未能买到，只好借来照抄。下午，同学们……讨论起来。此后数日，大家都在谈论这篇文章。……据闻，教授们也议论开了，有的赞许，有的反对，有的赞成某一部分而反对别的部分。"①钱穆也回忆说："闻毛子水将作一文批驳。子水北大同事，为适之密友……及见余文，愤慨不已。"②显然，陈寅恪、张其昀是赞成钱穆"引论"的主旨的，毛子水、傅斯年等显然是反对的。刘节在日记中就记载了他的看法："与缪赞虞兄相晤。谈及钱宾四兄所作国史引论，宾四此文颇有所见，但与余之所见相去甚远，宾四不知历史研究有考订史料与论次史迹之不同，故于考订派颇有微词，真非知历史者之言。"③刘节是陈寅恪的弟子，既重视史学理论又重视史料考订，但他对钱穆批驳史料学派的观点显然是不赞成的。实际上，陈寅恪一方面称钱穆所撰"引论"是篇"大文章"，另一方面在钱穆《国史大纲》出版后特函陈寅恪指谬时，答复"惟恨书中所引未详出处，难以偏检"④。陈寅恪此言亦有暗含钱穆此著在史料上功夫不够之意，并非一意与钱同调。不过，钱穆与刘节、陈寅恪学术见解不尽一致，属于正常的学术认识的分歧，与他和胡适、傅斯年的对立有着本质的区别。

二

1932年，国民政府通令"中国通史"为大学必修课。北大虽遵令办理，但认为"通史非急速可讲，须各家治断代史专门史稍有成绩，乃可会合成通史"⑤。在胡适主持下，由史学系系主任陈受颐把全年的课时依时代顺序分别安排为若干个专题讲授，邀请北平各有专精的学者合讲，其中便有傅斯年、李济、钱穆等人。

由多人合讲通史的意见，极有可能是文学院院长胡适、"幕后主持"系务的傅斯年和陈受颐的共同看法。不过，钱穆的认识却与众不同，他反对先专精后

---

① 李埏：《昔年从游之乐，今日终天之痛——敬悼先师钱宾四先生》，《钱穆纪念文集》，上海：上海人民出版社，1992年，第13页。

② 钱穆：《八十忆双亲师友杂忆合刊》，北京：九州出版社，2011年，第218页。

③ 刘显曾整理：《刘节日记》上册，郑州：大象出版社，2009年，第40页。

④ 钱穆：《八十忆双亲师友杂忆合刊》，北京：九州出版社，2011年，第218页。

⑤ 钱穆：《八十忆双亲师友杂忆合刊》，北京：九州出版社，2011年，第162页。

通史的途径，倡导通史为治史的入门。钱穆在课堂上公开宣称合讲中国通史很不通，无法"一条线通贯下来"。有人提议："或由钱某任其前半部，陈寅恪任其后半部，由彼两人合任，乃庶有当。"结果这一方法依然受到了钱穆的反对。"余谓：'余自问一人可独任全部，不待与别人分任。'"①于是，多人合讲通史的方法仅实行一年，1933年秋便由钱穆独讲"中国通史"课程。

钱穆的这个刻意立异之举，必须贯通其时学界情势和钱氏本人的立场方能理解。钱穆在北大开始讲授通史的同时，三十年前已出版的夏曾佑著《最新中学教科书中国历史》被商务印书馆收入"大学丛书"，改名《中国古代史》再版。钱穆因之感到三十年来通史写作的衰落，故匿名撰写书评，借机表达其对学界轻视通史风气的强烈不满。钱文谓："今日所急需者，厥为一种简要而有系统之通史，与国人以一种对于已往大体明晰之认识，为进而治本国政治、社会、文化、学术种种学问树其基础，尤当为解决当前种种问题提供以活泼新鲜之刺激。"②

其实，陈寅恪对"通史之学"也深具向往之情。他留美、留德同学俞大维指出："他平生的志愿是写成一部'中国通史'及'中国历史的教训'，如上所说，在史实中求史识。"③1932年，陈寅恪在北大开设"晋至唐文化史"课程，这门课程具有"通史"性质。他自述该课程要旨："本课程是通史性质，虽名为'晋至唐'，实际所讲的，在晋前也讲到三国，唐后也讲到五代。因为一个朝代的历史不能以朝代为始终。"④以陈寅恪当日之学术声望，而钱穆明言"不待"与其分任一课，这般决绝自信的口吻固然显示出盛年的钱穆不迷信权威、自求树立的心态，但也显示出陈、钱两人"通史之学"其实有着某种实质的差异。据钱穆晚年告徒之语，陈寅恪"专题考证的具体结论和通史所必需的综合论断未必能完全融合无间"⑤。可见在钱的心目中，陈未必能讲好通史。

当钱穆提出独讲通史课时，陈寅恪的态度如何？现在没有任何资料记载，但也不能据此说明陈寅恪对此毫无意见。

钱穆主讲通史的同年，张荫麟从美国学成归国任教。张荫麟在美国所学是哲学和社会学，但却有志于史学。陈寅恪给傅斯年写信，推荐他入中央研究院史语

① 钱穆：《八十忆双亲师友杂忆合刊》，北京：九州出版社，2011年，第163页。

② 钱穆：《评夏曾佑〈中国古代史〉》，《中国学术思想史论丛》（九），北京：九州出版社，2011年，第252页。

③ 俞大维：《怀念陈寅恪先生》，见张杰、杨燕丽选编：《追忆陈寅恪》，北京：社会科学文献出版社，1999年，第9页。

④ 蒋天枢：《陈寅恪先生编年事辑》（增订本），上海：上海古籍出版社，1997年，第93页。

⑤ 余英时：《犹记风吹水上鳞》，《钱穆与中国文化》，上海：上海远东出版社，1994年，第14页。

所和北大。函谓："昨阅张君荫麟函，言归国后不欲教授哲学，而欲研究史学，弟以为如此则北大史学系能聘之最佳。……其人记诵博洽而思想有条理，若以之担任中国通史课，恐现今无更较渠适宜之人。若史语所能罗致之，则必为将来最有希望之人才，弟敢书具保证者，盖不同寻常介绍友人之类也。"①但陈氏如此卖力的推荐并未打动傅斯年的心，北大史学系也没有接纳张荫麟。最后张氏只好回到母校清华大学，在历史系和哲学系任教，并在北大兼授历史哲学课。

陈寅恪极力推许张荫麟，实有深意。此时距钱穆独讲北大"中国通史"课程不过二月，陈氏却谓"以之担任中国通史课，恐现今无更较渠适宜之人"，实表明他并不认为钱穆是讲授通史的合适人选，隐约间也附和了傅斯年先专后通的授史意见，同时也应是对钱穆反对自己与其合讲通史的回应。这可算是一则压在《师友杂忆》纸背的故事吧。

陈寅恪讲授"晋至唐文化史"，钱穆讲授"中国通史"，其实并无胜任与否的问题，两人的讲课都是精彩纷呈，各具特色。历史学家金宝祥曾将他的两位老师相提并论："论钱（穆）、陈（寅恪）风格，钱波涛汹涌，一泻千里；陈潺潺溪流，意境幽远。从表象看，前者博大，后者精深，实则殊途同归，博大中有精深，精深中有博大。"②

<h2 style="text-align:center">三</h2>

七七事变后，北平沦陷，陈寅恪的父亲陈三立终日忧愤，不食而逝。陈寅恪料理好父亲的丧事后，于11月3日带领全家离开北平到天津。在天津小住期间，他遇到了钱穆、汤用彤等人。以后钱穆等人乘船南下，绕道香港赴长沙临时大学；陈寅恪则由青岛乘火车经济南、郑州、汉口，转至长沙。由于路途遥远耽误了时间，他们到达长沙时，得知临时大学已经移迁昆明，陈寅恪随后带领全家南行，从香港赴滇。当行至香港时，已近旧历年底，陈寅恪的夫人唐筼因旅途劳累心脏病发作，滞留香港，他则只身取道安南、海防，于1938年4月8日到达西南联大文学院所在地蒙自上课。

陈寅恪在西南联大讲"魏晋南北朝史"和"隋唐史"等课程，钱穆仍教"中

<hr>

① 陈寅恪：《致傅斯年》（1933年11月2日），《书信集》（《陈寅恪集》），北京：生活·读书·新知三联书店，2001年，第46—47页。

② 魏明孔：《追随金宝祥先生学习历史》，田澍等主编：《中国古代史萃——庆贺历史学家金宝祥先生九十华诞论文集》，兰州：甘肃人民出版社，2004年，第520页。

国通史"。对于两人的讲课风采，当年在西南联大历史系读书的何兆武回忆："当时教中国通史的是钱穆先生，《国史大纲》就是他讲课的讲稿。和其他大多数老师不同，钱先生讲课总是充满了感情，往往慷慨激越，听者为之动容。据说上个世纪末特赖齐克（Treischke）在柏林大学讲授历史，经常吸引大量的听众，对德国民族主义热情的高涨，起了很大的鼓舞作用。我的想像里，或许钱先生讲课庶几近之。据说抗战前，钱先生和胡适、陶希圣在北大讲课都是吸引了大批听众的，虽然这个盛况我因尚是个中学生，未能目睹。钱先生讲史有他自己的一套理论体系，加之以他所特有的激情，常常确实是很动人的。""陈寅恪先生当时已是名满天下的学术泰斗，使我们初入茅庐（西南联大的校舍是茅草盖的）的新人（freshman）也禁不住要去旁听，一仰风采。陈先生开的是高年级的专业课，新人还没有资格选课。陈先生经常身着一袭布长衫，望之如一位徇徇然的学者，一点看不出是曾经喝过一二十年洋水的人。陈先生授课总是携一布包的书，随时翻检；但他引用材料时却从不真正查阅书籍，都是脱口而出，历历如数家珍。"[①]

1938 年秋后，文学院从蒙自迁回昆明。钱穆则卜居宜良岩泉寺撰写《国史大纲》，陈寅恪住史语所租赁的静花巷青园学舍中，也以病弱之躯，以手边幸存的眉注本《通典》为基础，开始了名著《隋唐制度渊源略论稿》的创作。也正是在这一年寒假，陈寅恪和汤用彤一道去往宜良岩泉寺拜访钱穆，在那住了一个晚上。陈寅恪和钱穆两人曾在院中石桥上临池而坐，陈氏说："如此寂静之境，诚所难遇，兄在此写作真大佳事。然使我一人住此，非得神经病不可。"[②]陈寅恪兼史家与诗人气质于一身，而钱穆则是一个耐得住寂寞的苦学者。当初好友汤用彤、贺麟送他到岩泉寺时也有此问："君一人独居，能耐此寂寞否？"钱回答："居此正好一心写吾书，寂寞不耐亦得耐。"[③]

陈寅恪的《隋唐制度渊源略论稿》完成后，寄到内迁香港的商务印书馆印行，但稿件在付印前被日寇烧毁。后来在重庆商务印书馆出版的本子，实际上是由史语所友人用旧稿凑成的。因此，陈寅恪曾说："本年（民国二十八年）在昆明病中作《隋唐制度渊源略论稿》，寄上海商务印书馆印行。但此稿遗失。（闻商务香港印刷所在付印前为日寇烧毁。）后史语所友人将旧稿凑成，交重庆商务

① 何兆武：《〈历史理性批判散论〉自序》，《何兆武学术文化随笔》，北京：中国青年出版社，1998 年，第 290—291 页。

② 钱穆：《八十忆双亲师友杂忆合刊》，北京：九州出版社，2011 年，第 213 页。

③ 钱穆：《八十忆双亲师友杂忆合刊》，北京：九州出版社，2011 年，第 210 页。

重印。恐多误。"①

　　《隋唐制度渊源略论稿》系统地论述了从汉魏到隋唐时期礼仪、职官、刑律、音乐、兵制、财政等制度的渊源和演变，对于全书的宗旨，他在"叙论"中开宗明义地说道："兹综合旧籍所载及新出遗文之有关隋唐两朝制度者，分析其因子，推论其源流，成此一书。"②此书提出了很多有价值的重要观点，被称为隋唐史研究的里程碑之作。在英国享有盛誉的唐史专家崔瑞德（D. Twitchett）说，他主编的《剑桥中国隋唐史》每一章节，都得益于陈寅恪的研究成果；同时，他还认为："解释这一时期政治和制度史的第二个大贡献是伟大的中国史学家陈寅恪作出的。在战争年代重庆出版的两部（另一部是《唐代政治史述论稿》）主要著作……他提出的关于唐代政治和制度的一个观点远比以往发表的任何观点扎实、严谨和令人信服。"③汪荣祖也认为："寅恪作史事之解释，不作空泛的惊人语，而实之以丰富的史料，以及谨严的乾嘉考据方法。故其二《论稿》一出，即能引起广泛的注意与深远的影响，予人有耳目一新，发千载之覆之感。然其见解之深入新颖，且敢与权威挑战，具有'刺激性'（provocative），故其所引起之反响亦颇为强烈。"④劳干也指出："寅恪先生最重要的著作当然是《隋唐制度渊源略论稿》和《唐代政治史述论稿》，这两部书都是博大精深之作，虽然篇幅不算多，却把南北朝至唐代政治文化的关键指示出来。"⑤

四

　　1939年春，英国牛津大学聘请陈寅恪为汉学教授，并授予其英国皇家学会研究员职称。陈寅恪是该校聘请的第一位以中文为母语的汉学教授，这在当时是一种很高的荣誉，同时也标志着他的研究真正为海外汉学界所关注。他于暑假后赴港，计划前往英国讲学，并治疗眼疾。结果，因欧战爆发，去途阻隔，他不得

---

① 蒋天枢：《陈寅恪先生编年事辑》（增订本），上海：上海古籍出版社，1997年，第118页。

② 陈寅恪：《隋唐制度渊源略论稿》（《陈寅恪集》），北京：生活·读书·新知三联书店，2001年，"叙论"，第3页。

③ [英] 崔瑞德：《剑桥中国隋唐史》，中国社会科学院历史研究所西方汉学研究课题组译，北京：中国社会科学出版社，1990年，第11页。

④ 汪荣祖：《史家陈寅恪传》，北京：北京大学出版社，2005年，第105—106页。

⑤ 劳干：《忆陈寅恪先生》，张杰、杨燕丽选编：《追忆陈寅恪》，北京：社会科学文献出版社，1999年，第93—94页。

不返回昆明，仍在联大授课。几经周折，劳顿异常，加之战时营养不良，陈寅恪自述"流转西南，致伤两目"。据西南联大学生宗良圯回忆，有一天陈寅恪走进教室，靠近书桌，把书包放好后，面向黑板，背向学生讲起课来，讲授一阵后，发现方向不对，才转过身来对学生微笑。[①] 由此可以得知，那时他的视力已明显衰弱。

1940 年暑假，陈寅恪又一次到达香港，等待机会赴英国践履牛津大学之聘，并治疗他日益严重的眼疾，但又没有走成。时滇越铁路中断，无法返昆，只能在香港大学任教一年。1941 年底，太平洋战争爆发，香港沦陷。延至第二年 5 月，陈寅恪全家终于逃出香港，取道广州湾回到广西内地。稍后，陈寅恪以部聘教授的名义在桂林广西大学法商学院任教，讲授"唐代政治史"。1943 年夏，战火逼近湖南，长沙等地吃紧，迫于形势，陈寅恪全家从桂林出发，经宜山、贵阳、重庆，于年底到达成都，任教燕京大学。

燕京大学原在成都陕西街上课，陈寅恪一家住在学校租赁的民房中，后来燕大借华西大学校舍上课，陈氏一家又迁到华西坝广益宿舍内，从此生活稍为安定。钱穆自 1943 年秋受聘于华西大学文学院，钱、陈两人在华西坝比邻而居，见面的机会较多。不过，当时两人皆在病中。钱患胃病，卧床不起；陈患眼疾，几近失明。有一天，钱穆偶然读到 20 世纪 30 年代初胡适所写的《神会和尚遗集》，认为其说不能令人信服，不禁操笔为文，写下《神会与坛经》一长文，对胡适"神会是《坛经》作者"之说加以批评。陈寅恪精于佛经研究，当时钱穆本想向陈请教，讨论一问题，但想到两人俱在病中，因而放弃了这一想法。钱穆回忆："余初撰《神会》一文时，陈寅恪亦因目疾偕其夫人迁来成都休养，余虽常与晤面，但因两人俱在病中，亦未克与之讨论及此。迄今以为憾。"[②]

关于《坛经》作者问题的争论曾是 20 世纪 30 年代学界的一桩公案。陈寅恪早年即以精研佛教典籍而闻名于学界，1932 年更发表《禅宗六祖传法偈之分析》一文，跳出版本文献考证之争，由偈文的文学修辞一针见血地指出，所谓新禅宗（唐世曹溪顿派）不仅"教义宗风溯源于先代，即文词故实亦莫不掇拾前修之绪余，而此半通不通之偈文，是其一例也"[③]。有具如此知识背景的近邻却未能与

---

① 宗良圯：《记陈寅恪先生》，见张杰、杨燕丽选编：《追忆陈寅恪》，北京：社会科学文献出版社，1999 年，第 242 页。

② 钱穆：《八十忆双亲师友杂忆合刊》，北京：九州出版社，2011 年，第 243 页。

③ 陈寅恪：《禅宗六祖传法偈之分析》，《金明馆丛稿二编》（《陈寅恪集》），北京：生活·读书·新知三联书店，2001 年，第 191 页。

其一谈，难怪钱穆要说"迄今以为憾"。

五

　　1945年，抗战胜利，陈寅恪赴英讲学终于成行。他此行借机治疗眼疾，惜手术未能成功，双目失明已成定局。他怀着失望的心情，辞去聘约，于1949年返回祖国，任教于清华大学，继续从事学术研究。

　　很快到了1948年底，人民解放军包围了北平城。在围城期间，南京政府"抢救"北平学人的计划也在紧张实施，陈寅恪被列入重点"抢救"的学者名单。12月15日，国民党派专机接北大校长胡适南下，与胡氏同机离开的就有陈寅恪一家。

　　陈寅恪在南京住了一夜，第二天赴沪，住在表弟俞大纲家。1949年1月16日，陈氏一家乘海轮"秋瑾号"离沪，三天后到达广州。陈氏遂决定任教于岭南大学。陈寅恪晚年栖身岭表，并非突发奇想。其原因有二：一则医生建议他到南方暖和之地去休养；二则身为旧友的岭南大学校长陈序经向他发出任教的邀请。

　　陈寅恪在岭南大学任教不久，钱穆也接受了华侨大学之聘，由无锡来到了广州。居穗期间，钱氏曾专程去岭南大学访陈寅恪。《师友杂忆》载："又一日，余特去岭南大学访陈寅恪，询其此下之作止。适是日寅恪因事赴城，未获晤面，仅与其夫人小谈即别。后闻其夫人意欲避去台北，寅恪欲留粤，言辞争执，其夫人即一人独自去香港。幸有友人遇之九龙车站，坚邀其返。余闻之，乃知寅恪决意不离大陆，百忙中未再往访，遂与寅恪失此一面之缘。"[1]

　　陈门弟子蒋天枢看到这段记载后说，"钱宾四所记非实"。他在给汪荣祖的信中说："在1949年解放前夕，先生（陈寅恪）无独自一人只身入城之可能，未获晤面或别有故。留粤去台的争执也非实。先生去穗过沪时，我屡次见到先生和师母。其时胡适在沪，力劝先生去台，先生和师母都说不去。我也听说过师母曾去港，系有别事，并无友人坚促其返之说。"[2]汪荣祖做了这样的分析：陈氏一家到达岭南至解放军入广州，尚有好几个月的时间，若陈夫人如此坚决去台，大可在这段时间内去台湾看看情况，何必绕道香港？何况傅斯年一再催促，并谓可随时搭军机入台。陈夫人在解放之前到过香港，当时广州、九龙之间来往便

　　① 钱穆：《八十忆双亲师友杂忆合刊》，北京：九州出版社，2011年，第266页。

　　② 汪荣祖：《史家陈寅恪传》，北京：北京大学出版社，2005年，第158页。

捷，访友购物皆有可能，不足为奇；夫妻之间吵架也有可能，但并无为去留而争吵的痕迹。而且陈氏之女陈美延也曾面告汪，记得幼时曾随母到过香港，住在马家，意甚从容，绝无可能在九龙车站由友人促返之事。所以汪荣祖得出结论：对于钱穆的来访，陈寅恪很可能是避而不见。①

后来钱穆避地香港创办新亚书院，曾多次写信给陈寅恪，邀请他赴港办学，都遭到了陈的拒绝。钱穆回忆："又罗倬汉陪余同去访寅恪，后余在港办新亚，屡函促其来，亦拒不至。"②

1949年的陈寅恪既不跨海入台，也不过岭南一步。他的这种人生选择，引发了海外学者的讨论。陈寅恪是史家，也是诗人。在此不妨引用他的诗句，或许从中可以看到他的心迹。

1940年春，陈寅恪赴重庆参加中央研究院评议会，在夜宴中见到了蒋介石，"深觉其人不足有为，有负厥职"，故吟出了"食蛤那知天下事，看花愁近最高楼"的诗句。③抗战期间，钱穆也多次受蒋介石的召见，并在重庆复兴关为"中央训练团"讲课，对蒋颇为推崇。两人对蒋的不同态度，在一定程度上也决定了1949年的去留。

抗战胜利后，陈寅恪高兴万分，吟出了"降书夕到醒方知，何幸今生见此时。……国仇已雪南迁耻，家祭难忘北定时"的诗句。回到故都北平后，他以为天下远离战火，从此太平。不料内战爆发，战火连绵，生活的窘困远甚从前。陈寅恪因经济拮据，无钱买柴取火，竟将自己一生视为珍宝的巴利文藏经和最好的东方语言书籍悉数卖给北大东语系，用以买煤取暖。58岁的陈寅恪在除夕之夜无奈地写下了"五十八年流涕尽"的辛酸诗句，可以想见他当时悲愤的心情。"党家专政二十载，大厦一旦梁栋摧。乱源虽多主因一，民怨所致非兵灾。"这一首分析国民党溃败大陆原因的《哀金源》，把他对国民党政权的失望和愤怒表露无遗。他不愿跨海入台，也就不难理解了。

六

在《师友杂忆》一书中，钱穆记述了与陈寅恪交往片段计有七八次之多，但

---

① 汪荣祖：《史家陈寅恪传》，北京：北京大学出版社，2005年，第158页。
② 钱穆：《八十忆双亲师友杂忆合刊》，北京：九州出版社，2011年，第267页。
③ 1949年4月23日日记，见《吴宓日记》第七册，上海：生活・读书・新知三联书店，1998年，第158页。

多为日常生活中之一般人情往来，如双方结交缘由、北大任教时双方任课情况、抗战中之相遇相交，以及中华人民共和国成立前夕钱氏访陈未果等，其中真正语及陈寅恪学术的文字很少。《师友杂忆》一书对当时学人之学说多有评述，却独独未着笔当时交往尚多且名誉一时的陈寅恪之学术，个中奥妙值得深思。

1960 年 5 月 21 日，钱穆写信给在美国求学的余英时，主要谈对其学术文章的意见。在信中钱穆倡论章太炎、梁启超、陈垣、王国维、陈寅恪、胡适等诸人文章的优劣之处。他认为，章太炎之文"最有轨辙，言无虚发，绝不枝蔓，但坦然直下，不故意曲折摇曳"，缺点就是"多用僻字古字"；梁启超于论学内容多有疏忽，但文字如长江大河，一气而下，有生意，有浩气，似较太炎各有胜场；陈垣文章朴直无华，语语在题，不矜才使气；而王国维之文，精洁胜于梁，显朗胜于章，唯病在"不尽不实"；胡适之文，清朗且精劲有力，无芜词，只是语多尖刻处。值得回味的是，钱穆对以上学人的文章基本上都是肯定与否定相集，只有对陈寅恪则几乎全是苛评："又如陈寅恪，则文不如王（指王国维），冗沓而多枝节，每一篇若能删去其十之三四方可成诵，且多临深为高，故作摇曳，此大非论学文字所宜。"而且，钱氏在后文又指出："弟（指余英时）文之芜累枝节，牵缠反复，颇近陈君，穆亦有意为弟下笔删去十之三四，而弟文所欲表达者，可以全部保留，不受削减，并益见光彩。"两相联系，钱穆是因学生文章多陈氏味道，故有意刺多于褒，以示训导之意。在此段文字中，钱穆还提及"弟之行文，亦大有陈氏回环往复之情味"，但是他又明确指出，用陈寅恪此种文字"施于讨论《再生缘》《红楼梦》一类，不失为绝妙之文"，而"穆以为严正之学术论文"则"体各有当，殊觉不适"。一望可知，因为书简文字的私密性，以及与通信对象关系的非同一般，钱穆表露出了对陈寅恪学术的真实评价，也即对陈寅恪之学术思想、治学路数怀有明确的不认同感。不过，钱穆在下文也提及"穆此条只论文字，不论内容，弟谅不致误会"。在结尾，钱穆还是对陈寅恪的治学理路有一个较为平实的评价，且不是针对其学术论文的语言和行文特色等，而是单独就治学的根本而言："穆平常持论，为学须从源头处循流而下，则事半功倍……陈援庵（按：陈垣）、王静安长处，只是可以不牵扯，没有所谓源头，故少病也。弟今有意治学术思想史，则断当从源头处用力，自不宜截取一截为之，当较静安、援庵更艰苦始得耳。陈寅恪亦可截断源头不问，胡适之则无从将源头截去，此胡之所以多病，陈之所以少病，以两人论学立场不同之故。"①

对于陈寅恪的学术，胡适在 20 世纪 30 年代日记中有评价："寅恪治史学，

① 钱穆：《致余英时书》，《素书楼余渖》，北京：九州出版社，2011 年，第 358—359 页。

当然是今日最渊博、最有识见、最能用材料的人。但他的文章实在写得不高明，标点尤赖，不足为法。"①钱锺书对陈氏也有批评。1979 年春，中国社会科学院派出包括钱锺书在内的一个代表团到美国考察。据余英时回忆，钱锺书就批评陈寅恪太"trivial"（琐碎、见小），即指《元白诗笺证稿》中考证杨贵妃是否以"处子入宫"那一节。②今日看来，相对于胡适、钱锺书的批评，钱穆的上述评断不免严酷了些，带有"辨章学术"的味道。

在民国以来的学术界，陈寅恪素以其超越新派与旧派、主流派与非主流派以及今文与古文、汉学与宋学等诸多学术论争的立场，而成为能够被各派共同接受和欣赏的少数学者之一。钱穆和陈寅恪虽非挚友知音，但陈氏对当时在学术上尚藉藉无名的钱穆有知遇之恩，所以钱穆没有公开给予批评。因此，即便过了"从心所欲不逾矩"年纪的钱穆仍不便公开批评陈寅恪的治学思路，而只是在与最亲近的学生的书信中表明自己的真实观点。

七

尽管钱穆在晚年之时对陈寅恪有所批评，但纵观两人所持的文化主张，却又是声气相通、引为同调的。

身处中国历史上文化黑暗到几近寂灭的时代，面对滔天浊浪，不避不惧，有为有守，钱、陈两人义无反顾地担当起的精神守护重任，展示出来的文化品质与道德勇气，直可"惊天地，泣鬼神"。虽然深受西方文化的熏染，但从总体看陈寅恪还是一位以传统价值观为评判标准的学者。他对于中国传统文化具有较大的信心，认为从中国传统文化中就可以找到济世良药。他说："华夏之文化，历数千载之演进，造极于赵宋之世，后渐衰微，终必复振。"③其中对于宋学的高度赞扬，更加体现了他对传统文化的肯定。在清华大学创办二十周年之时，陈寅恪

①1937 年 2 月 22 日日记，见曹伯言整理：《胡适日记全编》（6），合肥：安徽教育出版社，2001 年，第 657 页。

②余英时：《我所认识的钱锺书先生》，《现代学人与学术》（《余英时文集》第五卷），桂林：广西师范大学出版社，2014 年，第 463 页。

③陈寅恪：《金明馆丛稿二编》（《陈寅恪集》），北京：生活·读书·新知三联书店，2001 年，第 277 页。

更是大声疾呼："国可灭，而史不可灭。"[①]对于传统历史文化的看重，使陈寅恪对于违反传统的行为表现出异乎寻常的反感。在《隋唐制度渊源略论稿》中，他对转源于汉魏正统文化之陇右、江左文化表现出了认同的态度，但是对于北周之以胡族习惯为主所构成的文化模式大不以为然，就因为它与传统汉文化有所不同，他蔑称之为"非驴非马"[②]，非常不留情面。这些都从各个层面反映了陈寅恪对于传统历史文化的看重。陈门弟子蒋天枢曾评价乃师一生"对于历史文化，爱护之若生命"[③]。钱穆则宣称："若一民族对其以往历史了无所知，此必为无文化之民族，此民族中之分子，对其民族，必无甚深之爱，必不能为其民族真奋斗而牺牲，此民族终将无争存于并世之力量"[④]，"断断无一国之人相率鄙弃其一国之史，而其国其族犹可长存于天地之间者。"[⑤]

就治史旨趣而言，两人治史都特别注重种族（民族）与文化的关系，强调文化高于种族，文化决定种族。陈寅恪称"种族与文化"是"治吾国中古史最要关键"，而判别"种族"的标准是"文化"而不是"血统"。他的"种族之分，多系于其人所受之文化，而不在其人所承之血统"观点，在其著作《唐代政治史述论稿》《隋唐制度渊源略论稿》中也多有阐述。钱穆认为，中国文化由中华民族所独创，中国人的民族观念与文化观念密切关联，其民族观不以血统而以文化为其标准。他说："在中国人观念中，本没有很深的民族界线，他们看重文化，远过于看重血统。只有文化高低，没有血统异同。中国史上之所谓异民族，即无异于指著一种生活方式与文化意味不同的人民集团而言。"[⑥]又说："在古代观念上，四夷与诸夏实在另有一个分别的标准，这个标准，不是血统而是文化。所谓'诸侯用夷礼则夷之，夷狄进于中国则中国之'，此即是以文化为华夷分别之明证。"[⑦]这与陈寅恪的观点如出一辙。

两人都重视对民族文化作"了解之同情"。陈寅恪在《冯友兰〈中国哲学史〉上册审查报告》中称"凡著中国古代哲学，其对于古人之学说，应具有了解

①陈寅恪：《吾国学术之现状及清华之职责》，《金明馆丛稿二编》（《陈寅恪集》），北京：生活·读书·新知三联书店，2001 年，第 317 页。

②陈寅恪：《隋唐制度渊源略论稿》，上海：上海古籍出版社，1982 年，第 43 页。

③蒋天枢：《陈寅恪先生编年事辑》（增订本），上海：上海古籍出版社，1997 年，第 188、233 页。

④钱穆：《国史大纲》，北京：九州出版社，2011 年，"引论"，第 2 页。

⑤钱穆：《国史大纲》，北京：九州出版社，2011 年，"引论"，第 30 页。

⑥钱穆：《中国文化史导论》，北京：九州出版社，2011 年，第 127 页。

⑦钱穆：《中国文化史导论》，北京：九州出版社，2011 年，第 39 页。

之同情，方可下笔"①。钱穆把这种"了解之同情"推及整个中国的历史文化，宣称治史应"附随一种对本国已往历史之温情与敬意"②。在对待外来文化输入的态度上，两人的观点在精神上也是相通的。陈寅恪在《冯友兰〈中国哲学史〉下册审查报告》中有一段名言："一方面吸收输入外来之学说，一方面不忘本来民族之地位。"③钱穆在1941年所写的《东西文化学社缘起》一文中说："夫各民族文化进展，常需不断有去腐生新之势力，而欲求去腐生新，一面当不断从其文化源头作新鲜之认识，一面又当不断向外对异文化从事于尽量之吸收。"④钱、陈观点之相同，不言自明。在中国文化的发展路径上，两人皆主张以传统文化作为创造和发展新文化的主体，认定新文化只能从已往旧有文化中蕴孕生长，绝不能凭空翻新，绝无依傍。陈寅恪提出"新瓶装旧酒"的主张，钱穆则主张"据旧开新""老干萌新芽"。

更为重要的是，两人都强调学术研究的独立性。陈寅恪视"独立之精神，自由之思想"比生命还重要，视其为做人的信仰和为学的准则。1953年，他在《对科学院的答复》中说："我认为研究学术，最主要的是要具有自由的意志和独立的精神……没有自由思想，没有独立思想，即不能发扬真理，即不能研究学术。"⑤陈氏晚年"著书唯剩颂红妆"，意在考察当时政治（夷夏）、道德（气节）的真实情况，"以表彰我民族独立之精神，自由之思想"。钱穆认为研究学术"应自有客观的独立性，而勿徒为政客名流一种随宜宣传或辩护之工具"⑥。他治学不迎合时尚，轻弃己见，也不屈从政治、社会压力而作违心之论，更不随风而倒，始终坚持学术研究的独立性、严肃性。《国史大纲》完稿交付出版后，政府的审查部门要求他修改"洪杨之乱"章节，钱穆个性尽显，执意以原稿付梓。

---

①陈寅恪：《冯友兰〈中国哲学史〉上册审查报告》，《金明馆丛稿二编》（《陈寅恪集》），北京：生活·读书·新知三联书店，2001年，第279页。

②钱穆：《国史大纲》，北京：九州出版社，2011年，"读本书请先具下列诸信念"，第1页。

③陈寅恪：《冯友兰〈中国哲学史〉下册审查报告》，《金明馆丛稿二编》（《陈寅恪集》），北京：生活·读书·新知三联书店，2001年，第284—285页。

④钱穆：《东西文化学社缘起》，《文化与教育》，北京：九州出版社，2011年，第47页。

⑤陆键东：《陈寅恪的最后20年》（增订本），北京：生活·读书·新知三联书店，2013年，第104页。

⑥钱穆：《中国历史研究法》，北京：九州出版社，2011年，第148页。

"士"不孤起　必有其邻

——钱穆与蒙文通

"事不孤起，必有其邻"[①]，是蒙文通的名言，意指同一时代之事，必有其"一贯而不可分离者"。钱穆日后在学界的蔚然成名，与蒙文通有着千丝万缕的联系。在此，以"'士'不孤起，必有其邻"形容两人的关系，倒也有着几分贴切。

一

1930 年初春，一位学者的到来，让钱穆好好体验了一次"有朋自远方来"的痛快。他正是四川学界的蒙文通。两人在此前已有书函往来，对学术多有商讨。两人见面后，除了探讨学术之外，还曾同游太湖之滨的灵岩山和邓尉。钱穆对此有过细腻的描绘："时值冬季，余与文通各乘一轿，行近邓尉时，田野村落，群梅四散弥望皆是。及登山，俯仰湖天，畅谈今古。"[②]

蒙文通，名尔达，以字行，1894 年出生于四川盐亭。1911 年，蒙文通被选拔进入地处成都的四川存古学堂（1913 年改名为四川国学院），当时廖平、刘师培、吴之英等名家宿儒讲学于其间。蜀中大儒造就的浓郁古典氛围，使蒙文通如鱼得水，学业精进。1914 年，蒙文通所写研究论文《孔氏古文说》，议论精深，得廖平推荐刊于《国学荟编》。此文辨旧史与六经之别，从而探今、古文之源流，是为后来蒙氏《经学导言》《经学抉原》专著之先声。

---

① 蒙文通：《评史学散篇》，《经学抉原》（《蒙文通文集》第三卷），成都：巴蜀书社，1995年，第 402 页。

② 钱穆：《八十忆双亲师友杂忆合刊》，北京：九州出版社，2011 年，第 136 页。

1918 年以后，蒙文通由成都返回家乡盐亭办学，教读经史。1921 年，蒙文通离开家乡，先后执教于成都联中和重庆联中、重庆二女师。在重庆任教期间，蒙文通读到钱穆在无锡第三师范校刊发表的《先秦诸家论礼与法》一文，虽从未晤面，但喜学术上相知之难，遂作书盈万言，寄钱穆共论学术。此为两位学人后来一生友谊之始。

其时，国内学术界于今、古文之争，论战激烈，莫衷一是。"晚近言学，约有两派：一主六经皆史，一主托古改制。两派根本既殊，故于古史之衡断自别"，"数十年来，两相诋讥嘲嚷，若冰炭之不可同刑。"[①] 在就读四川国学院时期，业师廖平、刘师培，一主今文、一主古文，经学立场对立，令蒙文通产生了极大的困惑。据蒙氏回忆，"时廖、刘两师及名山吴师并在讲席，或崇今，或尊古，或会而通之。持各有故，言各成理"，自己"朝夕所闻，无非矛盾，惊骇无已，几历岁年，口诵心维而莫敢发一问。虽无日不疑，而疑终莫解"。[②] 有鉴于此，蒙文通在 1923 年离开重庆，访求时贤，探讨同治、光绪以来经学之流变。至南京后，进入欧阳竟无所办的支那内学院，潜心研习佛学，与同窗好友汤用彤、熊十力、吕澂、王恩洋等朝夕相处，谈古论今。蒙文通所撰《中国禅学考》《唯识新罗学》，都深得欧阳竟无赞赏。前篇刊于《内学》年刊创刊号。

1926 年，蒙文通由南京返回四川，继续在成都的大学任教。1929 年 9 月，为践师门之约，蒙文通再赴金陵南京支那内学院，并执教于中央大学历史系。《古史甄微》《经学抉原》两书皆在这个时期刊印。第二年春天，蒙文通来到苏州拜访了钱穆。其时钱穆的《先秦诸子系年》已经完稿，蒙文通尽情品尝了一番先睹为快的乐趣。钱穆回忆："（蒙氏）手抄其中有关墨家诸篇，特以刊载于南京某杂志，今亦忘其名。"[③] 据查，这份杂志应是由柳诒徵、缪凤林主办的《史学杂志》。1930 年 5 月 1 日的《史学杂志》第 2 卷第 2 期上刊登了钱穆的《诸子系年考略》，同年 9 月 1 日《史学杂志》第 2 卷第 3—4 期另刊《先秦诸子系年考辨略钞》。（钱穆所言或为误记，或另有期刊收录墨学内容而未发现，则有待考证。）

蒙文通对钱穆极为推崇。钱穆回忆："（蒙氏）语余曰：君书体大思精，惟当于三百年前顾亭林诸老辈中求其伦比。乾嘉以来，少有匹矣。"[④] 蒙文通将

① 蒙文通：《古史甄微》（《蒙文通文集》第五卷），成都：巴蜀书社，1999 年，"序"，第 2 页。

② 蒙文通：《经学抉原》（《蒙文通文集》第三卷），成都：巴蜀书社，1995 年，"序"，第 46 页。

③ 钱穆：《八十忆双亲师友杂忆合刊》，北京：九州出版社，2011 年，第 136 页。

④ 钱穆：《八十忆双亲师友杂忆合刊》，北京：九州出版社，2011 年，第 136 页。

钱穆拔高到与顾炎武并列的地位，连功底极深的"乾嘉诸老"都难望其项背。可见，对于钱穆的学问功夫，蒙氏生发出一种难以表达的敬佩。

二

经学上的今、古文之争，令蒙文通产生了极大的困惑，同样也引起了钱穆的关注。早在 1913 年任教无锡荡口鸿模学校之时，钱穆读夏曾佑《中国历史教科书》，开始接触今、古文之争问题。1922 年任后宅泰伯市立图书馆馆长时，他得到康有为《新学伪经考》石印本一册，读后"而心疑"[①]，"深疾其牴牾"[②]。这是他治两汉经学今、古文问题之始。其后，随着学力的加深，他对两汉今、古文之争有了更深入的认识，对晚清今文家言，特别是康有为的刘歆伪经说深不以为然。1930 年 6 月，钱穆在《燕京学报》第七期上发表成名作《刘向歆父子年谱》，对康有为《新学伪经考》一书的主要观点进行了全面批驳。对于廖平经学，钱穆自然持批评的态度。他说："盖季平必求所以尊孔者不得其说，乃屡变其书以求一当。其学非考据、非义理、非汉、非宋，近于逞臆，终于说怪，使读者迷惘不得其要领。"[③]

关于《刘向歆父子年谱》的学术背景，钱穆弟子余英时作了精辟的论述："清末康有为的《新学伪经考》支配了学术界一二十年之久，章炳麟、刘师培虽与之抗衡，却连自己的门下也不能完全说服，所以钱玄同以章刘弟子的身份而改拜崔适为师，顾颉刚也是先信古文经学而后从今文一派。钱先生《刘向歆父子年谱》出，此一争论才告结束。"[④]罗义俊对此也有清楚的解说："晚清经学今古文两家各持门户，入主出奴。今文学者，自刘逢禄《左氏春秋考证》，鼓说现行本《左传》不传《春秋》，并指摘其书为刘歆所改。洎后康有为承刘氏绪论，著《新学伪经考》，变本加厉，直指斥古文《左传》诸经尽出刘歆伪造。其后崔适著《史记探源》和《春秋复始》两书，崔适弟子钱玄同在《重印〈新学伪经考〉序》中附议补充。从此，《新学伪经考》与刘歆遍造古文诸经之说风靡学术界，

① 钱穆：《八十忆双亲师友杂忆合刊》，北京：九州出版社，2011 年，第 142 页。

② 钱穆：《刘向歆父子年谱》，《古史辨》第五册，上海：上海古籍出版社，1982 年，第 106 页。

③ 钱穆：《国学概论》，北京：九州出版社，2011 年，第 728 页。

④ 余英时：《一生为故国招魂》，《钱穆与中国文化》，上海：上海远东出版社，1994 年，第 24 页。

统治了近代的经学研究，视为铁案如山，不可动摇。"①

廖平经学有两个相互联系的基本观点：一是尊今，即尊崇今文经学；一是抑古，即贬抑古文经学。尊今的代表作是《知圣篇》，抑古的代表作是《辟刘篇》（后改名《古学改》），提出古文经学起源于刘歆作伪。康有为遂依廖平之论，据《知圣篇》撰成《孔子改制考》，据《辟刘篇》撰成《新学伪经考》。对于钱穆《刘向歆父子年谱》对业师廖平观点的批驳，蒙文通的反应目前未有直接的资料可供考证。那么，蒙氏到底持有何种观点？从其 1915 年所撰的《孔氏古文说》、1923 年所著之《经学导言》以及数年后据此改写而成的《经学抉原》来看，此一阶段他深受廖平经学"尊今抑古"的影响，表现出极强的今文经学立场。蒙文通因而深得廖平的赞誉："文通文如桶底脱。佩服佩服！将来必成大家。"②

对两家之说"无非矛盾"，钱玄同的反应是"一齐撕破"，蒙文通则走向另一条路，他主张用史学的研究去解决这一问题。1923 年撰成的《经学导言》，是蒙氏发表的"自己的意见"，论今学、古学、鲁学、齐学、晋学、王伯、诸子，内容虽然未出廖平《今古学考》的范围，然而"我的意见自然有些和他不同，说我是脱离这部书在宣告独立也可"③。在廖平逝世之后，蒙文通撰写《井研廖师与汉代今古文学》一文，更加表明了自己的心志："而作《经学导言》，略陈今古义之未可据，当别求之齐、鲁而寻其根，以扬师门之意。"④这段话很有意思：一方面是今、古文之义未可据，另一方面是别求齐、鲁之真貌（即"还六国之面貌"）；一方面是发扬师门之意——因为廖平在《今古学考》中说"解经当力求秦汉以前之说"⑤，另一方面是丢掉今、古文之争的大帽子，也就是丢掉汉代经学的问题，改寻先秦历史的真相。蒙氏此意，真可谓"吾爱吾师，更爱真理"。

①罗义俊：《钱穆传略》，《中国现代社会科学家传略》第 10 辑，太原：山西人民出版社，1987年，第 302 页。

②龚谨述：《蒙文通先生传略》，蒙默编：《蒙文通学记》（增补本），北京：生活·读书·新知三联书店，2006 年，第 304 页。

③蒙文通：《经学导言》《经史抉原》（《蒙文通文集》第三卷），成都：巴蜀书社，1995 年，第13 页。

④蒙文通：《井研廖师与汉代今古文学》，《经史抉原》（《蒙文通文集》第三卷），成都：巴蜀书社，1995 年，第 135 页。

⑤廖平：《今古学考》，《中国现代学术经典·廖平蒙文通卷》，石家庄：河北教育出版社，1996年，第 113 页。

到了1927年，蒙文通撰成《古史甄微》，对业师廖平之学更加进行了扬弃。他较多吸收新文化运动以来的史学成果，对今文经学的孔子"托古改制"一说由信奉转向怀疑、否定，进而在经学研究中主张今、古文之分乃汉代所产生，并非源自孔子，因此应当摒弃今、古文的"家法"而上探周、秦学术的本来面目。

《古史甄微》是蒙文通的成名作，是其在成都大学任教时的讲义。1927年有石印本面世，1929年至1930年连载于南京《史学杂志》第1卷、第2卷，到了1933年和此前发表的数篇论文整编，由上海商务印书馆出版，同年即又再版。[①]这部著作，是蒙氏为了完成廖平的嘱托而撰述的。他回忆："乙卯（1915年）春间，蒙尝以所述《孔子古文说》质之本师井研廖先，廖先不以为谬。因命曰：'古言五帝疆域，四至各殊；祖孙父子之间，数十百年之内，日辟日蹙，不应悬殊若是。盖纬说帝各为代，各传十数世，各数百千年。五行之运，以子承母，土则生金，故少昊为黄帝之子。详考论之，可破旧说一系相承之谬，以见华夏立国开化之远，迥非东西各民族所能及。凡我国人，皆足以自荣而自勉也。'蒙唯诺受命。"[②]廖平一生固守"鲁、齐、古三学分途，以乡土而异"[③]的理念，这个认识成了蒙文通理论框架的基石。他自谓："余作《经学抉原》，深信齐鲁学外，而古文为三晋之学，则经术亦以地域而分。"[④]蒙氏从辨镜学术源流出发，再由今文而上，探其异同之故，指出："古文学既南北异趣，今文学亦齐、鲁殊致，适海适岱，言各有宗。"[⑤]他分析了鲁、晋、楚三地地缘文化的差异性，指出："《古史甄微》备言太古民族显有三系之分，其分布之地域不同，其生活与文化亦异。六经、《汲冢书》《山海经》，三者称道古事各判，其即本于三系民族传说之史固各不同耶！"[⑥]蒙氏此说在学术史上具有开创性意义。

尽管沿承了业师经术以地域而分的观点，但蒙文通认为今、古俱不可信。他认为"托古改制之论，亦未必然"[⑦]，对今文一派的一些核心观点表达了不满，

① 蒙文通：《〈古史甄微〉整理后记》（《蒙文通文集》第五卷），成都：巴蜀书社，1999年，第127页。

② 蒙文通：《古史甄微》（《蒙文通文集》第五卷），成都：巴蜀书社，1999年，"序"，第1页。

③ 廖平：《今古学考》，《中国现代学术经典·廖平蒙文通卷》，石家庄：河北教育出版社，1996年，第41页。

④ 蒙文通：《古史甄微》（《蒙文通文集》第五卷），成都：巴蜀书社，1999年，"序"，第14页。

⑤ 蒙文通：《古史甄微》（《蒙文通文集》第五卷），成都：巴蜀书社，1999年，"序"，第3页。

⑥ 蒙文通：《古史甄微》（《蒙文通文集》第五卷），成都：巴蜀书社，1999年，"序"，第4页。

⑦ 蒙文通：《古史甄微》（《蒙文通文集》第五卷），成都：巴蜀书社，1999年，"序"，第4页。

指出:"刘(逢禄)、宋(翔凤)、魏(源)、崔(适)、康(有为)之流,肆为险怪之辨,不探师法之源,徒讥讪康成,诋许子骏,即以是为今文。……斯谓之能讪郑则可,谓之今文则不可。……鱼目混珠,朱夺于紫,其敝也久矣。"①蒙氏哲嗣蒙默这样评价父亲的学术:"先生以秦以前无经学,经学乃始于汉,既为先秦儒家之发展,亦为先秦诸子之总结,故其精义在传记不在六经,在礼制不在义理,在行事不在空言。"②蒙文通这个观点也与廖平针锋相对,然也更加可见蒙氏之学脱胎于廖平之迹。蒙氏对于今文经学不满,对于古文经学同样提出了批评。在蒙氏看来,古文之弊在于"徒诋谶纬,矜苍、雅,人自以为能宗郑,而实鲜究其条贯"③。何谓"条贯"?"条贯"者,"义理"之谓。蒙氏意谓若只重苍、雅考订,没有"条贯"义理,相当于买椟还珠,徒然袭得郑玄之皮毛而已,却并未明其精华之所在。对于被古文家奉为圭臬的"六经皆史"观点,蒙氏也进行了直接的批驳,认为:"古史奇闻,诸子为详,故训、谶、纬,驳文时见。比辑验之,则此百家杂说,自成统系,或若邻于事情。而六艺所陈,动多违忤,反不免于迂隔。搜其散佚,撰其奇说,自足见儒家言外别有信史可稽,经、史截分为二途,犹泾清渭浊之不可混。"④在蒙氏看来,史以真为先,六经中的历史人物如商汤、周武王的"记法"均与《汲冢书》《山海经》所言相异,则究竟各说何者为真?在这个问题未辨明以前,"六经皆史之谈,显非谛说。"⑤蒙氏指摘"六经皆史"论的瑕疵,恐多少受到了其师攻击章太炎、刘师培等古文经学的影响。但蒙氏毕竟已非一介经师,而是一位学养深厚的现代学者,他批评"六经皆史",并不是站在传统今文家派立场上的狭隘陋见,而是能够跳出今、古两家的门户,站在现代学术立场上对于今、古文经做出评判。

学者罗映光指出,蒙文通的经学思想经历了"四变":一是倡创鲁、齐、晋、楚之学,以地域分今古;二是破弃今、古文经家法,而宗周秦儒学之旨;三是提出汉代经学乃融会百家之学,是综其旨要于儒家而创立的新儒学;四是严厉批评今文经学,认为今文经学乃是变了质的儒学。⑥由此可见,蒙文通对两汉经学尤其是西汉今文经学也经历了从否定到肯定再到否定的两次大的转折和思想变

---

①蒙文通:《古史甄微》(《蒙文通文集》第五卷),成都:巴蜀书社,1999年,"序",第2页。

②蒙默:《蒙文通先生小传》,《中国现代学术经典·廖平蒙文通卷》,石家庄:河北教育出版社,1996年,第326页。

③蒙文通:《古史甄微》(《蒙文通文集》第五卷),成都:巴蜀书社,1999年,"序",第2页。

④蒙文通:《古史甄微》(《蒙文通文集》第五卷),成都:巴蜀书社,1999年,"序",第3页。

⑤蒙文通:《古史甄微》(《蒙文通文集》第五卷),成都:巴蜀书社,1999年,"序",第4页。

⑥罗映光:《蒙文通道学思想研究》,成都:巴蜀书社,2011年,第25页。

化，反映了蒙文通既继承廖平又不囿于师说的深刻而富于创见的经学思想。在新文化运动风气正炽的背景下，廖平经学被冯友兰贬为"经学最后之壁垒"，"实为中国哲学史中经学时代之结束"。冯氏分析："中国与西洋交通后，政治社会经济学术各方面，皆起根本的变化。此西来之新事物，其初中国人仍以之附会于经学，仍欲以此绝新之酒，装于旧瓶之内。……牵引比附而至于可笑，是即旧瓶已扩大至极而破裂之象也。"①蒙文通对经学观点的变化，不但使廖平经学避免了在现代学术范式转型中淘汰出局，反而让廖平经学凤凰涅槃，在现代学术领域牢牢地占据了一席之地。也正因为如此，钱穆在撰文批驳刘歆伪经说之时，蒙文通依然与他保持了深厚的交谊。

三

1933 年，蒙文通应汤用彤之邀，至北京大学任教，主讲周秦民族史、魏晋南北朝史和隋唐史。这样，蒙文通与钱穆成了同事。钱穆回忆："文通初下火车，即来汤宅，在余室，只人畅谈，竟夕未寐。曙光既露，而谈兴犹未尽。三人遂又乘晓赴中央公园进晨餐，又别换一处饮茶续谈。及正午，乃再换一处进午餐而归，始各就寝。凡历一通宵又整一上午，至少当二十小时。不忆所谈系何，此亦生平惟一畅谈也。"②此时，顾颉刚也在北平，因钱穆介绍而认识了蒙文通。

在成名作《古史甄微》之中，蒙文通首创了"古史多元论"学说。这一全新的古史学说甫一推出，就震惊了当时国内学术界。蒙氏这一学说从空间立论，同期顾颉刚的"古史层累造成说"则是从时间立论。那么，蒙氏《古史甄微》的面世，与疑古之风是否有关联呢？

蒙文通在《古史甄微》中研讨了"三皇五帝"体系的形成和演变，指出此"三五"体系乃战国晚起之说，不足为据，诸传说帝王不过为上古各长其民的部落豪酋演化塑造而成。新论一出，史坛震动，在当时流行的重新认识中国古史的疑古思潮中独树一帜。他进而首创"古史多元论"学说，打破了传统的"三皇五帝"框架，而将其分为炎族、黄族、泰族三个民族。由于文化系统的不同，这三个区域的古史传说有很大差异。进而论夏、商、周三代的兴替，以及三代文化之异同与统绪，开创了我国地域文化研究之先河。蒙氏这一对古史新的分析得到了

---

① 冯友兰：《中国哲学史》下册，上海：华东师范大学出版社，2011 年，第 264 页。
② 钱穆：《八十忆双亲师友杂忆合刊》，北京：九州出版社，2011 年，第 169 页。

学界的高度评价。童恩正说："（《古史甄微》）不但将纷繁纠结的上古史理出了一个头绪，使很多千百年来许多争讼不决的问题如桶底脱落，豁然而通；而且其科学性已经为近年来的考古学和作业成绩学的新发现所证明。"①蒙默也说，近世所谓对古代民族、文化之区系研究，"先生实为开拓此方法之第一人"；"先生创此说时，我国新石器考古几犹尚为空白，先生仅据古文献竟能提出如此论断，确为'别具只眼'，故有学者赞为'精密的考证，科学的预见'。"②

清理中国传说中的古史，正是现代疑古运动伊始就面临的一个重大课题。1920 年，顾颉刚受胡适的嘱托，开始点校姚际恒《古今伪书考》并继而发起编辑《辨伪丛刊》，使得他的疑古由"伪书引渡到伪史"，立志"要把中国的史重新整理一下"③，并自信"这一篇如能做得好，便是在中国史上起一个大革命——拿五千年的史，跌倒两千年的史；自周之前，都拿他的根据揭破了，都不是'信史'"④。1922 年，胡适推荐顾颉刚为商务印书馆编《现代中学本国史教科书》，这是顾颉刚第一次有机会系统地整理他有关中国上古史的观点。他说，"我的根性是不能为他人做事的，所以就是编纂教科书也要使得他成为一家著述"，于是"想了许多法子，要把这部教科书做成一部活的历史，使得读书的人确能认识全部历史的整个的活动，得到真实的历史观念和研究兴味"。对于"上古史"中"三皇五帝"的传说，顾在编写前已经有了明确的认识："三皇五帝的系统，当然是推翻的了。"⑤正是在编写过程中，顾颉刚忽然发现了一个大疑窦——尧、舜、禹的地位问题。禹的传说在西周时产生，而尧、舜的传说到春秋末年才产生，等到有了伏羲、神农之后，尧、舜、禹又是晚辈了。于是他提出一个著名假说：古史是层累地造成的，发生的次序和排列的系统恰是一个反背。⑥1923 年 5 月，顾颉刚在《读书杂志》第 9 期上发表《与钱玄同先生论古史书》。在这封长信中，他总结了两年多来在古史研究方面的心得，并正式提出"古史层累造成

---

① 童恩正：《精密的考证科学的预见》，蒙默编：《蒙文通学记》（增补本），北京：生活·读书·新知三联书店，2006 年，第 159 页。

② 蒙默：《蒙文通先生小传》，《中国现代学术经典·廖平蒙文通卷》，成都：巴蜀书社，2015 年，第 324 页。

③ 顾颉刚：《致王伯祥：自述整理中国历史意见书》，《顾颉刚古史论文集》卷一，北京：中华书局，2011 年，第 175—177 页。

④ 顾颉刚：《致殷履安》（1920 年 12 月 24 日），《顾颉刚书信集》卷一，北京：中华书局，2011 年，第 324 页。

⑤ 顾颉刚：《古史辨》第一册，上海：上海古籍出版社，1982 年，"自序"，第 51 页。

⑥ 顾颉刚：《古史辨》第一册，上海：上海古籍出版社，1982 年，"自序"，第 52 页。

说"，具体阐释如下：第一，"时代愈后，传说的古史期愈长"；第二，"时代愈后，传说中的中心人物愈放愈大"；第三，"我们在这上，即不能知道某一事件的真确的状况，但可以知道某一事件在传说中的最早的状况；我们即不能知道东周时的东周史，也至少能知道战国时的东周史；我们即不能知道夏商时的夏商史，也至少能知道东周时的夏商史"。① 疑古运动由此兴起。

"古史层累造成说"提出后，"竟成了轰炸中国古史的一个原子弹"②，引起学界的广泛注意。就在"层累说"发表四年后的1927年，中国古史研究领域诞生了第一部从地缘因素的角度来考察中国古代民族和文化差异的代表性专著——蒙文通的《古史甄微》。从"疑古"的角度来看，《古史甄微》无疑是一部力作。的确，蒙文通对古史的观点与顾颉刚可谓同调同曲。蒙默认为此即蒙氏之"层累地造成的中国古史观"③。蒙氏认为，"三皇五帝"的传说起于晚周，指出："三皇之说，本于三一，五帝固神祇，三皇亦本神祇，初为神，不谓人也。"④ 也就是承认了"三皇五帝"之成为"人"，系由"神"变化而来。这个论断中显然有着"层累说"提出的"自春秋末期以后，诸子奋兴，人性发达，于是把神话中的古神古人都'人化'了"的影子。1936年顾颉刚撰《三皇考》，其中即专列有"'皇'的由神化人"一节，认为"三皇""是介于神与人之间的人物"⑤。从考察三皇五帝传说的历史性着眼，自1923年顾氏的"层累说"，到1927年蒙氏的《古史甄微》，再到1936年顾氏撰《三皇考》，"疑古"与"释古"或"考古"，两家的结论基本一致，这表明了疑古派和释古派、考古派在学术上互依互存、相同相通的一面。再者，论"三王""五帝"和"三皇"的发生次序，蒙氏谓："撮周秦书之不涉疑伪者而论之，孟子而上，皆惟言三王，自荀卿以来，始言五帝，《庄子》《吕氏春秋》乃言三皇。……战国之初惟说三王，及于中叶乃言五帝，及于秦世乃言三皇。"⑥ 孟子在荀子前，毫无疑义。而依照蒙氏对时代的一般认识，《庄子》《吕览》成书更在荀子以后，那么，蒙氏之论

---

① 顾颉刚：《与钱玄同先生论古史书》，《古史辨》第一册，上海：上海古籍出版社，1982年，第60页。

② 顾颉刚：《我是怎样编写〈古史辨〉的？》，《古史辨》第一册，上海：上海古籍出版社，1982年，第17页。

③ 蒙默：《蒙文通先生小传》，《中国现代学术经典·廖平蒙文通卷》，石家庄：河北教育出版社，1996年，第324页。

④ 蒙文通：《古史甄微》（《蒙文通文集》第五卷），成都：巴蜀书社，1999年，第15—16页。

⑤ 顾颉刚、杨向奎：《三皇考》，《古史辨》第七册，上海：上海古籍出版社，1982年，第51页。

⑥ 蒙文通：《古史甄微》（《蒙文通文集》第五卷），成都：巴蜀书社，1999年，第16页。

中有关"三王""五帝"和"三皇"发生次序的考订，其基本方法与"层累说"同样灵犀相通，即追踪初始史实的"放大"或"变异"，更是顾、蒙两人的共同取径。

据蒙氏学生张勋燎回忆，1935 年钱穆名著《先秦诸子系年》即将付印，请序于蒙氏，但蒙氏不肯草率行文而婉拒："先生与当代国学大师钱穆交谊甚笃，三十年代钱撰名著《先秦诸子系年》书成，请序于先生。先生谓钱氏此书功力极深，考论春秋战国学人学派史实，自成系统，若欲为序，非先自用三四月之力把握全书内容不可。终以时日所限，不肯草率从事以塞责而婉言谢绝。此亲闻于先生之轶事，知之者不多，足见治学之严谨，可以警世。"①

四

在北平时期，钱、蒙两人与汤用彤、熊十力、梁漱溟、林宰平等人过从甚密，切磋学术。这样谈学论道的日子是美好的，让几十年之后的钱穆仍记忆犹新。据他回忆，"自后锡予、十力、文通及余四人，乃时时相聚"②，"又一次，则予与锡予、十力、文通四人同宿西郊清华大学一农场中。此处以多白杨名，全园数百株。余等四人夜坐其大厅上，厅内无灯光，厅外即白杨，叶声萧萧，凄凉动人。决非日间来游可尝此情味。余等坐至深夜始散，竟不忆此夕何语。实则一涉交谈，即破此夜之情味矣。至今追忆，诚不失为生平难得之夜。"③蒙文通与汤用彤、熊十力皆从学于欧阳竟无。其时熊十力正用新唯识论驳斥欧阳竟无的学说，蒙文通不以为然。熊十力好辨，蒙文通也口若悬河。两人唇枪舌剑，上下古今，广征博引，每每由一个问题的争锋又转入另一个问题的考辨，仿佛两位旗鼓相当的斗士，你来我往，不遑相让。钱穆在《师友杂忆》中回忆："时十力方为新唯识论，驳其师欧阳竟无之说。文通不谓然，每见必加驳难。……惟余时为十力、文通缓冲"，未几，两人"又自佛学转入宋明理学，文通、十力又必争。又惟余为之缓冲"④。从钱穆的叙述中，可窥知当时两人的矛盾是何等尖锐，大有剑拔弩张之势。然而争论归争论，在事隔多年以后，熊十力忆及当年之事仍将蒙

---

① 张勋燎：《白头年少感师恩蒙文通师百岁诞辰琐忆》，《蒙文通教授诞辰百周年学术座谈会纪念册》，四川联合大学，1994 年，第 44 页。

② 钱穆：《八十忆双亲师友杂忆合刊》，北京：九州出版社，2011 年，第 169 页。

③ 钱穆：《八十忆双亲师友杂忆合刊》，北京：九州出版社，2011 年，第 186 页。

④ 钱穆：《八十忆双亲师友杂忆合刊》，北京：九州出版社，2011 年，第 169 页。

氏引为"知己"。1951年6月30日，他致函蒙文通，称："吾已衰年，际荄兹之佳会，念平生寡交游，而式好无尤，文通要为二三知己中之最。"又说："别来忽忽十余年，再见焉知何日？"①悲伤之感，溢于纸表。

这样谈学论道的美好日子，持续了两三年。据钱穆回忆，1935年，"某日，适之来访余。……适之来，乃为蒙文通事。适之告余，秋后文通将不续聘。余答：'君乃北大文学院长，此事与历史系主任商之即得，余绝无权过问。且文通来北大，乃由锡予推荐。若欲转告文通，宜以告之锡予为是。'而适之语终不已。谓文通上堂，学生有不懂其所语者。余曰：'文通所授为必修课，学生多，宜有此事。班中学生有优劣，优者如某某几人，余知彼等决不向君有此语。若班中劣等生，果有此语，亦不当据为选择教师之标准。在北大尤然。在君为文学院长时更应然。'适之语终不已。余曰：'文通所任，乃魏晋南北朝及隋唐两时期之断代史。余敢言，以余所知，果文通离职，至少在三年内，当物色不到一继任人选。其他余无可言。'两人终不欢而散。"②

物以类聚，人以群分。钱穆进入北大任教以后，与胡适、傅斯年的"考订派"在学术上多有牴牾，交谊并不热络。与他来往较多的也是像他那样的学者，如汤用彤、蒙文通、熊十力等人，他们都是"学有专长，意有专情"、安和恬勉、埋首著述的学者。当时有"北大三友"或"岁寒三友"之称，即指钱穆、汤用彤和蒙文通。"三友"当中，又有"钱穆的高明，汤用彤的沉潜，蒙文通的汪洋恣肆"之论。③这样一来，在当时的北大历史系隐约之间有着"山头之争"。学生何兹全就称："当时北大史学系教授的学术思想，大体可以分作三个流派。一个是以乾嘉为主导的学派。这派可以钱穆教授为代表，孟森（心史）教授、蒙文通教授可以划在这一派里面。一个是乾嘉加西方新史学学派。这派可以胡适教授、傅斯年教授为代表。一个是以乾嘉加点辩证唯物论，这派的代表人物可以举出陶希圣。"④

宽泛地讲，胡适此来的真实意图，似乎是除通气探口风之外，要请钱穆传言给蒙文通。但心存芥蒂的钱穆，不仅拒绝传话，而且为蒙据理力争；胡适每出一语，他必有言针锋相对。在钱穆印象中胡适这唯一一次的登门拜访，最终自然是

① 熊十力：《致蒙文通》，《熊十力论学书札》，上海：上海书店出版社，2009年，第135页。

② 钱穆：《八十忆双亲师友杂忆合刊》，北京：九州出版社，2011年，第170页。

③ 李埏：《昔年从游之乐，今日终天之痛——敬悼先师钱宾四先生》，《钱穆纪念文集》，上海：上海人民出版社，1992年，第8页。

④ 何兹全：《师道师说·何兹全卷》，上海：东方出版中心，2013年，第7页。

不欢而散。钱穆谨守儒家君子之风，述及已所不以为然之人绝对"不出恶声"，只是记此事经过时的两句话又大可玩味："余在北平七八年中，适之来访仅此一次。适之门庭若市，而向不答访，盖不独于余为然。""文通在北大历史系任教有年，而始终未去适之家一次，此亦稀有之事也。"[①]

五

1935 年秋，未得北京大学续聘的蒙文通，经顾颉刚推荐移教于地处天津的河北女子师范学院。[②]次年，卢沟桥事变起，平津陷落，蒙文通携家内迁，任教于地处成都的四川大学。1939 年 9 月，顾颉刚从云南大学至成都，执掌齐鲁大学国学研究所。1940 年秋，钱穆也来到成都，进入齐鲁大学国学研究所。这样，钱穆、蒙文通、顾颉刚三位老友一时又相聚于成都。蒙默回忆："抗战期中，钱先生离开了西南联大到成都来，在齐鲁大学国学研究所，后来在华西大学教书，与我父亲常有接触。"[③]

1941 年 2 月 3 日，蒙文通任四川省立图书馆馆长，兼教于华西大学。他多方搜罗古籍文献，"三四年间，幸聚书四五万册，虽全部庋藏未臻美富，然固已竭其绵力，此中艰苦，人所难知。"[④]为躲避日机轰炸，他将部分藏书移至齐鲁大学国学研究所暂存，供顾、钱等研究之用。1946 年秋，蒙文通从《道藏》唐人著述中辑得成玄英《老子义疏》。钱穆见而叹曰："有清二三百年间，所辑逸书率多残帙，何意今日竟得全编，非治学精勤者恶能获此。"[⑤]

1943 年秋，钱穆转至华西协和大学文学院任教，并在迁居华西坝内南端最左一所洋楼后，"遂召齐鲁大学研究所研究员五六人随余同居"。蒙文通遂"由其移借一部分图书寄放坝南余宅，供余及同居五六人研读之用"[⑥]。

钱穆有言："时代变，斯学术亦当随而变。"[⑦]抗战军兴，沉重的民族危机

---

① 钱穆：《八十忆双亲师友杂忆合刊》，北京：九州出版社，2011 年，第 170 页。

② 1935 年 6 月 17 日日记，《顾颉刚日记》第三卷，北京：中华书局，2011 年，第 356 页。

③ 王承军：《蒙文通先生年谱长编》，北京：中华书局，2012 年，第 153—154 页。

④ 郭有守：《〈道德经义疏〉序》，《道书辑校十种》（《蒙文通文集》第六卷），成都：巴蜀书社，1995 年，第 372 页。

⑤ 郭有守：《〈道德经义疏〉序》，《道书辑校十种》（《蒙文通文集》第六卷），成都：巴蜀书社，1995 年，第 372 页。

⑥ 钱穆：《八十忆双亲师友杂忆合刊》，北京：九州出版社，2011 年，第 239、240 页。

⑦ 钱穆：《中国学术通义》，北京：九州出版社，2012 年，"序"，第 2 页。

促使钱穆由"考史"向"著史"转变。此时的蒙文通，同样由经学转向了史学。1932 年 6 月，廖平逝世。蒙文通当年写了《井研廖师与近代今文学》《廖季平先生与清代汉学》《井研廖师与汉代今古文学》三文，把廖平的经学研究置于经学史中进行考察和总结。这是对老师的最好纪念，也标志着他的治学重心由经学向史学转变。1935 年 9 月 7 日，蒙文通在致柳诒徵的信函中提及"秋初学年开始定课，遂不揣浅妄，拟授中国史学史一门"[①]，预示他治学重心的转变。而且，在顾颉刚的催促下，他又陆续写成《犬戎东侵考》《秦为戎族考》《赤狄、白狄东侵考》《古代民族迁徙考》等史学文章刊于《禹贡》杂志，引起了广泛的关注和争论。

蒙文通的上述思想转变，显示出他已经跳脱出了传统经学的基本预设与框架。经学在中国古代之所以具有独尊地位，是因为人们预设六经都经过了"圣人"孔子的删削，甚至在删削中寄托了"微言大义"。这一预设，受到顾颉刚、钱玄同等人的质疑，并衍生出后来的辨伪思潮。蒙文通同样否定经学的基本预设，顺此发展下去，从今古文之争中脱离出来，重新梳理先秦两汉的学术史。这对蒙文通而言，是自然且必然的。

蒙文通的史学研究成果，集大成者是他的《中国史学史》。在这一著作中，蒙文通并没有完全舍弃赖以立命的经学，而是以经治史，史哲相照，"无论是讲课、写文章，都是把历史当作哲学在讲，都试图通过讲述历史说明一些理论性问题"[②]。读过蒙氏《中国史学史》稿本的金毓黻就曾指出："蒙君治史盖由经学入，其治经学，更以《公》《谷》为本柢，故所重者为研史之义理，而非治史之方法。"[③]蒙氏在书中尤其强调"材料"与"学术"的区别，认为"取舍之际，大与世殊，以史料、史学二者诚不可混并于一途也"[④]。蒙氏认为："中国则所尚者儒学，儒以六经为依归，六经皆古史也。"[⑤]在他看来，经学是学术根本，史学与经学二者交融一体，不可分割。他还认为："《左》《国》所述，名理实

---

① 蒙文通：《致柳翼谋（诒徵）书》（1935 年 9 月），《经学抉原》（《蒙文通文集》第三卷），成都：巴蜀书社，1995 年，第 416 页。

② 蒙文通：《治学杂语》，见蒙默编：《蒙文通学记》（增补本），北京：生活·读书·新知三联书店，2006 年，第 5 页。

③ 金毓黻：《静晤室日记》，沈阳：辽沈书社，1993 年，第 4591 页。

④ 蒙文通：《跋华阳张君〈叶水心研究〉》，《经学抉原》（《蒙文通文集》第三卷），成都：巴蜀书社，1995 年，第 470 页。

⑤ 蒙文通：《中国史学史》，《经学抉原》（《蒙文通文集》第三卷），成都：巴蜀书社，1995 年，第 222 页。

繁，此哲学初寄乎史，家语作，哲学又离史学而独尊。"①"史学又恒由哲学以策动，亦以哲学而变异。"②独立发展之后的史学与哲学依然存在着密不可分的关系，哲学盛则史学盛，反之，哲学衰则史学也衰。在史学观点上，蒙文通与钱穆类似，主张治通史。他说："必须通观，才能看得清历史脉络，故必须搞通史。但又必须在一段上有深入功夫。只有先将一段深入了，再通观才能有所比较。"③1943年入学四川大学的钱氏弟子郦家驹回忆："这段时间，国内著名学者云集成都，如陈寅恪、萧公权、吴宓、蒙文通、徐中舒、丁山等先生，都在四川大学任课。我和蒙先生、徐先生以及宾四师接触最多。我们住在望江楼附近的四川大学宿舍。……宾四师还不止一次说过，中国学问主通不主专，中国学术界贵通人而不贵专家。据我所知，宾四师的这个意见，当年在成都时就深为蒙文通先生所赞赏。"④

应该强调的是，蒙文通并不是"纯粹的史学家"。20世纪60年代，他曾自谓："迩来所好，偏在理学，亦偶涉宗门，略探禅儒之辨。"⑤蒙文通最初的愿望是成为一个经学家，即使在进入"新史学"的领域之后，他仍然没有放弃捍卫和拯救经学的初衷。但是，在与新史学的不断论争与磨合中，蒙文通的著述不得不纳入现代学术的框架进行重新整合，成为新知识系统中的一个部分。在这样的知识系统中，经学的地位其实已变得可有可无了。

钱穆和蒙文通的治学取向有许多类似的地方，都曾用力于考据，但念念不忘的还是宋明理学。在《师友杂忆》中，钱穆回忆其在北平燕京大学的生活时说道："余本好宋明理学家言，而不喜清代乾嘉诸儒之为学。"⑥蒙文通对儒家思想也极为看重，曾言："儒家思想于中国二千年之历史影响之巨，不明儒家思

① 蒙文通：《中国史学史》，《经学抉原》（《蒙文通文集》第三卷），成都：巴蜀书社，1995年，第233页。

② 蒙文通：《致柳翼谋（诒徵）书》（1935年9月），《经学抉原》（《蒙文通文集》第三卷），成都：巴蜀书社，1995年，第417页。

③ 蒙文通：《治学杂语》，见蒙默编：《蒙文通学记》（增补本），北京：生活·读书·新知三联书店，2006年，第5页。

④ 郦家驹：《追忆钱宾四师往事数则》，见李振声编：《钱穆印象》，上海：学林出版社，1997年，第91—92页。

⑤ 蒙文通：《致郦衡叔书》（1963年7月），《古学甄微》（《蒙文通文集》第一卷），成都：巴蜀书社，1987年，第159页。

⑥ 钱穆：《八十忆双亲师友杂忆合刊》，北京：九州出版社，2011年，第147页。

想，不足以明二千年之国史，而宋明理学则又探究儒家思想之根本。"①钱、蒙两人以考据的姿态步入学界，而后能分庭抗礼，在因缘际会之时，复兴宋明理学，进而开出学术发展的新机。

---

① 蒙文通：《理学札记》，《古学甄微》（《蒙文通文集》第一卷），成都：巴蜀书社，1987年，第132页。

"觉""通"异路　同归一辙

——钱穆与梁漱溟

在近代中国的文人之中，钱穆和梁漱溟专攻不同，旨趣相异，但他们在尊重中国传统文学方面堪称同道。他们并不排斥西方文化，还积极主张援西学入儒，"华化"或"儒化"西方先进文化。他们有着崇高的理想——希望能像宋代儒者消融印度佛学那样消解西方文化，为处于破碎化和边缘化的儒家传统注入新的活力使其鲜活起来，再一次复兴儒学。

一

梁漱溟，1893 年生于北京，年长钱穆两岁。1916 年，梁漱溟在《东方杂志》发表《究元决疑论》，深受北大校长蔡元培赏识而被邀请前往讲授"印度哲学"，第二年正式在哲学系任教。1920 年秋，他开始讲授"东西文化及其哲学"，部分讲稿陆续在《少年中国》上刊载。1921 年暑假，他应山东省教育厅的邀请，到济南做了 40 天的"东西文化及其哲学"的演讲。是年秋，演讲稿整理出版，这是梁漱溟第一部有重大影响的著作。在此书中，梁漱溟"批评东西文化各家学说，而独发挥孔子哲学"，从文化渊源和人生哲学上对新文化运动进行了全面的清算，并指出"世界未来文化就是中国文化的复兴"。《东西文化及其哲学》的出版标志着梁漱溟"从青年以来的一大思想转变"。[①]《东西文化及其哲学》引起了巨大的社会反响，一年之内就连续再版了五次，盛况空前。此时的钱穆还在无锡乡村学校任教，在学术界籍籍无名。

1930 年，钱穆因发表《刘向歆父子年谱》成名，受顾颉刚推荐被聘为燕京

---

① 梁漱溟：《我的自学小史》，《梁漱溟全集》第二卷，济南：山东人民出版社，2005 年，第 698 页。

大学国文讲师，一年后转入北京大学任教。也正是在此时，钱穆得以结交了梁漱溟，但此时的梁氏早在1923年就离开了任教七年的北大。离开北大的梁氏，赴山东主持曹州高中及重华书院，筹办曲阜大学，实践自己对教育问题的"新认识""新设想"，但曹州办学很快归于失败。1927年，梁氏去往广州任教，并筹办乡治讲习所，但也未成功。所谓"乡治"，按梁本人的解释，"即从乡村自治入手，改造旧中国，建立一个新中国。"①1929年，梁氏参与筹办河南村治学院，第二年因蒋、冯、阎战争（中原大战）而停止办学。1931年，他在山东邹平创办山东乡村建设研究院，任研究部主任，同年划邹平县为乡村建设实验区，继续着以前未竟的实验。之所以改"乡治""村治"为"乡村建设"，据梁解释采用这个名称是"因为当时人们都提倡建设，建设有许多方面，我想我们搞的工作是乡村的建设工作，所以用了乡村建设这个名称"②。

钱穆在《师友杂忆》中记："除十力、锡予、文通与余四人常相聚外，又有林宰平、梁漱溟两人，时亦加入。惟两人皆居前门外，而又东西远隔。漱溟又不常在北平，故或加宰平，或加漱溟，仅得五人相聚。宰平与漱溟则不易相值。"③梁漱溟"不常在北平"，自然是经常去往山东经营"乡建"事业。乡村建设也的确取得了一定成效，至1934年，增划山东济宁专区14个县为实验区，梁氏并改任乡建院院长。在从事乡村建设实验的同时，梁漱溟还完成了《中国民族自救运动之最后觉悟》（1932年）、《乡村建设理论》（1937年）和《答乡村建设批判》（1941年）等著作的写作。《乡村建设理论》（一名《中国民族之前途》）是梁漱溟正面阐述他的乡村建设理论的著作。该书认为："中国问题并不是什么旁的问题，就是文化失调——极严重的文化失调。其表现出来的就是社会构造的崩溃，政治上的无办法。"具体说来，中国本是"伦理本位，职业分立"的社会，不同于西方的"个人本位，阶级对立"。自西洋风气传入后，旧的社会构造被破坏了，但中国并没有走上西方社会的道路。"东不成，西不就"，"旧辙已经脱失，新轨未得安立"，这就是文化失调，就是中国各种各样问题的根源所在。既然中国问题就是"文化失调"，就是"其千年相沿袭之社会组织构造既已崩溃，而新者未立"，那么解决中国问题的办法就不是对谁革命，而是改造文化，即"中国固有精神与西洋文化的长处二者为具体事实的沟通调和"，建设一种"新的社会组织构造""新的礼俗"，"此沟通调和点有了，中国问题乃可解

① 汪东林：《梁漱溟问答录》，长沙：湖南人民出版社，1988年，第50页。

② 白吉庵、李仲明：《梁漱溟口述实录》，北京：团结出版社，2009年，第82页。

③ 钱穆：《八十忆双亲师友杂忆合刊》，北京：九州出版社，2011年，第169—170页。

决"。梁漱溟寻找到的这一"沟通调和点",就是乡村政权机关与教育机关合而为一的"乡农学校"。[①]

—

1937 年,七七事变爆发,山东乡村建设研究院在建院六年后不得不停办,素有"治国平天下"文人情怀的梁氏被聘为国防最高会议参议会参议员。1938年 1 月,梁漱溟访问延安,受到了毛泽东、周恩来等中共领导人的接见。梁漱溟和毛泽东相识其实是在 20 年前的 1918 年,那时梁氏在北大任讲师,毛泽东从湖南来找自己的恩师杨昌济,寄住于杨家,为了糊口在北大担任图书管理员。杨昌济是著名的伦理学家,特别崇尚阳明哲学。梁漱溟为了了解阳明哲学,经常去杨宅向其求教。杨昌济把毛介绍给梁氏,但梁氏当时并未在意这个高大长瘦和自己同岁的湖南青年。后来杨昌济去世,毛泽东回到湖南开始了革命生涯,梁也离开北大为乡村建设理想而奔波,两人再未谋面。直到此时,两人才重新见面。毛重提旧事,梁氏这才记起原来眼前的毛泽东就是当年那个毛润之。

梁漱溟这次访问延安,目的有二:"一是对于中国共产党作一考察,二是对于中共负责人有意见要交换。"[②]他在延安总共和毛交谈有六次,但主要是刚到延安时的两次彻夜交谈。第一晚主要交谈抗战问题,两人相谈甚欢。毛泽东有关抗战必然是持久战的观点,让梁氏感到很新颖,也很受启发和鼓舞。谈话一直到天明,临走时,梁氏赠送毛泽东一本他自己写的《乡村建设理论》,并点明明晚的谈话将围绕这本书。但是第二晚的谈话却没有像第一晚那样投机。谈话一开始,毛就说:"大作拜读了,但看得不细,主要之点都看了。您的著作对中国社会历史的分析有独到见解,不少认识是对的,但您的主张总的来说是改良主义的路,不是革命的路。而我认为,改良主义解决不了中国的问题,中国社会需要彻底的革命。中国共产党的基本理论,是对中国社会进行阶级和阶级斗争的分析、估计,来确定路线、方针、政策……"梁马上争辩:"中国社会贫富贵贱不鲜明、不强烈、不固定,因此阶级分化和对立也不鲜明、不强烈、不固定。"梁在此基础上讲了一大通中国"伦理本位"的重要性,而否认阶级斗争的作用……两

---

① 梁漱溟:《乡村建设理论》,《梁漱溟全集》第二卷,济南:山东人民出版社,1990 年,第141—573 页。

② 梁漱溟:《我努力的是什么——抗战以来自述》,《梁漱溟全集》第六卷,济南:山东人民出版社,1990 年,第 192 页。

人你来我往，谁也没让谁，谁也没说服谁。①

两人信奉的是两种不同的救亡思想，寻求的是两种不同的救国道路。尽管在救国方式和手段的认识上始终存在差别，但他们所秉持的救国救亡的立场是一致的，这决定了毛泽东与梁漱溟在交换意见时能够做到求同存异，因而碰撞出富有启发意义的思想火花。

梁漱溟在几次回忆中都提到了1938年初延安之行的收获。他认为，毛泽东从国际局势、日本、中国三方面辩证分析抗战局势及前景，令他豁然开朗，"我在那时（1938年1月）眼见得崩溃之象，当然不免悲观。他从国际方面、敌方、我方，三下分析给我听，转换我的悲观见解不少"②，"1938年1月我访问延安，和毛主席曾有两次通宵达旦的谈话。这因为他日常生活是昼寝而夜间会客办公的。从谈话中，对当时抗日战争前途上，确使我头脑开窍，一扫悲观情绪，受益良多。"

钱穆自谓："余昔在北平，日常杜门，除讲堂外，师生甚少接触。除'西安事变'一次以外，凡属时局国事之种种集会与讲演，余皆谢不往。每念书生报国，当不负一己之才性与能力，应自定取舍，力避纷扰。但自抗战军兴，余对时局国事亦屡有论评，刊载于报章杂志。学生亦遂不以世外人视余。"③抗战爆发，国难深重，钱穆由一个"世外人"逐步向"世内人"转变。1939年6月，他撰成30多万字的《国史大纲》。在该书的国难版（重庆）的扉页上，钱穆写下了这样一行字：献给"前线抗战为国牺牲之百万将士"——这就是他著述的宗旨和目的：他将其视为"武器"，视为对抗战所奉献的力量。后来，钱穆甚至破例横议时政，为《思想与时代》杂志撰稿先后达数十篇之多，大多涉及时政。后又辑录部分文章为《政学私言》，"其所论刊，皆涉时政"，"谥曰私言"④。

而正是这部《政学私言》，让他与梁漱溟之间有了一次关于政治的对话。钱穆在《师友杂忆》中对这次对话有着详尽的记录：

一日晨，方出门去上课，梁漱溟忽来访。余告以正值有课，漱溟曰，无妨，我来成都小住有日，并暂居君之隔邻。遂约隔一日晨再面。余又返室，取《政学

① 参见《相遇贵相知：中国共产党领导人与党外人士交朋友的故事》第三辑，沈阳：辽宁教育出版社，1989年，第15—18页。

② 梁漱溟：《我努力的是什么——抗战以来自述》，《梁漱溟全集》第六卷，济南：山东人民出版社，1990年，第203页。

③ 钱穆：《八十忆双亲师友杂忆合刊》，北京：九州出版社，2011年，第249页。

④ 钱穆：《政学私言》，北京：九州出版社，2011年，"自序"，第1页。

私言》一册与之，曰："君倘夜间得暇，可试先读此书。"隔一日晨，余遂访之于其寓。漱溟告余，此来有一事相商。彼拟创办一文化研究所，邀余两人合作。余即允之，问此事将于何时开始。漱溟曰："顷政府方召开政治协商会议，俟此事获有结果，当即进行。"又曰："君之《政学私言》已读过，似为政治协商会议进言也。"余曰："不然，书生论政，仅负言责。若求必从，则舍己田耘人田，必两失之。君欲作文化研究，以倡导后学，兹事体大，请从今日始。若俟政治协商会议有成果，则河清难俟，恐仅幻想耳。"漱溟闻余言，大不悦，起座而言曰："我甚不以君言为然。男大当婚，女大当嫁，今日国民党与共产党两党对峙，非为结合，他日国事复何可望。"余曰："君言固是，亦须有缘。君其为父母之命乎，抑仅媒妁之言乎。今方盛倡恋爱自由，君何不知。"漱溟怫然曰："知其不可而为之，今日大任所在，我亦何辞。"余两人遂语不终了而散。[①]

其时为 1945 年，钱穆正任教于成都的华西大学，梁漱溟来访。梁氏正招人拟创办一文化研究所，邀请钱穆参加。钱穆应允。因为钱穆战时写过政学文字，梁漱溟深以为然，又动员钱穆参与国民党政府筹备的政治协商会议，结果被钱穆拒绝。这一诺一拒之间，表明了钱穆对于议政和从政的态度。他取专为学问兼而议政的立场，议政是书生之责任，但书生仅负言责，然而又保持"士于道""从道不从君"的士之传统，坚决不以实际行动从政。不过，钱穆对梁氏的行动持有某种肯定的态度。他将当时的两大哲学名家梁漱溟与冯友兰进行过有趣的比较，认为前者"语不忘国"，而后者"自负其学，若每语必为世界人类而发"[②]，前者有行动，后者则多空言。

抗战胜利后，到底要建立一个什么样的国家？围绕着这个问题，国民党、共产党、民主党派及民主人士展开了激烈的争论。虽然国共两党于 1945 年 10 月 10 日签署了《双十协定》，但是内战依旧有一触即发之势。梁漱溟作为民盟的成员，又有中国传统知识分子"平天下"的抱负，毅然投身于对国共关系的调处之中。

1946 年 1 月 10 日，政治协商会议在重庆开幕，梁漱溟作为民盟代表参加了这次会议。1 月 31 日，政治协商会议通过了和平建国等五项协议后闭幕，梁漱溟认为和平建国的愿望已经实现，准备退出现实政治，专门致力于文化研究。他

---

① 钱穆：《八十忆双亲师友杂忆合刊》，北京：九州出版社，2011 年，第 244 页。
② 钱穆：《八十忆双亲师友杂忆合刊》，北京：九州出版社，2011 年，第 245 页。

说："创办一研究机构，从世界文化的比较研究上作认识老中国的工夫。"①

政治协商会议的召开，没能阻止国共双方在东北的军事冲突。4月18日，中共军队攻占长春，随后又占领了齐齐哈尔、哈尔滨。5月初，梁漱溟以民盟秘书长身份开始了对东北问题的调处。梁漱溟天真地认为"三个月或者大局可以归于和平"②。到了6月26日，蒋介石下令向解放区进攻，内战全面爆发。10月10日，梁漱溟由南京到上海见周恩来，促其回南京继续和谈。翌日，梁漱溟再乘车由沪返南京。一下火车，便从报纸上见到国民党军队已攻占张家口的消息，这才顿悟自己政治上的不成熟，对采访的记者叹道："一觉醒来，和平已经死了！"③

此一时期，奔波于南京与上海之间的梁漱溟，竟然在火车上两遇钱穆。钱穆写道：

> 抗战胜利后，余返苏州，任教无锡江南大学，曾于京沪车上两晤漱溟。时漱溟居沪，常往返京沪间，出席政治协商会议。先一次告余，每忆君在成都所言，此事诚大不易，兹当勉姑试之，不久或知难而退矣。第二次，车厢中乘客挤满，无坐位。行过两厢，忽睹一空位，余即赴坐，乃旁坐即漱溟也。瞑目若有思，余呼之，漱溟惊视，曰："君来正佳，我此去坚求辞职矣。"语不多时，余即下车。不久乃闻漱溟又去重庆。后余至广州，不忆遇何人告余，已去函重庆促漱溟亦来，乃不意其后漱溟竟去北平。京沪车上之最后一面，则犹时时在余之心目中也。④

1946年10月底，眼见调停无望，梁漱溟辞去了民盟秘书长的职务，远去重庆北碚，在勉仁国学专科学校（后改组为勉仁文学院）闭户著书，继续撰写《中国文化要义》一书，"冀以我对于老中国之认识，求教于世；一面亦与同人及诸生朝夕共讲习之业。"⑤他对门生说："吾无复邹平实验之趣，亦无意与政治为

---

① 梁漱溟：《我的努力与反省》，《梁漱溟全集》第六卷，济南：山东人民出版社，1990年，第968页。

② 梁漱溟：《我的努力与反省》，《梁漱溟全集》第六卷，济南：山东人民出版社，1990年，第968页。

③ 汪东林：《梁漱溟问答录》，长沙：湖南人民出版社，1988年，第76页。

④ 钱穆：《八十忆双亲师友杂忆合刊》，北京：九州出版社，2011年，第244页。

⑤ 梁漱溟：《勉仁文学院创办缘起及旨趣》，《梁漱溟全集》第六卷，济南：山东人民出版社，1990年，第784页。

缘。所望于及门诸生者，能将吾之学问传下去，自有开花结果之日。"[1]1949 年
11 月，《中国文化要义》一书由成都路明书店出版。全书共 23 万字，分为 14
章。就其主要内容及最后结论来看，正如梁在本书的"自序"中所言，它与此前
的《东西文化及其哲学》《中国民族自救运动之最后觉悟》和《乡村建设理论》
三书"在思想上"是"一脉衍来，尽前后深浅精粗有殊，根本见地大致未变"，
只是侧重点有所不同而已。《中国文化要义》重在对中国历史和文化的分析，提
出中国文化的重要特征在于"理性早启，文化早熟"。[2]

1949 年 12 月，梁漱溟携眷离开北碚北上，于第二年初回到他阔别近四分之
一世纪的北京。由于拒绝对自己以前的思想做认真检讨，梁氏遭到了一系列的思
想批判，在中国政治舞台和学术思想界"销声匿迹"。但他没有停止对人生问题
（"人活着为了什么"）和中国问题（"中国向何处去"）的思考，先后写了不
少这方面的文章和著作（这些文章和著作大都未能在当时发表或出版），其中最
能体现这一时期的研究成果的是《人心与人生》和《东方学术概观》两书。

梁漱溟立意写作《人心与人生》一书已久。早在《东西文化及其哲学》出
版后两年，梁氏就开始认识到该书的重大错误之一，"便是没把孔子的心理学认
清"，而要改正这一错误，关键在"辨认人类生命（人类心理）与动物生命（动
物心理）异同之间"。直至 1960 年，梁正式动笔写作，至 1966 年夏写出了前七
章；从 1970 年起，又重理旧绪，写作不辍，1975 年 7 月终于完成了全部写作。
又越九年，即 1984 年，此书由学林出版社出版问世。这部书约 18.3 万字，主要
讲的是"以理性为体，本能理智为用"的文化心理学。梁漱溟的这种文化心理
学，在 20 世纪 30 年代已见雏形，在《中国文化要义》中又有进一步的论述，但
系统阐发则是在《人心与人生》一书之中。

《东方学术概观》是由《儒佛异同论》《今天我们应当如何评价孔子》和
《东方学术概观》三篇文章组成的一本论文集。《儒佛异同论》写于 1966 年，
是在没有一本参考书的情况下写成的。顾名思义，该文谈的主要是儒、佛两家的
异同问题。《今天我们应当如何评价孔子》写于 1974 年。当时正在开展所谓"批
林批孔"运动，彻底否定孔子。梁漱溟不同意这种做法，于是著文表示自己的态
度。在他看来，孔子是中国四五千年文化史上承前启后的关键性人物，其功过应
视中国文化在世界史上表现出的成功或失败而定之。总的来看，是功大于过，就
是过，有的也是后儒之失，而孔子不任其咎。《东方学术概观》初稿写于 20 世

① 白吉庵、李仲明：《梁漱溟口述实录》，北京：团结出版社，2009 年，第 318 页。
② 梁漱溟：《中国文化要义》，《梁漱溟全集》第三卷，济南：山东人民出版社，1990 年，第 256 页。

纪五六十年代，1975 年写完《人心与人生》的全书后，他对初稿作了"重新写作"。梁氏认为，东方学术包括儒、释、道三家。三家均重在修证，重在人生实践，并非仅是一种哲学；哲学只是其实践中所得之副产物。儒家肯定人生；佛家否定人生；道家肯定人生，却又主张出家修炼。三家人生态度各不相同，但出发点均为"人"，具有以下共同特征：心力之用向内不向外；学者自愿真切，有不容已；为学要在亲证离言。

梁漱溟是一个具有强烈"济世"思想的学人，而且是个有思想且本着自身思想而行动的新儒。梁漱溟自离开北大之后一直从事社会政治活动，这本是他思想的逻辑必然：知行合一，知之贯通须落实于行。不过，历史是按着自己的规律和法则运转前行的，就梁漱溟而言，他根本不了解国共斗争的本质，这正是他在政治上天真、幼稚的一面，但这并不能忽视他为实现国内和平、国家统一所做出的不懈努力。这位常年为国事奔走的梁漱溟，被前燕京大学校长司徒雷登称为"中国的甘地"，或是对的。

梁漱溟一生充满了矛盾：讨厌哲学，却成了哲学家；从未读过大学，结果在大学任教；生于北京古城，偏偏一生致力于乡村工作；疏离政治，又热衷于政治。对此，他自我评价道："我一生的是非曲直，当由后人评说。自己为人处世，平生力行的，就是独立思考，表里如一。"[①]

二

钱穆与梁漱溟，在学术上没有直接的"唱和"，也没有直接的"交锋"。但同样作为文化保守主义者和"新儒家"的早期代表人物，两人在对传统文化的认知上还是有异同的。

事实上，近代以来的绝大多数知识分子，莫不切心日益严重的民族与文化危机，梁漱溟、钱穆概莫能外。他们立足民族文化，以开阔的学术视野和独到的思维方式，对传统文化进行一系列的梳理、研究、弘扬和表彰，深化了国人对民族文化的理性认知，在一定程度上增强了民族自信力。同时，由于个人气质、生活经历、知识结构、学术渊源、思维方式和治学宗趣的不同，致使他们对文化的认知同中有异，有时相去甚远。

---

① 冯克熙：《斯人虽去，风范永存》，重庆社会科学院哲学研究所编：《文化与人生：梁漱溟先生诞辰 110 周年纪念文集》，重庆：重庆出版社，2004 年，第 255 页。

1921 年《东西文化及其哲学》的发表，使梁漱溟一个二十七八岁的年轻人，一跃成为学界关注的焦点。这种"暴得大名"的例子，除了新文化派领军人物胡适之外，再也找不到第二个人。但在这本让他名垂史册的著作中，梁漱溟信心十足又郑重其事地向世人宣布："质而言之，世界未来文化就是中国文化的复兴。"① 在他看来，"中国文化的复兴"即是儒家文化的现代复兴。至于中国文化如何复兴，梁漱溟如是说："第一，要排斥印度的态度，丝毫不能容留；第二，对于西方文化是全盘承受，而根本改过，就是对其态度要改一改；第三，批评的把中国原来态度重新拿出来。"并认为"这三条是我这些年来研究这个问题（中西文化）之最后结论"②。他认为，这是人类文化发展的必然趋向，也是唯一的选择。阐明儒家传统的现代复兴，成为梁漱溟文化哲学的核心内容和根本义旨。此后，梁氏辗转广东、河南等地，开始了长达十年之久的乡村建设运动，其学术宗趣由纯粹的理论研究转向社会实践。尽管梁漱溟乡村建设运动的目的在于改造社会基层组织，但其实质是一场文化革新运动，即"创造新文化，救活旧农村"。最后，他又回归学术，在《中国文化要义》之中援引西方文化近现代人类学、社会学原理来分析与诠释传统文化的内在特质，"老中国社会的特征放大或加详"③。与梁漱溟略同，钱穆也不是"为学问而学问"。他早年对传统文化的研究偏重于梳理史实、据史立论，中年后转入对文化思想的研究，从人与自然、人与人、人与社会关系的视域解读传统文化，尤其是儒家文化"天人合一""天人不二"思想，将儒家精神诠释为一种道德的人文主义。《国史大纲》和《文化学大义》是这方面的代表作。在人生暮年，钱穆对儒家传统有了新认识、新体会，开始从超越现实、形而上学的角度阐释儒家精神，并从宗教意义上重新审视儒学的宗教性，其文化观带有浓厚的宗教意蕴。《中国现代学术》和《晚年盲言》两部专著彰显了钱穆晚年文化观念的重大转变。

在《东西文化及其哲学》一书中，梁漱溟独创性地提出"文化三路向"说。他以"意欲"为根本、以"生活"为基底，论证中国、西方、印度三方文化之异。他认为"意欲"内在特质与满足程度与否影响了生活的样法，而从不同的"意欲"出发就出现三种不同的人生态度，便自然地导出三大文化路向：西方文

---

① 梁漱溟：《东西文化及其哲学》，《梁漱溟全集》第一卷，济南：山东人民出版社，1990 年，第 525 页。

② 梁漱溟：《东西文化及其哲学》，《梁漱溟全集》第一卷，济南：山东人民出版社，1990 年，第 528 页。

③ 梁漱溟：《中国文化要义》，《梁漱溟全集》第三卷，济南：山东人民出版社，1990 年，第 4 页。

化是以意欲向前要求为其根本精神的，中国文化是以意欲自为调和持中为其根本精神的，印度文化是以意欲反身向后要求为其根本精神的。①在梁漱溟看来，正因为承袭了不同的文化精神：西方孕育出科学精神与民主制度，中国产生了伦理道德与人文精神，印度滋养了纷繁复杂的宗教文化。

20世纪40年代，钱穆发表了《国史大纲》，标志着其文化理论体系的形成。"此后造论著书，多属文化性，提倡复兴中国文化，或作中西文化比较。"②为了说明西方文化的欠缺和中国文化的优越，他借用并修正了梁漱溟的"三路向"理论。"梁漱溟讲'东西哲学及其宗教'，他不用'内外'二字，只说西方人进一步，印度人退一步，中国人则不进不退。这在修辞上有毛病。我想，他的意思或许亦是说，西方向外，印度佛教向内。而照我的想法，中国人则求合内外，乃一持中态度。向内向外，其实都是向前。而中国人的持中态度，乃一可止之境，并不需要漫无止境的向前。我与梁氏意见可能大体相同，只是我的说法或许更恰当些。"③这就是钱穆自己的"人生三路向"说。在他看来，西方的文化就是一种"向外"的文化。此种文化的人生观"有它本身内在的缺憾"，追求财富、权力，看重科学，将心与物处于相隔相碍、对峙对立的两极，其结果必然会"造成这一种人生一项不可救药的致命伤"④。

钱穆的"人生三路向"虽然来源于梁漱溟的"文化三路向"，但与其又有明显的不同。在梁漱溟那里，"三路向"的优劣，印度文化为最高层次，中国文化次之，西方文化又次之。而在钱穆这里，最好的人生路向是"合内外"的中国人的人生路向，印度人次之，西方人又次之。不过，他们有一共同点，即把西方文化都排在最低档、最末位。

钱穆的"人生三路向"之所以在中国文化与印度文化的档位上不同于梁漱溟的"文化三路向"，缘由就在于他的"文化三阶层"说。他认为，"文化是什么？文化就是人生，而且是多方面的人生。"⑤由此可见，在他看来文化即人生。钱穆将人类文化分为三个层次："人生必须面对三个世界，第一阶层里的人生面对着'物世界'，第二阶层里的人生面对着'人世界'，须到第三阶层里的

① 梁漱溟：《东西文化及其哲学》，《梁漱溟全集》第一卷，济南：山东人民出版社，1990年，第383页。

② 钱穆：《纪念张晓峰吾友》，《八十忆双亲师友杂忆合刊》，北京：九州出版社，2011年，"附录四"，第376页。

③ 钱穆：《从中国历史来看中国民族性及中国文化》，北京：九州出版社，2011年，第92—93页。

④ 钱穆：《人生十论》，北京：九州出版社，2011年，第2页。

⑤ 钱穆：《人类文化之展望》，《历史与文化论丛》，北京：九州出版社，2011年，第7页。

人生，才开始面对'心世界'。面对'物世界'的，我们称之为'物质人生'。面对'人世界'的，我们称之为'社会人生'。面对'心世界'的，我们称之为'精神人生'。我们把人类全部生活划分为三大类，而又恰恰配合上人文演进的三段落三时期，因之我们说文化有上述之三阶层。"①对于这三个层次的文化，钱穆认为，中国文化既重社会人生又重精神人生，故层次最高；印度人只重精神人生，不重社会人生，故次之；西方人只重物质人生，不重精神人生，故又次之。基于此，他认为，一个民族有自己的血脉，有自己的内在精神，其求强、求新、求变革，也只能护住本民族的文化传统，从旧文化里开出新文化。他说："新中国之新文化则仍当从旧中国旧文化中翻新，此始得谓之是复兴。若必待彻底毁灭了旧中国旧文化，赤地新建，异军特起，此又乌得谓之中国与中国文化之复兴。故欲复兴国家，复兴文化，首当复兴学术。而新学术则仍当从旧学术中翻新复兴。此始为中国学术文化将来光明一坦途。"②正是基于这样的认识，钱穆对新文化运动持激烈的批评态度。面对沉重的民族危机，钱穆甚至认为，复兴民族文化乃是中华民族伟大复兴的唯一希望，"中国民族之前途，其唯一得救之希望，应在其自己文化之复兴。要复兴中国民族传衍悠久之文化，儒家思想的复兴，应该仍是其最主要之源"③，"惟有复兴中国民族文化的自信，然后可以复兴中国之民族"，"亦惟有中国文化之复兴，然后世界人类才能得真正的和平。"④

在对待西方文化，特别是西方科学与民主的态度上，梁漱溟与胡适、吴稚晖、陈序经等人如出一辙，并无二致。他说："其实这两种精神（科学与民主）完全是对的；（我们）只能为无批判无条件的承认；即我所谓对西方文化要'全盘承受'，怎样引进这两种精神实在是当今所急的；否则我们将永此不配谈人格，我们将永此不配谈学术。"⑤钱穆虽然并不认可胡适的"全盘西化"，但对西方先进的科技文化也是情有独钟。他疾呼："此下的中国，必需急激的西方化。换辞言之，即是急激的自然科学化。"⑥在钱穆看来，只有"急激"吸收西

---

① 钱穆：《文化学大义》，北京：九州出版社，2011年，第9页。

② 钱穆：《中国学术通义》，北京：九州出版社，2011年，"序"，第2—3页。

③ 钱穆：《儒家之性善论与其尽性主义》，《中国学术思想史论丛》（二），北京：九州出版社，2011年，第1页。

④ 钱穆：《国学概论》下，北京：九州出版社，2011年，第357、358页。

⑤ 梁漱溟：《东西文化及其哲学》，《梁漱溟全集》第一卷，济南：山东人民出版社，1990年，第532页。

⑥ 钱穆：《中国文化史导论》，北京：九州出版社，2011年，第200页。

方科技文化，解决中国现代化所面临的内忧外患，才能建立现代化国家与重振传统文化。

区畛相异　我独幽进

——钱穆与冯友兰

纵观钱穆与冯友兰的学术观与哲学观，代表了近代以来治中国学术的两种见解、态度与处理方式。两人的学术思想尽管已经历了近百年的洗礼和考察，但到今天仍然很难用正确与错误、合理与不合理等语言进行评判。不管怎样，两人在不同道路上的探索，完全可以以"为天地立心，为生民立命，为往圣继绝学，为万世开太平"作诠释，值得后人尊敬。

一

钱穆与冯友兰同龄，都生于 1895 年，又都在 12 岁之时失去了父亲。不过，与钱穆早年因家庭贫困而求学坎坷不同，冯友兰的求学生涯还是比较顺遂的。1910 年，钱穆从南京钟英中学辍学回乡，随后在乡村小学开始了他的教学生涯。而同一年，冯友兰考入家乡河南省唐河县立高等小学预科。此后的三年间，他又连续就读于开封中州公学中学班、武昌中华学校和上海第二中学的高中预科班。在上海第二中学，冯友兰读到了耶芳斯的《逻辑学纲要》，由此引发了对哲学的兴趣。

1915 年 9 月，冯友兰考入北京大学文科中国哲学门，开始接受较为系统的哲学训练。在临近毕业的最后一年，胡适来到北京大学任教，冯友兰适逢其会，受益匪浅。冯氏回忆："到了 1917 年，胡适到北大来了。我们那时候已经是三年级了。胡适给一年级讲中国哲学史，发的讲义称为《中国哲学史大纲》。"[①]胡适的讲课，对没有可靠材料依据的中国古史的内容采取了拒绝的态度，破天荒

---

① 冯友兰：《三松堂自序》，上海：东方出版中心，2016 年，第 206 页。

地截断众流，删繁就简，撇开三皇五帝、尧舜汤禹的传说，径直从孔子、老子讲起。"当时我们正陷入毫无边际的经典注疏的大海之中，爬了半年才能望见周公。见了这个手段，觉得面目一新，精神为之一爽。"[①]此时，钱穆仍辗转任教于家乡的乡村学校，不过由胡适、蔡元培等人掀起的新文化思潮，也影响到了这个偏居江南的青年。他回忆："时余已逐月看《新青年》杂志，新思想新潮流坌至涌来。"[②]

此后，冯友兰与钱穆仍然继续着各自的学习或教学生涯，一如原先的轨迹。1919年，冯友兰进入哥伦比亚大学进修"新哲学"，与胡适成为这所学校的先后校友。1924年，冯友兰获得博士学位后回国，先后任教于开封中州大学、广州中山大学和北平燕京大学，1928年9月进入清华大学任教。而钱穆在乡教十年后，经顾颉刚的推荐，于1930年进入燕京大学任教，一年后又转教于北京大学。这样，两人的生命轨迹，终于在1930年交会了。钱穆在《师友杂忆》中记："一日，在城中某公园适晤冯友兰芝生。"冯友兰见面就说："从来讲孔子思想绝少提及其'直'字。君所著《论语要略》特提此字，极新鲜又有理。我为《哲学史》，已特加采录。"[③]经过了西方哲学思想系统教学的冯友兰，虽然初出茅庐，但也在构思撰述属于自己的《中国哲学史》。按冯氏自谓，其"在30年代的主要工作，就是那一部两卷本的《中国哲学史》，这个工作在20年代的后期，就开始了"[④]。1930年，冯友兰《中国哲学史》初稿正式完工。

很快，一场有关《老子》年代的"论战"，让钱穆与冯友兰站在了同一阵营。《老子》成书年代问题的"论战"，是中国近代学术史上的一桩"公案"。胡适在《中国哲学史大纲》之中专列"老子考"一节，考证《老子》的章节、内容以及版本问题，主张老子先于孔子的"早出说"观点。1922年，梁启超撰文《论〈老子〉书作于战国之末》[⑤]，对胡适观点表示质疑。一场旷日持久的《老子》年代的"论战"由此展开。梁氏文章发表仅一周，张煦即作《梁任公提诉〈老子〉时代一案判决书》，对梁启超提出的论据进行了逐条反驳。[⑥]时隔不

①冯友兰：《三松堂自序》，上海：东方出版中心，2016年，第221页。

②钱穆：《八十忆双亲师友杂忆合刊》，北京：九州出版社，2011年，第82页。

③钱穆：《八十忆双亲师友杂忆合刊》，北京：九州出版社，2011年，第148页。

④冯友兰：《三松堂自序》，上海：东方出版中心，2016年，第219页。

⑤梁启超：《论〈老子〉书作于战国之末》，《古史辨》第四册，上海：上海古籍出版社，1982年，第305—307页。

⑥张煦：《梁任公提诉〈老子〉时代一案判决书》，《古史辨》第四册，上海：上海古籍出版社，1982年，第307—317页。

久，1923 年 2 月顾颉刚在给钱玄同的信中表示同意梁氏意见，认为《老子》应成书于战国之末，这实际上也是顾颉刚对胡适意见的否定和委婉批评。①这一年夏，钱穆写成《老子辨伪》一文，即主《老子》为"晚出"之书。到了 1930 年 12 月，钱穆把此文易名为《关于〈老子〉成书年代之一种考察》，发表在《燕京学报》第 8 期上。他在文中还力主用"思想线索"的方法来考证《老子》的成书年代。他在文章中指出："《老子》一书，开宗明义，其所论者，曰'道'曰'名'。今即此二字，就其思想之系统而探索其前后递嬗转变之线索，亦未始不足以考察其成书之年代。"②1931 年，冯友兰出版《中国哲学史》。这部书同样坚持《老子》"晚出说"，将老子安排在孔子、墨子甚至孟子之后，冯友兰主要提出了三条理由：一、孔子以前无私人著述；二、《老子》的文体非问答体，故应当在《论语》《孟子》之后；三、《老子》为简明之"经"体，可见为战国作品。又指出："此三端及前人所已举之证据，若只任举其一，则不免有逻辑上所谓的'丐词'（Begging the question）之嫌。"③对于诸人的异见，胡适在 1931 年至 1933 年间连续发表《与冯友兰先生论〈老子〉问题书》《与钱穆先生论〈老子〉问题书》《评论近人考据〈老子〉年代的方法》进行辩驳，坚持己说。

在《与冯友兰先生论〈老子〉问题书》中，针对冯氏提出"老在孔后"的三点理由，胡适指出：一、所谓"孔子以前无私人著述"之说没有根据，叔孙豹已有"三不朽"说，其中"立言不朽"不能仅仅看成口说传授；二、冯氏的"《老子》的文体非问答体，故应当在《论语》《孟子》之后"，这一通则本身即站不住脚，不能说一切问答体都应在《孟子》之后；三、冯氏的《老子》为简明之"经"体一说，此条更不可解，对于何种文字才是简明之"经"体，冯氏未能给出一个明确的界定。④在《与钱穆先生论〈老子〉问题书》中，针对钱穆专门从"思想线索"论证《老子》当在战国之末，胡适指出："思想线索实不易言。希腊思想已发达到很'深远'的境界了，而欧洲中古时代忽然陷入很粗浅的神学，至近千年之久。后世学者岂可据此便说希腊之深远思想不当在中古之前吗？又如佛教之哲学已到很'深远'的境界，而大乘末流沦为最下流的密宗，此又是最

---

① 顾颉刚：《与钱玄同先生论古史书》，《古史辨》第一册，上海：上海古籍出版社，1982 年，第 59—67 页。

② 钱穆：《关于〈老子〉成书年代之一种考察》，《古史辨》第四册，上海：上海古籍出版社，1982 年，第 384 页。

③ 冯友兰：《中国哲学史》上册，上海：华东师范大学出版社，2011 年，第 100 页。

④ 胡适：《与冯友兰先生论〈老子〉问题书》，《古史辨》第四册，上海：上海古籍出版社，1982 年，第 418—420 页。

明显之例。"①以前两篇论文为基础，胡适在《评论近人考据〈老子〉年代的方法》一文中转守为攻，对学界考辨《老子》时使用的方法论问题进行了全面检讨。胡适将辩论的学者按照方法论分作两组。第一组，从"思想系统"或"思想线索"上证明《老子》当成书于战国末。梁启超、钱穆、顾颉刚持这一观点。胡适分析指出："这种方法可以说是我自己'始作俑'的，所以我自己应该负一部分的责任。我现在很诚恳的对我的朋友们说：这个方法是很有危险性的，是不能免除主观的成见的，是一把两面锋的剑可以两边割的。你的成见偏向东，这个方法可以帮助你向东；你的成见偏向西，这个方法可以帮助你向西。如果没有严格的自觉的批评，这个方法的使用绝不会有证据的价值。"②第二组，用文字、术语、文体等来证明《老子》是战国晚期作品。冯友兰、梁启超、顾颉刚使用过这一方法。胡适指出：这个方法，自然有有用之处。"但这个方法也是很危险的，因为（1）我们不容易确定某种文体或术语起于何时；（2）一种文体往往经过很长时期的历史，而我们也许只知道这历史的某一部分；（3）文体的评判往往不免夹有主观的成见，容易错误。"③胡适举例说，一些俗文体看似后起，但实际上却早得多。如敦煌写本中的民谣即是如此。最后，胡适总结说："总而言之，同一时代的作者有巧拙的不同，有雅俗的不同，有拘谨与豪放的不同，还有地方环境的不同，决不能由我们单凭个人所见材料，悬想某一个时代的文体是应该怎样的。"④

尽管钱穆与顾颉刚、冯友兰同样持"晚出"观点，但三人的观点也不尽相同。钱氏提出了《老子》成书不仅在孔、墨之后，而且在庄子之后的新看法。"但余与芝生颉刚相晤，则从未在此上争辩过。"⑤

此后，冯友兰以及其他学者又有新的公开答复，但胡适保持了沉默。直至1958年1月10日，胡适为台北商务印书馆重印其《中国哲学史大纲》写了一个《自记》。他在结尾处颇有感慨地说道："有一天，我忽然大觉大悟了！我忽然

---

① 胡适：《与钱穆先生论〈老子〉问题书》，《古史辨》第四册，上海：上海古籍出版社，1982年，第411—412页。

② 胡适：《评论近人考据〈老子〉年代的方法》，《古史辨》第六册，上海：上海古籍出版社，1982年，第390页。

③ 胡适：《评论近人考据〈老子〉年代的方法》，《古史辨》第六册，上海：上海古籍出版社，1982年，第393页。

④ 胡适：《评论近人考据〈老子〉年代的方法》，《古史辨》第六册，上海：上海古籍出版社，1982年，第395页。

⑤ 钱穆：《八十忆双亲师友杂忆合刊》，北京：九州出版社，2011年，第149页。

明白：这个老子年代的问题原来不是一个考据方法的问题，原来只是一个宗教信仰的问题！像冯友兰先生一类的学者，他们诚心相信，中国哲学史当然要认孔子是开山老祖，当然要认孔子是'万世师表'。在这个诚心的宗教信仰里，孔子之前当然不应该有个老子。在这个诚心的宗教信仰里，当然不能承认一个跟着老聃学礼助葬的孔子。"①把《老子》年代的问题归于宗教信仰，成为胡适对当年这场争论的最后解释。

《老子》年代问题的争论刚过，《说儒》之争又起。1934年底，胡适公开发表《说儒》长文。在《说儒》之中，胡适对"儒的起源"提出了自己新的见解。胡适认为，儒的本义是"柔懦之人"，最初的儒者都是殷遗民，他们穿殷服，习殷礼，以治丧相礼为职业，奉行"亡国遗民的柔逊的人生观"，老子正是这种"正宗的儒"的代表；殷人亡国后有一个"五百年必有王者兴"的预言，孔子被时人认为是"应运而生的圣者"，孔子的贡献是把殷商民族部落性的儒扩大到"仁以为己任"的儒，把亡国遗民柔顺以取的儒改造成弘毅进取的新儒。胡适对此文颇为自负，说："《说儒》一篇提出中国古代学术文化史的一个新鲜的看法，我自信这个看法，将来大概可以渐渐得着史学家的承认，虽然眼前还有不少怀疑的评论。"②而且，胡适认为它可以打开"无数古锁"，"使中国古史研究起一个革命"③。第二年4月，冯友兰即发表《原儒墨》长文予以商榷。该文不仅是知名学人中第一篇公开商榷之文，其力度在诸篇商榷文中也是最强的。冯文逐条质疑，几乎全盘否定了《说儒》。冯文认为儒和殷民族没有关系，而且儒之弱与殷的亡也没有关系，仅仅是一种相对的说法而已。周文化是对殷文化的"损益"，两者并没有泾渭分明的区别。所谓的儒服是殷之古服的说法也不成立，儒服是一种礼服，相对于当时"新式的服装"而言是"古服"，并不是殷民族的遗留之服装。胡适文中认为《礼记》中的"祝"是商祝，而冯文中则认为是"周祝"。胡适文中认为《周易》为殷之遗民在民间所作，而冯文则认为《周易》并非殷之遗民所作，也不是在民间出现，而是保存在官府的。如此种种。对于胡适的《说儒》，钱穆也并不赞同，但当时没有撰文辩论。到了七年后的1942年，他还是忍不住写下了《驳胡适之〈说儒〉》一文，以回应胡适的新论。

---

① 胡适：《〈中国古代哲学史〉台北版自记》，见欧阳哲生主编：《胡适文集》第六册，北京：北京大学出版社，1998年，第162页。

② 胡适：《胡适论学近著》，欧阳哲生主编：《胡适文集》第五册，北京：北京大学出版社，1998年，"自序"，第7页。

③ 胡适：《一九三四年的回忆》，见曹伯言整理：《胡适日记全编》（6），合肥：安徽教育出版社，2001年，第424页。

这一时期，尽管钱穆与冯友兰在《老子》成书年代以及儒的起源上持有相近的观点，但两人之间在学术上仍有分歧。

1930 年冬，钱穆历时七年之久的《先秦诸子系年》成稿。适值清华大学编"清华丛书"，顾颉刚介绍钱穆此书参加审查。结果，"列席审查者三人，一芝生，主张此书当改变体裁便人阅读。一陈寅恪，私告人，自王静安后未见此等著作矣。闻者乃以告余。"①《先秦诸子系年》，是钱穆一生中颇为自负的一本著作。他在晚年之时曾对门下弟子说，自己一生著书无数，"惟《诸子系年》贡献实大，最为私心所惬"②。然而，此书在面世之时却遭到了冯友兰的反对。《系年》是一部考证诸子年代、行事的考据之作，但在哲学家冯友兰看来，做教本最好采用章节体例，使用通识性的语言文字，考据性的文字不免有冗长、烦琐之弊，故做教本当改变体例。冯氏的观点，自有理由，但他的反对难免让钱穆心生芥蒂，并影响到了日后两人的交往。

二

七七事变后，北大、清华及天津南开大学南迁，在长沙合组临时大学，文学院设于南岳衡山。

正是在南岳时期，冯友兰继《中国哲学史》之后，又以极大的精力撰述《新理学》。晚年的任继愈在回忆老师郑昕时说："学校迁到南岳，郑先生同冯友兰同住一室。冯友兰天天写他的《新理学》，每天一定写若干字，从不拖欠。郑先生对我说，冯友兰简直是一部写书的机器真不可及。"③

初稿完成，冯友兰向钱穆请益。钱穆回忆："惟在南岳，金岳霖亦曾听余作有关宋明理学之讲演，而屡来余室。则芝生之出示其《新理学》一稿，乞余批评。"④钱穆认真看后，提出了自己的意见，认为《新理学》只讲理气而不讲心性，未免有点片面；他还认为中国向无自己创造的宗教，但对鬼神却有独特的观点，南宋朱熹在谈论鬼神时即有许多新的见解，故而他希望冯氏在此书中能增加鬼神一章，这样才能使新理学与旧理学一贯相承，方臻完善。后来，临时大学又

①　钱穆：《八十忆双亲师友杂忆合刊》，北京：九州出版社，2011 年，第 150 页。

②　钱穆：《致余英时》（1958 年 3 月 19 日），《素书楼余渖》，北京：九州出版社，2011 年，第 346 页。

③　敏泽：《念旧企新——任继愈自述》，太原：山西人民出版社，1997 年，第 122 页。

④　钱穆：《八十忆双亲师友杂忆合刊》，北京：九州出版社，2011 年，第 204 页。

奉命南迁昆明办学。冯友兰在路中受伤，被送进河内医院治疗。在治疗期间，冯友兰对钱穆的建议做了思考。钱穆回忆："芝生告余，南岳所言已在河内医院中细思，加入鬼神一章。即以首章移作序论。惟关心性一部分，屡思无可言，乃不加入。"[1] 再后来，冯友兰来到昆明，在一次演讲时借机揶揄了一下钱穆。他说："鬼者归也，事属过去。神者伸也，事属未来。"又指着钱穆说道："钱先生治史，即鬼学也。我治哲学，则神学也。"[2]

对于这一段过往，钱穆在《现代中国学术论衡》的"序言"中也有记述："对日抗战时，余与芝生同在湘之南岳，以新撰《新理学》的稿示余，嘱参加意见。余告以君书批评朱子，不当专限'理气'一问题。朱子论'心性'，亦当注意。又其论'鬼神'，与西方宗教科学均有关，似亦宜涉及。芝生依余意，增《鬼神》一篇。并告余，朱子论心性，无甚深意，故不再及。并在西南联大作讲演，谓彼治哲学，乃为神学。余治史学，则为鬼学。"因为冯氏称自己所治史学为"鬼学"的戏言，钱穆对冯友兰有了不佳的观感。钱穆感喟："专家学者，率置其专学以外于不论，否则必加轻鄙，惟重己学有如此。"[3]

正是以《新理学》为开端，冯友兰逐步构建起了他一套自成体系的"新理学"学术体系。在整个抗战期间，他完成了《新理学》《新世训》《新事论》《新原人》《新原道》《新知言》六本哲学著作，即所谓"贞元六书"。"贞元"，取《周易》"贞下起元"之义，寄托着他对抗战胜利和中国再度富强昌盛的希望。《新理学》（1939 年）为其总纲，后五册分属各章节，主要讲纯粹哲学；《新世训》（1940 年）是社会观，是新理学观点在社会问题科普中的应用；《新事论》（1940 年）是生活方法论与道德修养论；《新原人》（1943 年）是人生哲学观，以觉解的程度将人生分为四种境界；《新原道》（1944 年）是哲学史观，分析中国哲学的发展；《新知言》（1946 年）是方法论，总结中西哲学书史的经验。

对于"贞元六书"，贺麟在其名著《五十年来的中国哲学》中写道："他对于著作的努力，由《新理学》《新事论》《新世训》贞元三书，发展为五书（加上《新原人》及《新原道》二书），引起国内思想界许多批评、讨论、思考，使他成为抗战期中，中国影响最大、声名最大的哲学家。"[4] 朱光潜称其书是近

---

① 钱穆：《八十忆双亲师友杂忆合刊》，北京：九州出版社，2011 年，第 203 页。

② 钱穆：《八十忆双亲师友杂忆合刊》，北京：九州出版社，2011 年，第 204 页。

③ 钱穆：《现代中国学术论衡》，北京：九州出版社，2011 年，"序"，第 3 页。

④ 贺麟：《五十年来的中国哲学》，上海：上海人民出版社，2019 年，第 45 页。

一二十年来关于中国哲学方面最好的书，"它的好并不仅在作者企图创立一种新哲学系统，而在他有忠实底努力和缜密底思考"①。张岱年认为："第一，'新理学'的体系可以说是在比较完整的意义上的综合中西的哲学，在中国的理论思维的发展史上具有一定的地位。第二，《贞元六书》中充满了抗战胜利的信心，强调了民族的自尊心，洋溢着对于民族复兴的热望，所谓'以志艰危，且鸣盛世'，表现了爱国主义的深情。"②

三

对于钱穆、冯友兰在昆明时期的授课情形，时在文学院外文系读书的李赋宁在《怀念冯芝生先生》一文中忆道："当时南岳山上大师云集，生活艰苦，但学术空气活跃、浓厚，授课的教师有冯友兰、金岳霖、沈有鼎、钱穆、汤用彤、朱自清、闻一多、陈梦家……当时冯先生的'中国哲学史'，钱穆先生的'中国通史'和闻一多先生的'诗经'这三门课的听众极为踊跃，教室窗外挤满了旁听的人。"③

冯友兰身为清华教授，在西南联大担任文学院院长一职，引发了北大教授的微词。钱穆回忆："一日，北大校长蒋梦麟自昆明来。入夜，北大师生集会欢迎，有学生来余室邀余出席。两邀皆婉拒。嗣念室中枯坐亦无聊，乃姑去。诸教授方连续登台竞言联大种种不公平。其时南开校长张伯苓及北大校长均留重庆，惟清华校长梅贻琦常驻昆明。所派各学院院长，各学系主任，皆有偏。如文学院院长常由清华冯芝生连任，何不轮及北大，如汤锡予，岂不堪当一上选。其他率如此，列举不已。一时师生群议分校，争主独立。"④

钱穆的回忆，大概率是事实。因为，西南联大由北大、清华、南开三校组建，人们的办学理念不同，对工作的要求有异，在人事安排方面有不同意见，不足为奇。但依当时三校所聘教授的情况，在胡适无法履行联大文学院院长职责的时候，改由冯友兰担任院长一职，也不失为一种多数人可以接受的选择。这其中

①朱光潜：《冯友兰先生的〈新理学〉》，《文史杂志》第 2 期，1940 年。

②张岱年：《冯友兰先生〈贞元六书〉的历史意义》，《直道而行》，北京：大众文艺出版社，2006 年，第 71—72 页。

③李赋宁：《南阳：古出卧龙先生，今出冯先生》，见单纯编：《三松堂主：名人笔下的冯友兰　冯友兰笔下的名人》，上海：东方出版中心，1999 年，第 29 页。

④钱穆：《八十忆双亲师友杂忆合刊》，北京：九州出版社，2011 年，第 206 页。

的原因，除了冯友兰的学术成就与影响之外，也因为冯氏本来即担任着清华大学文学院院长职务。

1939 年秋后，钱穆离开联大，辗转任教于齐鲁大学、华西大学、四川大学等学校，与冯友兰仍有交谊。1943 年，冯友兰向西南联大请假，至重庆为中央训练团党政高级班讲演。在此前后，冯友兰曾到访成都华西坝诸学校。"华西大学教授钱穆等有茶会欢迎先生并与先生合影"①。在欢迎茶话会上，钱穆说道："吾侪今日当勉做一中国人。"冯正色说："今日当做一世界人，何拘拘于中国人为。"钱反驳道："欲为世界人，仍当先做一中国人，否则或为日本人美国人均可，奈今日恨尚无一无国籍之世界人，君奈之何。"冯友兰无言以对。钱穆由此感喟："芝生自负其学，若每语必为世界人类而发。但余终未闻其有一语涉及于当前之国事。则无怪此后两人同居北平之意态相异矣。"②

1943 年至 1945 年间，国民党中央在重庆举办过三期中央训练团。第一、二期，钱穆皆往演讲，而冯氏则参加了全部三期的演讲。第一期时"课程分共同必修课和专业课程二类，共同必修课全体学员必须听讲，除蒋中正的'精神训话'外，印象较深者有冯友兰、钱穆的《中国国有哲学》……"③1944 年的第二期，钱穆在《师友杂忆》中回忆："同赴讲学者凡四人，一冯芝生，一萧公权，一萧叔玉，同居一屋中。"④

四

1946 年 5 月，西南联大解散，北大、清华和南开各自复员。冯友兰为西南联大纪念碑撰写了碑文。内云："万物并育而不相害，道并行而不相悖，小德川流，大德敦化，此天地之所以为大。斯虽先民之恒言，实为民主之真谛。联合大学以其兼容并包之精神，转移社会一时之风气，内树学术自由之规模，外来'民主堡垒'之称号，违千夫之诺诺，作一士之谔谔。"碑文气势磅礴，旨正意远，文采横溢。

后来的冯友兰在学术上没能坚持"作一士之谔谔"，为此被学人诟病。20

---

① 蔡仲德：《冯友兰先生年谱初编》，《三松堂全集》"附录"，郑州：河南人民出版社，1994 年，第 261 页。

② 钱穆：《八十忆双亲师友杂忆合刊》，北京：九州出版社，2011 年，第 244—245 页。

③ 沈清尘：《战时陪都忆往》，《重庆文史资料》第四辑，重庆：重庆出版社，2001 年，第 125 页。

④ 钱穆：《八十忆双亲师友杂忆合刊》，北京：九州出版社，2011 年，第 240 页。

世纪五六十年代，由于学术风向的变化，迫使冯友兰不得不放弃原有的哲学立场，开始学习和运用唯物、唯心主义和阶级分析方法对孔子进行研究与评价，写下了《孔子思想研究》（1954年）、《论孔子》（1960年）、《再论孔子——论孔子关于"仁"的思想》（1961年）、《三论孔子》（1962年）等一系列文章。在这些文章中，冯友兰采取谨慎的态度，竭力用隐晦、含混的话语为孔子进行着不懈的辩护。后来到了特殊年代，在不断地被批判与鼓动之下，冯友兰依附形势，发表了《对于孔子的批判和对于我过去的尊孔思想的自我批判》《复古和反复古是两条路线的斗争》两篇文章，对孔子的思想进行了肆意、扭曲式的批判。而钱穆则客居港台，继续着"为故国招魂"的事业，虽然一度得到了台湾当局的资助，但始终与政治保持着清晰的距离。

钱门弟子余英时说冯氏著作"始终离不开向'帝王'进言的意识"，批评"他不敢以柏拉图的'哲学王'自任，他的中国背景使他只想做'王者师'，或者至少做政治领袖的高级顾问之类"。[①]何兆武在《上学记》中对冯氏有这样的评价："冯友兰对当权者的政治一向紧跟高举，像他《新世训》的最后一篇《应帝王》等，都是给蒋介石捧场的。在我们看来，一个学者这样做不但没有必要，而且有失身份。"他还提及当年西南联大同学邹承鲁在一次访谈中的话语。邹说，在西南联大的教师之中，"最佩服的是陈寅恪，最不欣赏的是冯友兰。"[②]

钱穆在《师友杂忆》中记载了一件事，可以为他和冯友兰的政治取向做出某种合理的注解。在长沙临时大学时，有两位学生奔赴延安，学校师生集会，为其壮行。冯友兰走出书斋，参加欢送会并发了言，对其"倍加奖许"。钱穆也发了言，与冯友兰唱了反调，他力劝学生在校"安心读书"，战场在前线，非在后方延安。会后，冯友兰找到钱穆，说："君劝请生留校安心读书，其言则是，但不该对赴延安两生加以责备。"冯、钱"两人力辩"，不欢而散。[③]钱穆在《师友杂忆》中所叙之去往延安的学生姓名，以及那次集会的详情，因年代久远已不可考。在吴宓的日记中，对冯、钱的演讲倒有记载。1937年12月31日（星期五）晚，"在图书馆，即宓等居室之楼下，开分校师生新乐同年会。沿长案列坐，进简朴之糕点。以视昔在北平清华，真可谓流离中之欢聚矣。有冯、钱诸公演讲；有自前线工作归来之学生报告；有各种谐谈。"[④]"冯、钱"，自然是指冯友兰

① 陈致：《余英时访谈录》，北京：中华书局，2012年，第159—160页。

② 何兆武口述，文靖执笔：《上学记》，北京：生活·读书·新知三联书店，2006年，第155页。

③ 钱穆：《八十忆双亲师友杂忆合刊》，北京：九州出版社，2011年，第201页。

④ 吴宓：《吴宓日记》第六册，北京：生活·读书·新知三联书店，1998年，第276页。

和钱穆。

1982 年 9 月，美国哥伦比亚大学授予冯友兰名誉文学博士学位。在授予学位的仪式上，冯氏兴致飞扬，思维敏捷。他说，人类的文明好似一笼真火，往古来今对于人类文明有所贡献的人，都是用自己的心血脑汁作为燃料，才把这笼真火一代一代地传下去。这是拼命的事。凡是任何方面有成就的人，都需要有拼命精神。即使写一篇文章或者写一幅字，都要集中全部精神才能做得出来。这些东西，可能无关宏旨，但都需要用全副的生命去做。至于传世之作，那就更不用说了。他为什么要拼命？就是情不自禁，欲罢不能。①冯氏演讲话音一落，闻者无不动容。演讲完毕之后，他还赋诗述怀："一别贞江六十春，问江可认再来人？智山慧海传真火，愿随前薪作后薪。"

季羡林对冯友兰的评价是：晚年善终，大节不亏。②20 世纪 80 年代以后，冯友兰重新回归到独立思想的学术境界，穷余生写下的《中国哲学史新编》便是明证。薪尽火传，冯友兰做到了"殁，吾宁也"。

五

1931 年 3 月 22 日，星期天。钱穆在顾颉刚、郭绍虞的陪同下，到胡适家中拜访。主客之间谈论的话题尽是《老子》的年代问题。对于这次见面及辩论情况，钱穆在《师友杂忆》中留下了记载："坐书斋久，又出坐院中石凳上。适之言，今日适无人来，可得半日之谈。他日君来，幸勿在星期日，乃我公开见客之日，学生来者亦不少，君务以他日来，乃可有畅谈之缘。此日则尽谈了一些老子问题。适之谓天下蠢人恐无出芝生右者。"③

"天下蠢人恐无出芝生右者"，显然是胡适一时的激愤之语。在场的顾、钱诸人事后自然不会搬弄是非地将此语转告冯友兰。所以，胡适和冯友兰后来还保持了较长时间的正常的学术关系。当钱穆晚年把胡适的这句话写入回忆录时，胡适墓木已拱，而冯友兰尚健在。冯氏学生钟肇鹏说："一九八七年秋，一次我到冯老家中，谈到最近我读了钱宾四所写的《师友杂忆》，其中有讲到冯先生的。宾四记胡适谓'天下蠢人恐无出芝生右者'。先生听后，默然。良久曰：'胡适

---

①冯友兰：《答〈中国哲学史新编〉责任编辑问》，《三松堂全集》第 13 卷，郑州：河南人民出版社,2000 年，第 431—432 页。

②季羡林：《我的绛步时代》，杭州：浙江人民出版社，2016 年，第 144 页。

③钱穆：《八十忆双亲师友杂忆合刊》，北京：九州出版社，2011 年，第 149 页。

顶聪明，但他作了过河卒子，只得勇往直前，我却不受这种约束。'"①

　　胡适是一个温煦之人，何以说出如此"恶言"？其间夹杂着两人浓重的"中国哲学史"情结。胡适虽以《中国哲学史大纲》（上卷）"暴得大名"，但下卷却十多年之后仍然没有眉目；而冯友兰却一并出版了《中国哲学史》上、下册，更兼陈寅恪和金岳霖所写的扬冯贬胡的三篇"审查报告"又都附在冯书之后，使得学界几乎一边倒地认为冯书要远远胜过胡著。在事功方面，冯友兰1932年开始成为清华大学文学院院长，日后成为公认的首席院长；而胡适则是北大文学院院长，与蒋梦麟联手治北大。身为中国数一数二的两大人文重镇的头面人物，他们此间的关系微妙自在情理之中。后来，胡适进入仕途，忙于应酬交际，而冯氏则又奋笔写出建立自己"新理学"哲学体系的"贞元六书"。尤有甚者，冯友兰的中国哲学史或是中国哲学的著述，都是从正面肯定中国历史文化的永恒价值和现代意义，与胡适一以贯之的"反传统"的文化主张唱对台戏。

　　细绎钱穆《师友杂忆》中对冯友兰的记述，隐隐地透出他对冯氏的某种"鄙意"之感。当年，胡适与钱穆在激辩中的一句"蠢人"，时隔四五十年以后被他明确地写了下来。此时，胡适早已作古，当年的他是否说过此话已经死无对证了。而且，即使胡氏说过此话，在事后的许多年当时在场的人无一透露丁点消息，就连冯氏本人也是在钱穆《师友杂忆》出版后听到转述才得知的。钱穆何意如此？一则可能为了揶揄胡适，另一则也可能是传达某种不能明言的观点吧。

　　1982年7月，在美国檀香山召开了中西学人三十余位参加的朱子研讨会。冯友兰应邀到会，钱穆因恐身体不支而只寄去书面发言。若出席，两位多年未见的老相识会不会再次"论难"呢？据传，台湾学者周东野到内地访问，见到冯友兰。冯问及故友，听说周氏负责钱穆著作的出版事务，希望周氏能给他带一本钱穆题词的《晚学盲言》。周东野回台后，向钱提及此事。钱淡淡地说："我老了，眼睛不好了，恐怕无法题词了。"说完在书的扉页上写下"钱穆"二字，拒绝之义尽在不言中。这本书最后也没有送到冯手中。②

　　经历了风风雨雨的冯友兰，心情已然十分恬淡。1988年6月15日，冯友兰在《光明日报》发表《老哲学家的心愿》，表示怀念在台湾的亲友，尤望见到钱

---

①　钟肇鹏：《新儒家，只是一个帽子》，见单纯编：《三松堂主：名人笔下的冯友兰　冯友兰笔下的名人》，上海：东方出版中心，1999年，第105—106页。

②　民国文林：《细说民国大文人——那些思想大师们》（全面增订版），北京：现代出版社，2014年，第66页。

穆与侄子冯钟豫。^①1990 年 8 月 30 日，钱穆在台北去世，享年 95 岁，冯友兰发出唁电；同年 11 月 26 日，冯友兰在北京去世，享年同样 95 岁。

六

检索钱穆的全部学术著作，可以看到一个能引起我们思考的现象，即他以历史、文化、学术、思想为框架来梳理中国历史中的思想与文化，却鲜用"哲学"为学术框架去叙述中国本土的历史、思想与文化。对于哲学之学科，他说："哲学一名词，自西方传译而来，中国无之。故余常谓中国无哲学，但不得谓中国无思想。西方哲学思想重在探讨真理，亦不得谓中国人不重真理。尤其如先秦诸子及宋明理学，近代国人率以哲学称之，亦不当厚非。惟中国哲学与西方哲学究有极大相异处，是亦不可不辨。"^②之所以称"中国无哲学"，可用钱穆的一段话作说明。他说："余曾著《中国学术通义》一书，就经、史、子、集四部，求其会通和合。今继前书续撰此编，一遵当前各门新学术，分门别类，加以研讨。非为不当有此各项学问，乃必回就中国以往之旧，主'通'不主'别'。求为一专家，不如求为一'通人'。比较异同，乃可批评得失。否则惟分新旧，惟分中西，惟中为旧，惟西为新，惟破旧趋新之当务，则窃恐其言有不如是之易者。"^③在他看来，对于中国本土之思想、文化、学问，实难以用来自西方的"哲学"概括。

与钱穆的治学理路不同，冯友兰以"哲学"为参照标准，对中国传统思想进行哲学化的梳理与解释。他在《中国哲学史》"绪论"中指出："哲学本一西洋名词，今欲讲中国哲学史，其主要工作之一，即就中国历史上各种学问中，将其可以西洋所谓哲学名之者，选出而叙述之。""所谓中国哲学者，即中国之某种学问之某部分之可以西洋哲学名之者。"^④自胡适作《中国哲学史大纲》上卷，冯友兰作《中国哲学史》上、下册之后，中国学术界才有了"中国哲学"的称谓。冯氏所著的"三史"（《中国哲学史》上下册，《中国哲学简史》，《中国哲学史新编》）"六书"，以"哲学史"的框架叙述传统，以"新理学"的框架开新。对于自己的学术宗旨与学术成就，他自撰有两副对联。一是自叙其学

①田文军：《冯友兰学行编年》，《冯友兰新理学研究》，武汉：武汉出版社，1990 年，第 326 页。

②钱穆：《现代中国学术论衡》，北京：九州出版社，2011 年，第 21 页。

③钱穆：《现代中国学术论衡》，北京：九州出版社，2011 年，"序"，第 5 页。

④冯友兰：《中国哲学史》上册，上海：华东师范大学出版社，2011 年，第 3 页。

为："三史论古今，六书纪贞元。"二是对中国哲学精神的概括："阐旧邦以辅新命，极高明而道中庸。"从冯友兰对自己的学术画像来看，他把自己学术的目的定位为对中国的思想、文化进行哲学式的历史清理与体系建设。可以说，其"三史"之用意是通古今之变，为往圣继绝学，采取的学术范式是"以西释中"；其"六书"之目的则是究天人之际，以为万世开太平，其思想方法是"援西入中"。

钱穆所坚守的信念与见解是：中国的思想与文化是中国的，其发源与发展衍化有着独特的语境和理路，不能用诸如哲学、科学等学科分类的方式去梳理、描述，其内在含意是中国的学问只能用中国的方式来表达，而不能用西方的方式来表达。但在冯友兰看来，面对中国近代"三千年未有之大变局"，中国的"道理之学"不能简单地"照着讲"，而应该从中西方思想、文化对话的视野中"接着讲"，以延续和光大中国的传统学问和思想。

华夏文化薪火相传，接力不断，若少了钱穆，或是少了冯友兰这一棒，确实会有不小的遗憾。

"儒""释"相会　余音悠悠

——钱穆与熊十力

近代学人的生命性格，确实体现了传统心学的特质。心学的本质在于一切皆由心出，心即是一切存在的根据。心即是生命，生命即是心。梁漱溟、马一浮以及钱穆等人，是由学问、文化证成生命或心的存在；所行和所思保持一致，表现优雅甚至飘逸。而在一代心学大师熊十力看来，此心却不是文化所证成的，而是由生命原始的心来展现文化、学问，其表现出来的为人处事特征就是率真而洒脱，带着狂气与傲气。

一

熊十力，原名升恒，湖北黄冈人，1885 年生。因家境困迫，熊十力少年时为邻人牧牛，间或随父到乡塾听讲。13 岁时，父母相继辞世，在历经半年的乡村小学生涯之后，熊氏未再接受正规的教育，此后的成就全靠他的天赋悟性和勤奋自学。辛亥革命时期，熊十力"慨然有革命之志"，投身反清革命。1918 年，他深感"念党人竞权争利，革命终无善果"，"以为祸乱起于众昏无知，欲专力于学术，导人群以正见"①，认为救国之根本似乎并不在于革命，而在于学术兴盛。"于是始悟我生来一大事，实有政治革命之外者，痛悔已往随俗浮沉无真志，誓绝世缘，而为求己之学。"②

1919 年，熊十力来到天津南开中学教国文，暑假时主动找曾经撰文批评自己的梁漱溟沟通、交流。早前的 1916 年，梁漱溟在《东方杂志》上发表《究元

---

① 熊十力：《尊闻录》，《熊十力全集》第一卷，武汉：湖北教育出版社，2001 年，第 659 页。
② 熊十力：《十力语要》，《熊十力全集》第四卷，武汉：湖北教育出版社，2001 年，第 160 页。

决疑论》，文章的第三部分点名指责了熊十力对佛家的批评。结果，熊、梁两人见面，相谈甚洽，梁漱溟劝熊氏研读佛学。1920年暑期开学后，熊氏没有回南开继续当老师，而是直接去了南京支那内学院，拜在欧阳竟无门下学佛。其间首尾三年，潜心苦修，独具慧心，颇有创获，打下了坚实的唯识学和因明学基础，接受了哲学思维的严格训练。同时听讲的有汤用彤、蒙文通等人。

　　1922年，梁漱溟征得蔡元培同意，请欧阳门下弟子来北大顶替自己讲授佛教唯识学。借此机缘，熊十力得以受聘为北京大学讲师，讲授法相唯识之学。第二年，《唯识学概论》讲义由北大印制。熊十力是一位有创造性冲动的人，就在这一年，他忽然怀疑旧学，"一日忽毁其稿，怅然曰：吾书又须改作矣。"[1] 他开始草创《新唯识论》，决心自创新说，融会儒佛。1924年，40岁的熊氏更名为"十力"。"十力"是佛家用语，原指佛祖或菩萨智慧超群、神通广大，具十种超凡智力。1926年，熊十力因长期的困顿与凝思，积劳成疾，神经衰弱、胃下垂等多症并发。次年初，他南下杭州养疴。此时，一代大儒马一浮隐居于西湖。熊氏对其极为仰慕，请时任浙江省立图书馆馆长的单不庵引见。因单氏支吾似有难处，熊氏思慕益切，于是将自己的《新唯识论》稿邮寄给马一浮，并附函请教。一个多月过去了，仍无音信。忽一日，院里来了一位长者，气度非凡，自报家门，原来正是马一浮。熊氏也不客套，上来就问：信写了这么长时间，怎么就一直没个回音？马说，若单寄信来，自是早有回复，可是你连大作都寄来了，无论如何也要好好拜读过才能说话。

　　1928年，汤用彤等邀熊十力到南京中央大学演讲。此番讲学，吸引了另一位俊儒唐君毅。唐氏正是此时得列熊氏门墙。

　　江南养疴六年之后，熊十力于1932年11月重返北大。正是在此时，他结识了同在北大任教、比自己小11岁的钱穆。钱穆回忆："明年春，余单身先返北平，适锡予老友熊十力自杭州来，锡予先商于余，即割二道桥第三进居之。"[2] 在回京之前，熊十力在杭州印行了成名作《新唯识论》（文言文本）。此书标志着熊十力思想体系的建立，马一浮和蔡元培都对此书给予了高度的评价。但国内的佛学界几乎群起而攻之，南方唯识学派的欧阳竟无、吕澂等，北方唯识学派的周叔迦，著名佛学大师太虚等，纷纷著文批驳。南京内学院欧阳师门的刘定权在《内学》杂志上发表《破新唯识论》长篇驳难文章，痛陈熊氏的"谤佛逞妄"

① 熊十力：《十力语要》，《熊十力全集》第四卷，武汉：湖北教育出版社，2001年，第455页。
② 钱穆：《八十忆双亲师友杂忆合刊》，北京：九州出版社，2011年，第169页。

之过。①欧阳竟无为之作序，痛言："灭弃圣言，唯子真为尤。"②与熊氏同为内学院听讲之友的蒙文通，对他的观点也不以为然。"文通不谓然，每见必加驳难"；话题转到宋明理学，"文通、十力又必争"③。据熊氏自述，他与林宰平、梁漱溟两人也是喋辩不休。"每晤，宰平辄诘难横生，余亦纵横酬对，时或啸声出户外。漱溟则默然寡言，间解纷难，片言扼要。余尝衡论古今述作得失之判，确乎其严，宰平戏谓曰：'老熊眼在天上。'余亦戏曰：'我有法限，一切如量。'"④这种诘难攻讦的论学方式，使熊氏受益匪浅，他的许多"一家之言"就是在这种辩难中产生和完善的。

在北平时期，钱穆、熊十力与张孟劬及东荪兄弟时相过从，切磋学问。张氏兄弟皆在燕京大学任教，且与钱穆同住马大人胡同，相距五宅之遥。钱穆回忆："十力常偕余与彼兄弟相晤，或在公园中，或在其家。十力好与东荪相聚谈哲理时事，余则与孟劬谈经史旧学。在公园茶桌旁，则四人各移椅分坐两处。在其家，则余坐孟劬书斋，而东荪则邀十力更进至别院东荪书斋中，如是以为常。"⑤

不过，熊十力的《新唯识论》也得到了少数年轻学者的拥护。1932 年冬季，正在北大读三年级的牟宗三读到了熊十力的《新唯识论》，被文章的义理吸引，托人约来熊氏喝茶。牟宗三从此正式从师，成为熊氏哲学衣钵的传人。

抗日战争全面爆发后，熊十力并没有随北大南迁昆明，而是先回原籍黄冈，继而于 1939 年秋来到四川乐山，进入马一浮主持的复性书院担任讲席。未几，熊氏又与马一浮产生隔阂而离开复性书院。钱穆在《师友杂忆》中也有回忆："及一浮来此创办书院，十力亦同来。不知何故，龃龉离去。"并做了这样的分析："两人居西湖，相得甚深。殆以当年，两人内心同感寂寞，故若所语无不合。及在复性书院，相从讲学者逾百人，于是各抒己见，乃若所同不胜其所异，睽违终不能免。"⑥

1941 年秋，应梁漱溟之约，熊十力赴北碚勉仁书院担任主讲。在北碚期间，他与钱穆又得相聚。也正在此时，徐复观前来拜熊氏为师。抗战期间，熊十力辗

① 刘定权：《破新唯识论》，《熊十力全集》"附卷"上，武汉：湖北教育出版社，2001 年，第 4—5 页。

② 欧阳渐：《破新唯识论》"序言"，《熊十力全集》"附卷"上，武汉：湖北教育出版社，2001 年，第 3 页。

③ 钱穆：《八十忆双亲师友杂忆合刊》，北京：九州出版社，2011 年，第 169 页。

④ 熊十力：《十力语要初续》，《熊十力全集》第五卷，武汉：湖北教育出版社，2001 年，第 27 页。

⑤ 钱穆：《八十忆双亲师友杂忆合刊》，北京：九州出版社，2011 年，第 172 页。

⑥ 钱穆：《八十忆双亲师友杂忆合刊》，北京：九州出版社，2011 年，第 228 页。

转后方，颠沛流离，生活尤为拮据，但他自甘寂寞，乐以忘忧，仍勉力著述讲学。《新唯识论》（语体文本）上、中、下三卷先后撰成印行。

1946年，熊十力回到阔别十年的北平，重入北京大学执教。1948年春，熊十力携弟子牟宗三至浙江大学讲学。1948年秋末，熊氏离别杭州，南下广州，投奔在中山大学执教的弟子黄艮庸。

此时，国共战局日渐清晰，国民党败局已定，广州城内纷纷攘攘云集了各路观望的人士。熊十力有些彷徨不安，几经犹豫之后，还是选择留在故土。他在给唐君毅的信中说："吾年已高，何至以风烛余光为衣食而尽丧平生之所守？吾中国人也。中共既已统一中国，如不容吾侪教书，只可作夷、齐。如尚容吾侪教书，则无容吾侪'自经沟壑'而不去教书之理……"熊氏的意思很明确：自己只是一介读书之人，且已是"老朽"，无党无派，不问世事，不论朝政，能奈我何？这年春间，受聘于华侨大学的唐君毅和钱穆曾前来探望，谈及去留之事。《师友杂忆》记："又一日，与君毅同去广州乡间访熊十力，君毅乃十力之入室弟子也。十力只身寓其一学生家。余两人留一宿。十力亦无意离大陆。"[①]从此，钱穆与熊十力两人天各一方，再未有见面之缘。

二

熊十力留了下来，而他的弟子们走了。唐君毅和钱穆等人在香港创办了新亚书院，徐复观、牟宗三则去了台湾，从事教育与学术活动。后来，徐复观在1970年至香港，担任新亚研究所专任导师；牟宗三在1960年去香港，任教于香港大学、新亚书院，1974年退休后专任新亚研究所教授。这样一来，熊门三大弟子一时汇集于新亚旗下。20世纪30年代钱穆与熊十力的交谊，在熊门弟子这里得到了延续。

熊门三大弟子声息与共、相互呼应，积极提倡新儒学。1958年元旦，熊门三大弟子与张君劢共同署名发表《为中国文化敬告世界人士宣言》，标志着台港地区现代新儒学作为一个思潮的崛起。旅美学者张灏曾在《新儒家与当代中国的思想危机》一文中对此有过评论："1958年初，香港出刊的保守派杂志《民主评论》，特载了海外中国四位名学者所共同署名的一篇宣言，向全世界宣示对中国文化所持的立场。自1949年后，这四人是中国文化传统最为积极与最具诠释

---

① 钱穆：《八十忆双亲师友杂忆合刊》，北京：九州出版社，2011年，第266页。

力的发言人，所以此篇宣言足以代表保守思想趋势的重要大纲，这种保守思想依然十分活跃于当代海外中国的思想界，一般即称之曰'新儒家'。""一九五八年宣言所代表的当代新儒家思想，可说是自一九二〇年代的保守主义主流所发展而来的。"①

尽管钱穆没有署名《宣言》，但目下许多学者仍将其视为新儒家的代表人物。例如，龚鹏程就认为，新儒家"主要是指由熊十力、马一浮、梁漱溟所开启，而后由钱穆、唐君毅、徐复观、牟宗三在香港、台湾发起的一个新的当代儒学运动"②。然而，余英时在《钱穆与新儒家》一文中，用近四万字的篇幅力辩钱穆并非新儒家。余氏开篇就引述清儒章学诚之名言"学者不可无宗主，而必不可有门户"，并指出这是钱穆一生治学研究遵守的基本精神。余氏在"与儒家的关系"一节中厘清了新儒家在现实中的三种用法，即大陆流行的"20世纪对于儒家深有研究的中国学人""以哲学为标准、并只有在哲学上对儒学有发展之人"和海外流行的本义"熊十力学派中人"。他认为第一种用法空洞而无意义，第二种用法因其哲学家标准而不适用于作为历史学的钱穆，第三种用法则更不适用，因为钱穆与熊十力乃是"论学之友"，并非其学派中人。他强调，"钱先生和熊十力的关系，按照传统的说法，是所谓'论学之友'"。但两人论学见解颇多不合"；"钱先生与第二代新儒家之间在思想上的关系其实比第一代——熊十力——是更疏远了，而不是更接近了"；"钱先生和第二代新儒家之间虽有最低限度的一致立场——为中国文化说话——并且从五十年代到六十年代初交往甚密，但是彼此的学术取向以及对儒家传统的认识都格格不入。'离则双美，合则两伤'，这句话用在钱先生和新儒家的关系上面，正是再恰当不过了。"③而且，据其个人所知，"新儒家"这个称号在钱穆那里有着特定的指称，"只是熊十力一系的专称"，"钱先生当年既已坚决拒绝《宣言》的联署，本名从主人之义，我们今天没有理由将新儒家之名强加在他的身上。"④然后，余英时在"儒家的道统论"一节更进一步指出，钱穆虽然儒学功底深厚且毕生尊奉儒家为人生信仰，但与当代儒家存在原则性分歧，即钱穆并不认同由韩愈创立并为新儒家所信奉的哲学家道统说，而是坚持"整个中国文化即为道统"的历史学家道统观，

---

① 张灏：《张灏自选集》，上海：上海教育出版社，2002年，第82页。

② 龚鹏程：《儒学新思》，北京：北京大学出版社，2009年，第343页。

③ 余英时：《钱穆与中国文化》，上海：上海远东出版社，1994年，第57、63、65页。

④ 余英时：《钱穆与新儒家》，《钱穆与中国文化》，上海：上海远东出版社，1994年，第64、63—64页。

这种分歧甚至到了"千古不合之异同"的地步，故钱穆并非新儒家。

　　同样，即使在《宣言》四位作者之间，实际在思想上也存在较大分歧，只是这种分歧在当时没有充分显露出来。《宣言》的第五小节，对中国文化中的宗教精神做了专门的论述，认为在中国人的"天人合一"思想中，在从事道德实践时对"道"之宗教性的信仰中都可看到中国文化的宗教性，而这些是徐复观所不赞成的。这个在《宣言》中被共同署名所遮蔽的思想上的分歧，后来逐渐形成了徐复观与唐君毅、牟宗三在哲学路向上的明显分化。徐复观就说："（《宣言》发表）后来，唐先生、牟先生和我在方向上也就逐渐开展出不同的途径。唐、牟两位先生努力自己哲学的建立，尤其是牟先生更用力建构自己的哲学体系。而我并不想要建立一套自己的思想体系。"①

　　留在大陆的熊十力，在1950年去了北京，数年后的1954年又选择定居上海。在此期间，他以超凡的毅力和速度完成了《新唯识论》（删定本）、《原儒》《体用论》《明心篇》《乾坤衍》等著作的撰写，前后共8种共130万言。其中《原儒》一书是熊十力作为新儒家学者的又一重要成果，共33万余字，以"六经注我"的精神，重新阐释了儒学经典和儒学史。1968年5月，熊十力病逝，享年84岁。

　　政权变易之际的留、去，让熊十力与弟子天各一方，也让师生之间的学术开始分途，关系也趋于恶化。1949年4月10日，熊氏写信给徐复观，力阻其不要携眷去台湾。9月10日又致信徐复观，信中甚至问徐，自己能不能到南京中央大学哲学系去教书。此时南京已经易手，在此当口，熊十力竟还惦记着中央大学的教席。徐复观对老夫子没有再客气，狠狠幽了师傅一默，让他"直接去问毛泽东先生中大可去否"，指责熊十力是在"求饶"。熊看了来信非常恼火，宣布将徐氏驱逐出师门。②1949年后熊十力出版的大部分著作，在徐复观看来，许多论点常显出游谈无根之弊，混乱不堪。他针对熊十力的《乾坤衍》批评说："其立论猖狂纵恣，凡与其思想不合之文献，皆斥其为伪，皆骂其为奸。其所认为真者仅《礼运》《大同篇》及《周官》与《公羊何注》之三世说义及乾坤两象辞，认定为孔子五十岁以后作。彼虽提倡民主，而其性格实非常独裁，若有权力……

---

　　① 林镇国、廖仁义、高大鹏联合采访：《擎起这把香火——当代思想的俯视》，《论文化（二）》（《徐复观全集》第五卷），北京：九州出版社，2014年，第851页。

　　② 刘齐勇：《为熊十力先生辨诬》，《熊十力全集》"附卷"下，武汉：湖北教育出版社，2001年，第1607—1608页。

我不了解他何以疯狂至此。"①在徐复观眼中，熊氏治学所示形上之路向不仅应做反思，而且在治学上不擅考据。他说："我留心到，治中国哲学的人，因为不曾在考据上用过一番工夫，遇到考据上已经提出的问题，必然会顺随时风众势，做自己立说的缘饰。例如熊师十力，以推倒一时豪杰的气概，在中国学问上自辟新境，但他瞧不起乾嘉学派，而在骨子里又佩服乾嘉学派，所以他从来不从正面撄此派之锋，而在历史上文献上常提出悬空的想象以作自己立论的根据，成为他著作中最显著的病累。"②徐氏由此反思，对中国文化之疏导，"首先要站在历史上说话，不能凭空杜撰。思想的演变，地位的论定，一定要抉择爬梳，有所根据。"③

平心而论，徐复观与其师熊十力交恶，实则无关人格的高低。正如徐氏弟子刘述先所分析的那样，两人的分裂，"一半是学术的，一半是政治的。这一分裂的背景则是大陆易手所造成的天崩地解的裂变。"④徐复观自有其风骨，这点毋庸置疑，但熊十力毕生也没有背叛自己的理想。

不过，徐复观并没有忘记老师对自己的教益之恩。熊氏去世后，他写下《悼念熊十力先生》《有关熊十力先生的片鳞只爪》等文章，款款深情地回忆了与老师的交谊，以及他当年所受的教诲。对于老师的为人，他写道："在基本态度上，有谁能像熊先生投入其生命的全部以为中国文化尽其继绝存亡之责。……熊十力则是牺牲个人现实上的一切，以阐发中国文化的光辉，担当中国文化所应当尽的责任。他每一起心动念，都是为了中国文化。生命与中国文化，是他凝为一体，在无数的惊涛骇浪中，屹立不动"，"熊十力对人的态度，不仅他自己无一毫人情世故；并且以他自己人格的全力量，直接薄迫于对方，使对方的人情世故，亦皆被剥落得干干净净，不能不以自己的人格与熊先生的人格，直接照面，因而得到激昂感奋，开启出生命的新机。"⑤牟宗三更是把其师推到了无以复加

① 刘述先：《如何正确理解熊十力》，《熊十力全集》"附卷"下，武汉：湖北教育出版社，2001年，第1577页。

② 徐复观：《中国思想史工作中的考据问题——代序》，《两汉思想史》（第三卷），北京：九州出版社，2014年，第2页。

③ 林镇国、廖仁义、高大鹏联合采访：《擎起这把香火——当代思想的俯视》，《论文化（二）》（《徐复观全集》第五卷），北京：九州出版社，2014年，第852页。

④ 刘述先：《如何正确理解熊十力》，《熊十力全集》"附卷"下，武汉：湖北教育出版社，2001年，第1591页。

⑤ 徐复观：《悼念熊十力先生》，《熊十力全集》"附卷"下，武汉：湖北教育出版社，2001年，第1403—1404、1406页。

的地位，说："熊师的那原始生命之光辉之与姿态，家国天下族类之感之强烈，实开吾生命之源而永有所向往而不至退堕之重大缘会。吾于此实体会了慧命之相续。熊师之生命实即有一光辉慧命。当今之世，唯彼一人能直通黄帝尧舜以来之大生命而不隔。此大生命是民族生命与文化生命之合一。他是直顶着华族文化生命观念方向所开辟的人生宇宙之本源而抒发其义理与情感。他的学问直下是人生的，同时也是宇宙的。这两者原是一下子冲破而不分。只有他那大才与生命之原始，始能如此透顶。"①

三

熊十力的学术思想，经历了从"由佛归儒"到"以儒衡佛"的转变。

从 1918 年到 20 世纪 40 年代初，熊十力经历了"由佛归儒"的基本历程，确立了"摄用归体"的本体论思想，其思想"亦佛亦儒，非佛非儒"。《新唯识论》是他因不满意于旧唯识学而写的，但其中的诸多问题还是与旧唯识学有相关性和继承性的。在语体本的印行记中，熊十力说："吾先研佛家唯识论，曾有撰述，渐不满旧学，遂毁夙作，而欲自抒所见，乃为《新论》。"②又说："吾始治佛家唯识论，尝有撰述矣。后来忽不以旧师持义为然也，自毁前稿。久之，始造《新论》。吾惟以真理为归，本不拘家派，但《新论》实从佛家演变出来，如谓吾为新的佛家，亦无不可耳。然吾毕竟游乎佛与儒之间，亦佛亦儒，非佛非儒，吾亦只是吾而已矣。"③

从 20 世纪 40 年代中期开始，熊十力的思想以《易传》为主，由"摄用归体"转向"摄体归用"，并以儒家的立场对佛教进行评定，终以一个儒家道统的继承者自居。40 年代出版的《读经示要》《十力语要初续》，熊十力则完全从儒家的经典入手，展开其思想的论述，儒家的义理成了其理论关注的中心。他说："仲尼祖述尧、舜，宪章文、武，其发明内圣外王之道，莫妙于《大易》

---

① 牟宗三：《我与熊十力先生》，《熊十力全集》"附卷"下，武汉：湖北教育出版社，2001 年，第 1436 页。

② 熊十力：《新唯识论》（语体文本），《熊十力全集》第三卷，武汉：湖北教育出版社，2001 年，第 3 页。

③ 熊十力：《新唯识论》（语体文本），《熊十力全集》第三卷，武汉：湖北教育出版社，2001 年，第 203 页。

《春秋》。"又说:"吾衰矣,有志三代之英,恨未能登乎大道。"①"《新论》在本体论上,自性神的意义与儒佛皆有融会处,而究与佛氏有大相殊别者。佛家于性体寂静方面证会独深,而不免滞寂;《新论》则名性体至静而健以动,至寂而生化无穷,此所以归宗《大易》,终于佛氏有判若天渊者在。"②《新唯识论》虽然说儒佛有别,但对空宗见体的功夫还是极端赞同的,而在此说中两者"判若天渊",可见熊十力态度的转变。其后的《原儒》则完全抛开了佛学的理论框架,直接从先秦儒家经典入手,探讨宇宙之源和仁义礼乐之本,落脚于儒家之内圣外王之旨,以"天人合一"为旨趣。他说:"洪惟孔子,集古圣之大成,开万世之学统。……而微言仅存于《易》《春秋》诸经及故籍者,犹可推索其要略。余既不获修《易传》,因欲写一极简略之小册为儒学粗具提要,名曰《原儒》,约分为三:一原学统,二原外王学,三原内圣学。……每下一义,必有所据,不敢逞臆妄说,余诚弗忍负所学以获罪于先圣也。"③熊十力此时无疑将自己定位为一个儒家,并认为自己有继承孔子"道统"的责任。《体用论》是熊十力晚年的代表作,"赘语"开头即明言:"此书之作,专以解决宇宙论中之体用问题。……体用之义,创发于《变经》。……晚周群儒及诸子,无不继承《大易》,深究体用。"④可见,《体用论》是直承《周易》而来,此与《新唯识论》从不满佛教而来是不一样的。他又说:"余之学宗主《易经》,以体用不二立宗。就用上言,心主动以开物,此乾坤大义也。与佛氏唯识之论,根本无相近处。《新论》不须存。……后乃反求诸己,忽有悟于《大易》而体用之义,上考之《变经》益无疑。余自是知所归矣。"⑤

熊十力曾说:"余伤清季革命失败,又自度非事功才,誓研究中国哲学思想,欲明了过去群俗,认清中国何由停滞不进。故余研古学,用心深细不敢苟且。"⑥辛亥革命的失败,让其有了思想与文化上的自觉,因此要"认清中国何由停滞不进",其实也就是想找出辛亥革命失败的原因,以及现代中国问题的解决方案。与近代以来的主流学者一样,熊十力也认为中国的根本出路在于思想解放。他说:"吾国人今日所急需要者,思想独立、学术独立、精神独立,一切依

---

① 熊十力:《读经示要》,《熊十力全集》第三卷,武汉:湖北教育出版社,2001年,第556、557页。
② 熊十力:《十力语要初续》,《熊十力全集》第五卷,武汉:湖北教育出版社,2001年,第75页。
③ 熊十力:《原儒》,《熊十力全集》第六卷,武汉:湖北教育出版社,2001年,第327页。
④ 熊十力:《体用论》,《熊十力全集》第七卷,武汉:湖北教育出版社,2001年,第5页。
⑤ 熊十力:《体用论》,《熊十力全集》第七卷,武汉:湖北教育出版社,2001年,第7页。
⑥ 熊十力:《乾坤衍》,《熊十力全集》第七卷,武汉:湖北教育出版社,2001年,第344页。

自不依他，高视阔步而游乎广天博地之间。"①他认为，恰恰是两千年来的专制主义窒息了晚周学术特别是儒学的发展，是中国"停滞不进"的根本原因。他说："中国民性，自秦汉以后，受帝制之毒与夷狄盗贼之摧残，卑辱而图苟全，早非三代直道之旧。"②

熊十力试图从传统中掘发出民主思想，以求国人的思想解放带动民族的复兴。因此，他通过所谓的"辨伪"，区别真经与伪经、真儒与假儒、真孔子与假孔子，改写经学史和易学史，重新阐释《周易》《春秋》《周官》《礼运》，并把它们作为内圣学和外王学的总纲，在内圣学上透悟宇宙本体和人生真实，在外王学上确立人极、人道、大公、均平等社会政治原则，并赋予六经以"民主政治"的意蕴。熊十力认为，孔子所说的"万物各得其所"即与西方的"天赋人权"的观念类似，又以政治上的自由理念与空想社会主义来解释"天下为公"，并认为儒家的经典中具有共和、民主、民治原则的萌芽，如："《周官》之政治主张在取消王权，期于达到《春秋》废除三层统治之目的，而实行民主政治。"③总之，熊十力对经典的解释服从了其对理想的追求与现实的需要，在方式上具有理想主义与"六经注我"的色彩。

相对而言，梁漱溟、马一浮等人，在学术上"我注六经"的色彩较浓。显然，熊十力这种"六经注我"的色彩，不仅专业的学者不喜欢，即便如至交梁漱溟和马一浮也不很认可。梁漱溟对熊十力晚年的思想有过严厉的批评，认为"熊先生情趣在好玩弄思想理论把戏，他亦完全明白东方古人之学莫不有其反己之真实功夫为其学说所自出，不应该离开此等真实功夫而谈什么思想理论。然而他却任从情趣去搞他的哲学理论，而怠于反己之实功。这便开始堕落。……这表现在他耽于著述，自得自满，高自位置上"，"熊先生一度见性，却不自勉于学，任纵情趣亦即任其气质之偏，误用心思，一往不返，随年力之衰，而习气愈张，德慧不见也。"④又说"其晚年写出之《体用论》《明心篇》《乾坤衍》各书乃全属自毁自杀之作"，"其书中恣意呵斥古人，对佛家且不说，对于先儒除孔子外，孟、荀、程、朱、阳明无一得免。这在晚年三部著作尤见辞气粗暴，其例不

---

① 熊十力：《十力语要初续》，《熊十力全集》第五卷，武汉：湖北教育出版社，2001年，第25页。

② 熊十力：《十力语要初续》，《熊十力全集》第五卷，武汉：湖北教育出版社，2001年，第36页。

③ 熊十力：《原儒》，《熊十力全集》第六卷，武汉：湖北教育出版社，2001年，第519页。

④ 梁漱溟：《读熊著各书书后》，《熊十力全集》"附卷"上，武汉：湖北教育出版社，2001年，第772、775页。

可胜举。"①马一浮也与梁漱溟持相近的看法。梁漱溟托人给马氏带去自己写的《读熊著各书书后》一文。马阅后致信说："熊著之失正坐二执二取，骛于辩说而忽于躬行，遂致堕增上慢而不自知。"②

在港台地区，学者更是对熊十力大加鞭挞，认为他不仅篡改经典，非议前贤，甚至趋炎附势。1992 年，台湾《当代》杂志连载了翟志成的长文《长悬天壤论孤心——熊十力在广州（1948—1950）》，对熊十力的学问和人品做出了严苛的评价。在翟志成眼中，熊十力是个自矜、自伐、自私、自利、反复无常以及以怨报德的小人。文章结语有云："熊十力是以弘扬道统以救国救民而自肯、自信和自任的，但他在广州前后三年的言行举止，处处表现出自矜、自伐、自私、自利、反复无常以及以怨报德，却又与他要弘扬的道统完全相反。构成熊十力思想与行为之间存在如许巨大的断裂和如许深刻的矛盾的基本原因，在于他以圣贤自居、以道统的化身自命、进而视自己的自然生命（身体）与道统合二而一，又完全抛弃了修身。""但熊十力却反其道而行之，他把儒者'人能弘道'的信心和责任感，转换成'道即是我''我即是道'的我慢和我执。由这我慢和我执，他不仅以圣贤自居，更把自己的身体（原始生命）看作和道统'合二而一'。""真正的儒者是'以身殉道'，而熊十力却是'以道殉身'，这对毕生自以为是致力于弘道救世的熊十力而言，不仅是一大悲剧，而且还是一最大的反讽。"③

钱穆对熊十力的学术未有整段文字的明确评述，不妨从现有的片言只语中一窥究竟。1955 年，钱穆在致徐复观的信函中，就表达了对牟宗三乃至熊十力治学风格的不满，称之为"宋儒教主气"④。晚年在《师友杂忆》中，钱穆更是写道："然言谈议论，则必以圣贤为归"，"十力晚年论儒，论六经，纵恣其意之所至。"⑤由此看来，钱穆对熊十力抱有与港台学者类似的观点。

①梁漱溟：《读熊著各书书后》，《熊十力全集》"附卷"上，武汉：湖北教育出版社，2001 年，第 771—772、773 页。

②马一浮：《致梁漱溟》（1962 年 4 月 3 日），《马一浮集》第二册，杭州：浙江古籍出版社，2001 年，第 704 页。

③翟志成：《长悬天壤论孤心——熊十力在广州（1948—1950）》，《熊十力全集》"附卷"下，武汉：湖北教育出版社，2001 年，第 1543—1545 页。

④钱穆：《致徐复观书》（1955 年 6 月 2 日），《素书楼余沈》，北京：九州出版社，2011 年，第 286 页。

⑤钱穆：《八十忆双亲师友杂忆合刊》，北京：九州出版社，2011 年，第 228 页。

四

值得注意的是，钱穆在《师友杂忆》中还对熊氏的生活意趣有所着墨，且将其与马一浮做了对比。"一浮衣冠整肃，望之俨然。而言谈间，则名士风流，有六朝人气息。十力则起居无尺度，言谈无绳检。一饮一膳，亦惟己所嗜以独进为快。同席感不适亦不顾。"[①]这是钱穆与熊十力平素交往所见的记录，自是不虚。熊十力的再传弟子刘述先曾说："他也告诫我的父亲不可光吃素，定要吃荤，才有体力做学问。业师方先生告诉我，他住在佛庙里还要杀乌龟吃那就未免太过分了。"[②]在1959年至1962年期间，他经常写信给中共上海市委统战部提出各种生活方面的要求。比如，请"王部长对我的营养想一办法"，"倘可来，则望其调饮食，使胃得相当好转，则我可减少痛苦也"，"望能急找一良医"。熊十力想要去北京开会，甚至写信给董必武说："……决定赴京。但车上要独一房"，"到京后，又要给我独小房"，并自我解嘲："这些条件太无聊，不得已也。"[③]这与当时的学者尤其是马一浮形成了鲜明的对比，自然引发了后人对他的议论与批评。

作为一位名儒，熊十力何以如此好吃、小气，且又斤斤计较呢？这应该与他的境遇有着密切的关系。他少年即丧双亲，长期困顿。在内学院时，熊十力长年只有一条裤子，有时没得换，就光着腿，外面套一件长衫，因此人送绰号"空空道人"。即便后来在学术圈取得了地位，其困顿的生活境况并没有得到多大的改变。还有，他没有接受过系统的教育，在学术界的地位是历经千辛万苦才取得的，并且得到了梁漱溟、马一浮等人的帮助。在梁漱溟的帮助下从学于内学院，又因梁氏的推荐得以供职于北大。而《新唯识论》面世，由于马一浮和蔡元培的称道，熊十力很快在学术圈取得自己的位置。无论是物质上的还是学问上的，依靠人就要有求于人，有求于人而又想与人平起平坐，甚至比别人走得更远，内心必然承受某种煎熬，因而对世事的反应通常比较敏感。这种敏感会表露在生活行

---

① 钱穆：《八十忆双亲师友杂忆合刊》，北京：九州出版社，2011年，第228页。

② 刘述先：《当代新儒家的超越内省》，《儒家哲学研究问题、方法及未来展开》，上海：上海古籍出版社，2010年，第69页。

③ 熊十力：《熊十力论文书札》，《熊十力全集》第八卷，武汉：湖北教育出版社，2001年，第779、813、821、822页。

为上不为人所理解，严重的时候会被认为是"疯狂"①、"杂毒入心"②。

与梁漱溟、马一浮以及钱穆等人性格沉稳不同，熊十力率真而张扬，带着狂气与傲气。他曾说："当今之世，讲晚周诸子，只有我熊某能讲，其余都是混扯。"③这种傲气恐怕是每个知识分子或多或少都有的，但只有熊十力会如此率性地表露出来。狂傲之人如果生活在乡野荒郊，自然不成问题。如果生活在文化圈里，则显得十分的格格不入，很难与人圆融共处。梁培宽就曾说："如果问我对熊先生最主要的印象是什么，我的回答是，率真和豪放，这是从好的方面说。从不好的方面说，他很容易起急和骂人。把两面合在一起，可以说他这个人不会约束自己，不想约束。这个不约束自己表现在一切行为和生活习惯上……他的一些习惯（包括骂人）既像大知识分子又像乡下人。乡下人说粗话不一定有恶意，甚至亲热也用粗话表达。"④

知熊十力者，莫如他的弟子们。牟宗三初见熊氏，说："今见熊先生，正不复尔，显然凸显出一鲜明之颜色，反照出那些名流教授皆是鄙陋庸俗，始知人间尚有更高者，更大者。我在这里始见了一个真人，始嗅到了学问与生命的意味。"⑤徐复观以"无一毫人情世故"⑥一语表达了他对熊十力的最终看法。说"无一毫人情世故"，并不是说其不食人间烟火，而是就其真实的性格之展露而言。爱也好，恨也罢，熊十力真实无疑地表现出来。即使其有些行为在传统学者或现代学人看来不符合世俗，但其毫不掩饰自己的欲望和喜好，不管是在其学生面前还是在佛庙中。在学术上，他也丝毫不掩饰自己的雄心和傲气。

---

①徐复观语，转引自刘述先：《如何正确理解熊十力》，《熊十力全集》"附卷"下，武汉：湖北教育出版社，2001年，第1577页。

②马一浮：《致熊十力》（1939年12月7日），《马一浮集》第二册，杭州：浙江古籍出版社，2001年，第551页。

③牟宗三：《我与熊十力先生》，《熊十力全集》"附卷"下，武汉：湖北教育出版社，2001年，第1420页。

④梁培宽：《熊十力与梁漱溟——各走一路的至交》，台湾《当代》第106期，1995年2月。

⑤牟宗三：《我与熊十力先生》，《熊十力全集》附卷下，武汉：湖北教育出版社，2001年，第1420页。

⑥徐复观：《悼念熊十力先生》，《无惭尺布裹头归·交往集》，北京：九州出版社，2014年，第98页。

同"志"通史 途辙归一

——钱穆与张荫麟

世上究竟有没有天才？20世纪二三十年代，有个年轻的学子，就被钱穆称赞为"天才英发"，并对其寄予厚望："中国新史学之大业，殆将于张君之身完成之。"[①]

他就是张荫麟。对他的"天才"之誉，除了钱穆，也出于当时其他众多学术大家之口。张荫麟18岁时就在《学衡》杂志上发表第一篇学术论文《老子生后孔子百余年之说质疑》，对梁启超《老子》"晚出说"的观点提出异议。梁启超不以为忤，还叹其为"天才"，并收为弟子；陈寅恪盛誉"张君为清华近年学术品学俱佳者中之第一人，弟尝谓庚子赔款之成绩，或即在此人之身也"[②]；而他的齐年好友谢幼伟则说"不是天才，绝不能有这样的成就"[③]；孙次舟也说"素痴（按：张荫麟笔名）先生是称得起所谓'天才'的"[④]；许冠三称其为"近八十年来罕见的史学奇才"[⑤]。

① 钱穆：《中国今日所需要之新史学与新史学家》，见周忱编选：《张荫麟先生纪念文集》，上海：汉语大词典出版社，2002年，第7页。

② 陈寅恪：《致傅斯年》（1933年11月2日），《书信集》（《陈寅恪集》），北京：生活·读书·新知三联书店，2001年，第46页。

③ 谢幼伟：《张荫麟先生言行录》，见周忱编选：《张荫麟先生纪念文集》，上海：汉语大词典出版社，2002年，第214页。

④ 孙次舟：《敬悼张素痴先生》，《中央日报》（重庆）1942年11月2日。

⑤ 许冠三：《张荫麟：历史既是科学亦是艺术》，见周忱编选：《张荫麟先生纪念文集》，上海：汉语大词典出版社，2002年，第29页。

志相同："共有志为通史之学"

张荫麟，1905 年生于广东东莞。1923 年秋，张荫麟负笈北上，考入清华学堂中等科三年级，在清华园求学七年。在清华学习期间，他经常得到外文系教授、《学衡》杂志主编吴宓的点拨。张荫麟自言其文学兴趣，"实由吴宓所启发"。张荫麟在清华与钱锺书、吴晗、夏鼐并称为"文学院四才子"。他以弱冠之龄，短短七年在《学衡》《清华学报》等学术刊物上发表论文和学术短文 40 多篇。

1929 年秋，张荫麟以公费出国留学，入美国斯坦福大学学习哲学和社会学。1933 年秋，张氏在斯坦福大学获得博士学位后归国。老师陈寅恪给傅斯年写信，推荐他入史语所或北大。函谓："昨阅张君荫麟函，言归国后不欲教授哲学，而欲研究史学，弟以为如此则北大史学系能聘之最佳。……其人记诵博洽而思想有条理，以之担任中国通史课，恐现今无更较渠适宜之人。若史语所能罗致之，则必为将来最有希望之人才，弟敢书具保证者，盖不同寻常介绍友人之类也。"[1] 但是，傅斯年没有接纳张荫麟。张氏只好回到母校清华大学，在历史系和哲学系任教，并在北大兼授自己"不甚措意"的历史哲学课。[2]

张荫麟留美期间虽然学的是哲学和社会学，但他的志业却在史学上。1933 年 3 月，张荫麟在给好友张其昀的一封信中说："国史为弟志业，年来治哲学治社会学，无非为此种工作之预备。从哲学冀得超放之博观与方法之自觉，从社会学冀明人事之理法，岂曰能期窃所期向？通史艰巨之业，决非少数人之力所克负荷。研制营构，固须自用匠心，至若网罗散佚，分析史料，及各方面之综合，则非资众手不可。颇拟约集同志，先成一国史长编，此非徒为少数人谋，后来任何有志于通史者，均可用为资藉。"[3] 而张氏有此志向，当离不开乃师梁启超的影响。梁氏晚年提倡通史之学，但称己著《中国历史研究法》"不过说明一部通史

---

[1] 陈寅恪：《致傅斯年》（1933 年 11 月 2 日），《书信集》（《陈寅恪集》），北京：生活·读书·新知三联书店，2001 年，第 46—47 页。

[2] 贺麟：《我所认识的荫麟》，见周忱编选：《张荫麟先生纪念文集》，上海：汉语大词典出版社，2002 年，第 192 页。

[3] 张荫麟：《与张其昀书》，见周忱编选：《张荫麟先生纪念文集》，上海：汉语大词典出版社，2002 年，第 359 页。

应如何作法而已"，《中国历史研究法补编》虽"偏重研究专史如何下手"，但目的仍在通史，因为"若是各人各做专史的一部分，大家合起来，便成一部顶好的通史了"。[①]相较之下，张荫麟却推重《中国历史研究法》，认为"（该书）虽未达西洋史学方法，然实为中国此学之基石"[②]。后来张氏更指出："实则任公所贡献于史者，全不在考据。任公才大工疏，事繁鹜博，最不宜于考据。晚事考据者，徇风气之累也。虽然，考据史学也，非史学之难，而史才实难。"[③]此语尤可见梁、张之间博通取径的传承。

钱穆与张荫麟大约相识于1934年春夏间。关于两人在这一时期的往来情况，钱穆在晚年有如下回忆："雨生本为天津《大公报》主持一文学副刊……雨生办此副刊时，特识拔清华两学生，一四川贺麟，一广东张荫麟，一时有'二麟'之称。贺麟自昭，自欧留学先归，与锡予在北大哲学系同事，与余往还甚稳。荫麟自美留学归较晚，在清华历史系任教。余赴清华上课，荫麟或先相约，或临时在清华大门前相候，邀赴其南院住所晚膳。煮鸡一只，欢谈至清华最后一班校车，荫麟亲送余至车上而别。"[④]张氏英年早逝后，钱穆写下悼文，其中有言"始相识在民国二十三年春夏间，时余与张君方共有志为通史之学"[⑤]，即是当时实况。

傅斯年虽然拒绝了张荫麟入职史语所的请求，但推荐张氏编写高、初中历史教科书。1934年2月7日，《大公报》"史地周刊"第21期刊出了《中学本国史教科书编纂会征稿启事》一文，内附《高中本国教科书草目》，即张荫麟编纂高中国史课本的写作提纲。张氏修史，计划先从高中部分入手，并采用了三步式的计划。吴晗回忆："第一步是拟目，先把四千年的史事分为数十专题，较量轻重，广征意见，修改了多少次才定局。第二步是分工，汉以前由他自己（张荫麟）执笔，唐以后归我负责。其他专题分别邀请专家撰述，例如千家驹先生写鸦片战争后的社会变化，王芸生先生写中日战争等。第三步是综合，稿子都齐了，

①梁启超：《中国历史研究法补编》，《中国历史研究法附录》，上海：东方出版中心，1996年，第153页。

②张荫麟：《近代中国学术史上之梁任公先生》，见[美]陈润成、李欣荣编著：《张荫麟全集》中卷，北京：清华大学出版社，2013年，第1071页。

③张荫麟：《跋〈梁任公别录〉》，见[美]陈润成、李欣荣编著：《张荫麟全集》下卷，北京：清华大学出版社，2013年，第1848页。

④钱穆：《八十忆双亲师友杂忆合刊》，北京：九州出版社，2011年，第171页。

⑤钱穆：《中国今日所需要之新史学与新史学家》，见周忱编选：《张荫麟先生纪念文集》，上海：汉语大词典出版社，2002年，第7页。

编为长编，再就长编贯通融会，去其重复抵牾，不重考证，不引原文，尽量减少人名地名，以通俗明白之文笔，画出四千年来动的历史。"①第一步"广征意见"自不能少了与己志趣相投的钱穆。其时，钱穆在北大开讲通史已经进入第二年，课间先后编有通史《纲要》和《参考材料》，大有撰写通史的气象。2月26日，张荫麟让人送去《中学本国史教科书编纂会征稿启事》，让钱穆加以批评指正。第二天，钱穆便回函陈述了自己的看法。钱穆对《草目》提出一条根本性意见，认为："最好全书叙述，仍以政治方面为主脑，而以学术社会种种情形就其相互为影响者为串插，使读者于历史盛衰治乱之大纲，先得一明晰之基本知识，将来自能引申。否则头绪一多，茫无畔岸，此后研求历史，仍须从头讲起。"②随后他对《草目》中几个脉络条贯尚欠完整之处提出了具体的修改意见。张荫麟再次复书钱穆，部分接受了他的意见。回函称："先生指出东晋、南宋何以不能恢复中原之问题，诚为重要之问题，吾人属笔时自当因先生之提醒而特别注意。"但对于钱氏提出的写通史应以政治史为主干这一根本性意见，张荫麟却大有保留，他说："通观全目，其非以文化史相标榜，而遗略政治者，盖可了然。曾闻人议其过重政治者，弟亦不暇辨。尊意'以政治为主脑'，就全局而论，实洽鄙怀。唯以初中与高中较，则弟意前者宜较详政治，后者宜较详文物。此意当为高明所颔许。"③"文物"的含义约略等于"文化"。

张氏是留美博士，受过西学的系统训练，在时人眼中当为"新派"学者，而钱穆没有出国留学，无缘接受过西方文化的雨露，是一个地地道道的本土学者，但是两人却一见如故，迅速熟稔。钱穆所说的"共有志为通史之学"，是两人论交的基础。在北大主讲中国通史时，钱穆就提出："今日所急需者，厥为一种简要而有系统之通史，与国人以一种对于已往大体明晰之认识，为进而治本国政治、社会、文化、学术种种学问树其基础，尤当为解决当前种种问题提供以活泼新鲜之刺激。"④张荫麟也说："我们正处于中国有史以来最大的转变关头，正处于朱子所谓'一齐打烂，重新造起'的局面。旧的一切瑕垢腐秽，正遭受彻

① 吴晗：《记张荫麟（1905—1942 年）》，见周忱编选：《张荫麟先生纪念文集》，上海：汉语大词典出版社，2002 年，第 203 页。

②《关于高中本国教科书之讨论·钱宾四教授来信》，见周忱编选：《张荫麟先生纪念文集》，上海：汉语大词典出版社，2002 年，第 386 页。

③《关于高中本国教科书之讨论·复书》，见周忱编选：《张荫麟先生纪念文集》，上海：汉语大词典出版社，2002 年，第 389 页。

④ 钱穆：《评夏曾佑〈中国古代史〉》，《中国学术思想史论丛》（九），北京：九州出版社，2011 年，第 252 页。

底的涤荡刳割。旧的一切光晶健实，正遭受天捶海淬的锻炼……在种种新史观的提警之下，写出一部分新的中国通史，以供一个民族在空前大转变时期的自知之助，岂不是史家应有之事吗？"[①]后来，钱穆在西南联大讲中国通史课时，曾对学生李埏提及："晚近世尚专，轻视通史之学，对青年甚有害。滇中史学同仁不少，但愿为青年撰中国通史读本者，唯张荫麟先生与我，所以我们时相过从，话很投机。"[②]在专精和通史的先后问题上，张氏也站在钱穆一边，认为"这种工作（修通史）不仅需要局部的专精，而且需要全部之广涉而深入，需要特殊的别裁和组织的能力"[③]。治学重视"通史之学"，又有通史的志业，正是两人"时相过从，话很投机"的基础。

践相异："政治"还是"文化"

随着北平的沦陷，钱穆、张荫麟都开始了流转西南的学术生涯。钱穆随北大南迁，由长沙至昆明，任教于西南联大。1938年夏，张荫麟也从西迁遵义的浙江大学辗转来到昆明，受聘于西南联大。

在此期间，两人仍主要从事通史的讲授和著述。曾同时受炙于两人的李埏注意到两人之间的不同："这学期，（钱）先生从唐代安史之乱讲起（也就是从《国史大纲》第二十七章起），这正是我最感兴趣的部分。……我都觉得闻所未闻，有一种茅塞顿开之乐。那时，张荫麟先生也正为联大历史系开宋史课，采取专题讲授的方式，内容和通史课多不同。我同时选修，同样深受教益。"[④]这依然是两人在北平时不同通史观的延伸。

张荫麟的以"文化"为切入点撰写通史的思想，显然受到了乃师梁启超"以文化史代政治史"看法的影响。20世纪20年代，代表北大国学门全体立论的《〈国学季刊〉发刊宣言》称："国学的使命是要使大家懂得中国的过去的文化史；国学的方法是要用历史的眼光来整理一切过去文化的历史。国学的目的是要

---

① 张荫麟：《中国史纲》，重庆：青年书店，1941年，"自序"，第1—2页。也见于《张荫麟全集》上卷，北京：清华大学出版社，2013年，第8—9页。

② 李埏：《昔年从游之乐，今日终天之痛——敬悼先师钱宾四先生》，《钱穆纪念文集》，上海：上海人民出版社，1992年，第13页。

③ 张荫麟：《关于"历史学家的当前责任"》，见 [美] 陈润成、李欣荣编著：《张荫麟全集》下卷，北京：清华大学出版社，2013年，第1414—1415页。

④ 李埏：《昔年从游之乐，今日终天之痛——敬悼先师钱宾四先生》，《钱穆纪念文集》，上海：上海人民出版社，1992年，第14页。

做成中国文化史。国学的系统的研究，要以此为归宿。"①这一宣言也获得了梁启超的响应，其晚年志愿便是完成一部"中国文化史"。梁启超说："昔时曾经发过一个野心，要想发愤从新改造一部中国史。现在知道这绝对不是一个人的力量所可办到的，非分工合作是断不能做成的。……我常常这样的想，假定有同志约二三十人，用下二三十年工夫去，终可以得到一部比较好的中国史。我在清华二年，也总可说已经得到几个了，将来或聚在一块，或散在各方，但是终有合作的可能。"②查梁氏《中学国史教本改造案并目录》，其主要之点有二："第一，以文化史代政治史，第二，以纵断史代横断史。"③其《中国历史研究法》也说："今日所需之史，当分为专门史与普通史之两途。……普通史即一般之文化史。……作普通史者须别具一种通识，超出各专门事项之外，而贯穴乎其间。"④

对比张荫麟承袭梁启超"文化史"取径的做法，钱穆则主张以政治为"主脑"的写法。钱穆入北大后曾开"中国政治制度史"课程，20 世纪 50 年代出版的《中国历代政治得失》一书，"亦可谓余在北大讲授此课一简编。"⑤此书序谓："我很早以前，就想写一部中国政治制度史。……辛亥前后，由于革命宣传，把秦以后政治传统，用专制黑暗四字一笔抹杀。因于对传统政治之忽视，而加深了对传统文化之误解。我们若要平心客观地来检讨中国文化，自该检讨传统政治，这是我想写中国政治制度史之第一因。"这很清楚地表明了钱氏偏重政治的针对性。

虽然两人在通史上的旨趣不同，但并不影响两人编纂中国通史的宏愿进入实践阶段。

1940 年 7 月，钱穆的《国史大纲》由商务印书馆出版，被国民政府教育部指定为全国大学用书，风行全国。牟润孙称此书"自尧舜以迄民国，为完整之中国通史。识见、议论、编排、文章，均超越前人之作。享誉史学界，诚非幸

①胡适：《〈国学季刊〉发刊宣言》，见欧阳哲生编：《胡适文集》第三册，北京：北京大学出版社，1998 年，第 14 页。

②周传儒、吴其昌：《梁先生北海谈话记》，转引自丁文江、赵丰田编：《梁启超年谱长编》，上海：上海人民出版社，1983 年，第 1144 页。

③梁启超：《中学国史教本改造案并目录》，《梁启超全集》第七卷，北京：北京出版社，1999 年，第 3971 页。

④梁启超：《中国历史研究法》，长沙：岳麓书社，2010 年，第 35 页。

⑤钱穆：《八十忆双亲师友杂忆合刊》，北京：九州出版社，2011 年，第 162 页。

致"①。在钱著出版的前后,张荫麟的传世名作《中国史纲》也印行面世了。
1940 年 6 月,重庆青年书店出版了该书的铅印本。书首载有著者在西南联大撰
写的长篇"自序",约六千言,主要陈述其通史方法论和历史哲学之纲领。正
文共十章。不过,由于印行仓促,作者误植为"杨荫麟"。②在此版的"自序"
中,张荫麟称:"这本书的开始属草,是在卢沟桥事变之前二年,这部书的开始
刊布,是在事变之后将近三年。"③"自序"也如钱穆《国史大纲》的"引论"
一般,引起广泛的注意。"回想四十年代之初,当'自序'初问世时,史学界
所受的影响是很大的。尤其是一般有志于史的青年,为'自序'的新颖理论和
进步思想所吸引,争相传诵。"④在"自序"中,张荫麟详细阐述了史实的选择
标准。他说:"在史事的比较上,我们用以判别重要程度的可以有五种不同的
标准。"这五种标准是:(1)"新异性",即内容的特殊性,史事愈新异则愈
重要。(2)"实效",即史事所直接牵涉和间接影响于人群的苦乐愈大则愈重
要。(3)"文化价值",即是真与美的价值,文化价值愈高的事物则愈重要。
(4)"训诲功用",即训诲功用愈大的史事则愈重要。旧日史家大抵以此标准
为主要的标准,近代史家的趋势,在理论上要把这标准放弃。著者主张在通史里
这标准是要被放弃的。(5)"现状渊源",即史事和现状之发生关系愈深,愈
有助于现状的解释则愈重要。⑤以上五种标准除了第四种之外,都是史实选择与
史料取舍即所谓"笔削"的重要标准。与此同时,在 1940 年秋至次年夏,张氏
在浙江大学讲授中国上古史课程时,将该书石印 500 册作为学生参考书。书首仅
有简短的"自序",正文只有八章,始自"中国史黎明期的大势",迄于"秦汉
之际"。

与钱著《国史大纲》一样,张荫麟的《中国史纲》也引发了轰动,赢得士
林盛誉。熊十力赞誉:"张荫麟先生,史学家也,亦哲学家也。其宏博之思,蕴

① 牟润孙:《记所见之二十五年来史学著作》,转引自杜维运、黄进兴编:《中国史学史论文选集
(二)》,台北华世出版社,1976 年版,第 1122 页。

② 徐规:《中国史纲(上古篇)》,转引自创修良主编:《中国史学名著评介》第 4 卷第 2 版,济
南:山东教育出版社,2006 年,第 293—296 页。

③ 张荫麟:《中国史纲》"自序一",见 [美] 陈润成、李欣荣编著:《张荫麟全集》上卷,北京:
清华大学出版社,2013 年,第 8 页。

④ 李埏:《张荫麟先生传略》,见周忱编选:《张荫麟先生纪念文集》,上海:汉语大词典出版
社,2002 年,第 252 页。

⑤ 张荫麟:《中国史纲》"自序一",见 [美] 陈润成、李欣荣编著:《张荫麟全集》上卷,北京:
清华大学出版社,2013 年,第 10—12 页。

诸中而尚未及阐发者，吾固无从深悉。然其为学，规模宏远，守一家言，则时贤之所凤推而共誉也。"①陈梦家称赞此书是他"最近所看到历史教科书中最好的一本创作"，他说："既详细利用所有的材料，并且遵守若干预立的原则，有条不紊地把融化了史实用清楚明白而动人的文字写出来，使读者在优美的行文中浏览古代社会的大略，所以我名之为'创作'。"②好友贺麟说："他立志作第一等人，终能在史学界取得第一流的地位。他的《中国史纲》，虽仅部分完成，是他人格学问思想文章的最高表现和具体结晶。书中有真挚感人的热情，有促进社会福利的理想，有简洁优美的文字，有淹博专精的学问，有透彻通达的思想与识见。"③张其昀也评价："《中国史纲》一书是呕心沥血的著作……世人多惊羡其文笔之粹美，以为胜过一般文学创作，不知其字字珠玑，皆为潜心涵泳几经锤炼而后成。"④对该书考据、叙述疏误提出商榷意见的童书业也认为，张著"综论大势，往往有出人之见解。且所述之古史轮廓，颇见正确，立论既不偏于疑古，亦不固执而信古；既有丰富之史学知识，又具通贯之史学眼光；深入浅出，人人能解。在当代通史作品中，允称佳著"⑤。国外的评论，且以苏联专家鲁宾为代表："把科学的解释和通俗性成功地结合起来也是《中国史纲》的一个突出优点。在张荫麟笔下，中国古代的历史是鲜明生动的、容易了解的，对现代的读者是亲切的。同时书中没有一点庸俗化的地方，也没有用使一些问题简单化和否认别人的研究成果的手段来降低自己的论述水平的企图。"⑥

张荫麟早在1928年提出："史学应为科学欤？抑艺术欤？曰兼之。""要之，理想之历史须具二条件：（一）正确充备之资料；（二）忠实之艺术的表现

---

①熊十力：《哲学与史学——悼张荫麟先生》，见周忱编选：《张荫麟先生纪念文集》，上海：汉语大词典出版社，2002年，第183页。

②陈梦家：《评张荫麟先生〈中国史纲〉（第一册）》，见周忱编选：《张荫麟先生纪念文集》，上海：汉语大词典出版社，2002年，第89页。

③贺麟：《我所认识的荫麟》，见周忱编选：《张荫麟先生纪念文集》，上海：汉语大词典出版社，2002年，第200页。

④张其昀：《敬悼张荫麟先生》，见周忱编选：《张荫麟先生纪念文集》，上海：汉语大词典出版社，2002年，第172页。

⑤童书业：《评张荫麟〈中国史纲〉（第一册）》，见周忱编选：《张荫麟先生纪念文集》，上海：汉语大词典出版社，2002年，第111页。

⑥鲁宾：《评张荫麟著〈中国史纲〉》，见周忱编选：《张荫麟先生纪念文集》，上海：汉语大词典出版社，2002年，第129页。

过去与现在之历史。"①在他看来，治史一方面需要借助于科学实证的手段与方法，在史料的鉴别与考证上力求正确；另一方面，在对史实的阐释与逻辑的疏通上，则应具备人文艺术的视野与方法。《史纲》是他的精心之作，字斟句酌，力求给读者以艺术的享受。第一章"中国史黎明期的大势"的全书开端处写道："从前讲历史的人每喜欢从'天地剖判'或'混沌初开'说起。近来讲历史的人每喜欢从星云凝结和地球形成说起。这部书却不想拉得这么远。也不想追溯几百万年以前，东亚地方若干次由大陆变成海洋，更由海洋变成大陆的经过。也不想追溯几十万年以前当华北还没有给飞沙扬尘的大风铺上黄土层的时候，介于猿人与人之间的'北京人'怎样在那里生活着，后来气候又怎样改变，使得他们消灭或远徙，而遗留下粗糙的石器，用火的烬迹和食余的兽骨人骨，在北平附近的周口店的地层中。也不想跟踪此后石器文化在中国境内的分布、传播和进步，直至存在于公元前六七千年间具有初期农业和精致陶器的'仰韶文化'（仰韶在河南渑池附近）所代表的阶段。这部中国史的着眼点在社会组织的变迁，思想和文物的创辟，以及伟大人物的性格和活动。这些项目要到有文字记录传后的时代才可得确考。"②文字优美，可读可赏。当然，他的文学乃是为他的史学服务的，不让情感超越理智，不以辞害意。

《中国史纲》出版后，张荫麟抱病对原稿进行了修订添补，但终因肾脏炎症日见沉重，未能完成全稿。1944年7月，青年书店再版，书名《东汉前中国史纲》，书尾附录有贺麟的《我所认识的荫麟》一文。当这本书新版面世时，先生已经远游。1948年4月，南京正中书局铅印出版《中国史纲》（上古篇），正文共十一章。中华人民共和国成立后，大陆和台湾地区校注出版了多个版本的《中国史纲》。目前流行本《中国史纲》正文共十一章，分别为"中国史黎明期的大势""周代的封建社会""霸国与霸业""孔子及其时世""战国时代的政治与社会""战国时代的思潮""秦始皇与秦帝国""秦汉之际""大汉帝国的发展""汉初的学术与政治""改制与'革命'"。

---

①张荫麟：《论历史学的过去与未来》，见[美]陈润成、李欣荣编著：《张荫麟全集》中卷，北京：清华大学出版社，2013年，第935页。

②张荫麟：《中国史纲》，见[美]陈润成、李欣荣编著：《张荫麟全集》上卷，北京：清华大学出版社，2013年，第16—17页。

终相归："文化史必然是一部通史"

经陈梦家的劝说，钱穆在任教西南联大期间正式撰写通史《国史大纲》。其中的"引论"，钱穆极为重视，称之为"南来后最用力之作"[①]。"引论"的一个中心思想是："此种新通史，其最主要之任务，尤在将国史真态，传播于国人之前，使晓然了解于我先民对于国家民族所已尽之责任，而油然兴其慨想，奋发爱惜保护之挚意也。"[②]这与梁启超"文化史"的弘扬本国文化之义已经相当接近。因此，他对梁启超的"革新派"不乏赞扬之词。对比其在1928年完稿的《国学概论》中对梁的评语"惟其指陈途径，开辟新蹊，则似较胡氏为逊"[③]，尤可见钱穆观点的转变。

《国史大纲》成稿之后，钱穆于1939年秋离开西南联大，以后任职于成都齐鲁大学国学研究所。1940年秋，张荫麟也离开了西南联大，再次应浙江大学之聘，讲学古城遵义。《思想与时代》杂志的创刊，再次将两人紧密地联系了起来。《思想与时代》由张其昀与张荫麟创办，本是两人互约实践"国史编纂之业"的场地。张其昀回忆："吾二人纵谈至夜深。谈话结果我们拟纠合同志，组织学社，创办刊物，在建国时期从事于思想上的建设，同时想以学社为中心，负荷国史编纂之业，刊行'国史长编丛书'。"[④]不过，《思想与时代》最重要的影响却在思想文化方面。《思想与时代》出版时并无发刊辞，而是以张荫麟所撰"征稿启事"代替。当中所列征稿范围的前两条"建国时期主义与国策之理论研究"和"我国固有文化与民族理想根本精神之探讨"，被胡适认为是该刊的宗旨[⑤]。

因张其昀之约，钱穆连续在《思想与时代》发表文章。《思想与时代》月刊

①李埏：《昔年从游之乐，今日终天之痛——敬悼先师钱宾四先生》，《钱穆纪念文集》，上海：上海人民出版社，1992年，第12页。

②钱穆：《国史大纲》，北京：九州出版社，2011年，"引论"，第7—8页。

③钱穆：《国学概论》，北京：九州出版社，2011年，第323页。

④张其昀：《敬悼张荫麟先生》，见周忱编选：《张荫麟先生纪念文集》，上海：汉语大词典出版社，2002年，第172页。

⑤1943年10月12日日记。见曹伯言整理：《胡适日记全编》（7），合肥：安徽教育出版社，2001年，第539页。

的主编是张其昀，但他为浙大史地系主任，又为国民参议会参证员，事务繁忙，故张荫麟成为该杂志的实际负责人。张荫麟积极为杂志约稿，对来稿的质量要求极高。谢幼伟回忆："当《思想与时代》月刊初出版的时候，他来约作者写文章，可是作者却非常害怕。怕的是文章到他手里，不见得可以通得过。"①不过对于钱穆的来稿，张荫麟从来就不吝惜纸张，篇篇照登。张荫麟主持《思想与时代》月刊共 15 期，几乎期期皆有钱穆的文章，足见他对钱氏文稿的重视。

《思想与时代》"在抗战时期隐然为后方学术期刊之一重镇"②，在其周围集聚的学人群为数不少，且相对稳定，对科学与人文的调适做了有益的探索和尝试，放到中国现代学术思想史上也应占有一席之地。在总共 53 期的《思想与时代》杂志上，合计有作者 115 位。钱穆发表的文章竟达 42 篇，其中 27 篇是"文化思想"方面的内容。其内容亦确如钱自述，侧重于"提倡复兴中国文化，或作中西文化比较"方面。此时的钱穆，对于中国文化的推崇之意更浓厚、更直接。他说："余自《国史大纲》以前所为，乃属历史性论文，仅为古人伸冤，作不平鸣，如是而已。此后造论著书，多属文化性，提倡复兴中国文化，或作中西文化比较，其开始转机，则当自为《思想与时代》撰文始，此下遂有《中国文化史导论》一书，该书后由正中书局出版。是则余一人生平学问思想，先后转捩一大要点所在，不得谓与晓峰之创办此一杂志无关联。"③

值得注意的是，钱穆在《国史大纲》之后本欲撰一"文化史"，以露其"通史之学"的全相。钱为《思想与时代》所撰各文，实本此意而为。他在《中国文化史导论》的"弁言"中指出："本书十篇，根据上述意见而下笔，这是民国三十年间事。其中一部分曾在《思想与时代》杂志中刊载。当时因在后方，书籍不凑手，仅作一空洞意见之叙述。此数年来，本想写一较翔实的文化史，但一则无此心情，二则无此际遇，而此稿携行箧中东西奔跑，又复敝帚自珍，常恐散失了；明知无当覆瓿，而且恐怕必犯许多人的笑骂，但还想在此中或可引出一二可供平心讨论之点，因此也终于大胆地付印了。"④钱穆后来又在该书的"修订版序"中重申此意："本书写于民国三十年中日抗战时期，为余写成《国史大纲》

① 谢幼伟：《张荫麟先生言行录》，见周忱编选：《张荫麟先生纪念文集》，上海：汉语大词典出版社，2002 年，第 216 页。

② "中国文化大学"华冈学会：《张其昀博士的生活和思想》，台北："中国文化大学"出版部，1982 年，第 453 页。

③ 钱穆：《纪念张晓峰吾友》，《八十忆双亲师友杂忆合刊》"附录四"，北京：九州出版社，2011 年，第 376 页。

④ 钱穆：《中国文化史导论》，北京：九州出版社，2011 年，"弁言"，第 6 页。

后，第一步进而讨论中国文化史有系统之著作，乃专就通史中有关文化史一端作导论。故此书当与《国史大纲》合读，庶易获得著者写作之大意所在。"①到1961年，钱穆在香港做系列演讲，讲稿以"中国历史研究法"为题发表，称："其实文化史必然是一部通史，而一部通史，则最好应以文化为其主要之内容。其间更分政治、社会、经济、学术、人物与地理之六分题；每一分题，各有其主要内容，而以文化为其共通对象与共通骨干。"②

很显然，此时钱穆的通史之学已明确转到"文化史"的一面，刚好走到他在1935年偏重政治史的反面，在精神上隐约与梁启超20世纪20年代的"文化史"主张相合。钱穆走向"文化史"是其通史之学发展的必然结果。因为其学求博通、求全体，而文化的涵盖性和伸缩性远胜于政治。当其自觉能把握较抽象的文化时，自然要以文化来统领通史了。其统领的方式是以哲学的眼光得出历史的内涵意义和统一精神，这正是钱穆晚年史学的特色。钱穆自谓："全部历史只是平铺放着，我们须能运用哲学的眼光来加以汇通和合，而阐述出其全部历史中之内涵意义与其统一精神来。此种研究，始成为文化史。"③

张荫麟在《思想与时代》月刊上的撰文数量居第四位，有15篇，其中有三分之一是"文化思想"方面的内容，在文化观念上与钱穆有着近似性。其在《思想与时代》上发表的《论中西文化的差异》一文认为："无论在价值意识上，在社会组织上，或在'社会生存'上，至少自周秦希腊以来，双方都有贯彻古今的根本差异。"④可见，张氏是在东西文化为异性文化且对等的前提下立论的，这与钱穆中西文化不同类型的看法颇为接近。对比张荫麟在20世纪30年代的看法，前后也已有相当的不同。1935年冯友兰的《中国哲学史》下册出版。冯书谓："近所谓东西文化之不同，在许多点上，实即中古文化与近古文化之差异。"⑤张荫麟对此特于书评中指出"这些见解虽平易而实深澈，虽若人人皆知而实创说"⑥，认同中西文化的本质一致，只是有发展序列上的差别。

正因为张荫麟文化观的转换，钱、张两人才能在近似文化观的前提下，在

① 钱穆：《中国文化史导论》，北京：九州出版社，2011年，"修订版序"，第7页。

② 钱穆：《中国历史研究法》，北京：九州出版社，2011年，"序"，第1页。

③ 钱穆：《中国历史研究法》，北京：九州出版社，2011年，第126页。

④ 张荫麟：《论中西文化的差异》，见[美]陈润成、李欣荣编著：《张荫麟全集》下卷，北京：清华大学出版社，2013年，第1888页。

⑤ 冯友兰：《中国哲学史》下册，上海：华东师范大学出版社，2011年，第4—5页。

⑥ 张荫麟：《评冯友兰〈中国哲学史〉下卷》，见[美]陈润成、李欣荣编著：《张荫麟全集》下卷，北京：清华大学出版社，2013年，第1494页。

"思想与时代社"这样具有浓郁文化研讨色彩的团体内共事。不过，两人通史之学的距离并没有因文化观的近似而趋近。钱穆欲以通史"为故国招魂"，晚年更发展到以文化史囊括百家，此意在张氏眼中定不能脱"旧日史家"意态的嫌疑。不过，此时的张氏墓木已拱，难有言语了。

性相近：购书乃"人生一乐事"

钱穆是个标准的"书痴"，在《师友杂忆》中对其搜书、藏书之事多有叙述，可谓不吝笔墨。"余自一九三○年秋去北平，至三七年冬离平南下，先后住北平凡八年。先三年生活稍定，后五年乃一意购藏旧籍，琉璃厂隆福寺为余常至地，各书肆老板几无不相识。遇所欲书，两处各择一旧书肆，通一电话，彼肆中无有，即向同街其他书肆代询，何家有此书，即派车送来。北大清华燕京三校图书馆，余转少去。每星期日各书肆派人送书来者，逾十数家，所送皆每部开首一两册。余书斋中特放一大长桌，书估放书桌上即去。下星期日来，余所欲，即下次携全书来，其他每星期相易。""北平如一书海，游其中，诚亦人生一乐事。""余前后五年购书逾五万册，当在二十万卷左右。历年薪水所得，节衣缩食，尽耗在此。尝告友人，一旦学校解聘，余亦摆一书摊，可不愁生活。"[1]

张荫麟最大的爱好也是收书，所收之书以宋人文集为最多，大概有好几百种。1937年春，吴晗在开封相国寺地摊上，偶然得到排印本的《中兴小纪》。张荫麟一见便据为己有，闹了半天，提出用四部丛刊本明清人文集十种对换。吴晗拗不过他，只好勉强答应。张荫麟高兴极了，立刻将书塞进他的行李袋，再也不肯拿出来。回校后，吴晗去讨书债，张荫麟在书架上东翻翻西翻翻，摸了大半天，都不舍得。这种爱书、占书、赖书的书呆子劲头，倒是和孔乙己的"窃书不为偷"有些许相像。张荫麟房间里到处都凌乱地扔着书，读书入迷时，不管白天黑夜。在清华时，吴晗几次去找他，都是在沙发上把他摇醒的。原来他一夜没睡，读书读到迷糊就睡在沙发上了。[2]在撰写《中国史纲》的两年内，张荫麟常常为写作一篇文章而几天几夜不眠，直到文章完成才大睡几天、大吃几顿，结果健康大为受损，得了肾脏炎，和乃师梁启超是同样的病。他尚且不以为意，认为

---

[1] 钱穆：《八十忆双亲师友杂忆合刊》，北京：九州出版社，2011年，第180页。

[2] 吴晗：《记张荫麟》，见周忱编选：《张荫麟先生纪念文集》，上海：汉语大词典出版社，2002年，第205页。

"梁任公先生五十外婴此疾，本不致死，不幸误于医术。他这三十几岁人的抵抗力，必不至于如梁先生"①。

钱穆自称："余性迂而执，不能应付现代之交际场合又如此。"②在好友贺麟眼中，张荫麟"睥睨一世，独往独来，一任性情，独抒己见"③。张荫麟在学术上四处"攻讦"，不近人情。他指斥郑振铎文史研究中"使人喷饭之处"；批评郭绍虞"食西不化"。④郭沫若译歌德长诗《浮士德》，急于脱稿，遂致"谬误荒唐、令人发噱之处，几于无页无之"，张荫麟戏称，如果要写一本详尽的《郭译浮士德上部纠谬》，恐怕会和译本差不多的篇幅。⑤胡适撰写的《白话文学史》时称名著，张荫麟却举证确凿，认为其存在去取多由主观的毛病。⑥胡适直到晚年仍未释怀，曾经对儿子胡颂平说："张荫麟以前的文章都发表于《学衡》上。《学衡》是吴宓这班人办的，是一个反对我的刊物。"⑦但胡适也肯定张荫麟的史学眼光不错，有不少好文字，并预备将《中国史纲》看一遍。针对古史辨派，他写了《评近人顾颉刚对于中国古史的讨论》《评顾颉刚〈秦汉统一的由来和战国人对于世界的想象〉》等文章，除对若干具体问题的考订和解释提出自己的不同看法外，还对疑古派"误用默证"的方法论进行了颇为激烈的批评。他说："信口疑古，天下事有易于此者耶？吾人非谓古不可疑，就研究之历程而言，一切学问皆当以疑始，更何有于古；然若不广求证据而擅下断案，立一臆说，几不与吾说合者则皆伪之，此与旧日策论家之好作翻案文章，其何以异？而今日之言疑古者大率类此。世俗不究本原，不求真是，徒震于其新奇，遂以打倒偶像目之；不知彼等实换一新偶像而已。"⑧

---

① 贺昌群：《哀张荫麟先生》，《文论及其它》（《贺昌群文集》第三卷），北京：商务印书馆，2003年，第573—574页。

② 钱穆：《八十忆双亲师友杂忆合刊》，北京：九州出版社，2011年，第144页。

③ 贺麟：《我所认识的荫麟》，见周忱编选：《张荫麟先生纪念文集》，上海：汉语大词典出版社，2002年，第200页。

④ 张荫麟：《评〈小说月报〉"中国文学研究号"》，见[美]陈润成、李欣荣编著：《张荫麟全集》中卷，北京：清华大学出版社，2013年，第928—930页。

⑤ 张荫麟：《评郭沫若译〈浮士德〉上部》，见[美]陈润成、李欣荣编著：《张荫麟全集》中卷，北京：清华大学出版社，2013年，第955—961页。

⑥ 张荫麟《评胡适〈白话文史〉上卷》，《张荫麟全集》中卷，北京：清华大学出版社，2013年，第1049—1056页。

⑦ 胡颂平：《胡适之先生晚年谈话录》，北京：中国友谊出版公司，1993年，第61页。

⑧ 李埏：《张荫麟先生传略》，见周忱编选：《张荫麟先生纪念文集》，上海：汉语大词典出版社，2002年，第265页。

1942 年，张荫麟病逝于贵州遵义，年仅 37 岁。宛如寒夜闪空的彗星，方才现身，旋即陨落，梁启超、陈寅恪、钱穆衮衮诸公的期望随之东流。将其引为知己同调的钱穆闻之悲伤不已，于 11 月 22 日在成都赖家园写下《中国今日所需要之新史学与新史学家》一文痛悼亡友：

故友张君荫麟，始相识在民国二十三年春夏间。时余与张君方共有志为通史之学。当谓张君天才英发，年力方富，又博通中西文哲诸科，学既博洽，而复关怀时事，不甘仅仅为记注考订而止。然则中国新史学之大业，殆将于张君之身完成之。岂期天不假年，溘然长逝。此数年来，强寇压境，蹙吾半国，黉舍播迁，学殖荒落。老者壮者无所长进，少者弱者丧其瞻依，张君独奋志潜精，日就月将，吾见其进，未见其止，明星遽坠，长夜失照，眺前瞩后，岂胜悼怆。特草此文以当追念，而斯人不作，安得复相与一畅论之。然后生可畏，焉知来者之不如今，是所望于诵斯文而有慕于张君者。①

---

① 钱穆：《中国今日所需要之新史学与新史学家》，见周忱编选：《张荫麟先生纪念文集》，上海：汉语大词典出版社，2002 年，第 7—8 页。

史哲合流　同途殊归

——钱穆与贺麟

在订交张荫麟的同时，钱穆还结识了贺麟。钱穆晚年回忆："（张）荫麟自美留学归来，任教于清华大学。其先为清华学生，与同学贺麟，同为其师吴雨僧创办天津《大公报》文学副刊撰文，一时号称'二麟'。贺麟留学欧洲归，任教于北京大学之哲学系。荫麟在清华史学系，两人与余往来皆甚密。"①

相识相交

贺麟，字自昭，1902 年出生于四川金堂。1919 年秋，贺麟考入清华学校。1925 年，清华国学研究院成立，梁启超作为导师开课。据说最初有 200 名学生慕名前来听课，极一时之盛，但听到最后，留下来的仅有五人，贺麟便是其中之一。贺氏自言他和挚友张荫麟，当时"共同的兴趣是听梁任公的演讲"②。他的《戴东原研究指南》一文就是在梁启超的指导下写成的，1923 年 12 月发表在北平《晨报》副刊上，这是贺麟生平发表的第一篇文章。

给贺麟治学以深刻影响的另一位学者是吴宓。1925 年，吴宓为清华高年级学生开设外文翻译课。选修吴氏这一课程的人不多，有时课堂上只有贺麟、张荫麟和陈铨三人。三人志同道合，成为挚友，常到吴宓居处"藤影荷声之馆"问学，被当时的清华学生誉为"吴门三杰"。在吴宓的悉心指导和培养下，贺麟的

---

① 钱穆：《纪念张晓峰吾友》，《八十忆双亲师友杂忆合刊》"附录四"，北京：九州出版社，2011 年，第 374 页。

② 贺麟：《我所认识的荫麟》，见周忱编选：《张荫麟先生纪念文集》，上海：汉语大词典出版社，2002 年，第 187 页。

外文翻译水平大为提高，并于 1925 年 11 月在《东方杂志》上发表了《严复的翻译》一文。贺氏自言："从这时起，我就想步吴宓先生介绍西方古典文学的后尘，以介绍和传播西方古典哲学为自己终身的'志业'。"①

1926 年 9 月，贺麟赴美留学，先后在奥柏林大学、芝加哥大学、哈佛大学哲学系学习，师从怀特海等著名学者。在留美期间，他对新黑格尔派的代表人物、英国的格林和美国的鲁一士（Royce）的著作产生了浓厚兴趣，鲁一士的《近代哲学之精神》《近代理想主义演讲》两书对他启发尤大。为了进一步学习黑格尔哲学，贺麟于 1930 年在哈佛大学获得哲学硕士学位后，毅然来到黑格尔故乡德国，在柏林大学进一步深造。1931 年 8 月，他和时在德国游学的吴宓等人结伴同行回国，结束了长达五年的负笈欧美的留学生涯。

回国后的贺麟进入北京大学哲学系任教，得以认识钱穆。两人在北大文学院共事的七年间，相互切磋学问，往来甚密。钱穆在北大主讲上古史、秦汉史、清代学术史和中国通史；贺麟讲授现代西方哲学、西洋哲学史、黑格尔哲学等课程，从事黑格尔著作和研究黑格尔著作的译述，如翻译鲁一士的《黑格尔学述》（1936 年）、开尔德的《黑格尔》（1936 年）等，一时有"黑学专家"的雅号。

民族意识

贺麟回国之际，正值九一八事变爆发。面对民族危机日趋严重的形势，钱穆在北大主讲清代学术史，着力挖掘晚明清初诸儒的民族主义思想，大力表彰他们不忘种姓的节操与气节；而贺麟则奋笔疾书地写下了《德国三大伟人处国难时之态度》（《德国三大哲人歌德、黑格尔、费希特处国难时之态度》）长文，向国人介绍三人在普法战争中的爱国主义事迹。其时，吴宓正主持天津《大公报》文学副刊的编务。贺氏此文分七期刊登于天津《大公报》，吴宓在 10 月 21 日开篇之时特加按语说："当此国难横来，民族屈辱之际，凡为中国国民者，无分男女老少，应当憬然知所以自处。百年前之德国，蹂躏于拿破仑铁蹄之下，其时文士哲人，莫不痛愤警策。惟以各人性情境遇不同，故其态度亦异。而歌德、费希特、黑格尔之行事，壮烈诚挚，尤足发聋振聩，为吾侪之所取法。故特约请北京大学哲学系讲师贺麟君撰述此篇。"②1934 年 7 月，北平大学出版社汇集各期出

① 贺麟：《五十年来的中国哲学》，北京：商务印书馆，2002 年，第 118 页。
② 贺麟：《德国三大哲人歌德、黑格尔、费希特的爱国主义》，北京：商务印书馆，1989 年，"新版序"，第 2 页。

版单行本，贺麟采纳好友张荫麟的建议，将文题中的"三大伟人"改为"三大哲人"后单独印行。1989 年，该书略加增删后以《德国三大哲人歌德、黑格尔、费希特的爱国主义》为名由商务印书馆再版。

贺麟在北大任教期间专事黑格尔哲学的研究和译述，除个人的学术研究兴趣外，还与他对当时时代的认识有关。贺氏在《康德、黑格尔哲学在中国的传播》一文中说："我之所以译述黑格尔，其实，时代的兴趣居多。我们所处的时代与黑格尔的时代——都是：政治方面，正当强邻压境，国内四分五裂，人心涣散颓丧的时代；学术方面，正当启蒙运动之后；文艺方面，正当浪漫文艺运动之后——因此很有些相同，黑格尔的学说于解答时代问题，实有足资我们借鉴的地方。而黑格尔之有内容、有生命、有历史感的逻辑——分析矛盾，调解矛盾，征服冲突的逻辑，及其重民族历史文化，重有求超越有限的精神生活的思想，实足振聋起顽，唤醒对于民族精神的自觉与鼓舞，对于民族性与民族文化的发展，使吾人既不舍己骛外，亦不故步自封，但知依一定之理则，以自求超拔，自求发展，而臻于理想之域。也正是在这种时代精神的鼓舞下，我在九一八事变后在《大公报》陆续发表了关于《德国三大哲人歌德、黑格尔、费希特处国难时之态度》一文。"①

七七事变后，北大南迁。钱穆、贺麟等人同行离开古都北平，从天津乘船南下，取道香港，转赴长沙，于 12 月 6 日到达长沙临时大学文学院暂住地南岳衡山圣经书院。据詹耳回忆，在南岳时他随贺麟研究笛卡尔哲学，听过钱穆演讲王阳明哲学。听后认为王学与笛卡尔学说相似之处颇多，可以相互发明的地方不少，于是在贺麟的介绍下向钱氏求教。钱穆认为笛卡尔之所以被称誉为现代西方哲学之父，一方面是他在其形而上的哲学上，承受了中世纪的传统，即二元论的传统，但在心物关系上，他的解释却流于神秘。现代西方哲学重科学精神，重分析，与笛氏的影响大有关系。而王学的精髓处，却是"圆浑天成"，直诉"自心"。詹耳听后，豁然开朗，认识到"不把心与物对立，不把内外分成两截，直透大义，反向自心，是何等的简易透彻，直截了当"。"经过钱宾四先生的指点后，我将笛氏的'我思'与阳明的'良知'并列，将前者使认识变为可能的松果线与后者的'至诚感人'的'感应'并列，将笛氏的怀疑、淘汰法与阳明的致知、诚意对比，除了佩服宾四先生中西哲学高深的造诣外，我个人得了一个绝大的教训。"②

① 贺麟：《五十年来的中国哲学》，北京：商务印书馆，2002 年，第 118—119 页。
② 詹耳：《宾四先生二三事》，（香港）《人生》，1954 年第 6 期（8 月）。

在南岳三个月后，贺麟与钱穆等人经桂林、柳州、南宁，出镇南关，经河内抵昆明，任教西南联大。在蒙自"天南精舍"中，两人同居一处，早夕问学。游滇中诸胜景，两人多结伴而行。文学院从蒙自迁往昆明后，钱穆一半时间卜居宜良山中撰写通史教材《国史大纲》，贺麟与汤用彤亲自相送至岩泉寺，与钱氏"同卧外室地铺上"①，作长夜之谈，感情笃深。1938 年 10 月，贺麟赴重庆中央政治学校任教，一年后返回西南联大。此时，钱穆已离开联大，后接受成都齐鲁大学国学研究所之聘。以后一个在昆明，一个在成都，两人见面的机会逐渐减少。

意气相通

1941 年 8 月，张其昀等人在浙江大学发起组织"思想与时代社"，创办《思想与时代》月刊，钱穆与贺麟同为该社的基本社员和杂志的主要撰稿人。据台湾学者林志宏统计，钱穆在《思想与时代》月刊上发表了 42 篇文章，其中有关文化思想方面的文章就多达 27 篇。贺麟在该杂志上发表了 14 篇文章，有关思想文化方面的论文达 11 篇之多。贺麟在该杂志创刊号上发表了《儒家思想的新开展》一文，这是阐述他新儒学思想的代表作品。贺氏在文中指出："中国当前的时代，是一个民族复兴的时代。民族复兴不仅是争抗战的胜利，不仅是争中华民族在国际政治中的自由、独立和平等，民族复兴本质上应是民族文化的复兴。民族文化的复兴，其主要的潮流、根本的成分就是儒家思想的复兴，儒家文化的复兴。假如儒家思想没有新的前途、新的开展，则中华民族以及民族文化也就不会有新的前途、新的开展。换言之，儒家思想的命运，是与民族的前途命运、盛衰消长同一而不可分的。"因此，当今之时，重要的不是吸收外来文化，而是怎样来挺立民族文化。"如果中华民族不能以儒家思想或民族精神为主体去儒化或华化西洋文化，则中国将失掉文化上的自主权，而陷于文化上的殖民地。"要收复失地，争取文化上的独立与自立，儒家思想必须来一个新的开展，"循艺术化、宗教化、哲学化的途径迈进。"贺麟还提出了儒家思想新开展的三个路径："第一，必须以西洋之哲学发挥儒学之理学"；"第二，须吸收基督教之精华以充实儒家之礼教"；"第三，须领略西洋之艺术以发扬儒家之诗教"。②

① 钱穆：《八十忆双亲师友杂忆合刊》，北京：九州出版社，2011 年，第 210 页。
② 贺麟：《儒家思想的新开展》，《文化与人生》，北京：商务印书馆，1988 年，第 7—9 页。

在抗战初期，贺麟就高举学术救国的旗帜，高扬文化承担的精神。在 1938 年 5 月发表的《抗战建国与学术救国》一文中，他直言："一个民族的复兴，即是那一民族学术文化的复兴；一个国家的建国，本质上必是一个创进的学术文化的建国。抗战不忘学术，庶不仅是五分钟热血的抗战，而是理智支持情感，学术锻炼意志的长期抗战。学术不忘抗战，庶不致是死气沉沉的学术，而是担负民族使命，建立自由国家，洋溢着精神力量的学术。"①

与贺麟一样，抗战时期的钱穆对文化救国、学术救国抱有坚定的信心，对中华民族得以自立的文化生命和精神元气大力加以阐扬和维护。钱穆并不否认中国文化演进到近代衰颓不振、病痛百出这一事实，面对着西方文化的强劲挑战，必须进行一番彻底的调整与更新。但是，这种调整与更新却不能自外生成，其动力必须来自中国文化系统的内部，必须体认和依凭中国文化自身内部的机制。因为"一民族文化之传统，皆由其民族自身递传数世、数十世、数百世血液所浇灌，精肉所培壅，而始得开此民族文化之花，结此民族文化之果，非可以自外巧取偷窃而得"②。"当知无文化，便无历史；无历史，便无民族；无民族，便无力量；无力量，便无存在。"③钱穆认为，抗战时期的民族争存，归根到底便是一种文化争存，所谓民族力量，实质上便是一种文化力量。"以我国人今日之不肖，文化之堕落，而犹可言抗战，犹可言建国，则以我先民文化传统犹未全息绝故。"④如果对自己的传统文化一味做自我否定，那么，我们依靠什么力量来团结四万万五千同胞对此强寇做殊死的抵抗？所以他向国人大声疾呼："我民族国家之前途，仍将于我先民文化所赋自身内部获得其生机。"⑤"中国人自己不知道中国事，如何能爱中国？不爱中国人的人，如何算得是一个真正的中国人？"⑥

针对"五四"新文化运动以来弥漫学术界的反传统思想，贺麟与钱穆都进行了深刻的反省和批判。"五四"时期，一批激进的知识分子鞭打纲常名教、痛斥"礼教吃人"，对以"三纲五常"为核心的传统伦理观念进行了全面否定。对此，贺麟写下《五伦观念的新检讨》，宣称："五伦的观念是几千年来支配我们中国人的道德生活的最有力量的传统观念之一。它是我们礼教的核心，它是维系

① 贺麟：《抗战建国与学术救国》，《文化与人生》，北京：商务印书馆，1988 年，第 22 页。

② 钱穆：《国史大纲》，北京：九州出版社，2011 年，"引论"，第 29 页。

③ 钱穆：《革命教育与国史教育》，《文化与教育》，北京：九州出版社，2011 年，第 259 页。

④ 钱穆：《国史大纲》，北京：九州出版社，2011 年，"引论"，第 28—29 页。

⑤ 钱穆：《国史大纲》，北京：九州出版社，2011 年，"引论"，第 28 页。

⑥ 钱穆：《革命教育与国史教育》，《文化与教育》，北京：九州出版社，2011 年，第 257 页。

中华民族的群体的纲纪。"①贺氏不仅论证了"五伦说"发展为"三纲说"的逻辑必然性，而且还把"三纲说"与西方伦理思想进行比较，找到了两者的融通之处。他说："最奇怪的是，而且使我自己都感到惊异的，就是我在这中国特有的最陈腐、最为世所诟病的旧礼教核心三纲说中，发现了与西洋正宗的高深的伦理思想和与西洋向前进展向外扩充的近代精神相符合的地方。就三纲说之注重尽忠于永恒的理念或常德，而不是奴役于无常的个人言，包含有柏拉图的思想。就三纲说之注重实践个人单方面的纯道德义务，不顾经验中的偶然情景言，包含有康德的道德思想。"②

钱穆与贺麟有近似的见解。钱穆认为，新文化运动毁弃中国文化是一种媚外蔑己的表现，其口号如"打倒孔家店""礼教吃人""线装书扔茅厕里""废置汉字"等，"全是一种偏激的意见和态度，并不曾转变成一种严肃的、深细的思想来讨论、来争持。"③对于中国传统文化中"礼"这个核心概念，钱穆认为它是整个中国文化世界里一切行为的准绳，他甚至公开宣称中国文化就是"礼"的文化，"孝"的文化。直到晚年美国学者邓尔麟到台北素书楼来拜访他时，他仍然念念不忘"礼"和"家"在中国文化系统中的意义。④

与钱氏所不同的是，贺麟虽对新文化运动有深刻的批评，但并没有做全盘否定。他在《儒家思想的新开展》中说："五四时代的新文化运动，可以说是促进儒家思想新发展的一个大转机。表面上，新文化运动虽是一个打倒孔家店、推翻儒家思想的一个大运动。但实际上，其促进儒家思想新发展的功绩与重要性，乃远远超过前一时期曾国藩、张之洞等人对于儒家思想的提倡。……新文化运动的最大贡献在于破坏和扫除儒家的僵化部分的躯壳的形式末节，及束缚个性的传统腐化部分。他们并没有打倒孔孟的真精神、真意思、真学术，反而因他们洗刷扫除的工夫，使得孔孟程朱的真面目更是显露出来。"⑤在对"五四"新文化运动的评价上，贺麟较之钱穆更具有理性和同情感。

针对当时有人把宋朝国势的衰弱和宋明之亡于异族归罪于宋明儒，甚至于说宋学盛行时期就是民族衰亡时期，贺麟于 1944 年发表《宋儒的新评价》提出不同观点。他说："宋朝之受制于异族，似乎主要的应该向军事和政治方面去求解

① 贺麟：《五伦观念的新检讨》，《文化与人生》，北京：商务印书馆，1988 年，第 51 页。
② 贺麟：《五伦观念的新检讨》，《文化与人生》，北京：商务印书馆，1988 年，第 60—61 页。
③ 钱穆：《五十年代之中国思想界》，《历史与文化论丛》，北京：九州出版社，2011 年，第 232 页。
④ ［美］邓尔麟著、蓝桦译：《钱穆与七房桥的世界》，北京：社会科学出版社，1998 年，第 8—9 页。
⑤ 贺麟：《儒家思想的新开展》，《文化与人生》，北京：商务印书馆，1988 年，第 5 页。

释。"明确指出："宋代之衰弱不振，亡于异族，主因是开国时国策有错，宋儒责任甚轻。""今欲以宋代数百年祸患，而归罪这几位道学家，不惟诬枉贤哲，抑且太不合事实，太缺乏历史眼光了。"贺麟进一步认为，宋明时期的理学家是具有民族气节和民族责任感的学者。他说："平心而论，这些宋明道学家当国家衰亡之时，他们并不似犹太学者，不顾祖国存亡，只知讲学。他们尚在那里提倡民族气节，愿意为祖国而死，以保个人节操和民族正气。"又说："他们虽在田野里讲学论道，但他们纯全为尽名分，为实践春秋大义，为实现治国平天下的王道理想起见，他们绝没有忘记过对民族的责任。他们对民族复兴和民族文化复兴有了很大的功绩和贡献。"①

与贺麟一样，钱穆对宋儒极为推崇。他称"讲中国学术史，宋代是一个极盛时期。上比唐代，下比明代，都来得像样"②。在《中国近三百年学术史》中，他提出清代汉学渊源于宋学的主张，"不知宋学，则亦不能知汉学，更无以评汉宋之是非"③。在《国史大纲》中，他对宋学为疏陋之学、"至清始务笃实"的观点大加批驳，称："自宋以下学术，一变南北朝隋唐之态度，（南北朝、隋、唐虽盛衰治乱不同，但学术上同带有狭义的贵族门第性，故所治多为文艺诗赋，所重多在当代典章。稍稍逸出，求高僧，谈玄理，却与世法不相贯——原注）都带有一种严正的淑世主义。"④"'士当先天下之忧而忧，后天下之乐而乐。'是那时士大夫社会中一种自觉精神之最好的解释。"⑤

贺麟主攻哲学，钱穆以史学见长，前者从哲学的层面为儒学的复兴寻找思想资源，后者从中国历史发展变迁中为国家、民族不亡寻找证据和答案。他们各自研究的领域不同，观察问题的视角和研究的方法、手段也不一样，开出的复兴中国文化的药方也未必能得到人们的接受和认同。但是，他们从民族文化资源中去寻找中华民族转弱为强、转败为胜的苦心孤诣却是殊途同归的，为中华民族的复兴所表现出来的高昂的爱国主义热情和以天下兴亡为己任的文化承担精神值得肯定和称道。

---

① 贺麟：《宋儒的新评价》，《文化与人生》，北京：商务印书馆，1988 年，第 193、197、194、194、195 页。

② 钱穆：《中国史学名著》，北京：九州出版社，2011 年，第 221 页。

③ 钱穆：《中国近三百年学术史》，北京：九州出版社，2011 年，"自序"，第 1 页。

④ 钱穆：《国史大纲》，北京：九州出版社，2011 年，第 854 页。

⑤ 钱穆：《国史大纲》，北京：九州出版社，2011 年，第 602 页。

同嗜心学

贺麟曾经留学欧美，受过西学的系统训练，但他"从小深受儒学熏陶，特别感兴趣的是宋明理学"①。回国后，贺麟致力于翻译和推介黑格尔的哲学思想。20 世纪 40 年代初，他开始翻译黑格尔的重要著作《小逻辑》，重要成果体现于1943 年出版的《黑格尔理则学简述》一书之中。抗日战争期间，是他学术创作的一个重要时期。他撰写了《近代唯心论简释》《文化与人生》《中国当代哲学》。在这些论著之中，他将西方的新黑格尔主义与中国的陆王心学相结合，完成了"新心学"理论体系的构建，他因此被誉为现代新儒学"新心学"一派的开创者。

"格物"一词，在《大学》中为修身的途径和方法。朱熹《大学章句》将"格物"认定是"致知"的途径和方法。胡适于 1917 年完成的博士论文《先秦名学史》指出："程氏兄弟及朱熹给'格物'一语的解释十分接近归纳方法：即从寻求事物的理开始，旨在借着综合而得最后的启迪。"②1919 年，胡适在《北京大学月刊》上发表《清代汉学家的科学方法》（后更名为《清代学者的治学方法》），明确认为朱熹《大学章句》"补格物传"所言"即物而穷其理"是通过研究具体事物而寻出物的道理，"这便是归纳的精神"，还说："'即凡天下之物，莫不因其已知之理而益穷之，以求至乎其极'，这是很伟大的希望，科学的目的，也不过如此。"该文还说："宋儒的格物说，究竟可算得是含有一点归纳的精神。'即凡天下之物，莫不因其已知之理而益穷之'一句话里，的确含有科学的基础。"③与此不同，冯友兰在《中国哲学史》下册中阐述朱子哲学时，以"道德及修养之方"为题对朱子的"格物"说做了分析，指出："然就朱子之哲学系统整个观之，则此格物之修养方法，自与其全系统相协和。盖朱子以天下事物，皆有其理；而吾心中之性，即天下事物之理之全体。穷天下事物之理，即穷吾性中之理也。今日穷一性中之理，明日穷一性中之理。多穷一理，即使吾气中之性多明一点。穷之既多，则有豁然顿悟之一时。至此时则见万物之理，皆在吾

① 贺麟：《五十年来的中国哲学》，北京：商务印书馆，2002 年，第 117 页。

② 胡适：《先秦名学史》，《胡适文集》第六册，北京：北京大学出版社，1998 年，第 8 页。

③ 胡适：《清代学者的治学方法》，《胡适文集》第二册，北京：北京大学出版社，1998 年，第284、285 页。

性中。……用此修养方法，果否能达到此目的，乃另一问题。不过就朱子之哲学系统言，朱子固可持此说也。"①可见，冯友兰是把朱子的"格物"仅限于道德修养方法加以阐释。为此，他还明确指出："朱子所说格物，实为修养方法，其目的在于明吾心之全体大用。即陆、王一派之道学家批评朱子此说，亦视之为一修养方法而批评之。若以此为朱子之科学精神，以为此乃专为求知识者，则诬朱子矣。"②

1936 年，贺麟发表《宋儒的思想方法》，反对胡适将朱熹的"格物"诠释为科学方法，指出："本文的主旨即在于消极方面指出宋儒的思想方法不是科学方法，积极方面指出宋儒，不论朱陆两派，其思想方法均依我们所了解的直觉法。换言之，陆王所谓致知或致良知，程朱所谓格物穷理，皆不是科学方法，而乃是探求他们所谓心学或性理学亦即我们所谓哲学或形而上学的直觉法。"同时，贺麟也不赞同冯友兰《中国哲学史》下册所谓"格物"是"道德及修养之方"的观点，指出："若芝生先生此处之意，系指朱子所谓格物不是科学方法，则实为了解朱子一种进步，亦我之所赞同。因为朱子之格物非科学方法，自是确论。但谓朱子的格物全非科学精神，亦未免有诬朱子，盖以朱子之虚心穷理，无书不读，无物不格的爱智精神，实为科学的精神也。但他又肯定朱子的格物只是修养的方法而非求知识的方法，则我却又不敢苟同。"为此，贺麟还说："依我的说法，朱子的格物，既非探求自然知识的科学方法（如实验方法、数学方法等），亦非与主静主敬同其作用的修养方法，而乃是寻求哲学或性理学知识的直觉方法，虽非科学方法，但并不违反科学违反理智，且有时科学家亦偶尔一用直觉方法，而用直觉方法的哲学家，偶尔亦可发现自然的科学知识。"他认为朱熹的"格物"是一种哲学家和科学家都能够运用的直觉方法，而不只是单纯的道德修养方法。当然，贺麟又说："直觉方法虽与涵养用敬有别，不是纯修养的方法，但因直觉既是用理智的同情以体察事物理会事物的格物方法，故并不是与情志、人格或修养毫不相干。"③

朱陆关系问题是宋明理学最重要的问题之一，民国时期不少学者如谢无量的《中国哲学史》、吕思勉的《理学纲要》都对朱陆的异同有过论述。1932 年，冯友兰发表《宋明道学中理学心学二派之不同》，从本体论的层面对朱陆做出区

---

① 冯友兰：《中国哲学史》下册，上海：华东师范大学出版社，2011 年，第 208 页。

② 冯友兰：《中国哲学史》下册，上海：华东师范大学出版社，2011 年，第 208 页。

③ 贺麟：《宋儒的思想方法》，《近代唯心论简释》，北京：商务印书馆，2018 年，第 78、94、95、95 页。

分，认为朱陆的差异在于朱熹讲"性即理"为理学、陆九渊讲"心即理"为心学之根本不同。这一观点后来被纳入《中国哲学史》，对民国时期乃至后来的朱子学研究产生重大影响。贺麟对此不敢苟同，在《宋儒的思想方法》中反对冯友兰从本体论将朱陆对立起来，并且较多地从工夫论的层面上，把朱陆的思想方法都看作随觉的方法，进而分析朱熹直觉法与陆王直觉法的异同。在贺麟看来，朱熹的"格物"直觉法虽然"注重向外体认物性"，但最终是要达到"心与理一"，而与陆九渊"注重向内反省"的直觉法殊途而同归。到了1945年出版的《当代中国哲学》中，贺麟较多地讲朱熹的"心与理一"，并诠释为"心即理"，从"心学"的角度讨论朱熹的本体论、格物论和朱陆异同。他认为，冯友兰"对陆、王学说太乏同情，斥之为形而下学，恐亦不甚平允，且与近来调和朱、陆的趋势不相协合"，并且还认为，"讲程、朱而不能发展至陆、王，必失之支离；讲陆、王而不能回复到程、朱，必失之狂禅。冯先生只注重程、朱理气之说，而忽视程、朱心性之说，且讲程、朱而排斥陆、王，认陆、王之学为形而下之学，为有点'拖泥带水'"，因而会被人批评是"取其糟粕，去其精华"。[①]为此，贺麟提出要建立"程、朱、陆、王得一贯通调解的理学或心学"[②]。

钱穆早年喜陆王心学，于理学各家中，"偏嗜阳明"。抗战时他在南岳衡山，读王龙溪、罗念庵二人文集，"于王学得失特有启悟"[③]。居华西坝时，他细读《朱子语类》《指月录》两书，"对唐代禅宗终于转归宋明理学一演变，获有稍深之认识于朱学深。"[④]以后钱穆陆续发表《二程学术述评》《朱子学术述评》《朱子心学略》《周程朱子学脉论》《朱熹学述》《朱子读书法》《朱子与校勘学》《朱子之辨伪学》等文，晚年更是写出了"综六艺以尊朱"的巨著《朱子新学案》。在1948年发表的《朱子心学略》中，钱穆开宗明义："程、朱主'性即理'，陆、王主'心即理'，学者遂称程、朱为'理学'，陆、王为'心学'。此特大较言之尔。朱子未尝外心而言理，亦未尝外心而言性，其《文集》《朱子语类》，言心者极多，并极精邃，有极近陆、王者，有可以矫陆、王之偏失者。不通朱子之心学，则无以明朱学之大全，亦无以见朱、陆异同之真际。"[⑤]他既大致同意冯友兰从理学与心学对立的角度阐述朱子学，又不满意于此，而强

① 贺麟：《五十年来的中国哲学》，北京：商务印书馆，2002年，第21、33页。

② 贺麟：《五十年来的中国哲学》，北京：商务印书馆，2002年，第18页。

③ 钱穆：《八十忆双亲师友杂忆合刊》，北京：九州出版社，2011年，第200页。

④ 钱穆：《八十忆双亲师友杂忆合刊》，北京：九州出版社，2011年，第240页。

⑤ 钱穆：《朱子心学略》，《中国学术思想史论丛》（五），北京：九州出版社，2011年，第223页。

调要从研究朱熹"心学"入手，特别研究朱熹学术思想中关于"心"与"理"的关系问题。于是，钱穆通过大量引述朱子所言，以证明朱子不外心言理，不外心言性，而且还引朱熹所说"心与理一，不足理在前面为一物。理便在心之中"，认为朱熹"明言心即理处尚多"。该文最后得出结论："一部中国中古时期的思想史，直从隋唐天台、禅宗，下迄明代末年，竟可说是一部心理学史，问题都着眼在人的心理学上。只有朱子，把人心分析得最细，认识得最真。一切心学的精彩处，朱子都有；一切心学流弊，朱子都免。识心之深，殆无超朱子之右者。今日再四推阐，不得不承认朱子乃当时心理学界一位大师也。"[①]

就研究的方法论而言，贺麟走的是一条中西文化会通融合的路径。他说："西洋文化的输入，给了儒家思想一个考验，一个生死存亡的大考验、大关头。假如儒家思想能够把握、吸收、融会、转化西洋文化，以充实自身、发展自身，儒家思想则生存、复活而有新的发展。如不能经过此考验，度过此关头，它就会消亡、沉沦而永不能翻身。"[②]因此，儒家思想的新开展，不是建立在排斥西方文化上，而是建立在彻底把握西方文化上。所谓"彻底把握西洋文化"，就是"儒化西洋文化""华化西洋文化"，即经过理解、吸收、转化、利用、陶熔西方文化以形成新的儒家思想、新的民族文化。

抗战时期，一些学者对钱穆复兴儒学、复兴中国文化的主张持批评态度，即把他当成复古主义代表而加以批评，所持的一个重要理由就是钱穆全盘肯定传统，拒斥西方文化。事实上，抗战时期的钱穆并不是一个固守传统、全盘赞美传统的复古主义者，他也有融会中西文化思想，而且这一思想比其他任何时期的态度都更为鲜明、积极。钱穆在抗战时期完成的《中国文化史导论》一书说，西学东渐后，中国人当前遇到了两大问题："第一，如何赶快学到欧美西方文化的富强力量，好把自己国家和民族的地位支撑住。第二，如何学到了欧美西方文化的富强力量，而不把自己传统文化以安足为终极理想的农业文化之精神斲丧或戕伐了。换言之，即是如何再吸收融和西方文化，而使中国传统文化更光大与更充实。若第一问题不解决，中国的国家民族将根本不存在；若第二问题不解决，则中国国家民族虽得存在，而中国传统文化则仍将失其存在。"[③]在钱穆看来，中国传统文化较之西方，其短处在自然科学，其长处在人文政教，这是事实，但并不意味着中国文化就排斥科学、反对科学，就不需要科学。相反，他希望现代的

---

① 钱穆：《朱子心学略》，《中国学术思想史论丛》（五），北京：九州出版社，2011 年，第 260 页。

② 贺麟：《儒家思想的新开展》，《文化与人生》，北京：商务印书馆，1988 年，第 6 页。

③ 钱穆：《中国文化史导论》，北京：九州出版社，2011 年，第 192—193 页。

中国人能像宋儒消融佛学那样去消融西学，用西方文化之长来补中国文化之短。他说："中国文化是一向偏重在人文科学的，他注重具体的综括，不注重抽象地推概。惟其注重综括，所以常留着余地，好容新的事象与新的物变之随时参加。中国人一向心习之长处在此，所以能宽廓、能圆融、能吸收、能变通。若我们认为人文科学演进可以利用自然科学，可以驾驭自然科学，则中国传统文化中可以容得进近代西方之科学文明，这是不成问题的；不仅可以容受，应该还能融化能开新。这是我们对于面临的最近中国新文化时期之前途的希望。"[①]

学术分途

贺麟与钱穆在学术上有所同，也有所异，两人之间既有支持，也有批评。《中国近三百年学术史》是钱穆研究清代学术史的代表作，钱在书中对康有为的新考据有这样一段评论："康、廖之治经，皆先立一见，然后揽扰群书以就我，不啻'六经皆我注脚'矣，此可谓之考证学中之陆、王。而考证遂陷绝境，不得不坠地而尽矣。"[②]贺麟在 1945 年完成的《五十年来的中国哲学》一书中评康说时引用了钱氏的观点，称康有为"平时著书立说，大都本'六经注我'的精神，摭拾经文以发挥他自己主观的意见，他的《新学伪经考》一书，论者称其为'考证学中之陆、王'（钱穆《中国近三百年学术史》），洵属切当"[③]。不过，贺麟对钱穆在书中只字不提章太炎也提出了严厉的批评。他说："中国传统的著述家有一个错误、不健全的态度：就是他们对于同时代的人的思想学术，不愿有所批评陈述。他们以为评述同时代的人的著作，容易陷于标榜与诋毁——标榜那与我感情相得、利害相同的人，诋毁那与我感情不洽、利害相违的人。他们要等着同时代的人死去之后，然后再加评论，这叫做'盖棺论定'。记得有一位著《中国近三百年学术史》的朋友——钱穆先生，在他这书中对于那时尚活着的章太炎一字不提，虽然他与章太炎并无私交，而那时章氏年已老迈，他在中国学术史上的地位已相当确定。一直到他这书业已出版后，章太炎才逝世。于是他等着章氏逝世以后，方特别著一篇长文，讲述章氏在中国学术史上的贡献。这种态度我认为是不妥的、不健全的。"[④]

---

① 钱穆：《中国文化史导论》，北京：九州出版社，2011 年，第 215—216 页。
② 钱穆：《中国近三百年学术史》，北京：九州出版社，2011 年，第 727 页。
③ 贺麟：《五十年来的中国哲学》，北京：商务印书馆，2002 年，第 3 页。
④ 贺麟：《当代中国哲学原序》，《五十年来的中国哲学》，北京：商务印书馆，2002 年，第 2 页。

贺氏批评的言辞尖锐，立场鲜明，不无道理。不过因此把钱穆归于"传统的著述家"之列，钱氏未必就一定能够接受。其实，贺氏自可坚持他的撰述原则，钱氏也可有自己的撰述方法和风格，两者不必完全相同。贺文称章太炎逝世后钱穆才撰文谈章氏的学术，实指钱氏1936年撰成、1937年6月10日发表在天津《大公报》上的《余杭章氏别学记》一文，此文是钱在章太炎逝世后应燕京大学的邀请作章氏学术思想演讲的讲辞。当时，他的《中国近三百年学术史》已交商务印书馆付印，故未及时补充到书中。此事钱穆居台时，在对台北中国文化学院学生讲"中国史学名著"和他在1978年发表的《太炎论学述》中皆有述说。在此事上，贺麟对钱穆的批评不免尖刻，但有一点是可以肯定的，那就是两人并没有因学术上的批评而妨碍了彼此间的友谊。

1946年7月，西南联大解散，三校复员。贺麟回到了北平，担任北大训导长。钱穆未得北大之聘，以后往返于昆明、无锡之间，任教于五华学院和江南大学。1948年底，解放军包围北平，南京政府实施"抢救北平学人"计划，贺麟即在被"抢救"之列。是去是留，贺麟最初犹豫不决。他主张唯心论，写过批评唯物论的文章，对中国共产党并不十分了解，但最终选择留在大陆。贺麟当时的想法是："我不愿意提个小包，像罪犯一样跑掉，也不愿再与蒋介石有联系。就是到美国去也不会如学生时代那样受优待，何况我的爱人女儿决不做'白俄'。"①

留在大陆的贺麟，改奉马列主义，对自己先前的学术思想做自我批判，经历了一个由唯心论到唯物论间的"脱胎换骨"的角色转换。1982年，80岁高龄的贺麟加入了中国共产党，标志着这一转变的最终完成。贺麟在学术上最具有创造力的时代是20世纪三四十年代，尤其是抗战时期。1949年以后的贺麟，虽然在学术上也有不少造诣，但与20世纪40年代的辉煌相比已不可同日而语。到了晚年，他常常流露出对旧著的深情。1987年，《文化与人生》再版，在"序言"中他以大半的篇幅引用台湾学者韦政通在《伦理思想的突破》一书中对其旧作《五伦观念的新检讨》所作的肯定性评价文字，然后说："我读了他的这一部分文章，好似空谷足音。国内有的学者，多不加理会，甚至有对它作过左的批评者。而韦先生则称其'仍然有新鲜之感，一点也不过时，现在我们仍正在朝着这个目标努力'。又如说'不但态度客观，且确已把握到传统伦理的本质，尤其对等差之爱的补充，以及对三纲的精神更是作了颇富创意的阐释'。真令我感到

① 宋祖良、范进：《会通集：贺麟生平与学术》，北京：生活·读书·新知三联书店，1993年，第74页。

'海外存知己，天涯若比邻'了。"①

　　1949 年以后的钱穆寄居香港、台湾。在这一时期，他完成了晚年尊朱的巨著《朱子新学案》，在双目失明的情况下，仍然撰成了百余万言的《晚学盲言》，在 20 世纪中国学术史上留下了厚重的一笔。

　　1990 年 8 月 30 日，钱穆在台北杭州南路的寓所里无疾而终，平静、安详地走完了他近一个世纪的人生。9 月 2 日，贺麟发去唁电："惊悉钱穆先生仙逝，忆当年与钱兄研讨学问，还企盼重聚，不想兄竟先去，深感哀痛，特致吊唁。"②表达了老友深切的怀念之情。在钱穆去世两年后的 9 月 23 日，贺麟也在北平病逝，享年 90 岁。

---

①贺麟：《文化与人生》，北京：商务印书馆，1988 年，"新版序言"，第 4—5 页。
②《钱穆纪念文集》，上海：上海人民出版社，1992 年，第 351 页。

学人论政　书生本色

——钱穆与张其昀

张其昀，并不算纯粹意义上的学者。他一生游走于学界和政界之间，并一度进入党政中枢机构。他以学人的眼光思量国家的政治制度，所持的政治诉求夹杂着学人的理想主义，更希望以思想及学术的力量挽救颓丧的政局。与张其昀相比，钱穆一生以教育与学术为安身立命之场所，从没有直接参与政治活动。有学者评价钱氏："钱穆一生在学术上努力的目标，是为了达到长久以来中国学术史上'经史合一'的理想……由经史合一产生的政治见解是理想与现实的交融，因此他能关怀时代，站在中国本土文化的立场来思考问题，但并不流于为现实政权服务，且能高瞻远瞩地批导时代。"①或许正是如此，他在 20 世纪 40 年代对政治的建言更趋向于理想主义。

一

张其昀，字晓峰，浙江鄞县人，1900 年出生，比钱穆小 5 岁。1919 年，张其昀自浙江省立第四中学毕业，考入南京高等师范学校。第二年，竺可桢到校任地理学、气象学教授，成为张其昀的老师。此后的三十年间，两人一直维系着亦师亦友的关系。1923 年，张其昀毕业，随后进入上海商务印书馆从事编辑工作。此后的四年，张氏集中精力用于编撰初中、高中地理教科书。其中，《本国地理》由张其昀编撰，竺可桢审阅，获得学界认同，此后经教育部批准成为全国通用教材。1927 年，张氏以南高的本科学历回到由母校改制而成的国立中央大学

---

① 黄克武：《钱穆的学术思想与政治见解》，《近代中国的思潮与人物》，北京：九州出版社，2013 年，第 351 页。

任教，主讲中国地理。1934 年，竺、张师生两人联合他人一起成立了中国地理学会，该学会成为中国地理学术研究的重要学术组织之一。

20 世纪 30 年代中前期，张其昀结识了钱穆。当时钱穆在北京大学任教，假期回苏，张其昀专门前来拜访。据钱穆《师友杂忆》载："又络续由南方来游北平相识者，有缪赞虞凤林、张晓峰其昀，皆从南京中央大学来。"①出于对传统文化的共同热爱，两人志同道合，引为知己。全面抗战爆发后，钱穆随校内迁，任西南联大教授。为撰作《国史大纲》，钱穆独居于宜良北山岩泉下寺一别墅，专心著述。张其昀在 1935 年当选中央研究院第一届评议会评议员，是当选者中最年轻且未出国的一位。一次，张其昀来昆明参加评议会议，"晤及陈寅恪。寅恪告彼近日此间报端有一篇大文章，君必一读。晓峰问，何题。乃曰，钱某《国史大纲》引论。"于是，张其昀来到宜良会见钱穆，"宿山中一宵，告余寅恪所言。"②1985 年张氏逝世，钱穆作悼文再次提及："一日傍晚，忽见晓峰来，极惊讶，问其何由来？……晓峰渴望一面，但知余必周末赴昆明，不获久待，故来。余乃于地板上铺床被，两人连席而卧，作长夜之谈。翌晨，晓峰即匆匆去。"张其昀此次远道而来，令钱穆尤为感动。"晓峰远道只身来，浓情蜜意，终生不能忘。"③

二

钱穆在《师友杂忆》中记："民二十六年晓峰自浙大来函，聘余前往，余辞未去。续聘张荫麟，亦未允。再聘贺昌群，昌群迟疑不决。一夕，余三人在一小馆共餐，余与荫麟劝昌群往，昌群遂允行。"④1937 年时的张其昀，已经随其师竺可桢转往浙江大学任教。前一年，浙大校长郭任远在学生运动的压力之下被迫辞职。蒋介石责成"文胆"陈布雷物色校长人选，素与陈氏交好的张其昀推荐了竺可桢，并前往竺可桢处"劝驾"。可以说，竺可桢出任校长，张其昀有着推荐、劝进之首功。也正是在张其昀的联络之下，蒋介石同意拨款 100 万元给浙江大学，大致解决了学校困扰一时的经费问题。

① 钱穆：《八十忆双亲师友杂忆合刊》，北京：九州出版社，2011 年，第 174 页。
② 钱穆：《八十忆双亲师友杂忆合刊》，北京：九州出版社，2011 年，第 218 页。
③ 钱穆：《纪念张晓峰吾友》，《八十忆双亲师友杂忆合刊》，北京：九州出版社，2011 年，"附录四"，第 374 页。
④ 钱穆：《八十忆双亲师友杂忆合刊》，北京：九州出版社，2011 年，第 174 页。

竺可桢出任浙江大学校长以后，借鉴哈佛大学的办学模式，确立"求是"校训，提倡通才教育，实行"教授治校"。其中很重要的一项即选聘优秀人才加盟浙大，"本人决将竭诚尽力，豁然大公，以礼增聘国内专门的学者，以充实本校的教授。"①一时，梅光迪、胡刚复、郑晓沧、束星北、陈建功、苏步青、王淦昌、贝时璋、谈家桢等诸多名师英彦纷纷前来。由于"浙大无地理教授与无历史教授，故对于史地非增人不可"②，张其昀同时进入浙大任教，任史地系教授兼主任，不久又出任浙大史地研究所所长。在这样的背景下，张其昀向钱穆发出了邀请函，虽然钱穆未能如愿前来，但贺昌群、张荫麟等先后到校。

抗战爆发后，竺可桢率领师生举校西迁，初到浙江建德，继至江西吉安、泰和，再往广西宜山，终达贵州遵义、湄潭，完成"文军长征"壮举，创造了近代中国教育史上的一个奇迹。西迁的浙大，更是意气风发，笳吹弦诵，科研成就突出，被英国著名科技史学者李约瑟誉为"东方剑桥"。

1943年2月，已经出任浙江大学训导长的张其昀，邀请钱穆赴遵义浙江大学讲学一月。面对老友的盛情邀请，时在成都齐鲁大学国学研究所的钱穆欣然前往。"其时晓峰为浙大遍觅国内名学者，如缪彦威、郭斌龢、谢幼伟等诸人，皆在浙大文学院任教，与余皆一见如故，相聚畅谈，诚为当时避难后方难得一快事。"③2月15日，钱穆抵达浙江大学，竺可桢亲自设宴款待。钱穆主讲中国学术思想史，"文学院史地系，师范学院史地系同学全部选修，外系同学来旁听的更超过本系学生，总共一百多。讲课地点安排在何家巷底的龙王庙……宾四师目光四射，卷起衣衫，手执粉笔，开始宣讲，教材内容深入浅出。每讲一小时，起承转合，自成段落，无锡官话，声调起伏有节，忧伤激昂，其声如空谷佳音，岩瀑奔腾，举手投足，各种表情，尤引人入胜，课后有余音绕梁之感。"④

3月8日，在学校庆华园举行的"总理纪念周"上，钱穆为浙大师生做了《五十年来中国之时代病》的演讲，慷慨陈词，指出不能因近五十年来国家的挫败、屈辱而怀疑中国五千年传统历史文化的价值。这次演讲振聋发聩、启人深思，给竺可桢也留下了深刻的印象。他在日记中写道："十点半在庆华戏园（改名'友联'）作纪念周。宾四讲'五十年来中国之时代病'。谓中国之病在于不

①竺可桢：《大学教育之主要方针》，《竺可桢全集》第二卷，上海：上海科技教育出版社，2004年，第334—335页。

②1936年3月10日日记，《竺可桢全集》第六卷，上海：上海科技教育出版社，2005年，第36页。

③钱穆：《纪念张晓峰吾友》，《八十忆双亲师友杂忆合刊》，北京：九州出版社，2011年，"附录四"，第375页。

④程光裕：《常溪集》，台北："中国文化大学"出版部，1996年，第2589页。

振作，无朝气，青年不立志自强。但以不亡国为满足，以'不作亡国奴，愿作刀下鬼'一种口号为近五十年来国人心理之代表。大难既，则又苟且姑息，从无一人想作大事业，立大宏愿，以拯救世界国家为己任云云。"①

其时，张其昀赴哈佛大学研究讲学出发在即，"晓峰定三月十五去渝转往美国"②。于是，张氏旧话重提，希望钱穆能代自己出任浙大史地系主任一职。竺可桢也在"总理纪念周"那天专门会晤钱穆，"约其下年留此，继晓峰为史地系主任"。不过，面对浙江大学的盛情邀请，钱穆却以齐鲁大学国学研究所事务繁多不克履任为由而婉辞。竺可桢在日记中记："但渠在成都齐鲁大学之国学研究所主任尚未脱离，故于四月间需回成都，秋中或可再来。但余则以为此事急应决定，以晓峰原定三月间去美也。"③钱穆之后给张其昀写了一封长信，直抒胸臆，坦陈原因，一则称未知遵义环境与自身体性是否顺适相合，二则以尚未卸下成都齐鲁国学研究所之职而先期应承浙大托付之重任，于情于理皆为不合，故而不敢遽受张氏之请，执意要求再居住一段时间后作定夺。④

钱穆自身有种种考虑，浙大一方也不乏意见。竺可桢日记载："叶左之来谈史地系事，晓峰作事亦不按照规矩。史地系教员甚多，而各人所任钟点极少，故渠去后有裁人之必要。……教授方面，钱宾四来遵义费钱甚多，闻汇去二万元外，留遵二月去八千元，此人万不可聘。故下年渠如不来，亦不函约矣。"⑤1943年秋，齐鲁大学国学研究所停顿，钱穆也未再至浙大，转而在华西大学任教，兼四川大学教席。张其昀1944年秋自美返国，1946年初继病逝的梅光迪之后任浙大文学院院长，甫履新职，即又有招钱穆来浙大之意。此年1月他在致曾任史地系教授的陈训慈信中称："弟愿望能添设哲学、新闻二系，哲学因昔日委座曾有一电，注重哲学，大致可望先行成立。贺自昭兄为能来与幼伟兄合作，再有宾四，授中国古代思想，则阵容颇强，日内拟函征同意。"⑥同月11日，竺可桢日记载："晓峰欲聘钱宾四、贺麟，余均赞同，但同时告以钱宾四往往渺视同辈，如到浙大，亦不能给以特别待遇。"⑦不过，此次相招亦未果。浙江大学再次与钱穆失之交臂。

①1943年3月8日日记，《竺可桢全集》第八卷，上海：上海科技教育出版社，2006年，第521页。
②1943年2月28日日记，《竺可桢全集》第八卷，上海：上海科技教育出版社，2006年，第515页。
③1943年3月8日日记，《竺可桢全集》第八卷，上海：上海科技教育出版社，2006年，第521页。
④楼培：《钱穆致张其昀遗札一通考释》，《新文学史料》2018年第1期。
⑤1943年7月1日日记，《竺可桢全集》第八卷，上海：上海科技教育出版社，2006年，第593页。
⑥张其昀：《张其昀先生文集》第21册，台北："中国文化大学"出版部，1989年，第11575页。
⑦1946年1月11日日记，《竺可桢全集》第十卷，上海：上海科技教育出版社，2006年，第10页。

　　钱穆去往遵义浙江大学，除了授课讲学之外，还有一事，那就是商议《思想与时代》刊物事宜。《思想与时代》，创办于 1941 年 8 月，主要的创办人正是张其昀、张荫麟。这本刊物提倡"科学时代的人文主义"，力求"融贯新旧，沟通文质，为通才教育作先路之导，为现代民治厚植其基础"①。张其昀擅长交际，与国民党要人多有交往，这本刊物就得到了蒋介石、陈布雷的支持。据竺可桢日记载，1941 年 3 月 16 日晚，陈布雷偕张其昀谒见蒋介石。也就是在这次会面之中，蒋欣然向张拨款 5 万元用以创办《思想与时代》杂志。②不仅给予经费支持，对于《思想与时代》所刊文章，蒋、陈也给予了关注。同年 10 月 19 日，竺可桢曾前往水峒街三号晤张其昀。"晓峰出布雷、钱宾四函相示，知布雷对于《思想与时代》每文必读，且对于晓峰著《中国古代教育家》一文已集专刊，由委员长为之印行签署矣。"③据曾在陈布雷侍从室工作的蒋君章回忆："我在陈公办公室主办搜集资料与酌量呈阅文件以及提供参考资料等工作。《思想与时代》得呈最高当局参阅，就是这种关系，最高当局之重视先生（按：张其昀），大概也始于此时。"④为了编辑《思想与时代》，张其昀还成立了"思想与时代社"，"基本社员六人，即钱宾四（穆）、朱光潜、贺麟、张荫麟、郭洽周、张晓峰六人。主要任务在于刊行《思想与时代》月刊及丛刊，与浙大文科研究所合作进行研究工作。"⑤

　　自 1941 年起，钱穆就开始为《思想与时代》杂志撰稿，先后达数十篇之多，大多涉及时政。不料，钱穆此举让一同在成都齐鲁大学国学研究所共事的顾颉刚大为光火。他在日记中写道："十一月十号。张其昀有政治野心，依倚总裁及陈布雷之力，得三十万金办《思想与时代》刊物于贵阳，又垄断《大公报》社论。宾四、贺麟、荫麟等均为羽翼。"⑥钱穆在《思想与时代》屡发文章，在顾颉刚心中俨然成了张氏的"羽翼"，顾氏岂能不怒。他在日记中记："宾四屡在《大公报》发表议论文字，由此而来。其文甚美，其气甚壮，而内容经不起分析。树枏读之，甚为宾四惜，谓其如此发表文字，实自落其声价也。"⑦

---

① 张其昀：《复刊辞》，《思想与时代》第 41 期，1947 年 1 月。

②1941 年 3 月 17 日日记，《竺可桢全集》第八卷，上海：上海科技教育出版社，2006 年，第 400 页。

③1941 年 10 月 19 日日记，《竺可桢全集》第八卷，上海：上海科技教育出版社，2006 年，第 170 页。

④ 蒋君章：《追怀张其昀先生》，《张其昀先生纪念文集》，台北："中国文化大学"出版部，1986 年，第 172 页。

⑤1941 年 6 月 14 日日记，《竺可桢全集》第八卷，上海：上海科技教育出版社，2006 年，第 95 页。

⑥1941 年 11 月 10 日日记，《顾颉刚日记》卷四，北京：中华书局，2011 年，第 602 页。

⑦1941 年 11 月 10 日日记，《顾颉刚日记》卷四，北京：中华书局，2011 年，第 602 页。

　　1943 年春钱穆的浙大讲学之行，除了邀请钱穆出任浙大史地系主任外，张其昀还计划邀请他主持《思想与时代》编辑事宜。20 世纪 20 年代初以来，以北平为中心的新文化运动风潮席卷全国，但"东南学术，另有渊源"①，以南京高师（后相继改为东南大学、中央大学）为代表的一批学人奋起反抗，形成南北对峙局面。"东南学派"自成谱系，其文化保守主义的学术刊物主要有《学衡》《史地学报》《时代公论》《国风》等。其中宗旨为"昌明国粹，融化新知"的《学衡》和宗旨为"发扬中国固有之文化，昌明世界最新之学术"的《国风》两份名刊，显然与《思想与时代》有前后承继的内在精神联系。张其昀出身南京高师，就曾坦言："当时浙大文学院同人创办《思想与时代》杂志，以沟通中西文化为职志，与二十年前的《学衡》杂志宗旨相同。"②而"学衡派"主将吴宓亦闻弦歌而知雅意，在 1941 年 9 月 22 日日记中记："订阅《思想与时代》全年五份。汇费 $1.50。聊表欣赞之意。"③而当张其昀在美国访学时将前 20 期《思想与时代》借与胡适阅览时，胡适在日记中除了对竺可桢、张荫麟数篇文章表示赞赏外，认为"此中很少好文字"，且说"张其昀与钱穆二君均为从未出国门的苦学者，冯友兰虽曾出国门，而实无所见。他们的见解多带反动意味，保守的趋势甚明，而拥护集权的态度亦颇明显"④。胡适的批评，关键在于双方学术文化取向上的截然异趋。

　　钱穆不仅婉拒了浙大请他出任史地系主任之邀，对主持《思想与时代》编辑事宜也没有允诺。竺可桢日记："晓峰偕钱宾四来，钱于十五抵此，本年在校教历史。适晓峰去美国（美国政府催三月动身），故《思想与时代》事将由钱穆暂时主编云。"⑤不过，钱穆对此也做了婉拒，但表示会对杂志"尽力爱护"，"可按期撰文，至少每期以长文一篇万字为度。"⑥此后钱穆果然恪守然诺，在《思想与时代》上刊文不断，几于每期可见。1941 年 8 月 1 日《思想与时代》出版创刊号，刊行至第 40 期（1945 年 2 月出版）时，因战后国事纷扰，曾停刊近两年。后来编辑重心随浙大从遵义迁往杭州，于 1947 年 1 月复刊（第 41 期），直

　　① 陈平原：《中国大学十讲》，上海：复旦大学出版社，2002 年，第 81 页。

　　②"中国文化大学"华冈学会：《张其昀博士的生活和思想》，台北："中国文化大学"出版部，1982 年，第 27 页。

　　③ 吴宓：《吴宓日记》第八册，北京：生活·读书·新知三联书店，1998 年，第 176 页。

　　④1943 年 10 月 12 日日记，见曹伯言整理：《胡适日记全编》（7），合肥：安徽教育出版社，2001 年，第 540 页。

　　⑤1943 年 2 月 19 日日记，《竺可桢全集》第八卷，上海：上海科技教育出版社，2006 年，第 510 页。

　　⑥ 楼培：《钱穆致张其昀遗札一通考释》，《新文学史料》2018 年第 1 期。

至 1948 年 11 月发行第 53 期止。钱穆为《思想与时代》杂志撰稿，启发了他对民族文化问题的思考。据统计，钱穆在《思想与时代》月刊发表论文、书评、来函、学术通讯共 42 篇，以数量而论位居榜首。钱穆为《思想与时代》杂志撰稿，是他学术研究的转折点，由此而从通史转向中西历史文化比较，由考证转向对心性义理之学及禅宗的探索。钱穆在该刊上所发《古代观念与古代生活》《古代学术与古代文字》《从秦始皇到汉武帝》《新社会与新经济》《新民族与新宗教之再融合》《个性伸展与文艺高潮》《宋以下中国文化之趋势》《东西接触与中国文化之新趋向》诸文均为后来《中国文化史导论》一书之篇章。《中国文化史导论》站在东西方文化比较的高度，进一步揭示了中国文化内在精神及其独特的发展规律，既有独创性，又有承接性，可以说是《国史大纲》思想的延续与发展，同时也是钱穆的学术研究从历史研究转向文化研究的一个重要见证。钱穆《师友杂忆》有云：“《清儒学案》完成后，又续写《中国文化史导论》一书。得晓峰来信，为其所办之杂志《思想与时代》征稿，嘱余按月投寄。余应其请，遂将《文化史导论》各篇，及续写有关中国文化与宋明理学方面论文数篇，络续寄去。此为余入蜀以来在思想与撰述上一新转变。”[①]在纪念张其昀的文章中，钱穆再次自言：“余自《国史大纲》以前所为，乃属历史性论文。仅为古人申冤，作不平鸣，如是而已。以后造论著书，多属文化性，提倡复兴中国文化，或作中西文化比较，其开始转机，则当自为《思想与时代》撰文始。……是则余一人生平学问思想，先后转折一大要点所在。”[②]这即是说，为《思想与时代》杂志撰稿，是钱穆学问研究方向发生重要转变的一个转折点，而这一重要转变则是《思想与时代》月刊约稿促成的。

钱穆对《思想与时代》月刊所刊文字颇有敝帚自珍之意，他因所编《清儒学案》书稿不幸坠落长江后怅惋不已，而《思想与时代》杂志上所刊之文则非常幸运。钱氏 1960 年赴美，“在史丹福大学图书馆忽见有《思想与时代》杂志，大喜过望，遂留馆中，影印余历期所为文始离去。”[③]

---

① 钱穆：《八十忆双亲师友杂忆合刊》，北京：九州出版社，2011 年，第 237 页。

② 钱穆：《纪念张晓峰吾友》，《八十忆双亲师友杂忆合刊》，北京：九州出版社，2011 年，“附录四”，第 376 页。

③ 钱穆：《纪念张晓峰吾友》，《八十忆双亲师友杂忆合刊》，北京：九州出版社，2011 年，“附录四”，第 375 页。

三

在民国时期，张其昀可谓"学人论政"的典型人物。九一八事变之后，张其昀多次在报刊等纸媒发表时论文章，以学者之身忧国忧民，为时局出谋划策。部分正是频发时论的原因，张其昀此后迅速为国民党所延揽。1932年，张其昀进入国防设计委员会工作，此可视为张其昀初次步入政界，此后由于机构改革等因素，张其昀旋即退出，重新回归学界，但退出政界之后的张其昀依然以学者之身频发时论。

1934年2月，中国地理学会在南京成立，张其昀撰文指出："知识即权力所寄，学会乃知识之汇。当兹国家栋崩榱折之日，正为学者勠力效命之时。"①"知识即权力所寄"，成为他一生言行的思想根源。20世纪40年代，内忧外患俱烈，正所谓"国家栋崩榱折之日"。立志"勠力效命"的张其昀，更多地表现出学者与政治家兼具的特质：一方面积极参与政治活动，另一方面高度强调学者应担负起的社会责任，认为整个学术界亦要有所担当。对于成立"思想与时代社"，他就直言："这样的组织，以批评时政得失为主旨，应该纯以民间力量为基础。中国社会中的前辈，经历几十年的国难，持身公正有守有为者不在少数，当此国家绝续存亡之交，他们果能作有力的援助，筹集资金，延揽人才，充实设备，树立起名副其实的权威性的论坛，实在是民主政权的基本条件，也是克服当前难关不可或缺的要图。"②以此观之，张氏希望学术界通过舆论渠道，成为批评政府的力量，也以一种自由公正的言论奠定民主政治的基础。

同样作为"思想与时代社"的核心人物，钱穆"学人论政"，更多的是从教育及学术的层面阐述学术与政治的关系。钱穆称自己"髫龄受书，于晚明知爱亭林，于晚清知爱湘乡，修学致用，窃仰慕焉"，早有经世之心，却"未尝敢轻援笔论当世事"。然而，时势的催迫，"譬如候虫之鸣，感于气变，不能自已"，使得他"稍稍破此戒"，涉足时论。③他将民族复兴的希望寄托于大学教育之上。钱氏的此番认识，当是从中国近代以来惨痛的历史教训中得来的，也是基于自己

---

① 张其昀：《中国地理学会概况与其希望》，《张其昀先生文集》第1册，台北："中国文化大学"出版部，1988年，第164页。

② 张其昀：《学术与国运》，《大公报》1948年11月3日。

③ 钱穆：《文化与教育》，北京：九州出版社，2011年，"序"，第1页。

对中国固有文化的坚定信念。大学教育之所以如此重要，在于它乃一国的立国精神之所在。钱氏指出，"那一种立国精神之培养保持与宣传，则必待于国家之教育，而大学教育，乃是这一国家文教大业之所寄。"①他认为，20世纪的中国，面临的最大问题在于如何把中国原有文化打开一条生路，使之和现时代接气；又如何把西方现代的新文化，打开一条通路，使它和中国原有的旧文化接气。

当然，钱穆对于政治却并非完全隔离。抗战时期，钱穆曾应蒋介石之召前往重庆为中央训练团做讲演，此外还曾数度受到蒋介石的召见。因蒋介石有意提倡宋明理学，且命国立编译馆主编宋元明清四朝学案，并指定由钱穆负责编纂清儒学案。1942年春，钱穆第一次被召见时，曾与蒋介石论及时事，劝蒋在抗战胜利后，应"获卸仔肩，退身下野，为中华民国首创一成功人物之榜样"，并且希望蒋能"稍减丛脞，在文化思想、学术教育上领导全国，斯将为我国家民族一无上美好之远景"②。此番劝说，只能算是钱穆的"一厢情愿"吧。作为追求事功的政治人物，蒋氏怎么可能主动放弃手中的权力？作为学人的钱穆，书生气太重，他的政治祈求带着明显的理想主义色彩。

抗战胜利之时，钱穆撰文推崇"学治"的价值与作用："'学治'之精义，在能以学术指导政治，运用政治，以达学术之所蕲向。为求跻此，故学术必先独立于政治之外，不受政治之干预与支配。学术有自由，而后政治有向导。学术者，乃政治之灵魂而非其工具，惟其如此，乃有当于学治之精义。"③"学治"的思想，与张其昀"学术领导政治"的观点有一定相通之处。值得注意的是，钱氏此处提出的"学治"或"学统"，在其三个月后出版的《政学私言》一书中即改称为"道统"。无疑，道统观乃钱穆所推崇的一种价值观念，具体言之，即"中国古代知识分子处理其与政治的关系，乃以在野影响与指导政治为主要方式，以入仕为次要方式，或说在观念上前一方式更重于后一方式"④。就"思想与时代社"的同人而言，当年就曾努力实践着这样一种道统观。

钱穆的《政学私言》出版于1945年11月，是其在《东方杂志》《思想与时代》等刊物上的15篇文章的结集。钱穆在"自序"中解释"私言"之含义："其所论刊，皆涉时政，此为平生所疏，又不隶党籍，闇于实事"，"区区所论，三

① 张其昀：《时代观念之认识》，《思想与时代》月刊第1期，1941年8月。

② 钱穆：《屡蒙蒋公召见之回忆》，《中国学术思想史论丛》（十），北京：九州出版社，2011年，第72页。

③ 钱穆：《道统与治统》，《政学私言》，北京：九州出版社，2011年，第81页。此文初刊于1945年8月《东方杂志》第41卷第15期，原名《学统与治统》。

④ 罗义俊：《论士与中国传统文化——钱穆的中国知识分子观（古代篇）》，《史林》1997年第4期。

俱无当，谥曰'私言'，亦识其实。风林之下，难觅静枝，急湍所泻，无遇止水，率本所学，吐其胸臆，邦有君子，当不悯笑。"[1]

当时钱穆已从齐鲁大学转至华西大学，住成都华西坝，而梁漱溟正招人拟创办一文化研究所，邀请钱穆参加。钱穆应允，但与梁氏的一番交谈又让此事不了了之。钱穆在《师友杂忆》中写道："（梁漱溟）又曰：'君之《政学私言》已读过，似为政治协商会议进言也。'余曰：'不然，书生议政，仅负言责。若求必从，则舍己田耘人田，必两失之。君欲作文化研究，以倡导后学，兹事体大，请从今日始。若俟政治协商会议有成果，则河清难俟，恐仅幻想耳。'漱溟闻余言，大不悦，起座而言曰：'我甚不以君言为然。男大当婚，女大当嫁，今日国民党与共产党两党对峙，非为结合，他日国事复何可望。'余曰：'君言固是，亦须有缘。君其为父母之命乎，抑仅媒妁之言乎？今方盛倡恋爱自由，君何不知。'漱溟怫然曰：'知其不可而为之，今日大任所在，我亦何辞。'余两人遂语不终了而散。"[2]

这一诺一拒表明，钱穆认为议政是书生之责任，但书生仅负言责。作为一介书生，他在整个国难期间不懈地以文章参与到"讲学与议政"中：当他对陈铨等人的《战国策》刊物及其主张有异议时，他发文相诘；他将当时的两大哲学名家梁漱溟与冯友兰进行过有趣的比较，认为前者"语不忘国"，而后者"自负其学，若每语必为世界人类而发"[3]，前者有行动，后者则多空言。尽管褒梁贬冯，钱穆自己则取专为学问兼而议政的立场，坚决不以实际行动从政，或者说仅是保持"士于道""从道不从君"的士之传统，这种态度代表了不少有着根深蒂固入世情结却又无意入仕、与政治保持一定距离的"书生本色"。

四

钱穆与张其昀的再续前缘，是在钱氏赴港创办新亚书院以后。

1949年5月初，张其昀离开上海来到广州。张其昀考虑自己的前途，决定到香港办学校，约定同去的还有谢幼伟、崔书琴等人。谢幼伟曾经追随张其昀办《思想与时代》杂志，崔书琴原是北大教授。一月，张其昀在街头竟然偶遇钱

---

① 钱穆：《政学私言》，北京：九州出版社，2011年，"自序"，第1页。
② 钱穆：《八十忆双亲师友杂忆合刊》，北京：九州出版社，2011年，第244页。
③ 钱穆：《八十忆双亲师友杂忆合刊》，北京：九州出版社，2011年，第245页。

穆，告知了将去香港办学的计划，并坚邀钱氏同去香港。钱穆说："此次来广州，本无先定计划，决当追随，可即以今日一言为定。"[1]

忽然间，受蒋介石电召，张其昀匆匆赶赴台北。办学之事就由钱穆和谢幼伟、崔书琴三人承办。学校于 1949 年 10 月正式开学，招有学生 60 余人。不久，谢、崔两人先后别去，学校所有事务都落在钱穆一人身上。

张其昀此去台湾后，受蒋介石延揽，开始进入核心层，被誉为"陈布雷第二"。1958 年，张氏黯然离职，并逐渐淡出政界。此后的时间，张氏将主要精力用于治学与兴学，于 1962 年创办"中国文化学院"（后改名"中国文化大学"）。其生平著作有《中华五千年史》《中国地理学研究》《中国区域志》《中国民族志》《人生地理学》等，逝世后编辑为《张其昀先生文集》25 册出版发行。

作为一代传统知识分子，张其昀以深厚的学术涵养为安身立命之根本，对于中国传统的历史文化保有一种历史主义的肯定态度，对于中华民族的复兴更持有坚定信念。从这个意义上说，他是理想主义的学者，对于政治也是从学术的立场上给予批导，冀求以思想及学术的力量挽救颓丧的政局。当这一愿望在 20 世纪 40 年代无法实现时，1949 年之后的张其昀似乎找到了"勠力效命"的机会。纵观张其昀后半生在台湾的活动，可谓对于台湾的文化出版事业及各级教育事业贡献良多。

新亚书院办学之初，经费窘迫，钱穆无奈前往台湾寻求支援，得到蒋介石"总统府"每月拨出 3000 港币之额。此项经费，其实是由张其昀从旁说项襄赞而来。钱穆在悼念文章中就深情地称："人皆谓余创办此校，实则幕后真创此校者乃晓峰，而非余。"[2]张其昀在当政"教育部"期间，对钱穆和新亚书院多有照顾。1955 年"教育部"组团答访日本，张氏即聘钱穆为团长率团前往。又孙鼎宸《中国兵制史》之第一部，亦由张氏代为在台北出版。钱穆 1963 年写作《张晓峰中华五千年史序》。1967 年钱穆移居台北，接受张氏邀约，在其创办的"中国文化学院"历史系研究所任教，学生又到外双溪钱宅客室来受课，讲辞改定为《中国史学名著》《双溪独语》两部著作。又钱氏《中国思想史》《宋明理学概述》两书也是应张其昀编纂"现代国民基本知识丛书"之约而作。1985 年张氏去世，钱氏虽目盲已久仍撰《纪念张晓峰吾友》，详述两人交往；两年后又为

---

[1] 钱穆：《八十忆双亲师友杂忆合刊》，北京：九州出版社，2011 年，第 266 页。

[2] 钱穆：《纪念张晓峰吾友》，《八十忆双亲师友杂忆合刊》，北京：九州出版社，2011 年，"附录四"，第 377 页。

《张晓峰先生文集》作序。

纵观钱穆与张其昀这一群体的政治言说，多发生在 20 世纪 40 年代的战时中国这一特殊时期，现实政治的紧迫要求这些学术精英放弃理想主义的态度，更多地从现实出发，为当时的政治制度寻找合法性解释。当然，他们也承认，理想状态并不存在。正如同样投身政治的学人陈之迈 1942 年在回顾近五十年中国政治后所言，"现代政治的精神，一言以蔽之曰'实事求是'而已"。知识分子精英从来都是位于权力"之中"，这就是说，"他们浸没在权力系统和话语系统的结点中，而且，他们自己就是这些结点；这些结点带来的影响往往不由他们的意识所控制，并且时常与他们所申明的目标相反。"①

但不管怎样，钱穆、张其昀等进入政治领域的学人，论其缘由，个人有个人的特殊，而他们在政治领域对理想与抱负的努力实践，还是颇值得钦佩的。

---

①[美] 保罗·博维：《权力中的知识分子：批判性人文主义的谱系》，萧莎译，南京：江苏人民出版社，2005 年，中文版"前言"，第 16 页。

君子之交　情深谊重

——钱穆与施之勉

有这样一位学者，大器晚成，年逾五十始方有志于著述，但一生著作等身。他专心于学术，却从未进入主流学术圈，加之不事宣传，事迹一度少为人知；他与钱穆是同乡、同学，也曾经是同事，更是学术上的同道，两人维系了一生亲密的友情。

他就是施之勉。

一

1891 年 3 月 10 日，施之勉诞生于无锡玉祁镇施家宕。施之勉 7 岁丧母，而父亲中年多病，不事生产，以致家道中落。幸赖大姐、二姐照顾生活，得以长大。

施之勉，字敦临，天资聪慧，8 岁就塾师习读，日授百言，即朗朗上口，数载已熟读"四书"、《左传》《诗经》《礼记》等诸典籍。下笔为文，议论宏伟，每作一文，辄获塾师及叔伯辈之赏识。时有其族长曾任乡试主考者，名之面试，命作《赤壁之战论》一文，迨稿就览之叹曰："吾阅卷多矣，未见此作，惜今科举已废，不然，取功名如拾芥耳。"① 不料，他与胞弟同染江南流行病"桑叶黄"，胞弟夭折，施之勉病弱近四年。施之勉也因此常年身体虚弱，病痛常随。

1910 年，时年 19 岁的施之勉，考入四年制常州中学堂。此时，15 岁的钱穆在常州中学堂已经进入第四个年头了，不久他因学潮而转入南京钟英中学读书。

---

① 《施教授之勉先生行状》（《施故教授之勉先生治丧委员会讣闻》），1990 年 1 月。

所以，钱穆与施之勉在常州中学堂是前后同学，但同校的时间并不长。故而，钱穆在《师友杂忆》中言："施之勉乃余常州府中学堂低班同学。余在校，虽不与相熟，而亦曾知其名。"①

四年的中学堂生活、学习，名校、名师的熏陶，给施之勉打开了心胸，扩展了眼界。施之勉对数、理、化大感兴趣，惜家贫，无力购买西文参考书，遂转而攻读文史。

1914 年，从常州中学堂毕业的施之勉执教于农乡小学堂。亲友皆以他禀赋超特，造诣深厚，不可长此屈居乡里，当更求深造，施之勉说："吾亦深体此旨，无奈家贫，如欲深造，必壮去冀燕，罔论学费，即川资亦无法筹措，现传闻南京将设置高等师范学校，若果能成立，庶可前往就读。"第二年，南京高等师范学校成立，施之勉即退回小学聘书，欲往应试。校长恳挚挽留，并言若万一落榜，亟盼再返校任教。施之勉回答："若未考中，已无颜再返校执教矣。"南京高等师范学校笔试告竣，即由校长江易园亲任口试。当轮及施之勉，江氏乃学禅宗之棒喝而问曰："若未考中，汝作何打算？"施之勉当即应曰："生虽家贫，犹可温饱，今年未中，明岁再来，明岁未中，后年再来，后年仍未中，足征确属不逮，则永不再来矣！"到了发榜之时，施之勉以首名登录。②

时南师名儒荟萃，最著者计有柳诒徵、王伯沆、向仙乔、李叔同（弘一）、刘伯明诸先生。施氏"登其堂奥，得其衣钵"。学校规定：各科学生皆得于一年内研读《曾文正公家书》、王阳明《传习录》，文科并增以王心敬之《四书及身录》，且需撰研读所得。学生读毕《曾文正公家书》后，于《传习录》而觉艰深。自《四书及身录》，独施之勉于半年内即读毕，且交上精辟之心得。江易园阅后大为赞赏，经常召见施氏畅叙。

有同学群起反对王伯沆，施之勉挺身维护，声言："有师如此，尚觉不满，意欲何为？"虽对方气势凌厉，施氏意不稍屈，其事随之平息。后柳诒徵特为召见慰勉："无锡山川峻秀，当出异人，其为君乎！"并授以十六字诀："以佛养性，以老保身，以周治国，以孔教人。"③

柳诒徵，字翼谋，中国近现代史学先驱，现代儒学宗师。1921 年，柳诒徵撰《论近人言诸子学者之失》一文，批评章太炎、梁启超、胡适诸人讲论诸子之失。章太炎首先驰书认误，并在书中称誉柳氏之论如"凤鸣高岗"，后来还写一

①钱穆：《八十忆双亲师友杂忆合刊》，北京：九州出版社，2011 年，第 115 页。

②《施教授之勉先生行状》，1990 年 1 月。

③《施教授之勉先生行状》，1990 年 1 月。

扇相赠，内容正是《汉书·刘歆传》中"博闻强识，过绝于人"八字；梁启超也不为忤，在 1922 年至南高讲学之时，特意赠联"受人以虚求是于实，所见者大独为其难"。①吴宓在《空轩诗话》中将柳氏与梁启超相比："近以吾国学者人师，可与梁任公联镳并驾，而其治学方法亦相类似者，厥惟丹徒柳翼谋先生诒徵。"②施之勉受业于柳诒徵，得益颇大。

1920 年，施之勉从南师毕业后，赴河南开封省立第一中学任教，授西洋史等课程。一年后的 1921 年 8 月，施之勉转赴福建厦门集美学校，先任师范部国文教员，1922 年起任师范部历史教员兼教务主任。厦门集美学校，是由南洋华侨领袖陈嘉庚创办，属下划分为师范、中学（包括中学、水产科、商科）、女师（女小隶属其下）、小学和幼稚园等五个部。

据《师友杂忆》记载，1922 年春，钱穆乡教时的同事安若泰，在上海与常州府中学堂的同学施之勉晤面，在旅馆夜谈时，纵论一时作家学人。施之勉说，在《学灯》见了钱穆的文章，文体独异，可惜不知道此人资历，今在何处。安若泰说："此人乃我辈常州府中学堂旧同学，近在后宅，与余同一学校。惟已改名，故君不知耳。"施当时在厦门集美学校任教务长，遂告诉安氏："我此去，必加推荐。"③是年秋，厦门集美学校果然寄来聘书，聘请钱穆为中学教员。

1922 年秋，钱穆到校后，"余所任，乃高中部、师范部三年级同届毕业之两班国文课。"④钱穆从此开始了九年的中学教师生活。"到校开课，首讲曹操《述志令》。此文仅见于《三国志》裴注引《魏武故事》，千载读者都未重视。穆指谓此文显示汉末建安时代，古今文体一大变。诸生闻之钦服。"⑤

钱穆《师友杂忆》有专章叙述厦门集美学校的生活，其中提及施之勉时称："忆余生平所交，惟之勉为最亲亦最久。而生活之清苦，亦惟之勉为甚。余尝一日问之勉，读《论语》何章最感受亲切。之勉举《饭疏食饮水》一章以对。今已不忆是何年事，当逾五十年矣。然之勉毕生安贫，殊堪后生之佩仰，惜不能一一详述之。"⑥

①柳曾符：《魂依夭矫六朝松——记先父柳诒徵先生》，《南雍骊珠：中央大学名师传略》，南京大学出版社，2004 年，第 107 页。

②吴宓著，吴学昭整理：《吴宓诗话》，北京：商务印书馆，2005 年，第 201 页。

③钱穆：《八十忆双亲师友杂忆合刊》，北京：九州出版社，2011 年，第 108 页。

④钱穆：《八十忆双亲师友杂忆合刊》，北京：九州出版社，2011 年，第 113 页。

⑤严耕望：《钱穆宾四先生与我》，《治史三书》（增订版），上海：上海人民出版社，2016 年，第 233 页。

⑥钱穆：《八十忆双亲师友杂忆合刊》，北京：九州出版社，2011 年，第 117 页。

　　每到星期日，钱穆必至施家畅谈。施之勉"体弱多病，又因家贫负债，欲求节省清偿，日以进薄米稀粥，以盐拌水豆腐佐膳"，"之勉年方过三十，俨然一恂恂儒者"。当时，在集美任教的还有施之勉南京高师同学、无锡人蒋锡昌。又有无锡同乡与施之勉时亦在集美任教，必与钱穆同至施家。有时，钱穆与锡昌同赴厦门，又常同游鼓浪屿。钱穆写道："尤好游其两公园，一在山上，一在海滨。滨海者有曲折长桥架海上，更所爱游。"两人返回厦门，往往买上猪蹄一，海参几条，直往施家，与施之勉畅谈。"其夫人炖海参蹄髈至极烂，供晚餐。余与锡昌必饱啖至尽。之勉则极少下箸，仍以盐豆腐薄米粥为膳"，"如是，每星期不变。"①

　　当时，集美住校的同事都是单身，而施之勉则携其新婚夫人沈韵秋赁一小屋，居村中。对于施之勉的这位夫人，钱穆赞以"旧式之闺秀"之语，且说："其夫人则贤惠有加，侍夫治家，食淡攻苦，绝无应酬。"②

　　施之勉与沈韵秋的结合，在无锡曾引发一场风波。1920 年夏，南京高等师范学校在暑期举办有补习学校，施之勉初识了沈韵秋。沈韵秋，也是无锡人氏，毕业于浒墅关省立蚕桑专科学校，时在上海神州女学专修文学。而此时施之勉刚从南京高等师范学校毕业，也留校听了讲座。两人相见，"论文谈志，都多同心之处，进而为异性之爱，遂有订立婚约之意。"后来，施之勉在集美学校担任教职，而沈韵秋也在江阴女子职业学校任教，约定在暑假内"成礼"，不料遭到家庭的反对。原来施之勉年幼时即由父母作主与乡间一少女订有婚约，且已以童养媳身份住进婆家；而沈韵秋的兄长也极力反对，感觉自由恋爱有辱门楣。而且，兄长还令家人把沈韵秋锁在家中，不让迈出家门一步。这样还不行，又逼着沈韵秋给施之勉写绝交信。在绝交信送出的时候，她又偷偷写了一封信说明情况，让人偷偷送过去。当收到绝交信时，施之勉"终夜啜泣，不能自持"，等他看到第二封信之后，心中又燃起希望之火。在第二封信上，沈韵秋写道："事可徐图，不必急急，当为积极地进行，以谋达到目的，万不可做消极的自杀和投降！"后来，她乘机从家中逃出，与施之勉一起逃奔到上海，于 1922 年 7 月在上海一品香饭店举办了一场朴素的婚礼，贺客仅少数同情自由恋爱之亲友。8 月 2 日的上海《民国日报》副刊《妇女评论》对两人的爱情故事有过报道，名为《改造途上的婚姻：施之勉沈韵秋结婚谈》，署名"江清"。文称："1922 年 7 月，一对青年男女冲破家庭重重阻碍，经自由恋爱而结合，在婚礼上直言：'我们底结

　　① 钱穆：《八十忆双亲师友杂忆合刊》，北京：九州出版社，2011 年，第 116 页。
　　② 钱穆：《八十忆双亲师友杂忆合刊》，北京：九州出版社，2011 年，第 116 页。

合，的确能够超脱一切，不受外界任何的束缚，而由纯粹的爱结合而成。'"是年，施之勉 32 岁。

二

钱穆在集美学校任教只有短短的一年时间，1923 年秋因学潮而去职回锡。时间虽短，但钱穆对此段时光留下了美好的回忆。他在《师友杂忆》中不由感慨："一如天下之至乐，乃无过于此者。"①

施之勉则继续留在集美学校任教。到 1926 年 2 月，施之勉因罹患脚气病，从集美辞职回无锡乡下老家休养，此时钱穆正任教于省立第三师范学校。一日，钱穆亲访施之勉于施家宕。其时，顾颉刚的《古史辨》（第一册）结集出版，把中国古代的疑古辨伪思想推向了极至。钱穆与施之勉两人同游附近的唐平湖，钱穆手拿一册《古史辨》，"在湖上，与之勉畅论之。"②那一年，钱穆 31 岁，施之勉 35 岁。两人正当壮岁，意气风发，音容笑貌，湖水常留，为唐平湖平添一脉书香氤氲。

两人畅谈的内容今天不得而知，不过钱穆早年对古史辨派的古史理论抱有"相当地赞同"，他治古史的方法也受过古史辨派"层层剥笋式方法"的影响。而施之勉对古史辨派的观点，今天也无直接的材料可资参考，但也能从其师柳诒徵的观点中可窥大概。在执教国立东南大学期间，柳诒徵和梅光迪、吴宓、刘伯明、胡先骕等人创办《学衡》杂志，形成了著名的"学衡派"。"学衡派"以"昌明国粹、融化新知"的治学宗旨，与以胡适为首的新文化运动派相颉颃，批评新文化运动为"模仿西人，仅得糟粕"，认为文言优于白话，觉得白话是"以叙说高深之理想，最难剀切简明"，极力主张言文不能合一。柳诒徵堪称"学衡派"的领军人物与得力干将，"其门弟子多能卓然自立，时号称柳门，正与当时北京大学之疑古派分庭抗礼焉。"③对于顾颉刚的古史辨运动，柳氏也多有訾言。他曾以《史地学报》为阵地，首举大旗反对古史辨运动，对顾颉刚有关大禹可能是九鼎上所铸的虫等一系列看法提出了尖锐的批评。由此不妨推测，当时钱穆与施之勉"畅论"古史辨运动的观点不尽相同。

---

① 钱穆：《八十忆双亲师友杂忆合刊》，北京：九州出版社，2011 年，第 116 页。
② 钱穆：《八十忆双亲师友杂忆合刊》，北京：九州出版社，2011 年，第 116 页。
③ 张大为、胡德熙，等：《胡先骕文存》，南昌：江西高校出版社，1995 年，第 503 页。

当然，两人之间的学术交流当然不止于此。在 1928 年出版的《求是学社社刊》上就可以看到两人从 1926 年至 1927 年间的"商兑"书信，洋洋洒洒数万言。钱穆在 1928 年春完成了《国学概论》。在"弁言"中有如下一段文字："本书于编纂第三、第四章秦廷焚书及两汉经学时，友人施君之勉通函讨论，前后往返十余通。开悟良多。讲学之乐，积久不忘。至今回忆，犹有余甘。特此附书，志永好焉。"①该书是由钱穆 1923 至 1928 年间先后在无锡省立三师及苏州中学课堂讲义编撰而成，其中受益于施之勉之处，令钱穆十分感激而不能忘怀。

此时，施之勉与钱基博、锺书父子在学术上也有交谊。当时，施之勉遇有重要交际，常命外甥唐原道跟随左右，帮他操办些琐事。据唐原道回忆："当年我舅父向史学前辈子泉先生聆教，蒙受抬爱，引为知音，锺书先生有时随侍在侧，相与交谈甚少，执晚辈礼。"②"子泉先生是当时史学界名声甚高的先辈，我舅父很想拜谒聆教，由江苏省立第三师范学生钱锺汉从中吹风串联，双方交谊，自易沟通。……今回忆当年初次会见，同去者还有在集美时期及三师两度同事的钱宾四和阮乐真两先生。……此后多次相见，他两人均未同往。锺书先生常在侧，不发言。旧时长者对话，小辈无故插话是失礼的。他俩人在学术研究上的讨论，我对文学是无知者。钱先生每提出自己研究的见解时，对晚辈总以商量的口吻，对我舅父提出问题必引经据典指引问题如何深入研究，自去探索，从不以一己见回答了事，常用风趣的口吻，暗示他对某些学者求速成易自食苦果，强调研究学问，必须实实在在，发表研究心得，必须厚积薄发，提出一些著名学者有惊人成就的大家，因私德细末不慎，为后世诟病，发人深思，给我留下深刻的终生难忘的印象。"③施的学生夏裕国也有回忆："以前在家乡无锡时，再加上钱基博、锺书父子，四人于每周周末必相聚一次，以讨论有关学术上的问题。"④

对于施之勉为人和治学的态度，钱穆曾将其与自己对比："（施之勉）中岁以病自放，教课之余，常杜门不接人事，而潜心于学，数十年如一日。其造诣之卓，体悟之精，虽素所交游者，有不尽知。独余与施君，以邑人，又少同学，过从最密。日常之谈论，函牍之往返，自谓知施君最亲。余性好泛览，学不能专，得一书，往往不数日即易去。而施君则沉潜反复，优游浸渍，醰醰乎探之而愈新，愈咀而若愈有味，而忽忘其年月之已多也。余气盛而心躁，不耐久坐，读书

①钱穆：《国学概论》，北京：九州出版社，2011 年，"弁言"，第 2 页。
②唐原道：《钱锺书先生给我复信的缘起》，《无锡文史资料》第 39 辑，1999 年，第 16—17 页。
③唐原道：《钱锺书先生给我复信的缘起》，《无锡文史资料》第 39 辑，1999 年，第 17 页。
④夏裕国：《退休后的施之勉老师》，《无锡县文史资料》第 8 辑，1988 年，第 158 页。

未终卷，辄出门行步，遇佳风景，每流连郊野，竟日不归。而施君，无论昕夕晴雨，必掩户默坐，室外不知室中之有人也。余好议论横出，纵兴之所致，果于斩截而伤于快，又自嫌其粗疏而少精。而施君则循循乎言必有绳尺，款款乎意溢于辞外，绝不作游谈浮辨；朴而有光，简而多致，其周挚恳笃之情，抽之而愈出，引之而弥不竭。故余喜言'施君呐呐若不欲言'，而余遇施君，每不自觉其言之绌也。"[①]其间固然有钱穆的自谦成分，但施之勉的静默、好学，应是不争的事实。

1927 年秋，钱穆离开无锡省立三师，转任于苏州省立中学；而病愈后的施之勉，先是在省立扬州中学任教，一年后又来到无锡省立三师任历史教员，直至全面抗战爆发。从 1930 年起，钱穆又北上任教于燕京大学和北京大学。一南一北，两人的交集不多，但这并没有影响到彼此的交情。

关于施之勉在省立三师任教的情景，当时在三师附中读书的学生回忆："记得我读初一的第一堂历史课，先生挟着教本和一叠讲稿踱进教室，他大约四十岁左右，瘦长的个子，穿一件朴素的竹布长衫，丰满的眉宇间，两眼挂一丝微笑"，"先生每次上课，必备讲稿，在他的教本里还夹着一张张补充资料的小纸条，但他不是照本宣科，又不脱离教材。他讲课清晰，一边用那缓慢而抑扬顿挫的声调讲着，一边有计划地用提纲式、列表式在黑板上写着，并要求学生作好'听讲摘记'。一堂课下来，往往板书满满的，而我的摘记也写了几张活页，课后再整理誊清到摘记本上。每堂课的摘记，也就成了每一章节内容的要点和精华，便于复习掌握。"[②]

三

1937 年，七七事变爆发。同年 12 月，施之勉携全家入四川避难，先在合川国立二中任教，1940 年又到巴县界石场中央政治学校附设蒙藏学校，任专修部历史教员，启导蒙古、藏、回、苗等族青年认识祖国之文化历史，旋入中央政治学校研究部历史组任研究员。施氏时已年逾五十，始有志于著述，撰写《中华国名解》《殷亳考》《秦官多同六国考》《太史公行年考》等论文 20 余篇，发表于重庆时代之《东方杂志》，引起海内外学人之重视。他将这些考据文字，冠以

---

① 钱穆：《古史撼实序》，《学籥》，北京：九州出版社，2011 年，第 244 页。
② 强济和：《怀念施之勉老师》，《无锡县文史资料》第 8 辑，1988 年，第 162 页。

《古史撅实》书名印行，获教育部学术奖。

对于施之勉在蜀地著述的情景，邑人辛干曾有这样的叙述："（施之勉）辟地四川，居重庆南岸之界石，一穷村矮屋中，骤见若不堪以卒日，而之勉则悠然不改其为学之常态。至服务地区，往反必步行，雨朝途泞，虞倾跌而不顾。时携布袋一，储数日之粮，菜一瓯，独自烹食，不假手他人。其寂寞艰困，有人所不能堪，而之勉则好学不改其乐者又如此。"[①]

其时，钱穆辗转重庆、成都两地任教，与施之勉多有交往。"以其间凡再三见施君，施君独恂恂不变其故常，居重庆南岸界石一穷村矮屋中，骤见若不堪以卒日。而施君顾悠然曰：'迩来体况幸稍健，又敊人事，薄有撰述。'每得一篇，必端楷邮以示余，曰：'他日稍积累成卷帙，子当为我序之。'"[②]果然，1947年5月，时在江南大学执教的钱穆为《古史撅实》一书欣然作长序，将施氏称作"古之所谓醇儒"，并言："近言之，固俨然清儒朴学之规模也；远溯之，则停蓄渊闳，胎息根柢，不名一世，固非娓娓焉自媚于一时代之风尚以为好者也。"[③]

抗战后期，施之勉任国立边疆学校副教授、教授兼研究部主任，著《汉史考》一书。抗战胜利后，柳诒徵再任江苏国学图书馆馆长。施之勉获恩师之召，赴南京协助乃师致力于复馆工作，搜寻散失藏书，整理文献档案。1946年8月，施之勉回到家乡，出任无锡县立中学校长。他在两年半任期内，购买大量图书及仪器，充实教育设备，延聘青年教师，开创学校的新风气；同时建造音乐教室，添购钢琴及其他乐器，奖励体育人才，无锡县中篮球队一时成为江苏省之劲旅。时人称："时县中方事扩展，就学者庭屦且满，之勉则主之以静，出之以诚，从容措施，以渐臻于轨物，学者无不翕服焉，乡邦子弟被其惠者又如此。"[④]

当时的学生魏圻和在回忆中还提到了这样的细节。他说施之勉是"地地道道的尊孔派"。县中东隔壁是孔庙，"我两次看到他身穿长袍马褂参加在孔庙举行的祭孔仪式"。他平时言谈中，总认为，治学就要像孔夫子那样精心。他曾说："孔夫子办学专心一志，重视对人才的培养。我要学习他，办好学校，培养出一批又一批的国家栋梁材。"[⑤]

① 辛干：《无锡艺文志长编》，上海：上海古籍出版社，2015年，第37页。

② 辛干：《无锡艺文志长编》，上海：上海古籍出版社，2015年，第37页。

③ 钱穆：《古史撅实序》，《学籥》，北京：九州出版社，2011年，第245页。

④ 辛干：《无锡艺文志长编》，上海：上海古籍出版社，2015年，第38页。

⑤ 魏圻和：《回忆老校长施之勉》，《无锡县文史资料》第8辑，1988年，第160页。

此时，钱穆在江南大学任教，两位老友又处一地，交往日多。钱穆回忆："（施之勉）又返无锡，任县中校长。余在江南大学，常去其家。"①钱穆向其推荐弟子钱树棠来校任教。在致钱树棠的函中，钱穆这样写道："无锡施之勉先生，乃穆卅载老友，其人湛深经籍，并精两汉，行谊卓绝，不愧古之明德。"②寥寥数语，可视作钱穆对老友为人与学术的评价。

四

1948 年底，施之勉携家眷去往台湾。行前，他与外甥唐原道有一次异乎寻常的长谈，说："已决定辞职去台湾。……我已年近花甲，最大的顾虑为今后能否容我继续自由研究古史也。"施之勉认为："我国学术史上，汉代是承前启后最光辉灿烂的时代，从而衍生我民族文化的大发展。对这一学术上最重要的时代，现在研究者太少，几成史学的空白区。我是想给后学做些有所补益的事。""明早即回城，此去台湾，不知何日再相聚。……我有很多史学界朋友在那里。为着两个儿子和自己下半生的研究工作，不得已再作颠沛流离。"③言下不胜唏嘘。

去往台湾的施之勉，先在嘉义女中、台南二中任教，后在台湾省立工学院任国文教授。1956 年 8 月，工学院更名为成功大学，施之勉出任中文系主任，直至年逾八十退休。在台 40 余年，因生活安定，著作益勤，大多发表于《大陆杂志》，其重要著作有《史汉疑辨》《史记会注考证订补》《后汉书集解补》《汉书补注辨证》《史记冢墓记》等。未完书稿《汉书补注又补》，在其逝世后由弟子整理而成，以"汉书集疑"为书名在 2003 年出版，全书十二册。

施之勉的学生回忆："自从进了中文系以后，我便常常在学校的办公室、走廊上，见到这位满面仁慈、和蔼而又严肃，永远穿着一袭灰色平布长袍的学者、长者。那时，老师住在台南市公园路的宿舍区。在宿舍的客厅中，看不到现代化的陈设和摆饰景物，一套旧的沙发，配衬着两张小桌子，看来和普通平民一样的生活环境，但所不同的是，到处都堆放着大部的线装书，一股幽且雅的书香气味会使人肃然起敬。应对、举止、说话，都会使你自然而然地小心起来。但出人意

---

① 钱穆：《八十忆双亲师友杂忆合刊》，北京：九州出版社，2011 年，第 116 页。

② 钱穆：《致学生钱树棠》，《钱穆纪念文集》，上海：上海人民出版社，1992 年，第 260 页。

③ 唐原道：《回忆我的舅父施之勉》，《无锡文史资料》第 24 辑，1991 年，第 115—116 页。

料的，主人的招待，却是亲切、和蔼、仁慈，充满关怀和鼓励的。"① 香港作家董桥也有回忆："还有施之勉教授，中文系主任，高高瘦瘦，平头银发，容貌清癯，长穿一袭灰布衫，静静地来，静静地去。偶尔穿过修竹小径，五四运动的激情钻进几叠线装书里，残卷飘香，云高风清。他笑都不笑一下，这样的人物，这样的气派，如今是见不着了。"②

20 世纪 40 年代，钱穆曾言："独余与施君，以邑人，又少同学，过从最密。日常之谈论，函牍之往返，自谓知施君最亲。"③ 在《师友杂忆》中，钱穆又言："忆余生平所交，惟之勉最亲亦最久。"④ 在台湾，两人继续维持了亲密的关系，至老不衰。钱穆回忆："及之勉任台南成大教职，余又得屡与相聚。之勉仍多病，即饮水亦有定时定量。其夫人治家侍夫一如往昔，而之勉终能在贫病中著述不辍。"⑤ 夏裕国也说："在平生的友人中和老师相交最久，情感最深的乃是钱宾四先生。二人既属同乡，也是中学时的同学，彼此在学术上的切磋，事业上的照应，数十年如一日。"⑥

1974 年，施之勉夫人沈韵秋因积劳成疾不愈逝世。钱穆亲题其墓碑曰："艰难缔姻，刻苦持家；贞德弥励，幽光永嘉。"⑦

施之勉与钱穆自常州中学堂同学起，相识相知，相携相扶，相惜相怜，志同道合，乡谊友情长达近一个世纪，这不能不说是一个传奇。1990 年两人先后驾鹤西去，不知是他们的前世约定，还是冥冥上苍的刻意安排？

① 李丹郎：《师儒风范》，《庆祝无锡施之勉先生九秩晋五诞辰论文集》，北京：文史哲出版社，1986 年，第 526 页。

② 董桥：《我的笔记》，伦敦：牛津大学出版社，2018 年，"自序"，第 1 页。

③ 辛干：《无锡艺文志长编》，上海：上海古籍出版社，2015 年，第 37 页。

④ 钱穆：《八十忆双亲师友杂忆合刊》，北京：九州出版社，2011 年，第 117 页。

⑤ 钱穆：《八十忆双亲师友杂忆合刊》，北京：九州出版社，2011 年，第 117 页。

⑥ 夏裕国：《退休后的施之勉老师》，《无锡县文史资料》第 8 辑，1988 年，第 158 页。

⑦ 钱穆：《八十忆双亲师友杂忆合刊》，北京：九州出版社，2011 年，第 117 页。

良辰难回　他年惆怅

——钱穆与汪懋祖

钱穆与汪懋祖的交谊，主要集中于他任教苏州中学的那一段时光。1927 年9 月，钱穆来到苏州中学任教，正是应汪懋祖之聘。1930 年 9 月，钱穆辞去苏州中学教职，一年后汪懋祖也离开了他一手创办的苏州中学。这样，钱穆与汪懋祖在苏州中学度过了整整三年的同事岁月。

钱穆来到苏州中学

1927 年，国民政府决定借鉴法国经验，在教育体制上实施大学区制，以各学区的大学管理中小学教育。6 月 14 日，汪懋祖以督学的身份迅速南下来到苏州，"接收"当时的江苏省立第一师范学校，组建新的苏州中学。很快，苏州中学在 9 月 12 日举行了开校典礼，汪懋祖就地担任校长。

汪懋祖，字典存，江苏吴县人，生于 1892 年。1916 年汪懋祖官费赴美入哥伦比亚大学专攻教育学，导师是孟禄、杜威等。1920 年他回国后任北京师范大学教授、教务长、代理校长，并兼北京女子师范大学课。1925 年，北京女子师范大学爆发驱逐校长杨荫榆的"驱羊运动"学潮。汪懋祖支持杨荫榆，受到鲁迅的抨击，于年底辞职南下。

苏州中学组建之时，包括高中部、草桥初中部、吴江乡师部，学制皆为三年，附属小学及乡师部附属小学，学制为六年。其中，高中部又分普通科和师范科，地点在三元坊的西面，为本部。三元坊本部的历史可以追溯到北宋景祐二年（1035），时为苏州郡守的范仲淹上奏朝廷兴开庠序，创办苏州州学。至清朝康熙年间，苏州府学内增设紫阳书院。清光绪三十年（1904），清廷废科举而兴新学，罗振玉又在此创办江苏师范学堂，聘国学大师王国维等来此执教。1912 年，中华民国成立，江苏师范学堂改制为江苏省立第一师范学校。

上任伊始，汪懋祖倡导"学术立校"。《苏中校刊》的"发刊词"对他的办学思想有这样的叙述："中等教育实为中等人物之出产地，是则移风易俗之大责，故非异人任，我中等教育成绩之良楷，实一地方荣瘁之所关矣……不佞思欲上绍范文正、胡安定之学风，旁求欧美各中校之精华，虽力小才弱，未必能遽副所期，而抱此宏愿，实未肯一日稍自退让。"① 后来，他在《苏中事业之回顾与展望》一文中重申："苏中规模大，人才多，实可作为一个实验中学。"② 汪懋祖摒弃当时惯用的"Middle School"或是"High School"，特意将苏州中学（高中部）的英文名定为 Soochow Academy。"Academy"是柏拉图学园的名称，有"高等学校"之意。正如苏州中学学生虞兆中所言，"由这命名可见汪先生的视野和重视学术的情怀，当然亦表示他办此校的向往之所在。"③

当时，苏州中学的科目分为国文、英文、自然学科、社会学科、体育卫生学等，其中"国文学科：凡国语、国文、国学等均属此科"④。为了选聘优秀的教师，汪懋祖不辞辛劳，四处努力，"凡德高望重之名师，辄远道亲往敦聘"。1927 年秋，32 岁的钱穆由无锡三师转入省立苏州中学任教。

当时苏州中学每个学科设首席教员，赋予其参加校务会议、讨论决定教学相关事宜、主持学科会议等权利及义务。钱穆自称任"全校国文课之主任教席"，不过钱伟长回忆"我的四叔国学大师钱穆就被聘为国文首席教师"⑤，严耕望、罗义俊、胡嘉等钱门弟子在回忆文章中都明确指出钱穆是"国文课首任教席"⑥。然而，查阅金德门所编《苏州中学校史》（1035—1949），只说沈颖若是国文首席教师，钱穆倒是师范科首席教师。

汪懋祖倡导"学术立校"，对国文尤为重视。钱穆和沈颖若一起制定了苏州

①《发刊词》，《苏中校刊》第 1 期，1928 年 3 月 1 日。

② 汪懋祖：《苏中事业之回顾与展望》，《苏中校刊》第 86 期，1933 年 9 月上。

③ 虞兆中：《不一样的苏州中学》，见胡铁军主编：《百年苏中·三元春秋》，苏州：苏州大学出版社，2005 年，第 99 页。

④ 金德门：《苏州中学校史》（1035—1949），苏州：苏州大学出版社，1999 年，第 84 页。

⑤ 钱伟长：《难忘苏中——〈百年苏中〉序言》，《百年苏中·三元春秋》，苏州：苏州大学出版社，2005 年，第 1 页。

⑥ 严耕望：《钱宾四先生与我》，《治史三书》（增订版），上海：上海人民出版社，2016 年，第 233 页；罗义俊：《钱宾四先生传略》，《钱穆纪念文集》，上海：上海人民出版社，1992 年，第 266 页；胡嘉：《钱师音容如在》，《钱穆纪念文集》，上海：上海大学出版社，1992 年，第 87 页。

中学的《国文学程纲要》，其中对"高中之部"国文科确定了这样的教学目标：1. 学生明了中国文学源流及各种文学体裁之大概；2. 继续增进其自由发表及记述之能力；3. 培养欣赏中国文学名著之能力；4. 继续指导课外阅读，使学生明了中国学术思想变迁之大概，并养成其自动研究国学之能力。[①] 而且，钱穆认为，学生在高二学年后，"国学基础"及"学术研究之观念"理应皆已培育，因此高三国文的教学目标是：到第三学年终了，要求学生能于课外各阅读物中所得之中国古今学术思想之变迁大概，做系统整理，并确能于整理中做出句读之标点，有新颖之批评，并能留意前人考证之未发义、未确义为余事。[②] 为了使学生明了中国文学和学术思想变迁的大概，并养成自动研究国学的基础，"学术文"开设一学期，每周 2 小时，教材内容包括：《胡适国学季刊发刊宣言》《梁启超治国学的两条大路》《戴望颜先生传》《朱熹大学章句序》《司马迁谈论六家要旨》《论语》《庄子》《老子》共 23 种。"国学概论"开设一年，每周 2 小时，教材包括"孔子与六经""诸子学之流变""秦人之焚书坑儒""两汉经生今古文学""晚汉之新思潮""魏晋清谈""隋唐之佛与翻译及经学注疏""宋明理学""清代考证学""最近期之学术思想"共 10 种。[③]

以今天的眼光观之，苏州中学的这一"课程标准"实在是难度太大，近乎苛刻。不仅要高中部学生三年中在课外阅读各类学术著作，对"中国古今学术思想之变迁大概"做出"系统整理"，而且还要在整理过程中力求能够找到前人尚未发现或没有研究透彻的题目，形成平时的学问爱好（即"余事"）。

当年在苏州中学读书的胡嘉，曾用款款深情的笔调回忆老师："钱先生身躯不高，常穿布大褂，戴金丝眼镜，头发偏分，面露笑容，口才很好。讲解古文，巧譬善导，旁征博引。他的国语尽皆吴音，但音吐明白，娓娓动人。有时高声朗诵，抑扬顿挫，余音绕梁。他教国文和学术文两课程，其实学术文也是选读从古到今代表每一时代学术思想的文章。例如先秦时代，他选读《司马迁谈论六家要旨》。讲课同时，他又讲当时学术思想的发展演变，还教学生做笔记。我因记录详细，并参考各书引证，受到钱先生的赞赏。"胡嘉还回忆说："钱宾四先生和苏高中其他老师著书立说、努力写作的精神，蔚然成风，对当时学生起了鼓舞的

---

① 《江苏省立苏州中学学程纲要》，1930 年，第 1—2 页。《苏州中学校史》（1035—1949），苏州：苏州大学出版社，1999 年，第 122 页。

② 转引自金德门主编：《苏州中学校史》（1035—1949），苏州：苏州大学出版社，1999 年，第 122 页。

③ 《江苏省立苏州中学学程纲要》，1930 年，第 1、2 页。

作用。"①正是在钱穆的"身教"熏陶下，胡嘉"立志专研史学"。他顺利考入清华大学，后来成为历史学教授、上海文史馆馆员。

在苏州中学受到钱穆"身教"熏陶的，还有他的侄子钱伟长。钱伟长的求学经历异常复杂和坎坷，常常跟随父亲和叔父在各地辗转。1917年入荡口镇南东岳庙小学，先后求学于镇北司前弄小学、镇中鸿模小学，1919年秋随钱穆入后宅镇泰伯市立第一初级小学，1922年秋转回荡口镇北司前弄初级小学，1923年升入荡口镇鸿模小学高小一年级，1925年随父亲前往无锡荣巷荣家办的公益学校，插班六年级，1926年5月因战乱辍学，同年秋入无锡国学专修学校学习，1927年初又随父亲入无锡县立初中就读一年级。直到1928年秋，钱伟长在钱穆的鼓励下考了苏州中学就读，方才享受了三年安定的高中时光。从1917年入学开蒙到1928年秋考入苏州中学，"本应上十一年学的他才上了五年学"②。坎坷的求学之路，让钱伟长的数学成绩非常糟糕，外语和物理等科几乎没有学过。在报考苏州中学时，钱伟长仅凭借一向优秀的国文和历史，为自己在招生榜单上挣得一席之地，却排在末尾。钱伟长这样回忆报考苏中的往事："1928年秋季，我考上了苏高中，但只考了最后一名，据闻我的考分很差，就是国文的文章写得好，可能得首名，才被破格录取的。"③

尽管考取了苏州中学，但是钱伟长除了国文和历史之外，其他学科基础都相当薄弱，被分在了成绩最差的丙班。胡嘉回忆："那时候，高中部分普通科和师范科，普通科又分文史地组和自然科学组，我选读文史地组，钱伟长选读自然科学组。国文、英文两课程，两组又合并依入学成绩分甲、乙、丙三组，我被分配在甲组，由国文首席教员钱宾四先生执教。"④苏中就读的前两年，钱伟长在钱穆身边受教，"与当年一样我仍从旁伴读，有时还听四叔讲文学，从《诗经》《史记》《六朝文赋》讲到唐宋诗词，从《元曲》讲到桐城学派、晚清小说，脉络清楚，人物故事有情有节，有典故有比喻，妙语连珠，扣人心弦。就这样，我和他朝夕相处，耳濡目染，学到不少东西。"⑤尽管如此，到1931年钱伟长在苏州中学毕业时，除了国文和历史外，其他的学科依然马马虎虎，钱伟长认为连自己的毕业都是老师们"放了水"的。他说："后来进了苏州中学，在苏中勉勉强

---

① 胡嘉：《钱师音容如在》，《钱穆纪念文集》，上海：上海大学出版社，2012年，第87、89页。

② 柯巧娟：《钱伟长传》，南京：江苏人民出版社，2009年，第14页。

③ 钱伟长：《难忘苏中——〈百年苏中〉序言》，《百年苏中·三元春秋》，苏州：苏州大学出版社，2005年，第1页。

④ 胡嘉：《钱师音容如在》，《钱穆纪念文集》，上海：上海大学出版社，1992年，第87页。

⑤ 钱伟长：《钱伟长文选》第四卷，上海：上海大学出版社，2012年，第190页。

强毕业了，大概是很多老师放我过关的，他们没有法子不让我过关，碍于我叔父的面子嘛。"①

在四叔钱穆的悉心教导和苏州中学强大师资的培育下，钱伟长的国文取得了很大的进步，为以后报考清华等校打下了坚实的基础。钱伟长曾这样回忆当年报考清华的景象："有了苏高中打下的基础，到考清华的时候就看出来了，陈寅恪对时任清华教授的四叔钱穆说起入学考试中的国文考试题，他和杨树达教授都主张出对对子的考题，他和杨树达在几种选择中，选中了'孙行者'，本来是针对'胡适之'的，但答卷中竟有学生答了'祖冲之'，他们认为'祖冲之'也不错，而且把这个学生写的《梦游清华园记》的考卷找了出来，是一篇很妙的赋，这篇文章他主张给 100 分，四叔钱穆一看很像是我的笔迹。隔了一个星期后，陈寅恪又公布了历史试卷，考题也是他出的，只有一个题，即要写出廿四史的全部书名、作者、卷数和注者，结果很多考生考得很差，只有一个考生考了个满分。后来查出来，这两个满分的考卷都是我的。《清华周刊》上也登出了《梦游清华园记》这篇赋。我能取得这样的成绩，应归功于在苏高中所受的教育。"②

钱伟长对苏州中学的感情非同一般。苏州中学办学一百周年之际，年过九旬的钱伟长写下《难忘苏中》。其间回忆："当时苏高中的吕叔湘等对中国文化也有兴趣，他们成立了一个很密切的团体，首先推出一本高中国文选，作为一年级的语文教材，主讲人就是四叔钱穆。这本教材自三代起一直到南宋为止，每一阶段选两三篇有时代性的文章，这本教材重点是讲清每篇文章是在什么时代背景下写出来的，在当时起了什么样的作用，使学生学会了写文章要有的放矢。在作文中往往结合当时的重大问题，反对不着边际的空论。"③

从钱穆对侄子钱伟长的"亲炙"培养的过程来看，钱穆对学生的教学并不是死"扣"学分和学业。作为"吾无行而不与二三子"的旧式知识分子，钱穆一向觉得，真正的教育首先是以师生间的亲密相处为基础，教师毫无保留地用自己的"为学"与"为人"熏陶、感染学生。钱穆一生接受的是传统儒学教育，这样的教学理念与曾经留洋深造的汪懋祖，倒也十分契合。汪懋祖曾说："一个优良学校成绩的表现，不仅在毕业生多数能考取大学，或中学会考能得到锦标。而在入

---

① 钱伟长：《论教育》，上海：上海大学出版社，2006 年，第 353 页。

② 钱伟长：《难忘苏中——〈百年苏中〉序言》，《百年苏中·三元春秋》，苏州：苏州大学出版社，2005 年，第 2 页。

③ 钱伟长：《难忘苏中——〈百年苏中〉序言》，《百年苏中·三元春秋》，苏州：苏州大学出版社，2005 年，第 2 页。

学后能独立研究学术，崇高人格，出大学复能发展其能力，各得其用，此亦清醒的教育者所当注意的。"[1]

钱穆的三元坊生活

很快，钱穆就喜欢上了苏州中学。三元坊一带的自然与历史人文风景，让他感到从未有过的惬意。如其所言："苏州中学乃前清紫阳书院之旧址，学校中藏书甚富。校园中亦有山林之趣。出校门即三元坊，向南右折为孔子庙，体制甚伟。其前为南园遗址。余终日流连徜徉于其田野间。较之在梅村泰伯庙外散步，犹胜百倍。城中有小书摊及其他旧书肆，余时往购书。彼辈每言昔有王国维，今又见君。盖王国维亦曾在紫阳书院教读也。"[2]

王国维在紫阳旧地教过书，等钱穆来到这里时王氏已去了清华国学院。三元坊一带的书店老板将钱穆与王国维并列，也从另一个侧面点出了此地确实堪称人才汇集之地。而王国维教书时也像钱穆那样喜欢闲游旧书肆，则不仅表明了中国旧式读书人共有的一些生命习性，更是透露出国学教育的昌盛似乎少不了像苏州中学这样的景观优雅、底蕴深厚的学府来做依托。

当然，钱穆的精神愉悦绝非仅仅来自天赐的人文美景，而更是来自其自身在学问上的刻苦努力带来的无穷乐趣。1926 年秋，钱穆在无锡三师为四年级毕业班讲授"国学概论"时，将讲义随讲随录，写到了第七章。到了苏州中学以后，又在此基础上续讲此课，并继续撰写以后的内容。至 1928 年春，后续三章均已完成。书稿草成后，钱穆将书稿寄与钱基博，请其指正，后又得老师吕思勉之荐，于 1931 年 5 月由上海商务印书馆出版。胡嘉回忆："那时候，苏高中的教师阵容，也很坚强。学术空气非常浓厚，许多老师都有著译在上海各大书局出版。钱宾四先生的《国学概论》后三章，就在这里讲授续成。"[3]

又一年后，即 1930 年春，钱穆来到苏州中学任教进入第六学期，30 万字的皇皇巨著《先秦诸子系年》终于完稿。《先秦诸子系年》虽在 1930 年春已完稿，却迟至 1935 年 12 月才出版。按作者所记，原因是"自知其疏陋，恐多谬误，

---

[1] 汪懋祖：《苏中事业之回顾与展望》，《苏中校刊》第 86 期，1933 年 9 月上。

[2] 钱穆：《八十忆双亲师友杂忆合刊》，北京：九州出版社，2011 年，第 133 页。

[3] 胡嘉：《钱师音容如在》，《钱穆纪念文集》，上海：上海人民出版社，1992 年，第 88 页。

未敢轻以问世"①，"故此稿常留手边，时时默自改定。"②钱穆在《先秦诸子系年》"自序"中记："余草《诸子系年》，始自民国十二年秋。积四五载，得考辨百六十篇，垂三十万言。一篇之成，或历旬月，或经寒暑。少者三四易，多者十余易，而后稿定。自以创辟之言，非有十分之见，则不敢轻于示他。藏之箧笥者又有年，虽时有增订，而见闻之陋，亦无以大胜乎其前。"③

1929 年 4 月的一天，已经名扬的史学家顾颉刚造访钱穆。顾氏适见桌上《先秦诸子系年》成稿，乃征得钱穆同意携回翻阅。几天后，钱穆回访。顾颉刚已匆匆翻阅《系年》稿，对钱扎实的考据功夫和史学才华非常钦佩。他认定钱穆为研究历史的难得之才，坦诚建议："君似不宜长在中学中教国文，宜去大学中教历史"④，并说自己受中山大学副校长朱家骅的嘱托，代为物色新人，当即表示愿意推荐钱穆前去中大任教。同时顾颉刚已经准备去燕京大学任教。他告诉钱氏，"在中山大学任课，以讲述康有为今文经学为中心。此去燕大，当仍续前意，并将兼任《燕京学报》之编辑任务"⑤，嘱其为学报撰稿。此时，钱氏的另一部要著《刘向歆父子年谱》也正式成稿，于是就寄给顾氏。在《年谱》中，钱穆否定了康有为的今文经学，这不啻与顾颉刚的观点唱对台戏，但顾颉刚相信"知出乎争"，丝毫没有介意，依然将钱文编入 1930 年 6 月的《燕京学报》第七期公开发表。

《先秦诸子系年》《刘向歆父子年谱》是钱穆在苏州中学时期完成的两部力作，成为他打开通往中国现代学术殿堂的钥匙。钱穆得到顾氏的赏识，自是得力于其尚在草创中的《先秦诸子系年》稿，但他被学术界普遍接受，却缘自《刘向歆父子年谱》。通过这两部力作的撰述，钱穆也由此形成了"以专驭通"的治学风格，即由子学和经学入史学，把子学、经学和史学紧密结合，以考据治史，同时又超脱于考据之上，显露出以史学研究为中心的学术风格。

① 罗义俊：《钱穆传略》，《中国现代社会科学家传略》第 10 辑，太原：山西人民出版社，1987 年，第 306 页。

② 钱穆：《八十忆双亲师友杂忆合刊》，北京：九州出版社，2011 年，第 136 页。

③ 钱穆：《先秦诸子系年》，北京：九州出版社，2011 年，"自序"，第 1 页。

④ 钱穆：《八十忆双亲师友杂忆合刊》，北京：九州出版社，2011 年，第 138 页。

⑤ 钱穆：《八十忆双亲师友杂忆合刊》，北京：九州出版社，2011 年，第 138 页。

离　去

经由顾颉刚的推荐，中山大学果真给钱穆发来了聘书。钱穆拿着聘书向汪懋祖辞职，汪氏挽留，说："君往大学任教，乃迟早事。我明年亦当离去，君能再留一年与我同进退否？"[1]极重感情的钱穆只好婉谢中大的聘请，继续留在苏州中学。

汪懋祖何以发出"我明年亦当离去"的感慨？汪懋祖出任苏州中学校长，得益于大学区制的推行，但该制度从一开始就遭到地方势力的反对，此后力陈"教育行政学术化之流弊"的声音更是不绝于耳。两年后，即1929年，大学区制在一片反对声中流产。

1930年9月，钱穆收拾行囊，告别苏州中学，前往北平燕京大学报到。汪懋祖没能"同进退"，继续留了下来。这一年是苏州中学建校三周年，汪懋祖用这样的文字做了总结："四方负笈来此，远自陕滇。毕业生考升国立大学者岁有增加，就业服务，无一人向隅。……师生之间，情趣欢跃。尽心教学，研讨至勤。教职员著作出版者，达十四种，计两十册。陆续付印者，尚有多种。体育竞赛，连年冠军。于是，声誉鹊起，满国中矣。"[2]

第二年，汪懋祖辞去苏州中学校长职位。对于汪懋祖的离校，其女儿汪安琳回忆："江苏省教育厅派了一位督学来到苏州中学，指手划脚、盛气凌人，勒令停办校刊，并不准师范生考大学。然而，我父亲认为这两项是办好苏中的重要举措，在这位督学的监督下办学，只能忍气吞声。看来这个苏中校长是不能当了，于是决定辞职，回南京当大学教授去。"[3]

双双离开苏州中学后，汪懋祖与钱穆再无更多的交集，但他们的友谊却维系了一生。1937年，日寇大举入侵，汪懋祖全家颠簸南下。第二年春，汪懋祖在云南大理创办了国立大理师范学校。当年的教务主任章育才回忆说："抗战时期在大理办学非常艰苦，一言难尽。"[4]1941年，汪懋祖因胃溃疡大出血离任治病。1942年底，他去往昆明任西南联大师范学院教授。钱穆回忆："时典存夫

---

① 钱穆：《八十忆双亲师友杂忆合刊》，北京：九州出版社，2011年，第138页。

② 汪懋祖：《三周年纪念专号弁言》，《苏中校刊》第48—50期合刊，1930年12月。

③ 汪安琳：《我家的故事》。http://www.5201000.com/Memorial/ReView/48970i603989.html。

④ 汪安琳：《我家的故事》。http://www.5201000.com/Memorial/ReView/48970i603989.html。

妇亦在昆明，余亦曾与一面。"①抗战胜利后，汪懋祖回到阔别多年的家乡，在苏州的国立社会教育学院任教。此时，他的胃病日趋严重，但仍以著书为乐。钱穆回忆："时典存已病，余常去问候。典存起坐床上，余坐床榻旁，每相语移时。典存应上海某书局约，方拟撰一书，有关文学方面者。"②1949 年 1 月 9 日，汪懋祖因胃穿孔出血而去世，享年 58 岁。

汪懋祖辞职后，苏州中学继任校长是"学衡派"主将之一胡焕庸。抗战时期苏中本部移到常州，又幸得另一位史学大师吕思勉，国学气象犹存。而从生物学家吴元涤任第三任校长开始，苏中则明显转向以理科为荣，当年在国学领域几乎可以和著名大学伦比的雄厚气势已经不复。

在任教苏州中学之时，钱穆完成了《国学概论》的写作。此著的最后一段云："夫古人往矣，其是非得失之迹，与夫可镜可鉴之资，则昭然具在。后生可畏，来者难诬，继自今发皇蹈厉，拨荆棘，开康庄，释回增美，以跻吾民族于无疆之休，正吾历古先民灵爽之所托凭也。学术不熄，则民族不亡。凡我华胄，尚其勉旃。"③这段饱含深情的文字，可谓钱穆的"夫子自道"。

正因为有着这样的教育信仰，此后一直在大学任教的钱穆，一路走下来，感觉并不如当年任教苏州中学那般美好。在回顾自己一生的教学经历时，他认为最让他快乐的岁月是当年在江南中小学任教。他在《师友杂忆》中写道："然余每告人，教大学有时感到不如教中学，教中学又有时感到不如教小学。此非矫情，乃实感，必稍久乃心安，然亦终于离小学入中学，离中学入大学。此亦可谓又一无可奈何之事矣。"④

同　道

离开苏州中学以后，汪懋祖来到南京的中央政治学校任教，并任教育系主任。很快，一场关于文言文教育的争论，让汪懋祖再次回到了人们的视野中心。争论的焦点集中于中小学要不要学习文言文？要不要读经？白话文教材是否存在诸多弊端？

1934 年 5 月 4 日，汪懋祖发表《禁习文言与强令读经》，对湖南、广东等

---

① 钱穆：《八十忆双亲师友杂忆合刊》，北京：九州出版社，2011 年，第 139 页。

② 钱穆：《八十忆双亲师友杂忆合刊》，北京：九州出版社，2011 年，第 139 页。

③ 钱穆：《国学概论》，北京：九州出版社，2011 年，第 362 页。

④ 钱穆：《八十忆双亲师友杂忆合刊》，北京：九州出版社，2011 年，第 148 页。

省当局强令中小学读经和教育部禁止小学诵习文言两种做法提出异议，认为"小学读经，固非合理，禁绝文言，似亦近于感情作用"，两者犯了"各走一端"的错误。汪懋祖的文章很快牵动了各方的神经，教育界人士纷纷发表意见。其中反对汪懋祖最激烈、用笔最勤者当属吴研因。吴研因是"一位颇有名气的新派人物"[①]，在任职教育部期间大力推行白话文教材。汪懋祖《禁习文言与强令读经》发表的十多天后，也就是 5 月 16 日，吴研因就发表了《关于小学参用文言与初中毕读孟子及指斥语体文诸说》，批驳汪懋祖的观点。同时，余景陶、柳诒徵分别撰文，支持汪懋祖的观点，汪懋祖也撰写《中小学文言运动》长文予以批驳。很快，胡适也加入"战团"，发表《所谓"中小学文言运动"》声援吴研因，鲁迅也撰文《中国语文的新生》《"此生或彼生"》，批评汪氏"开倒车"。11 月 2 日，汪懋祖发表《关于小学国语教材疑问之进一步探讨》[②]，此文大概是汪氏有关文言文教育的最后一篇文章。尔后，赞同者和反对者继续争论，汪懋祖不再出声。

　　新文化运动以来，国内学术界、教育界的各种矛盾日益冲突。如思想文化方面，传统儒家学说与新文化的纠葛；语言文学方面，文言文与白话文的矛盾；教育学方面，以儿童为中心的实用主义教育思想与以经典著作为中心的人文主义教育思想的冲突；等等。这场关于文言与白话之争是新文化运动以来最大的一场争论，引发似乎有些偶然，但实际上它是上述各种矛盾冲突的延伸。

　　在汪懋祖对文言文教育的"呐喊"中，有人怀疑他是"受人指使"，如周作人就抱有这样的观点。他说，民国的古文复兴运动后面"都有政治的意味，都有人物的背景。……现在汪懋祖不知何所依据，但不妨假定为戴公传贤罢"[③]。从汪懋祖文言文教育思想的渊源来看，该说法完全难以立足。其实早在 1913 年，年仅 22 岁、尚在北洋大学就读的汪懋祖发表了《论挽救国文》，批评"急进之徒，喜欧米物质之美，而不知国学之宏且精也"，指出"凡此皆国文未通，故其观念，往往而非。坐是两害，而爱国之心，因之渐移，文亡而国亦随之"。[④] 钱穆也有回忆："典存初在北平时，白话文方盛行，而典存有意保存传统古文。至

　　① 萧曼、霍大寿：《吴作人》，北京：人民美术出版社，1988 年，第 6 页。

　　② 汪懋祖：《关于小学国语教材疑问之进一步探讨》，《时代公论》第 3 卷第 32 号，1934 年 11 月 2 日。

　　③ 周作人：《〈现代散文选〉序》，见钟叔河编：《周作人文选 1930—1936》，广州：广州出版社，1995 年，第 213 页

　　④ 汪懋祖：《论挽救国文》，《独立周报》1913 年 3 月第 24 期。

是，意不变。"①

从现有的资料来看，钱穆似乎没有参与这场争论。那么，他对文言文教育，扩而言之对中小学教育持有何种态度呢？他有怎样的教育观念呢？

钱穆早年在中小学任教十余年，从 1930 年起则一直在大学讲台授课，但他并没有停止对中小学教育的反思。钱穆探讨教育的文章多收录在《文化与教育》一书中，关于中小学教育的思考集中在《中等学校国文教授之讨论》（1920年）、《编纂中等学校国文科公用教本之意见》（1925 年）、《改革中等教育议》（1941 年）、《从整个国家教育之革新来谈中等教育》（1942 年）、《复兴文化运动与中小学国语国文教材问题》（1966 年）诸文中。探究这些文章，不难发现，其间的观点与汪懋祖有着相似、相通之处。

汪懋祖留学美国，师从杜威，受"实用主义哲学"的影响，提出了"教育源于生活"的教育理念。他说："若吾国则义教四年，尚不可及，则在此四年之中，似宜多顾'预备'。凡社会需要应所重视，乡村环境尤当体察。"落实到语文教育，汪氏主张："国语教学除技术之外，尚含有修养及提高语言之作用。"他认为文言文教育正有这些作用：文言文"涵正当之思想""有公认的价值"，如"礼义廉耻，忠孝仁爱"等；文言文有"先民精神所寄"，能让学生有"民族意识"；文言文在文字表达上较白话文有"诸多优点"，"所谓一字传神，最能描写文言之便利"；文言文"为升学及社会应用所需"。②钱穆对白话同样持批评意见。到 20 世纪 40 年代初，已在大学任教十年有余的钱穆，连撰《改革中等教育议》《从整个国家教育之革新来谈中等教育》两文，指出中等教育存在的弊病以及改革之策。他指出，我国教育，"自前清同治初元迄今八十年，始终不脱两大毛病。一曰实利主义，一曰模仿主义"，而造成这一病症的原因在于"始终缺一全盘计划和根本精神"。③至于普通中等教育的任务，不是为报考大学补习英文或者做"预备班"，当以本国语言文字的传习为主，首推文字教育。

对于中学国文教育，两人的观点极为相似。汪懋祖认为，小学高年级应该学习浅近文言文，初中要能读毕《孟子》，高中能读《论语》《学》《庸》以及《左传》《史记》《诗经》《国策》《庄子》《荀子》《韩非子》等选本，并辅以各家文选作为课外读物。在教学安排上，汪懋祖主张：文言文学习要循

---

① 钱穆：《八十忆双亲师友杂忆合刊》，北京：九州出版社，2011 年，第 139 页。

② 汪懋祖：《中学国文课程标准之讨论》，《中华教育界》第 22 卷第 1 期，1934 年 7 月。

③ 钱穆：《从整个国家教育之革新来谈中等教育》，《文化与教育》，北京：九州出版社，2011年，第 239 页。

序渐进，由浅入深；小学白话文比重大于文言文，高中要以文言文为主；小学不读经，中学要加强经典学习；要重视文言文的诵读。对于国文教学究竟该教授哪类文章，钱穆也有自己的思考。他将自老子以来中国文体变迁之势分为四期："第一期：自老子迄西汉司马迁，大体为'著述文'，尽事达理为本。《老子》《易系传》《论语》《墨子》《孟》《庄》《荀》《韩》《吕氏春秋》《淮南子》《国策》《太史公书》等为其代表。第二期：自司马相如从下迄初唐，大体为'藻饰文'。极绚染堆砌之能，初为干乞，后主夸炫。《文选》可从代表。第三期：自韩愈下迄清末张裕钊、吴汝纶诸人，大体为'格调文'。以寄托感慨擅场，大率皆私人情事。《古文辞类纂》可为代表。第四期：最近之'欧化文'。方属始萌，发皇生长，未有艾也。"[①]钱穆认为，国文教材应当注重以最近期文章即"欧化文"为主，此时期文尤为重要，但并不能满足中学四年时期的需要，还应该以上述四期中"著述文"为主要教授之文。钱穆认为"著述文"没有后代文章的辞藻雕琢与格律的束缚，能够自由抒写，呈现直截、爽快、明白、洁净的特征，谕旨深远，旨趣高尚，可以扫猥琐之状，且在教学中能够注重分类比较阅读，可以除芜杂之弊。

此外，两人都清醒地认识到了当时国文教材的弊端。早在1925年，钱穆任教无锡省立第三师范时，就认为当时"大抵各科教学，惟国文为最混沌，此自无庸讳饰"[②]，为此提议重中之重在于编订较优的公用教本，并逐年改良，供国内中等学校国文教育使用。同样，汪懋祖对当时的国文教材，特别是白话文教材也多有批评意见。他认为，白话文"发挥个人主义，毁灭礼教，打倒威权，暗示斗争……徒求感情之奔放，无复理智之制驭"。他还指出："近来文字，往往以欧化为时髦，诘屈不可理解，须假想为英文而意会之，始能得其趣味。"[③]

①钱穆：《中等学校国文教授之讨论》，《文化与教育》，北京：九州出版社，2011年，第262—263页。

②钱穆：《编纂中等学校国文科公用教本之意见》，《文化与教育》，北京：九州出版社，2011年，第277页。

③汪懋祖：《禁习文言与强令读经》，《时代公论》第3卷第6号，1934年5月4日。

勠力兴学 情结新亚

——钱穆与唐君毅

在新亚书院的发展史中，钱穆与唐君毅两位先生无疑是最重要的人物。新亚书院创办伊始，两位先生就"全副精神注于新亚"[①]，共同确立和奠定了新亚的文化理想和教育理想，为香港的人文教育和儒学复兴做出了重要贡献。

初识于江南大学

唐君毅，1909 年生于四川宜宾。1921 年，唐君毅进入重庆联合中学就读，蒙文通在校讲授国文，唐氏在其感染下"开始立志向学，确立效法圣贤的志向"[②]。几十年以后，唐君毅在回忆其学术生涯时说："我大约十五岁左右，便抱了一种似乎极端反时代的人生观，即不要欲望，不要幸福与个人的权利，欲要超凡脱俗，我当时并以为此是孔子的思想。"[③]1925 年，唐君毅从中学毕业，并于第二年考入北京大学哲学系预科，对梁漱溟执弟子礼。一年后，唐君毅转入南京中央大学哲学系，受学于汤用彤、方东美、宗白华等，"以为唯由科学以通哲学，乃为哲学之正途"[④]。熊十力曾短暂来校教授新唯识论，唐君毅正是在此时忝列熊氏门墙。1932 年，唐君毅从中央大学毕业，并于第二年冬在中央大学

---

① 牟宗三：《悼念唐君毅先生》，见谢廷光编著：《纪念集（上）》（《唐君毅全集》卷 37），北京：九州出版社，2016 年，第 17 页。

② 何仁富、汪丽华：《年谱》（《唐君毅全集》卷 34），北京：九州出版社，2016 年，第 30 页。

③《唐君毅先生的心路历程》，见冯爱群编：《唐君毅先生纪念集》，台北：学生书局，1979 年，第 120 页。

④《唐君毅先生的心路历程》，见冯爱群编：《唐君毅先生纪念集》，台北：学生书局，1979 年，第 121 页。

任教。全面抗战爆发后，唐君毅回到家乡，在成都华西大学任教，并兼教于乡间中学。1940 年冬，唐君毅重回内迁重庆的中央大学任教。在重庆，唐君毅结交牟宗三，相交甚密；又与周辅成共办《理想与文化》杂志，经常撰文阐述其道德论，被牟宗三称之为"发正大之音之初声"[①]。1944 年，唐君毅出版了《道德自我之建立》《人生之体验》，在哲学界崭露头角。贺麟在《当代中国哲学》一书中对唐氏"富于诗意"的唯心论哲学有极高的评价，称其著作"为中国唯心论哲学的发展，增加了一股新力量"[②]。

抗战胜利后，中央大学复员南京。1947 年秋，中大哲学系人事纠纷日趋激烈，系内要解除牟宗三、许思园两位教授的职务。出于对朋友道义上的支持，身为哲学系主任的唐君毅与牟、许两人共进退，同应江南大学之聘，其中唐任学校教务长。江南大学在无锡太湖之滨，是巨商荣家斥资兴办的一所私立大学。此时钱穆也应江大之聘，任文学院院长。这是钱、唐两人论交之始。在任教江南大学期间，两人在教学之余，著述不辍。钱穆撰有著作《湖上闲思录》，唐君毅也写成《文化意识与道德理性》一书。

1948 年夏，唐君毅应好友程兆熊的邀请，到信江农学院讲学。该学校设在江西铅山鹅湖书院内，是当年朱陆讲学、聚会之地，历史上有名的"鹅湖之会"就发生在这里。程氏有意恢复鹅湖书院，让唐君毅来筹备此事。唐君毅对程氏的想法深表赞同。两人的想法也得到了钱穆的大力支持。西学东渐以来，很多新式学校建立，教育沿袭西方的思路，注重知识传授而渐渐忽视人格修养和人性的养成。钱穆指出："中国重和合，西方重分别"[③]，"西方人重其师所授之学，而其师则为一分门知识之专家。中国则重其师所传之道，而其师则应为一具有德性之通人"[④]，"新学校兴起，则皆承西化而来，皆重知识传授，大学更然。一校之师，不下数百人。师不亲，亦不尊，则在校学生亦不见尊。"他直言："当前学风之最大弊害，则在于'学'与'人'离，'学问'与'为人'判若两事。仅知为学，不知为人"，"'新文化运动'只言方法，不指途径。只有题目，不问体系。近代学术思想，只'空洞'二字可包括尽净。"[⑥]钱氏向往宋明以来的

① 牟宗三：《悼念唐君毅先生》，见谢延光编著：《纪念集（上）》（《唐君毅全集》卷 37），北京：九州出版社，2016 年，第 15 页。

② 贺麟：《当代中国哲学》，南京：胜利出版公司，1945 年，第 49 页。

③ 钱穆：《现代中国学术论衡》，北京：九州出版社，2011 年，"序"，第 1 页。

④ 钱穆：《现代中国学术论衡》，北京：九州出版社，2011 年，第 154 页。

⑤ 钱穆：《现代中国学术论衡》，北京：九州出版社，2011 年，第 160 页。

⑥ 钱穆：《谈当前学风之弊》，《学籥》，九州出版社，2011 年，第 200、204 页。

书院制度，以及书院制度下的人格教育，所以他极力支持程、唐两人的做法，希望将来再来一个新的"鹅湖之会"。后来，他在香港创办新亚书院时就直截了当地指出："中国传统教育制度，最好的莫过于书院制度。"①不料，由于时局的变化太快，这一愿望终成泡影，但也为日后两人勠力创办新亚书院埋下了理想伏笔。

勠力共办新亚书院

1949 年初，国民党在军事上节节败退，形势急转直下。同年 2 月，钱穆收到了广州私立华侨大学校长王淑陶的一封信，邀请他和唐君毅赴广州讲学，为期三个月。王淑陶是唐君毅旧友，于是钱穆与唐氏商量南下之事。几经考虑之后，两人决定联袂南下。

4 月 4 日，钱穆与唐君毅一道乘火车由无锡前往上海，7 日乘金刚轮赴粤，11 日到达广州，受聘于华侨大学。华侨大学创办于香港，后来迁到广州。

6 月，因时局动荡，华侨大学迁回香港，校址设在沙田大围铜锣湾。钱、唐两人于 6 月 7 日夜乘船抵港。入港后，钱穆看到许多从大陆来港的青年失业失学，无依无靠，踯躅街头，心有感触，于是萌发了在港创办学校，为青年提供求学机会的念头。

入港之前，他在广州街头遇见了老友张其昀。张氏告诉钱穆，拟去香港办一学校，暂定名为"亚洲文法学院"，已约谢幼伟、崔书琴等三人，也邀请钱氏加入。钱穆接受了邀请，与谢、崔两人共同筹办学校。在筹办过程中，张其昀得蒋介石电召赴台，发起人之一吴文晖中途退出，谢幼伟应印尼某报馆之聘而离去，崔书琴因随时准备入台而心思别移，几位发起人实际上只剩下钱穆一人。由于人少力薄，孤掌难鸣，钱穆于是邀请唐君毅和《民主评论》主编张丕介两人一道参与学校的筹建。

1949 年 10 月 10 日，亚洲文商学院在香港九龙佐顿道伟晴街华南中学的三楼举行开学典礼，由钱穆任院长，崔书琴任教务长，教师有唐君毅、张丕介、罗梦珊、程兆熊等人。1950 年 3 月，学校得到来自上海的建筑商人王岳峰的资助，在九龙深水埗桂林街租得三间教室，作为新校舍，正式改名为新亚书院，由钱穆任校长，唐君毅任教务长，张丕介任总务长。

---

①《亚洲文商学院开学典礼讲词摘要》，《新亚遗铎》，北京：九州出版社，2011 年，第 1 页。

余英时在《新亚精神与中国文化》中说："1949 年新亚书院的创建是历史的偶然，但同时也涵蕴了一种潜在的必然。所谓历史的偶然是指当时创校人物志同道合，而恰好在乱离流浪之中同时凑泊在香港，再加上种种人事因缘的巧合，因此才有亚洲文商学院——新亚前身——的成立。"①唐君毅也多次讲新亚书院的创办是一个"偶然的无中生有"，这一批来自天南地北、彼此最初并不相识的学人，"只因中国政治上之一大变局，偶然同聚在香港，遂有此新亚书院的创办。"所谓偶然中蕴含着潜在的必然，是指这一批南下的学人具有强烈的忧患意识和文化担当意识，他们原本在大陆从事教育工作，素有传承和弘扬中国文化的宏愿，他们来到了这块"近百年来既属中国而又不算中国的土地"，继续在香港传播和复兴中国文化。诚如钱穆在给老师吕思勉的信中所言，他要效仿明末朱舜水流寓日本传播中国文化之举，"希望在南国传播中国文化之一脉。"②

"新亚"一词，在新亚创办人心目中即"新亚洲"之意，即"重新赋予亚洲以新生命"。唐君毅曾言："'新亚'二字即新亚洲……亚洲是世界最大的一洲，他比欧洲有更古老的文化。有古老至四五千年之绵续不断之中国与印度，同时是世界最伟大之宗教——耶、回、婆罗门、佛等——之策源地，他在人类文化史中，原远较欧洲居于更前进的地位。然而此二三百年来，他却成为欧洲最大的殖民地之所在……此二三百年亚洲的地位之降落，亚洲人应负责任。中国之百年来之积弱，中国人应负责任。古老的亚洲，古老的中国，必须新生。我们相信只有当最古老的亚洲、最古老的中国获得新生，中国得救，亚洲得救，而后世界人类才真能得救。"③至于新亚书院的办学旨趣，在其招生简章中有概括的说明。内云："上溯宋明书院讲学精神，旁采西欧大学导师制度，以人文主义之教育宗旨，沟通世界东西文化，为人类和平、社会幸福谋前途。"④

在新亚书院的创办和发展过程中，钱穆与唐君毅等创办人同甘共苦，情谊笃深。钱穆主持校政，并兼任文史系主任、新亚研究所所长，讲授中国通史、中国文化史、中国文学史等课程，为筹集经费时常奔波于香港与台湾之间。唐君毅主持哲学系，并兼任教务长，讲授哲学概论等课程。两人朝夕相处，相依为命，以人文理想精神自励并感染同仁和学生，为学校的发展殚精竭虑。当学校规模不断

① 余英时：《新亚精神与中国文化》，《现代学人与学术》（《余英时文集》第五卷），桂林：广西师范大学出版社，2014 年，第 102 页。

② 张耕华：《人类的祥瑞——吕思勉传》，上海：华东师范大学出版社，1998 年，第 264 页。

③ 唐君毅：《我所了解之新亚精神》，《新亚精神与人文教育》（《唐君毅全集》卷 16），北京：九州出版社，2016 年，第 8—9 页。

④《招生简章节录》，《新亚遗铎》，北京：九州出版社，2011 年，第 3 页。

扩大，新进人员日渐增多之时，院内也出现了对钱穆的不满之声。唐君毅出面说道："不是钱先生的大名，便没有新亚书院，所以大家还是要维护他。"①唐氏之言，表达了对老友的信任和尊敬，维护了新亚的团结。钱穆曾称，"同事间真志同道合者，实亦惟君毅一人而已。"②

在授课之余，钱、唐诸人还结伴出游。徐复观在《太平山上的漫步漫想》中有如下一段回忆："当时经常走在一起的有钱宾四、张丕介和唐君毅诸位先生。钱先生当时是五十多岁，我和张先生是四十多岁，唐先生大概刚挂上四十的边缘。钱先生一向是游兴很高，而且是善于谈天的人；他谈的是半学术、半生活，偶尔也掺杂一点感慨和笑话，真是使人听来娓娓不倦。唐先生一开口便有哲学气味，我和丕介当时对学问有虔诚的谦虚，对钱、唐两位先生，是由衷的钦佩，所以对唐先生的哲学漫谈，也听得津津有味。"③

居港办学时期，钱、唐两人也笔耕不辍。钱穆的著述主要转向对中国历史文化精神的研究和阐释，出版有《文化学大义》《中国历史精神》《民族与文化》等 10 余部著作。唐君毅则由对人生哲学的研究转向对中国人文精神的探寻，写有《中国文化之精神价值》《人文精神之重建》《中国人文精神之发展》等重要著作。在《中国文化之精神价值》一书中，唐君毅对钱穆论中国历史和文化的成果多有采撷、吸收。

1954 年 7 月 30 日（农历六月初九），是钱穆六十寿辰，新亚书院和《民主评论》《人生》杂志联合出版祝寿专辑，以表彰钱穆在学术和教育上的贡献。唐君毅写下《钱宾四先生还历纪念》一文，在末段引申写道："要而言之，六十年之中国迄在内忧外患之中，而钱先生一生之学问，实与时代之忧患，如比辞而俱行。六十年之中国，亦产生不少的学人。然时代之变太快了，我们看……又多少学人治学，除了满足个人之学问兴趣外，竟忘了他自己是在自古未有之忧患时代的中国人，忘了他之治学与著述，直接间接，皆当对时代有所负责；又多少人真知道所谓对时代负责，并非只是随时代风势转，而只是先承担时代的问题，乃退而求在学术上卓然足以自立，而有以矫正时代风势之偏弊！我们从这些问题上想，只使我们生无穷的慨叹。诚然，后生可畏，来者难诬，我们亦绝无悲观之理。但是由这些问题，却更使我们现在不能不纪念自幼以中国读书人之本色，独

---

① 徐复观：《悼念新亚书院》，《论知识分子》，北京：九州出版社，2014 年，第 176 页。

② 钱穆：《致徐复观》（1955 年 9 月 8 日），《素书楼余渖》，北京：九州出版社，2011 年，第295 页。

③ 徐复观：《无惭尺布裹头归·生平》，北京：九州出版社，2014 年，第 192 页。

立苦学，外绝声华，内无假借，三十年来，学问局面一步开展一步，而一直与中国甲午战败以来之时代忧患共终始之钱先生。此固非只为一人祝寿之意而已。"[1]现在读来更是意味深长。

新亚文化讲座与新亚精神

新亚书院迁入桂林街后，来访的学人增多，但因限于学校规模和经费而无法一一聘请。在钱穆、唐君毅的倡议下，学校开办学术文化讲座，邀请在港的文化名流和著名学者主讲。新亚文化讲座每周末晚上七至九时在桂林街校舍的四楼大教室举行。无论寒暑风雨，可容纳百人左右的教室常常满座，留宿校内的新亚学生只好环立于旁，挤立墙角而听。讲座由唐君毅具体负责实施。钱穆在为《新亚书院文化讲座录》所作"序言"中说："新亚书院之创始，艰窘达于极度。同仁心力无所展布，乃于日常授课之余，周末之夜，特设文化讲座。除同仁主讲外，并邀在港学者参加，以社会人士为听讲对象，而新亚学生亦参列焉。其时，新亚校舍在桂林街，隘巷秽浊，楼梯窄而黝，盘旋而上，每不得踏足处。讲室设座，无凭无靠，危坐不能容百席。而寒暑风雨，听者常满，新亚学生仅能环立于旁。……唐君毅先生长新亚教务，始终主其事。匪唐先生不能有此讲座……"[2]唐君毅也说："初意并非纯为学院式之讲会，而在启迪听众对中国文化问题、世界学术之一般认识，及人类前途之关心。……所讲内容，虽颇涉及专门学术，然始终不同于学院式之论文报告……就诸讲题之范围之广，与讲者之包括儒、佛、耶、回诸教人士，及各专门之学者而论，则可见当时诸参加讲会之人士，其目光所注，意趣所存，乃在人类文化之全面。"[3]

新亚文化学术讲座从 1950 年冬开始，到 1955 年初止，举办 139 次，共讲 122 个专题，内容遍及新旧文学、中西哲学、史学、经学、宗教思想、中国传统艺术、绘画、诗歌、社会学、经济学等。其中，钱穆主讲"中国史学之精神""孔子与春秋""老庄与易庸""孔孟与程朱""王阳明学派流变"等 21次；唐君毅主讲"儒家精神在思想界之地位""人文主义的发展""康德哲学

---

① 唐君毅：《钱宾四先生还历纪念》，《哲思辑录与人物纪念》（《唐君毅全集》卷 8），北京：九州出版社，2016 年，第 97—98 页。

② 孙鼎宸：《〈新亚书院文化讲座录〉序》，《新亚遗铎》，北京：九州出版社，2011 年，第 347 页。

③ 唐君毅：《〈新亚书院文化讲座录〉序》，《新亚精神与人文教育》（《唐君毅全集》卷 16），北京：九州出版社，2016 年，第 83 页。

精神""辩证法之类型""基督教与中国文化"等 16 次，两人成为讲座的核心力量。

钟情于传统书院制度的钱、唐两人，"全副精神注于新亚"，共同奠定了新亚的文化理想和教育理想，这种理想后来被概括为"新亚精神"。何谓"新亚精神"？唐君毅谓："我想不外一方希望以日新义日新的精神去化腐臭为神奇，予一切有价值者皆发现其千古常新的性质，一方再求与世界其它一切新知新学相配合，以望有所贡献于真正的新中国、新亚洲、新世界。"①曾做过新亚书院院长的金耀基在纪念新亚创校三十周年时声情并茂地做演讲："新亚不是一间普通的学校，她是一间有崇高的教育理想与文化意识的学府。新亚是由一批具有忧患意识的'流亡'学人在忧患的时代中建立起来的。忧患意识不止是由当时风雨交集的困乏而来，而毋宁是由一种要对中国和人类文化加以承载的责任感而来……当年新亚的创办人钱宾四、唐君毅和张丕介诸先生，以及社会上先进如王岳峰、赵冰先生等，凭着一股豪迈沉毅的心情，一种为文化学术不计劳困和钱财的决心，冲决种种困难，卒于在香港这个殖民地树立了一个以宋代书院为格局之中国的大学教育的形象。由于新亚先驱者的艰卓努力，新亚的教育理想终于渐在香港形成气候，并且受到海内外友人和团体，如雅礼协会等的重视和支持。事实上，新亚成长的历史，就是她的理想越来越受到更多人欣赏接受的历史。"②

徐复观曾撰文称："不是唐君毅先生的理想主义，不是张丕介先生的顽强精神，和钱先生互相结合在一起，便没有新亚书院。"③"他们在艰苦奋斗中，新亚的规模日益扩大；我可以这样断定，香港之有一点中国文化气氛，有少数中国人愿站在中国人的立场做中国学问，是从新亚书院开始的。"④确如徐氏所言，因为商业社会、文化空气淡薄而被人们视为"文化沙漠"的香港，经过钱穆、唐君毅这一批南下学者的不懈努力，最终变成了一个弘扬儒学、传承中国文化的重镇，新亚书院成了港台新儒家的大本营和发源地。

---

① 唐君毅：《我所了解之新亚精神》，《新亚精神与人文教育》（《唐君毅全集》卷 16），北京：九州出版社，2016 年，第 10 页。

② 刘国强：《新亚教育》，香港：新亚研究所，1981 年，第 166—167 页。

③ 徐复观：《悼念新亚书院》，《论知识分子》，北京：九州出版社，2014 年，第 176 页。

④ 徐复观：《悼唐君毅先生》，《无惭尺布裹头归·交往集》，北京：九州出版社，2014 年，第 21 页。

分歧与疏离

1958 年元旦，在《民主评论》和《再生》杂志上，同时发表了由牟宗三、徐复观、张君劢、唐君毅四人联合署名的长文《为中国文化敬告世界人士宣言——我们对中国学术研究及中国文化与世界文化前途之共同认识》（以下简称《宣言》）。这篇洋洋洒洒四万字的长文，旨在概括对中国学术研究及中国文化与世界文化前途之共同认识，阐述对中国文化的过去、现在和未来，以及中西文化关系等问题的基本立场和观点。他们声称"生于忧患"，而"产生一超越而涵盖的胸襟"，并总结中外学人研究中国文化的动机、道路、经验及缺点，明确肯定"中国文化之活的生命之存在"。他们认为"心性之学乃中国文化之神髓之所在"，"不了解心性之学即不了解中国文化"；又认为现时东、西文化应以平等眼光看待对方，期望西方文化应该学习东方之智慧；也强调"中国文化须接受西方或世界之文化"，"中国人不仅由其心性之学，以自觉其自我之——'道德实践的主体'，同时当求为在政治上能自觉为——'政治的主体'，在自然界、知识界成为'认识的主体'及'实用技术上活动之主体'"，从而"使中国人之人格有更高的完成，中国民族之客观的精神生命有更高的发展"。[①]这一《宣言》把现代新儒家所提倡的"返本开新""内圣外王"之道，从哲学、文化引向政治、历史，从讲坛上、书斋里的"心性之学"外化为社会政治实践，从"学统""道统"引向了"政统"。这一《宣言》被视为"新儒家宣言"，在现代新儒学的发展历程中具有里程碑的意义，被不少学者视为海外新儒学形成的标志。

《宣言》初稿由唐君毅起草。1957 年 6 月 28 日，唐君毅在致牟、徐函中说："学术文化宣言承兄等嘱草初稿，弟于上月曾费半月之力，草了四万余字。以太长，不甚类一般宣言，用意在针对西方人对中国文化及政治之误解求加以说服，内容则多是平时吾人所谈，亦有数点是临时触发者。"[②]同年 11 月 28 日，唐君毅在致徐复观、牟宗三的信中就说："此文本意是在教训西方人治汉学者，今虽不能即译为英文，但仍表示吾人之一声音与态度。同时间接可端正若干中国

[①]《为中国文化敬告世界人士宣言——我们对中国学术研究及中国文化与世界文化前途之共同认识》，《中国文化与世界》（《唐君毅全集》卷 9），北京：九州出版社，2016 年，第 1—56 页。

[②] 唐君毅：《致牟宗三》（1957 年 6 月 28 日），《书简》（《唐君毅全集》卷 26），北京：九州出版社，2016 年，第 130—131 页。

人之态度。"①徐复观对《宣言》的起草过程也有回忆："这篇《宣言》是由唐先生起稿寄给张、牟两位先生。他们两人并没表示其他意见，就签署了。寄给我时，我作了两点修正：（1）关于政治方面，我认为要将中国文化精神中可以与民主政治相通的疏导出来，推动中国的民主政治。这一点唐先生讲得不够，所以我就改了一部分。（2）由于唐先生的宗教意识很浓厚，所以在《宣言》中也就强调了中国文化中的宗教意义。我则认为中国文化原亦有宗教性，也不反宗教；然从春秋时代起就逐渐从宗教中脱出，在人的生命中扎根，不必回头走。便把唐先生这部分也改了。改了之后，寄还给唐先生，唐先生接纳了我的第一项意见，第二项则未接受。这倒无所谓。就这样发表了。"②

对于唐君毅在新儒家群体中的作用，余英时曾说："新儒家在形成一个正式学派的历程中，唐先生发挥了最具关键性的作用。让我举一个事例来说明我的论断。海外新儒家有三位代表性人物，即唐君毅、牟宗三、徐复观，同为熊十力的弟子。其中唐、牟两先生是专业哲学家，一生都是学院中人，而徐先生则处于'学术与政治之间'，中年以后才从政界转入学界，因此一般文化界人戏称为'二圣'（唐、牟）'一贤'（徐）。他们三人最初分居两地：唐去香港新亚，牟和徐则执教于台湾的东海大学，虽然彼此声气相通，但毕竟不能朝夕切磋，商量道术。所以几年后，唐先生运用他在新亚和香港学术界的巨大影响力，先将牟先生从东海搬来香港大学中文系，再进一步聘他入中文大学（新亚书院）哲学系。徐先生从东海退休后也移居香港，唐先生则安排他在新亚研究所从事研究工作。'二圣一贤'合在一处，新儒家终于在新亚书院建立起它的基地。"③"唐先生作为一代新儒家大师是和新亚书院作为一代儒学中心同时发展起来的"，"他的一代儒学宗师的地位是在新亚书院这一特殊基址上建树起来的"。④

《宣言》初稿由唐君毅起草，在发表时邀请钱穆同署，钱氏以签发《宣言》容易成为有形的学术壁垒、形成"门户"偏见而加以婉拒。钱穆在致学生余英时的信中说："年前张君劢、唐君毅等四人联名作《中国文化宣言书》，邀穆联署，穆即拒之。曾有一函致张君，此函曾刊载香港之《再生》。穆向不喜此等作

---

① 唐君毅：《致徐复观》（1957年11月28日），《书简》（《唐君毅全集》卷26），北京：九州出版社，2016年，第87页。

② 林镇国、廖仁义、高大鹏联合采访：《擎起这把香火——当代思想的俯视》，《论文化（二）》（《徐复观全集》第五卷），北京：九州出版社，2014年，第850页。

③《余英时回忆录》，台北：允晨文化实业股份公司，2018年，第115页。

④《余英时回忆录》，台北：允晨文化实业股份公司，2018年，第112页。

法，恐在学术界引起无谓之壁垒。"①尽管钱穆没有署名，但台北方面依然将其视为唐、徐四人的同道而加以鞭挞。钱穆在致余协中的信中，不无愤懑地写道："胡适之在台中农院讲演，公开指名张君劢、唐君毅等四人之外，又把弟名字加进，共五人，谓此五人绝不懂中国文化云云，亦可想见其意态之一斑矣。"②事实上，钱穆与第二代新儒家唐、徐、牟诸人的关系由密转疏，是导致他拒签《宣言》的一个重要原因，而拒签《宣言》之举又使他们彼此间感情的裂痕进一步加深。自《宣言》发表后，钱穆与第二代新儒家关系渐行渐远，乃至最终分道扬镳。

1963年，港英当局根据富尔敦委员会的报告书，将新亚、崇基、联合三个书院合并组建成香港中文大学。按照富尔敦委员会经过长时间调查和多方磋商所提出的报告书的设计，香港中文大学采取联合体制，三个书院作为香港中文大学的基础学院，均可保持其历史传统、本身架构、教育理想、教学方式、课程设置诸特点以及行政、人事自主权。报告书还规定，今后若须对基础学院的组织形式进行更改，必须首先征得有关学院的同意。这一点也被载入香港中文大学条例中。当时，新亚是否要参加中文大学曾经引起内部的争论。钱穆和其他教授主张加入中文大学，而唐君毅持保留态度。"在一般的教授希望参加以提高待遇，学生也希望参加，因为官立大学毕业，在香港易于找到工作。但参加进去，就要受到香港当局的控制，文化理想就不容易维持。唐先生为这件事非常痛苦。最后为了替学生现实的出路着想，终于忍痛参加。参加之后，唐先生又力争中文大学要采联合制，使三个书院的教学与行政能够独立，以维护各个书院特有的精神和风格。"③对此，唐君毅在《新亚的过去、现在与将来》的讲辞中说："照我的意见，如今日之新亚尚未加入中文大学，我亦可以赞成不加入；但今已加入再退出，实际上是存在着很多困难的。不退出，当然有所获得，亦必有所牺牲。"④

1964年7月，钱穆在办学理念上与中文大学当局发生了激烈的冲突，愤而辞去院长之职。钱、唐之间的矛盾随之逐渐公开化。钱穆计划花三年时间撰写《朱子新学案》，并通过美籍学者杨联陞向哈燕社申请补助。依照哈燕社的惯例，其补助的对象一向都是学术机构，杨联陞在去信中说明了情况，并建议"先

①钱穆：《致余英时》（1959年5月6日），《素书楼余渖》，北京：九州出版社，2011年，第347页。

②钱穆：《致余协中书》，《素书楼余渖》，北京：九州出版社，2011年，第176页。

③蔡仁厚：《唐君毅先生的生平与学术》，见谢廷光编著：《纪念集（上）》（《唐君毅全集》卷37），北京：九州出版社，2016年，第226页。

④刘国强：《新亚教育》，香港：新业研究院，1981年，第164—165页。

生之《朱子新学案》，最好在研究所计划中一并提出"[①]。尽管新亚研究所将钱穆的课题纳入了计划，并向哈燕社提出申请，但钱穆对新亚研究所早已心存芥蒂。他在致杨联陞的信中多次提及对新亚研究所的意见，并希望杨氏能于暑假来港，细商研究所的改进方式。若不愿为之多分心力，则研究所的未来"大可悲观也"[②]，"先生能留意此事，不仅为此一机构之幸，亦为祖国学术界培植此一新芽以待将来之变化，此意义殊重视也。"[③] 见此情景，杨联陞生怕研究经费被研究所牵制，复函曰："新亚研究所事，局面既变（难向大基金会请款）。一时难望发展，至于维持一节，自当尽力，敬请勿念。"[④] 杨联陞再次努力说服哈燕社，使哈燕社补助款可以不经过新亚研究所而直接支付给钱穆。钱穆得悉后复函表示"不胜感幸"，"可省穆此后意外之不愉快及纠缠。"[⑤]

对于新亚研究所的学术研究，此时的钱穆也有不满。1966 年 11 月 17 日，钱穆在致学生余英时的信中说："新亚研究所 ×、× 两君竟欲作大师，竞相拉拢研究生，必欲出其门下为快。故以前所中诸生亦相戒不敢来沙田。怪事如此，聊以相闻。穆亦藉此杜门，惟目睹青年有为之士，如此窒塞其前进之途，则于心不能无憾耳。"[⑥]1967 年钱穆离港赴台定居前，唐君毅曾与他见面二次，"晤面时初几无话可谈。"[⑦] 钱、唐间过去那种患难相共、亲密无间的关系至此不复存在。唐君毅在致徐复观的书信中悲愤言道："以超越眼光看彼（指钱）在此十七年之所为，与弟等在此十七年之所为，皆是一悲剧也。"[⑧]

①杨联陞：《致钱穆》（1964 年 10 月 28 日），《莲生书简》，北京：商务印书馆，2017 年，第 57—58 页。

②钱穆：《致杨联陞》（1965 年 8 月 25 日），《素书楼余渖》，北京：九州出版社，2011 年，第 202 页。

③钱穆：《致杨联陞》（1965 年 11 月 12 日），《素书楼余渖》，北京：九州出版社，2011 年，第 205 页。

④杨联陞：《致钱穆》（1965 年 9 月 8 日），《莲生书简》，北京：商务印书馆，2017 年，第 69 页。

⑤钱穆：《致杨联陞》（1965 年 12 月 30 日），《素书楼余渖》，北京：九州出版社，2011 年，第 205 页。

⑥钱穆：《致余英时》（1966 年 11 月 17 日），《素书楼余渖》，北京：九州出版社，2011 年，第 376 页。

⑦唐君毅：《致徐复观》（1967 年 9 月 29 日），《书简》（《唐君毅全集》卷 31），北京：九州出版社，2016 年，第 116 页。

⑧唐君毅：《致徐复观》（1967 年 9 月 29 日），《书简》（《唐君毅全集》卷 31），北京：九州出版社，2016 年，第 116 页。

"亚圣"护校

在随后的几年间，钱穆远居台湾，张丕介于 1970 年去世，唐君毅作为唯一在港的新亚主要创办人，在与大学管理层的交涉中被推到了前台。1973 年，香港中文大学推行行政改制，以一元化"集权制"取代以往的"联邦制"，违背了新亚书院加入的初衷。唐君毅承认从经济的立场着眼，"似乎统一为一大学更经济"，但他的根本立场与中文大学当局的意见又截然不同。当年 6 月 17 日，唐君毅在"新亚道别会"的演讲中沉痛地指出："我认为中文大学三间学院之联邦制度，必须真正维持，不容破坏。此乃依三院之教育原各有其特色，如崇基学院是基督教大学，着重宗教性的教育，并透过教会，而有更多之国际性的关系。联合书院办了许多适合地方需要的学系，如公共行政系和电脑系。新亚书院自开办以来，就是求多继承一些中国大陆文化的传统而更求发展。这三院各有特色之事实，是有其历史根源的。中大学院之间各有特色，便必需肯定联合制度，以便各保持其特色……如果中文大学的联邦制度不能保持，我们的新亚精神不能保持，或大家只知有国际与香港，而不知有中国，则我们将连此痛苦亦不能有，而我们的生命只有化为麻木无生命的国际游魂，或单纯的香港顺民。这才真正成了一绝对的痛苦。"[1]

为了维护新亚书院的创校精神和文化理想，唐君毅奋起抗争。然而他毕竟势单力薄，无力扭转中文大学当局的决定。徐复观说："唐先生与吴俊升先生们支撑其间，所得到的，可以说是遍体鳞伤、满身血污的结果。"[2]1974 年，唐君毅怀着极不愉快、极不甘心的心情从中文大学退休。1976 年 12 月 22 日，香港立法局三读通过"新富尔敦报告书"，一元化的集权制度正式施行，包括钱穆、唐君毅在内的新亚书院九位校董集体辞职以示抗议。"辞职声明"称："同人等过去惨淡经营新亚书院，以及参加创设与发展中文大学所抱之教育理想，将无法实现……中大改制之是非功罪，并以诉诸香港之社会良知与将来之历史评判。"[3]唐君毅在致《明报月刊》的信中直斥香港政府"背信食言"，"香港政府先以联合制度之名义，邀约新亚、崇基参加中文大学之创办，而终于背信食言，改为实

---

① 刘国强：《新亚教育》，香港：新业研究院，1981 年，第 162—164 页。

② 徐复观：《悼唐君毅先生》，《无惭尺布裹头归·交往集》，北京：九州出版社，2014 年，第 21 页。

③ 何仁富、汪丽华：《年谱》（《唐君毅全集》卷 34），北京：九州出版社，2016 年，第 315 页。

际上之统一制，是犯了道德上的罪过；亦无异以中文大学为诱，以求消灭原有之新亚、崇基之存在与发展。"①

其时，唐君毅与中文大学当局相争的情况，江琰在《悼一位儒学斗士》一文中有这样的叙说："在我的印象中，钱师超然物外，与世无争，确可当（圣人）之誉；而唐先生的执着与勇斗（当仁不让也）精神，又颇似（亚圣）孟轲。当新亚理想遭危难时，钱先生远走马来西亚，继而避居台湾。夫子'道不行，乘桴浮于海'，'亚圣'则留守新亚大营，九龙农圃道（新亚原址）与沙田马料水之间，从此多事，发生了一连串大小'冷战''热战'场面。总的战略形势是：中文大学以压倒优势，招招进逼，而新亚阵营（以唐'亚圣'挂帅）节节败退（或作战略上的阵地转移），以攻为守，连消带打，并不时相机出击逆袭，'马料水会战'结束，胜负业已判然。新亚书院被'吞并'，或"名存实亡"，而新亚研究所则被'逼出'。"②

当年钱穆怀着极不愉快的心情辞去新亚书院院长之时，曾目睹书院在困苦中诞生、在忧患中成长的徐复观写下一篇《悼念新亚书院》的文章，称："香港中文大学的成立，可能不是新亚书院的发展，而实际上是新亚书院的没落；钱穆先生的辞职，正是此一没落的象征。新亚书院之所以为新亚书院，有它创立时的一段精神。这一段精神没落了，新亚书院实质上便等于不存在了。"③钱穆、唐君毅等人钟情于中国传统的书院教学制度。早期的新亚书院的确发挥了宋明书院的长处，钱、唐诸人对学生而言担当了"经师"而兼"人师"的角色。但是新亚并入中文大学，由过去传统的宋明书院式学校逐渐转变为"现代大学"时，原始的新亚精神在新的条件下必然会慢慢减弱，钱、唐故而先后辞职而去。而在新一代的余英时等人看来，新亚加入中大，以及从书院制到联邦制再到集权制，并不意味着"新亚精神"的丧失，恰恰相反，是在新的条件下的发展和更新，新亚"硬体"的每一步发展也就是新亚原始精神"软件"的每一次"变异"，而这种"变异"则是合乎逻辑的发展和必然，中大改制不过是使新亚维护中国文化的理想和精神转换了一种形式而已。诚如余氏在《新亚精神与中国文化》一文中所言，"新亚精神只是更新了，但没有消失；新亚的原始宗旨也只是扩大了，而没有变质。"④

---

① 唐君毅：《关于〈中大发展史〉》，《新亚精神与人文教育》（《唐君毅全集》卷16），北京：九州出版社，2016年，第179页。

② 何仁富、汪丽华：《年谱》（《唐君毅全集》卷34），北京：九州出版社，2016年，第305页。

③ 徐复观：《悼念新亚书院》，《论知识分子》，北京：九州出版社，2014年，第176页。

④ 余英时：《新亚精神与中国文化》，《现代学人与学术》（《余英时文集》第五卷），桂林：广西师范大学出版社，2014年，第107页。

半生欢喜　纠葛成空

——钱穆与徐复观

徐复观因为"要把历史中好的一面发掘出来"，而与反传统的殷海光之间发生过激烈论战；对胡适等人所倡导的科学方法，徐氏同样大加鞭挞，说："今人所谈的科学方法，应用到文史方面，实际还未跳出清考据的范围一步，其不足以治思想史。"①钱穆和徐复观均以发掘传统文化价值为使命，是对传统文化充满"温情与敬意"的知识人，彼此有过密切的合作经历，因而常被视为同一个阵营，甚至被统称为"新儒家"。然而，两人在学术上的冲突程度，其实不亚于合作。这大概会令人吃惊，但却是客观事实。

一

徐复观，原名秉常，字佛观，1903 年生于湖北浠水。他的一生很不平凡，始于戎马生涯，中经庙堂岁月，终于笔墨春秋，但后半生才是其人生事业的顶峰。徐复观青年时在武昌的省立第一师范和湖北国学馆学习，后又长期在军政界供职，授少将军衔。1944 年，当时他身着军服到北碚勉仁书院初谒同乡前辈熊十力，请教熊氏应该读什么书。熊十力教他读船山的《读通鉴论》。徐复观颇为自得地说，那书早年已经读过了。熊十力却以不高兴的神情说："你并没有读懂，应当再读。"过了些时候，徐复观再去看熊十力，说《读通鉴论》已经读完了。熊十力问："有点什么心得？"于是徐便接二连三地说出许多他不同意的地方。熊十力未及听完便怒声斥骂："你这个东西，怎么会读得进书！任何书的内

①徐复观：《研究中国思想史的方法与态度问题》，《论知识分子》，北京：九州出版社，2014年，第 91 页。

容，都是有好的地方，也有坏的地方。你为什么不先看出他的好的地方，却专门去挑坏的；这样读书，就是读了百部千部，你会受到书的什么益处？读书是要先看出他的好处，再批评他的坏处，这才像吃东西一样，经过消化而摄取了营养。譬如《读通鉴论》，某一段该是多么有意义；又如某一段，理解是如何深刻；你记得吗？你懂得吗？你这样读书，真太没有出息！"这一顿痛骂，骂得徐复观目瞪口呆。①也正是熊十力的这一骂，让徐复观重新找到了自己生命的方向和归宿。正如徐复观后来回忆时所说，这对他是"起死回生的一骂"，"我决心扣学问之门的勇气，是启发自熊十力先生。对中国文化，从二十年的厌弃心理中转变过来，因而多有一点认识，也是得熊先生的启示。"②

大致也就是在这一时期，钱穆结识了徐复观。1942 年，徐复观创办《学原》，钱穆曾刊文四篇：《阳明良知述评》《周程朱子学脉论》《郭象庄子注中之自然论》《朱子心学略》。1949 年 4 月，钱穆在广州时偶遇徐复观。未几，徐复观即赴香港创办《民主评论》（半月刊）杂志，钱穆则在香港创办新亚书院，两人时相往来，晤面颇多。

对于新亚书院及其精神，徐复观有过很高的评价，称新亚书院是钱穆的名望、唐君毅的理想主义和张丕介的顽强精神互相结合的产物，"新亚书院的创办精神，乃是有自觉的中国智识分子的堂堂正正的共同精神。"③对于艰难创办中的新亚书院，徐复观积极地予以襄助。后来牟宗三回忆说："那时新亚书院初成，极度艰难，亦多赖民主评论社资助，此亦徐先生之力。所谓新亚精神实以《民主评论》之文化意识为背景。人不知此背景，新亚精神遂亦漫荡而无归矣。"④出于投桃报李的考虑，也由于文化上的认同与接近，钱穆对徐复观的办刊事业也相当支持。刊物一度因当局疑虑和经费困难准备停办，徐复观准备移居日本，钱穆致函鼓动其勉力维持，并为之出谋划策。钱穆写稿更堪称主力，《民主评论》创刊后的七八年中共计发稿 46 篇，发稿密度略逊于徐复观本人的 68 篇，与唐君毅的 52 篇难分轩轾，而明显多于牟宗三的 31 篇和胡秋原的 17 篇。按照徐复观的说法，《民主评论》最核心的、最能代表刊物性质的文章，除他自己的"在学术与政治之间"的文字外，还有唐君毅、牟宗三、钱穆、胡秋原诸人所作的阐述文化的文章。他说："唐君毅先生以深纯之笔，开始了中国人文精神

---

① 徐复观：《我的读书生活》，《无惭尺布裹头归·生平》，北京：九州出版社，2014 年，第 51 页。
② 徐复观：《我的读书生活》，《无惭尺布裹头归·生平》，北京：九州出版社，2014 年，第 51 页。
③ 徐复观：《悼念新亚书院》，《论知识分子》，北京：九州出版社，2014 年，第 179 页。
④ 牟宗三：《悼念徐复观先生》，《追怀》，北京：九州出版社，2014 年，第 65 页。

的发掘。牟宗三先生则质朴坚实地发挥道德的理想主义……钱宾四先生的文章，走的是比较清灵的一路，因他的大名，吸引了不少读者。胡秋原先生用'尤治平'的笔名，发表了很有分量的《中国的悲剧》。这都是在文化反省方面，所演出的重行头戏。"①徐复观在给唐君毅的信中说："《民主评论》存在的价值，老实说，主要在钱先生、宗三兄和你三个人。"②此刊一直发布到1966年，是港台新儒家的主要学术阵地。

　　因钱穆年辈略长，在学界声望又早著，因此当年的徐复观对他"敬之以前辈之礼"③。钱穆在致徐复观的信中，常常对学术问题发表指导性意见。1952年，钱穆致徐复观书云："兄能潜心学业，实所欣望。将来中国出路，必然要发扬旧根柢，再加西方化，此事断无可疑。……吾兄有意向中国文化上追求，此断然是时代需要，盼勿为一时风气摇惑。惟四十以后人做学问方法，应与四十以前人不同，因精力究不如四十以前，不得不看准路向，一意专精，切忌泛滥。弟意兄应善用所长，善尽所能，一面从日文进窥西方，一面在本国儒学中，只一意孔孟、易庸、程朱、陆王几个重要点钻研。以兄之锐入，不到五年，必可有一把柄在手，所争者在志趣正，立定后不摇惑，潜心赴之，他无奇巧也。"④

　　此时的徐复观，在治学途辙上尚处摸索转折之期。徐复观曾留学日本，有日语之专长，"从日文进窥西方""几个重要点钻研"数语，颇合徐复观治学启动的轨迹。后来的事实证明，徐复观治学之所以能取得巨大成就，确是顺着钱穆所言之建议行进。徐复观先后翻译过日本人萩原朔太郎《诗的原理》和中村元《中国人之思维方法》，以及一些单篇的文章，足以说明他此一阶段对翻译的重视。并且他每年都要从日本买进日译本的人文著作，"想在日译的西方典籍中，求的一点什么。"⑤在其著作中，徐氏对日本汉学的研究成果也多有借鉴。如他对于《周官》的研究，日本学者宇野精一的《中国古典学之展开》一书，为其研究提供诸多便利。⑥在《老子》的研究中，他对大阪大学木村英一《老子新研究》一

　　①徐复观：《〈民主评论〉结束的话》，《无惭尺布裹头归·生平》，北京：九州出版社，2014年，第183页。

　　②徐复观：《致唐君毅》（1953年3月14日），《无惭尺布裹头归·交往集》，北京：九州出版社，2014年，第348页。

　　③徐复观：《悼唐君毅先生》，《无惭尺布裹头归·交往集》，北京：九州出版社，2014年，第21页。

　　④钱穆：《致徐复观书》（1952年），《素书楼余沈》，北京：九州出版社，2011年，第273页。

　　⑤徐复观：《西方文化没有阴影》，《论文化（二）》（《徐复观全集》第五卷），北京：九州出版社，2014年，第716页。

　　⑥黄俊杰：《附录一：徐复观著作所见的日本人名及其评论表》，《东亚儒学视域中的徐复观及其思想》，台北：台大出版中心，2009年，第246页。

书中的材料，多有汲取。^①从《象山学述》开始，到先秦人性论之研究，再到两汉思想之深究，徐复观的治学布局则又是围绕"几个重要点钻研"展开。不过，钱穆对徐复观边治学边写杂文的方式似乎并不赞同，认为政论时事与学术研究要分离得极清楚，为此曾在信中多次提及。1953 年，徐复观接受台中农学院教职，随即向钱穆请教。钱氏除了推荐李定一和武波的相关著作外，又推荐了自己的《近三百年学术史》《国史大纲》等，对上课方法也悉心指导："教此课不宜太求详密，须扼要陈述数大端……只把握此诸要点透切发挥（政制、学术、思想、经济都因便论述，不宜各各分章，转嫌乏味），听者必易接受，其他暂可从略。大凡教一课，必须连教数年，始能逐一涉及。"^②

<h2 style="text-align:center">二</h2>

应该说，20 世纪 50 年代初期的那几年，是钱穆与徐复观关系密切、声气相通的一个时期。不过，很快两人之间就有了隔阂，爆发了学术上的几次"商榷"和冲突。

1952 年 11 月，钱穆在香港出版《中国历代政治得失》一书，判明代内阁大学士张居正为"违反国法"而"以相体自居"的权臣、奸臣。徐复观一则出于为乡贤辩诬，二则因钱穆"以制度为立论的根据"，实"含有在专制政治下的大悲剧问题"，遂撰《明代内阁制度与张江陵（居正）的权、奸问题》进行商榷。徐复观提出，"法"依政治主权而存废和变动。民主政治主权在民立法改法必须依民意机关，法相对稳定；专制政治主权在君，法随君主意志而变动，不易有稳定性。就宰相之制来说，在大一统专制政治下，宰相为君主"在事实上既不可少，但在事实上又必须提放"的职位。为了两全，历史上常采用多设相位和名实分离的办法，所以无名有实的宰相史不鲜见，此系专制政治的本质使然。张居正"以相体自居"不仅事出有因（受命托孤）不得不然，而且于史有承，于法有据。这个法并非成文法而是习惯法，当时的政学两界，包括张居正政敌，均"并未否认他宰相的地位"；而张居正虽不得不"以宰相代理皇帝"，却皆在"敕制诏令"下进行，并无越界之事，"权臣、奸臣之论，恐怕太昧于史实了"。徐复观暗指

<hr>

① 黄俊杰：《附录二：徐复观著作所见日本论著名及其评论表》，《东亚儒学视域中的徐复观及其思想》，台北：台大出版社中心，2009 年，第 260 页。

② 钱穆：《致徐复观书》（1953 年 7 月 27 日），《素书楼余渖》，北京：九州出版社，2011 年，第 277—278 页。

钱穆混淆了民主政治之法与专制政治之"法"的本质区别，美化了传统政治的
"政权开放"，把贵族入仕向平民入仕的"政权开放"当成了"主权开放"。①
这篇商榷文章已现两人之间的严重分歧，但徐复观并没有发表此文，只是寄给了
钱穆。钱作跋语于后，强调"历史应就历史的客观讲"，不能做更多针砭时代的
引申。②这次争议未公开化，他们的合作仍密切开展，1954年《民主评论》为钱
穆六十寿辰出版专号，徐复观作有《忧患之文化——寿钱宾四先生》，将钱穆五
年来艰苦创办新亚书院的成绩，称为"乃此忧患文化之真诚实践"。其中还提到
钱穆来台湾，"两次馆于余之陋室"，"讲学应接之暇，与童稚相嬉戏"的情
景，可见双方感情的亲密。③

　　1953年6月，钱穆在台北出版《四书释义》，其中"论语要略"篇第五章
《孔子的学说》，以"好恶"对《论语》的"仁"作解释，说"仁者直心由中，
以真情示人，故能自有好恶。不仁者以有自私自利之心，故求悦人，则同流俗，
合污世，而不能自有好恶"，"无好恶则其心麻痹而不仁矣"。仁者的好恶之
情高于人我之见且贯穿于人我之间，能够"以我之好恶推知他人之亦同我有好
恶"；不仁者则反之。④这一见解与宋明以来以修己、立人极来解释"仁"的思
想相距甚远，也与徐复观对儒家的理解不合。徐复观很长时间对此未作回应，但
在1955年撰《儒家在修己与治人上的区别及其意义》时，围绕儒家"仁"的含
义以一小节对钱穆的"好恶"论提出检讨，指出"好恶"是基于自然欲望的性
情，并非人类所独有，也不能决定行为的好坏，行为的好坏取决于"好恶"的内
容和动机。徐复观强调，儒家在道德上立下的标准存在修己与治人的区别，在修
己方面"总是将自然生命不断地向德性上提，决不在自然生命上立足，决不在自
然生命的要求上安设人生的价值"，而在治人方面则"首先是安设在人民的自然
生命的要求至上"。按照这个认识，钱穆显然将孔子的"仁"的意义局限到了自
然生命要求的范围，"把儒家治人的标准，当做修己的标准来看了"。⑤这篇"向

　　①徐复观：《明代内阁制度与张江陵（居正）的权、奸问题》，《论知识分子》，北京：九州出版
社，2014年，第223—241页。

　　②徐复观：《明代内阁制度与张江陵（居正）的权、奸问题》，《论知识分子》，北京：九州出版
社，2014年，第224页。

　　③徐复观：《忧患之文化——寿钱宾四先生》，《无惭尺布裹头归·交往集》，北京：九州出版
社，2014年，第52—56页。

　　④钱穆：《四书释义》，北京：九州出版社，2011年，第71—79页。

　　⑤徐复观：《儒家在修己与治人上的区别及其意义》，《儒家思想与现代社会》，北京：九州出版
社，2014年，第70页。

钱先生恳切请教”的文稿也寄给了钱穆，钱穆答以《心与性情与好恶》，坚持己见。两人的文章在《民主评论》上同时发表。

1955 年 8 月，钱穆在《民主评论》第 6 卷第 16 期上发表了《中庸新义》。此文的写作旨趣，按照钱氏的说法，“欲发明《中庸》会通儒道之趣，则以《庄子》义说《中庸》，正是拙文着意用心处也。”[①]他认为，《易传》《中庸》的最大贡献，就是以儒家为宗融合道家，把诸子统一起来。“故论战国晚世以迄秦皇汉武帝间之新儒，必着眼于其新宇宙观之创立。又必着眼于其所采老庄道家之宇宙论而重加弥缝补绥以曲折会合于儒家人生观之旧传统。其熔铸庄老激烈破坏之宇宙论以与孔孟中和建设之人生论凝合无间而成为一体，实此期间新儒家之功绩也。”[②]他在致徐复观的信中说，“弟宗主在孟子、阳明，然信阳明而知重朱子，尊孟子而又爱庄周”，因为“晦庵（朱熹）可以救王学之弊，庄子可以补孟子之偏”，认为《中庸》《易传》即“采用庄老来补孔孟之偏”。[③]正是以学术史流变的眼光，钱穆主张把儒学置放于战国时期诸子百家互为竞流、多元并立的思想情境中去分析，其对《中庸》所进行的“天人合一”之宇宙论的诠释与建构，是以道家进路显出其对儒家思想补偏的一面，并由此得出《中庸》汇通老庄思想，成书时间晚于老庄、孟子的结论。《中庸新义》刚一发表，钱穆致函徐复观征询意见。钱穆这种将儒家经典道家化的看法，引起以儒为宗的徐复观的严重不满。徐氏当时就对钱穆的结论“私心颇为诧异”[④]。两人“函札往复，至三至四”[⑤]，但彼此并未说服对方。徐氏私下致函唐君毅：“须看其（指钱穆）在《民主评论》上的《中庸新义》一文将中国文化和根拔掉，由此可知其内心全是漆黑的”，希望唐氏能“就《中庸》之基本意义，很平实的写一文，对钱先生之说法加以纠正”。[⑥]与唐君毅交流完对《中庸新义》的看法后，徐复观回函钱穆提出三条意见。对于徐氏的意见，钱穆又在回函中逐条予以反驳，略带意气地说徐氏

①钱穆：《致徐复观书》（1955 年 9 月 8 日），《素书楼余渖》，北京：九州出版社，2011 年，第293 页。

②钱穆：《易传与小戴礼记中之宇宙论》，《中国学术思想史论丛》（二），北京：九州出版社，2011 年，第 25 页。

③钱穆：《致徐复观》（1955 年 9 月 16 日），《素书楼余渖》，北京：九州出版社，2011 年，第297—298 页。

④徐复观：《〈中庸〉的地位问题》，《学术与政治之间》，北京：九州出版社，2014 年，第 374 页。

⑤徐复观：《〈中庸〉的地位问题》，《学术与政治之间》，北京：九州出版社，2014 年，第 374 页。

⑥徐复观：《致唐君毅》（1955 年 8 月 19 日），《无惭尺布裹头归·交往集》，北京：九州出版社，2014 年，第 367 页。

"此论实是门面语"①，并谓徐复观"似太注重西方哲学派系，弟（指钱穆）实并未由实在论附会，只就《中庸》原文义旨应如此讲"②。接到钱穆的答复后，徐复观复函再次重申对《中庸》之看法。

　　既然不能于信札往复之间言明清楚各自的分歧，倒不如把彼此意见公开化。1956年3月，徐复观在《民主评论》第7卷第5期上发表《〈中庸〉的地位问题——谨就正于钱宾四先生》一文，对《中庸新义》提出商榷。他指出，钱穆用《庄子》解读《中庸》，实质是"将人附属于自然上去说"，只承认"感情冲动的自然调节"，不承认人有理性、道德、善恶、人格高下等，主张"不远禽兽以为道"。这种主张作为钱穆个人的思想无可厚非，"但以此来加在古人身上，作思想史的说明，则几无一而不引起混乱。"③

　　强调心性之学为儒家正统，是徐复观、牟宗三、唐君毅熊门一系新儒者特为究心者，而《中庸》一书于此心性义理架构的诠释上处于核心地位，钱穆力主的汇通说的答复理据，正与此宗心性一脉的熊门一系之意见相违。唐君毅在两人的争论中保持了中立。对于徐氏有关公开发表意见的建议，唐氏因"藉以维系团结"④而未采纳。唐君毅在致徐氏的信函中说："关于兄所言钱先生论《中庸》之文事，说其纯是自饰，亦不全合事实。钱先生之思想自其《三百年学术史》看便知其素同情即情欲即性理一路清人之思想，此对彼影响至深。彼喜自然主义、喜进化论、行为主义。由此论德性，亦一向如此。彼有历史慧解，生活上喜道家，故在历史上善观变。但其思想实自来不是《孟子》《中庸》至宋明理学之心学道学一路……今其论中庸文释'诚'与'不睹不闻'，都从外面看，此确违《中庸》意。"⑤对于徐复观的《〈中庸〉的地位问题——谨就正于钱宾四先生》，牟宗三、唐君毅表达了不同的意见。前者称其"甚佳"，后者持论与钱穆

　　① 钱穆：《致徐复观》（1955年9月8日），《素书楼余渖》，北京：九州出版社，2011年，第293页。

　　② 钱穆：《致徐复观》（1955年9月8日），《素书楼余渖》，北京：九州出版社，2011年，第295页。

　　③ 徐复观：《〈中庸〉的地位问题——谨就正于钱宾四先生》，《中国思想史论集》，北京：九州出版社，2014年，第78—98页。

　　④ 徐复观：《致唐君毅》（1955年9月11日），《无惭尺布裹头归·交往集》，北京：九州出版社，2014年，第368页。

　　⑤ 唐君毅：《致徐复观》（1955年8月13日），《书简》（《唐君毅全集》卷31），北京：九州出版社，2016年，第74—75页。

相同，认为"其成书极可能在孟荀后"①。在《中庸》的成书时间上，钱、唐两人都支持晚出说的观点，但两人证其观点成立的方法不同，钱穆持文献考证的取向，唐君毅选择义理阐释的路径。在评估《中庸》的思想地位时，钱穆、唐君毅都主张追到形而上的天道去论人道，这是两人思路的相近之处，在实质内容的发挥上，钱、唐也都紧扣"诚"字立论，但在讲法上却大有分别。钱穆以道家自然的宇宙论去立论，是史学家"通天人之际"的讲法，结合具体考证理据；而唐君毅以思想内涵之流变、发展立基，从"性"字之思想发展线索，由人性论上的义理解释以透入，通过辨析"性"字之义，"此宜为孟子以后对治庄荀而有之进一步之思想而说"。②

在徐复观的《〈中庸〉的地位问题》之后，钱穆又以《关于〈中庸新义〉之再申辩》一文作答。但这次回应明显有无可奈何的情绪，直言"我之能申辩者，既已罄竭无余，而徐君终不以为是，我又急切无法改变我意见，故我实感有无话可说之苦"③。唐君毅对钱、徐都持批评态度，认为徐的论辩文字"在态度上不免激切"，而钱"在态度上更欠大方"，建议徐氏"与钱先生所辩之问题，亦可到此为止"。④两人的辩论至此告一段落。通过这场辩论，两人的意见不仅未能愈辩愈清，反而使彼此间在治学理念上显现出的分歧愈来愈大。

与此相联系，钱、徐两人的学术冲突还延续到道家老庄先后问题。1957年，钱穆在《民主评论》第8卷第9期上发表《老子书晚出补证》，该文旋收入钱氏著《庄老通辨》一书。在该书"自序"中，钱穆复坚称"先秦道家，当始于庄周"，"老子书犹当出庄子、惠施、公孙龙之后"，并述及思想史的原则和方法，引起徐复观进一步的"纠正"。他写了一篇长文《有关思想史的若干问题——读钱宾四先生〈老子书晚出补证〉及〈庄老通辨自序〉书后》，1957年11—12月连载于《人生》杂志。徐复观一方面用"以考据对考据"的方法，对庄前老后说和《易传》《大学》《中庸》出于庄老的意见加以"不甚客气"的批

①唐君毅：《致徐复观》（1955年11月20日），《书简》（《唐君毅全集》卷31），北京：九州出版社，2016年，第76页。

②唐君毅：《致徐复观》（1955年11月20日），《书简》（《唐君毅全集》卷31），北京：九州出版社，2016年，第76页。

③钱穆：《关于〈中庸新义〉之再申辩——谨答徐复观先生》，《中国学术思想史论丛》（二），北京：九州出版社，2011年，第135页。

④唐君毅：《致徐复观》（1956年4月21日），《书简》（《唐君毅全集》卷31），北京：九州出版社，2016年，第78、80页。

评，以维护儒家作为中国文化精神中心的地位。①另一方面他针对钱穆提出的思想史研究方法也提出异议。徐复观强调考据之学不可取代义理之学，义理之学是考据之学之后思想史工作的重心。他批评钱穆基于"新字""新语"的新考据法而形成的诸如儒道思想的一些结论，是因为缺少"深求其意以解其文"的功夫，这些结论的效果，"千百年后所不敢知，当前则是很难取信的。"②

这篇"以考据对考据"的文章发表后，钱穆没有再做回应，两人的关系急速降温。1958 年元旦，徐复观与牟宗三、唐君毅、张君劢共同署名《为中国文化敬告世界人士宣言》。四人希望钱穆加入签名，被钱氏拒绝。在致徐复观的信中，钱穆写道："君劢先生意欲对中国文化态度发一宣言，私意此事似无甚意义。学术研究，贵在沉潜缜密，又贵相互间各有专精。数十年来学风颓败已极，今日极而思反，正贵主持风气者导一正路。此决不在文字口说上向一般群众耸视听而兴波澜，又恐更引门户壁垒耳。"③台湾学者林安梧回忆："当时也邀请了钱穆先生，但是钱穆先生没有参与，最主要地是他对于中国传统政治的理解不太一样。其他四位先生认为中国传统政治体制是专制体制，这有很多问题嘛。那钱穆先生认为中国传统政治"天子——宰相"的这个制度不能那么简单地被说成专制，它是很复杂的，这是一个原因。另外，这四位先生基本上都比较赞成心性之学是整个中国学问的核心这种观点，但是钱穆先生对这点大概不那么认同，所以就没有参与这个事情。"④

钱穆对胡适的学术多有激烈的批评，徐复观与胡适的关系同样不睦。可是，随着两人学术观点的歧异日深，徐复观却将钱穆与胡适归于"一型"。他在致唐君毅的信中说："钱先生与胡适、顾颉刚们，皆系一型之人物。此一代不论自任何方面讲，皆无一像样之人才，局势只有一坏到底，决无转机可言。"⑤此时，这类评价尚只见于友朋之间的私函，此后徐氏就毫不避讳地公开表露同样的观点。1964 年，徐氏听闻钱穆辞去新亚书院院长一职后，公开发文，在"悼念"

---

①徐复观：《三千美元的风波》，《论文化（二）》（《徐复观全集》第五卷），北京：九州出版社，2014 年，第 541 页。

②徐复观：《有关思想史的若干问题——读钱宾四先生〈老子书晚出补证〉及〈庄老通辨自序〉书后》，《中国思想史论集》，北京：九州出版社，2014 年，第 134 页。

③钱穆：《致徐复观》（1957 年 8 月 1 日），《素书楼余渖》，北京：九州出版社，2011 年，第 307 页。

④林安梧：《林安梧访谈录：后新儒家的焦思与苦索》，济南：山东人民出版社，2017 年，第 206 页。

⑤徐复观：《致唐君毅》（1955 年 9 月 11 日），《无惭尺布裹头归·交往集》，北京：九州出版社，2014 年，第 369 页。

新亚书院创办精神的同时，还不忘"恶评"一下钱穆："新亚书院的创办精神，乃是有自觉的中国知识分子的堂堂正正的共同精神。与钱先生在学术上的得失，并无关系。钱先生在学术上是有许多错误的，但决没有胡适、冯友兰所犯的严重。"①

由于屡次往复辨难，两人之间的怨恨日积月累，甚至到了徐复观所说的"咬牙切齿"的程度。1962年2月胡适逝世后，坊间有传言，说国民党出资收买《民主评论》以行攻击胡适之举。徐复观随即发表文章《正告造谣诬陷之徒》，以正视听。但钱穆给徐氏写了一信，称文章说法不实，"就穆私人自己记忆中，张晓峰先生实绝未和我谈起这些话，自然我也绝未曾和你谈起这些话"，要求将这封信"刊入《民主评论》"。"这几年来，我常和朋友私人谈天时，不止一次地当作笑话说。真万分惭愧得很，想不到原来钱先生绝未曾和我谈起这些话！"②据徐氏称，1957年6月间，徐氏因肝病住在台大医院。他回忆："有一天，钱宾四先生来看我并告诉我，张晓峰先生决定从某一种基金（我记不清楚）项下，拨三千美金给他，由他转交《民主评论》。当时与教育部有关的刊物，正作对自由主义的攻击；我在病房中便写了《为什么要反对自由主义？》一文，在七月二十日的《民主评论》上发表，说明站在中国文化的立场，不能反对自由主义。这篇文章出来后，三千元美金从此便没有消息了。所以我有时同朋友开玩笑，这是我代价最高的一篇文章。"③6月《中国一周》刊出张其昀与钱穆就《民主评论》与新亚书院之间经费事务的通信，又隐然指责《民主评论》侵吞台湾教育当局对新亚书院的支持经费。徐复观对此在《自立晚报》连载一篇长篇回忆文章《三千美金的风波》，愤而"公开一部分的真相"，而且借机公开表达了对钱穆的不满。他谈到自己曾因开罪张其昀，被张其昀以教育部部长身份施压东海大学要求解聘。他回忆："在这种情形之下，钱先生面都不愿意和我见；写到台北欢迎他的信，也忙得无法回；《民主评论》求钱先生一篇文章而不可得；请他当编委会的召集人，连理都不理。"徐氏进而分析，"钱先生对我的咬牙切齿，是因为我批评了他对中国文化的几种基本看法"，讥钱穆是一个口说维护中国文化，实际上是歪曲中国文化的"大亨"，而自己之所以竟敢批评这位学术权威，纯粹是因为

---

① 徐复观：《悼念新亚书院》，《论知识分子》，北京：九州出版社，2014年，第179页。

② 徐复观：《正告造谣诬陷之徒》，"原编者附记"，《论文化（二）》（《徐复观全集》第五卷），北京：九州出版社，2014年，第528—529页。

③ 徐复观：《正告造谣诬陷之徒》，《论文化（二）》（《徐复观全集》第五卷），北京：九州出版社，2014年，第527页。

相信"政治与学术，乃天下公器；只要根据事实，任何人都可以批评"。①随着这篇文章的发表，两人关系的破裂彻底公开化了。

此后的1966年，依然愤愤不平的徐复观借江陵在台人士主办乡谊活动之机，为表示支持之意，将旧作《明代内阁制度与张江陵（居正）的权、奸问题》一文加以整理，连同钱穆的跋语同时发表于《民主评论》第17卷第8期上。此文的批评涉及一个更重要的层面：对于中国政治之路的选择。而徐复观最严重的一次批评，是1978年连载发表的《良知的迷惘——钱穆先生的史学》。

1978年11月，钱穆从台湾到香港讲学，再次发表了关于秦以后的中国政治不属于专制政治的见解。徐复观从《明报月刊》刊登的《钱穆伉俪访问记》了解相关情况后，大动肝火，觉得"这是他一贯的见解，但此时此地，他又加强地重复出来，使我的良知感到万分迷惘"②。迷惘的虽说是徐复观自己，但他克服迷惘而写成的文章却以"良知的迷惘"为题。

徐复观首先表明，"钱先生的史学著作，是不宜作一般读者之用的"，"他对史料，很少有分析性的关联性的把握，以追求历史中的因果关系，解释历史现象的所以然；而常作直感的、片段的、望文生义的判定，更附益以略不相干的新名词，济之以流畅清新的文笔，这是很容易给后学以误导的。"接着对钱穆政治意识的几个主要观点进行反驳。关于平民政府的说法，徐复观说，"他认为由平民出身取得政权的便是平民政府，等于说本是由摆地摊而后来发大财的人，只能算是地摊之家，而不可称为富豪之家，是同样的可笑。"而所谓帝王的"爱民观念"，徐复观认为，史家更应该考察的是"通过何种政治机构去实行"，而不是"爱民"的词句，不然何以何来"以为天下利害之权皆出于我""敲剥天下之骨髓，离散天下之子女，以奉我一人之淫乐，视为当然"的专制之君？以词句代实际制度，则一个"一切为人民"的口号，就足以掩盖现代独裁者的罪恶。他说，钱穆所说的"士人政府"也是不可靠的"浓雾"，既不能解释何以地位越高、与皇帝愈近，命运愈困扰、艰难，也不能解释何以屡屡发生宦官外戚专权。

徐复观直言，钱穆史学最反对的是把秦始皇以后的政治称为专制政治，其实中国历史上没有将"专制"一词用于帝王，不等于说中国没有帝王专制之实际。"钱先生把历史中成千上万的残酷的帝王专制的实例置之不顾，特举出不三不四

---

① 徐复观：《三千美元的风波》，《论文化（二）》（《徐复观全集》第五卷），北京：九州出版社，2014年，第534—543页。

② 徐复观：《良知的迷惘——钱穆先生的史学》，《论知识分子》，北京：九州出版社，2014年，第390页。

的事例来，以证明汉代不是专制，这不是做学问的态度。"汉代政治和思想，是徐复观和钱穆都用过功的领域，徐复观用具体的事实，来反驳钱穆的举证，揭示出这些"不三不四的事例"根本似是而非。文章最后说："我和钱先生有相同之处，都是要把历史中好的一面发掘出来。但钱先生所发掘的是二千年的专制不是专制，因而我们应当安住于历史传统政制之中，不必妄想什么民主。而我所发掘的却是以各种方式反抗专制，缓和专制，在专制中注入若干开明因素，在专制下如何多保持一线民族生机的圣贤之心，隐逸之节，伟大史学家文学家面对人民的呜咽呻吟，及志士仁人忠臣义士，在专制中所流的血与泪。因而认为在专制下的血河泪海，不激荡出民主自由来，便永不会停止。"[1]这里，徐复观有意将他与钱穆称为同道，指出两人都是"要把历史中好的一面发掘出来"，而实际的抨击不可谓不严厉。

两人的不和，除了学术范畴以外，还外延到了个人生活，如涉及了意气态度，当然这不能排除有心理失衡的因素。钱穆拒绝签署《为中国文化敬告世界人士宣言》，林安梧的回忆文章中说了一个"八卦的原因"，同时也是"关键性的原因"："据说钱夫人非常不喜欢钱穆先生和他们几个在一块儿。因为钱夫人和钱穆先生谈恋爱的时候，唐君毅、牟宗三、徐复观三位先生都表示异议。钱穆先生那时候到香港，他的夫人在江苏无锡并没有出去。这几个先生在香港办新亚书院，办新亚书院很辛苦，钱穆先生自己一个人在外，有个女学生常照顾他。这个女学生是他一个朋友的女儿，后来跟钱穆先生日久生情，因此谈起恋爱来了。这种状况之下，唐、牟、徐三位先生，当然张君劢先生当时并没有在那，这三位先生觉得兄弟之间可以表达自己的意见，就表示异议。师生恋一直都存在，都是正常的，但是对他们来讲这个事很重大。于是对钱穆先生有所劝谏，而且还是行诸文字，写了书信。一般来讲，男人世界和女人世界很不同，男人世界来讲，因为是兄弟嘛，有意见我要说嘛，但是娶进门就是嫂夫人了，就不会有意见了。但是女人家心里是有意见的。这就埋下钱穆跟当代新儒家决裂的一个伏笔，有人说，基本上的根本点在这里。其他的可能都是假的，这个才是真的。"[2]林安梧的说法，当然包含心机猜测的成分在内，不过徐复观对钱氏夫妇的婚姻不屑，却是不争的事实。这也成了他酒桌调侃的由头。据陈方正回忆，"有一趟英时兄请徐先生吃晚饭，我敬陪末座。席间谈笑欢畅，但不知怎的，徐先生话头一转，竟然讲

① 徐复观：《良知的迷惘——钱穆先生的史学》，《论知识分子》，北京：九州出版社，2014年，第390—401页。

② 林安梧：《林安梧访谈录：后新儒家的焦思与苦索》，济南：山东人民出版社，2017年，第206页。

起钱夫子和胡美琦女士当年谈恋爱的往事来，而且绘影绘声，有些话很不好听。英时兄措手不及，期期艾艾为老师辩解，场面顿然变得很尴尬。我试图打岔，也不得要领。那天晚上如何收场，已经无法记忆了。自此我才意识到，大家表面上对钱先生非常敬佩，尊重，却也有学者对他不满意的。"①

三

从钱穆与徐复观的关系来看，20世纪50年代起初数年的密切程度，决不亚于当年钱氏与徐师熊十力的交谊，但其后徐氏为学术问题对钱穆毫不客气地批评，两人之间的关系终于产生裂痕。其间的缘由何在？

眷顾传统，捍卫文化，是钱穆、徐复观两人思想的共同特点。徐氏自信地说："中华民族的信念，是理而不是势，这是几千年的历史经验所培育、所证明的。"②"我和钱先生有相同之处，都是要把历史中好的一面发掘出来。"③钱穆也断定："像我们当前学术界风尚，认为外国的一切都是好，中国的一切都要不得，那只是意气，还说不上意见，又哪能真切认识到自己以往历代制度之真实意义和真实效用呢。"④两人对儒家学说都极为推崇，徐复观首肯的"人性的人道主义"，钱穆赞赏的中国古代政治制度安排，都是因为有儒家的价值观念在支撑着。诚如徐复观所说，儒家精神之基本性格，实际就是中国文化的基本性格。"中国文化的基本精神，亦即儒家的精神。"⑤钱穆对于中国传统的眷顾，在精神结构的层面，直接体现为对于儒家，尤其是对儒家创始人孔子显现出极为敬重的态度。他专门著有《孔子传》，内云："孔子为中国历史上第一大圣人。在孔子之前，中国历史文化当已有两千五百年以上之积累，而孔子集其大成。在孔子以后，中国历史又复有两千五百年以上之演进，而孔子开其新统。在此五千多年，中国历史进程之指示，中国文化理想之建立，具有最深影响最大贡献者，殆

①陈方正：《自来积毁骨能销——钱穆离开新亚之谜》，《用庐忆旧》，广州：广东人民出版社，2016年，第248页。

②徐复观：《理与势》，《学术与政治之间》，北京：九州出版社，2014年，第134页。

③徐复观：《良知的迷惘——钱穆先生的史学》，《论知识分子》，北京：九州出版社，2014年，第400页。

④钱穆：《中国历代政治得失》，北京：九州出版社，2011年，第4页。

⑤徐复观：《儒家精神之基本性格及其限定与新生》，《儒家思想与现代社会》，北京：九州出版社，2014年，第16页。

无人堪与孔子相比伦。"①

捍卫中国传统文化，并从儒家思想价值的发掘入手，可以说是钱、徐两人的共同性的表现。但是，钱、徐两人对于中国传统文化的捍卫路径、思想焦点以及现代价值辨析，也存在很大区别。这些区别的发生，既与他们的价值主张尤其是政治价值主张有关，也与他们的学问门径有关。钱穆选择的是历史学的进路，着眼于有形之"事"；徐复观选择的则是思想史的进路，着眼于形后之"义"。这是两种不同的思想方式。前者的思维兴奋点在既有历史事件及其阐释上，确实容易落入一个为历史辩护而辩护的圈套之中；后者的思维兴奋点则在以思想的穿透力来批评和重建传统，因此不易滑向被传统制导的方向。这两种学问方式与思维进路，仅仅限定在价值层面上的时候，还不会有太大的历史判断差异，一旦延伸到现实的政治生活，那么他们对于中国政治历史的价值判断就会显现重大区别。正是这种价值差异性与政治主张的区别，有时甚至使得徐复观对钱氏的批评显得毫不留情面。

在当时西方文化思想盛行的背景下，钱穆以"温情与敬意"的态度呼吁校正近代以来的"文化偏见"。徐复观对于中国文化现代处境中交汇着的诸观念因素与现实因素的紧张思考，所表现的也是一种焦虑。但是，对于这种困惑和焦虑，两人则有着大为不同的消解方式。徐复观选择了融入现代西方社会政治文化的进路。他在《悲愤的抗议》中说："自由主义的名词，虽然成立得并不太早；但自由主义的精神，可以说是与人类文化以俱来，只要能够称得上是文化，则尽管此一文化中找不到自由主义乃至于自由的名词，但其中必有某种形态，某种程度的自由精神在那里跃动。"②这一断定，体现出徐复观对于现代西方政治基本价值的内在认同。他不仅不排斥源自西方现代政治文化的自由价值，还将自由价值乃至于自由主义视为人类应当共同认取的价值观念，并努力将中国传统政治中与自由民主人权具有亲合关系的政治理念、制度安排和生活法则予以挖掘，并加以提升，从而将中国引向现代民主的道路。他勾画出了一个对应图式——"以'民主'对'不民主'，以'自由'对'不自由'，以'反独裁'对'独裁'。"③而钱穆显然不同。他一方面指出中西政治文化的差异，以及它们所构成的绝对是两个类型的政治文化体系，另一方面对于现代西方的政治文化，从基本价值到制

---

① 钱穆：《孔子传》，北京：九州出版社，2011 年，"序言"，第 1 页。

② 徐复观：《为什么要反对自由主义？》，《学术与政治之间》，北京：九州出版社，2014 年，第 434 页。

③ 徐复观：《悲愤的抗议》，《学术与政治之间》，北京：九州出版社，2014 年，第 467 页。

度安排再到生活理念，都加以抨击，认为中国传统政治可以在西方现代道路之外寻找到自己的出路。

在徐复观的眼里，钱穆的保守主义是必须严肃批评的。徐复观指出，钱穆从早年的《国史大纲》到晚年的游历讲学、接受传媒访谈，对于中国传统政治文化的解读，都包含了刻意的曲解。他的批评异常严厉，他指钱穆"假史学家之名，以期达到维护专制之实的言论……未免太不应当了"[①]，进而一一分析钱穆对于政治词汇的曲解（比如，将丞相解为副官之类）以及对于秦汉政治的曲解（比如，对汉文帝、汉景帝事件的解读，对司马迁事件的举例分析），并结论性地强调"从史学的基础在史料的立场来说，钱先生的史学著作，是不宜作一般读者之用的。钱先生天资太高，个性太强，成见太深，而又喜新好异，随便使用新名词，所以他对史料，很少有分析性的关联性的把握，以追求历史中的因果关系，解释历史现象的所以然；而常作直感的、片段的、望文生义的判定，更附益以略不相干的新名词，济之以流畅清新的文笔，这是很容易给后学以误导的"。[②]对于钱穆关于秦以后的中国政治不属于专制政治的见解，他更是大加鞭挞，认为钱穆陷入了"发掘的是二千年的专制不是专制，因而我们应当安住于历史传统政制之中，不必妄想什么民主"的陷阱。"至于不谈制度，不谈时代背景，不谈群体生活状况，而仅谈有故事可谈之人，这是把人从时间空间中挂空，把人与生活的关系切断，把历史变成幼稚园的连环图画"，可见钱穆的史学是"独为其难了"。[③]

徐复观出身行伍，性情峻急、言行褊狭，"我平生是有话便说"[④]，在学界以好辩执拗、动辄易怒而出名。如他论战的对手殷海光所说的那样，"凶咆起来像狮虎，驯服起来像绵羊。"[⑤]正是这一性情，使得他与老师熊十力在分离之时，恶言相向。钱穆与徐复观的交恶，性情不合自然也是主要因素。钱穆就不满徐复观的激烈态度，称徐的论学批评文字"文辞间颇少和易宽坦之气。激宕纵送，此

---

① 徐复观：《良知的迷惘——钱穆先生的史学》，《论知识分子》，北京：九州出版社，2014 年，第 390 页。

② 徐复观：《良知的迷惘——钱穆先生的史学》，《论知识分子》，北京：九州出版社，2014 年，第 391 页。

③ 徐复观：《良知的迷惘——钱穆先生的史学》，《论知识分子》，北京：九州出版社，2014 年，第 400 页。

④ 徐复观：《考据与义理之争的插曲》，《学术与政治之间》，北京：九州出版社，2014 年，第 519 页。

⑤ 殷海光：《思想与方法》，上海：上海三联书店，2004 年，第 594 页。

固文章之能事，然论事则害事，论学则害学"①，但文化观的不同，才是两人交恶最主要、最根本的因素。

---

① 钱穆：《致徐复观书》（1956 年 2 月 24 日），《素书楼余渖》，北京：九州出版社，2011 年，第 304 页。

宪制之辩　政学两途

——钱穆与张君劢

1950 年 12 月 5 日、20 日，香港《民主评论》第 2 卷第 11、12 两期发表了钱穆的《中国传统政治》。就是这篇不足两万字的文章，在十多年后却引来张君劢的激烈反驳。张君劢在香港《自由钟》杂志发表了 44 篇文字进行"商榷"，文章发表时间从 1965 年 3 月 1 日至 1969 年 2 月 23 日，有感而发的相关文字达 30 余万字。这几乎成了他晚年学术生涯的最为重要的组成部分。上述文字在张君劢生前尚未整理为成熟的书稿，在他去世后以《中国专制君主政制之评议》为名出版。该书包括三部分内容：首先是《钱著〈中国传统政治〉商榷》；其次是为前书所作之绪论、理论篇，以"民主政治之开始"为题辑入；再次是张氏前番研究的副产品，即附录所辑的多篇文字。

一

张君劢，1887 年生于江苏嘉定（今属上海市），1906 年东渡考入日本早稻田大学修习法律与政治学。留学期间，张氏结识并追随梁启超从事立宪活动，是政治团体"政闻社"的骨干人物。1913 年，他取道俄国赴德入柏林大学攻读政治学博士学位。20 世纪 30 年代初，钱穆与张君劢相识。钱穆回忆："又一年，余自北平返苏州。张君劢偕张一鹏来访。不忆晤谈于何处。一鹏乃一麟胞弟，曾任袁世凯时代司法部部长，久已退居在家。君劢系初识，时方有意组一政党，在赴天津北平前，邀余相谈。谓君'何必从胡适之作考据之学，愿相与作政治活动，庶于当前时局可有大贡献。'余告以'余非专一从事考据工作者，但于政治活动非性所长，恕难追随。'"这是钱、张两人在大陆时仅有的一次晤面，但

"语不投机"，"谈话未历一小时即散"，"自后余与君劢在香港始获再晤。"①

至于写作《中国传统政治》的原委，如钱穆自己所言，"这几十年的国内学术界，几乎无一人不说秦以后的政治是'君主专制'，但作者仍将不惮反复对此问题作辩护。本文所论中国传统政治，亦仅在这一点上作发挥。"②因此，钱写的是一篇专门替中国传统政治做辩护的翻案文字。

钱穆身为一介书生，一生未涉足政坛。在抗战爆发、民族危机沉重的大背景下，他开始关注中国的政治问题，关注中国文明之前途命运。他对祖国历史、现实和未来有着深沉执着的眷恋、热爱和追求，在《国史大纲》中即对读者提出"对其本国已往历史有一种温情与敬意"的希望。近代以来，中国学术界近乎全盘移植西方，并以此衡量中国政制的态度，自然有无视甚至敌视态度。钱穆在报刊陆续发表文章，讨论宪法设计，抗战胜利之际的 1945 年底结集为《政学私言》出版。避居香港之后，他又撰成《中国传统政治》替中国传统政治做辩护，自有必然的情理在内。

在《中国传统政治》之开篇，钱穆即谓："近代中国学者专以抄袭稗贩西方为无上之能事，于是也说中国政治由神权转入到君权。因为中国没有议会和宪法，中国自然是君主专制，说不上民权。但不知中国自来政治理论，并不以主权为重点，因此根本上并没有主权在上帝抑或在君主那样的争辩。若硬把中国政治史也分成神权时代与君权时代，那只是模糊影响，牵强附会，不能贴切历史客观事实之真相。至于认为中国以往政治只是君主专制，说不到民权，也一样是把西洋现成名词硬装进中国，并不是实事求是，真要求了解中国史。……完全逃出了他们以前所归纳的君主专制、君主立宪和民主立宪之三范畴。可见这三范畴也只照他们以前历史来归纳。难道中国传统政治便一定在此三范畴之内，不会以别一方式出现吗？"③"中国自来政治理论，并不以主权为重点"，钱穆以为，据此讨论传统政治，不必以辨析政体归属，进而不必以辨析君主制之性质为重点。

在这篇文章中，钱穆使用一套独特话语对中国传统政治做了重新描述。钱穆不同意用西方术语来描绘中国状态，认为中国社会不能归于西方社会的君主专制、君主立宪、民主立宪的三个范畴当中。他认为：中国传统政治注重政治职分，即选贤与能，设官分职；中国古代已有君权与相权之对立，君权与臣权之划分，政府与王室之区别；有宰相负实际职务及责任，有三省制分权，有公开的考

---

① 钱穆：《八十忆双亲师友杂忆合刊》，北京：九州出版社，2011 年，第 174 页。

② 钱穆：《中国传统政治》，《国史新论》，北京：九州出版社，2011 年，第 84 页。

③ 钱穆：《中国传统政治》，《国史新论》，北京：九州出版社，2011 年，第 81—82 页。

试制度选拔人才形成"士人政府"；古代监察弹劾机关也由专门的独立机关承担，唐代有御史台，下至明代有都察院，故不能名之曰君主专制。除只承认元、清两代是专制社会，钱穆拒绝承认中国社会的专制主义特色。当然，钱氏也谈到中国传统政治的若干缺点，如职权分配之细密化、法制之凝固性与同一性等，但他仍坚持中国传统政治比较富有合理性，毛病多出在人事上，与整个制度无关。

钱穆还以自己的独特视角对中西政治做了一番比较。中西政治的不同特色来源于不同的政治心理与政治理论。西方人的政治心理是外倾型，中国人的政治心理是内倾型，由此导致西方政治理论为政治主权论，中国传统政治理论为政治责任论。与此相应，西方政权是契约的，民众对政府常抱对立与监视的态度；中国传统政权是信托的，民众常对政府抱信托与期待的态度。西方为两体对立的政治，政府与民众互为敌体；中国为政民一体的政治，政府与民众上下一体。西方政治是富人政权，其政治观念重在强力与财富；中国传统政治是士人政权，故政治观念重在知识与学养。西方的代议政府是民众代表中的多数党掌权，是间接民权；中国的士人政府对所有贤才开放，是直接民权。

钱穆在赞美中国传统政治的同时，对近代中国政治进行了严肃的批评。在他看来，中国近代政治之积弊，一是只求制度化而不求人事努力，"而中国近代政治积弊，则仍在纸面文字上用力，一切要求制度化，认为制度可以移植，不必从活的人事上栽根。又认为制度可用来束缚限制人。不知一切政治上的变化，正是活的人要求从死制度中解放。"①二是企图割裂传统，彻底改革，这是违反人性的奇迹，"若真要彻底改革，实无异要把历史一刀切断，此种奇迹在人类历史上，尚无先例。"②三是向外国套板印刷，"始终是用外国的理论，来打破自己的现实。现实重重破坏，而外国理论则始终安放不妥帖。"③

在《中国传统政治》中，钱穆对西学东渐以来新名词笼罩下的历史叙述同样表达了不满，反对"西洋现成名词硬装进中国"，而试图"把自己历史归纳出自己的恰当名称，来为自己政治传统划分它演进的阶段"，"这才是尊重客观实事求是的科学精神。"④就本书内容而言，是为中国传统政治辩论，否认中国传统政治的专制主义性质，而"必要替中国传统政治装上'专制'二字，正如必要为中国社会安上'封建'二字一般，这只是近代中国人的偏见与固执，决不能说这

① 钱穆：《中国传统政治》，《国史新论》，北京：九州出版社，2011年，第109—110页。

② 钱穆：《中国传统政治》，《国史新论》，北京：九州出版社，2011年，第111页。

③ 钱穆：《中国传统政治》，《国史新论》，北京：九州出版社，2011年，第116页。

④ 钱穆：《中国传统政治》，《国史新论》，北京：九州出版社，2011年，第81—82页。

是中国以往历史之真相"。① 上述观点，已非钱氏首次提出。早在 1945 年 3 月，钱穆在《东方杂志》第 41 卷第 6 号发表《中国传统政制与五权宪法——政学私言》，即已提出其主要观点，《中国传统政治》只在原有观点基础上进一步引申发挥。

二

钱穆的《中国传统政治》，在当时并没有引起学界的关注。十多年后，张君劢的反驳和商榷文字，钱穆不知何因未能读到。钱穆回忆："后乃撰文其力驳余所持对中国政治传统非君主专制之见解。惜余未见其文，而君劢亦在美逝世矣。"② 故而，张君劢的反驳可谓"一人之辩"，不过在此前后钱穆对中国政治问题已经多有文字发表。细绎这些文字，仍可一窥两人在对中国传统政治之性质、对儒家义理转生现代政制之前景等思想上的歧异。

在《中国专制君主政制之评议》"序论"中，张君劢称钱著《中国传统政治》"系乎今后国人政治之是非思想者甚大，有不易默尔而息者"，并坦指钱穆不通西学："独其涉及中西比较之处，每觉其未登西方之堂奥，而好作长短得失之批评"；而他作此书目的正是"就中西政治之理论制度，互相比较，且说明其所以优劣高下之故"。③

《中国专制君主政制之评议》第一篇题为《钱著之逻辑方法》，其中对钱文方法论的批评，是张君劢"商榷"的最为着力点之一。开篇即整段引用了钱穆有关"近代中国学者专以抄袭稗贩西方为无上之能事"的文字，张君劢以为，此论正显示钱穆对政治学之无知。"东方学者每好以博闻强记为事，而不乐受逻辑之严格规矩。"④ 他认为，钱穆文章存在着逻辑上的错误：回避主题、以成见判断政治理论、忽视逻辑定义、混淆同名概念的不同含义等。钱穆以宰相、三省制、文官制、九卿制等的演变，作为中国传统政治并非建立在王权专制上的见证。张君劢认为，钱穆"既论传统政治，不先明辨主题之君主之性质，乃以宰相等制充塞其间，此乃忽略主题之重要性，不合于逻辑方法者一也"；"其所谓西方政治制度定义不能范围法西斯主义云云，不合于逻辑方法者二也"；"既不知西方逻

---

① 钱穆：《中国传统政治》，《国史新论》，北京：九州出版社，2011 年，第 88 页。

② 钱穆：《八十忆双亲师友杂忆合刊》，北京：九州出版社，2011 年，第 324 页。

③ 张君劢：《中国专制君主政制之评议》，台北：弘文馆出版社，1986 年，第 1、2 页。

④ 张君劢：《中国专制君主政制之评议》，台北：弘文馆出版社，1986 年，第 5 页。

辑中定义之意义，更不知政治学中政府之主要原素何在，乃自出心撰，创为新说以代之，此其不合于逻辑方法者三也。"①张君劢还多次批评钱穆混淆同名概念的不同意义的错误，混淆了中西"分权与法治"的不同内涵，"此迥然各异之两者牵混而为一事，此则在此东西文化系统对立状态下，各人教育不同，思想方法各异，语文意义各人自为解释之所致也。"②上述批评，与张氏本人的治学方法与学术训练分不开。张君劢常强调，学问的成立需要逻辑上的自洽，中国思想界历来重视伦理原则而轻理性原则，知识与道德合一的结果是难以形成有概念有定义的思想系统，当代学者应将逻辑上的正名、立论作为一切学问的基础。

钱穆始终认为，中国现代政治不可能走全盘移植之路，若欲在政治上自主地走中国之路，就不能不首先在学术上自主。在他看来，"政治办法则必须从本位文化之传统精神中求得之"，"中国人非先对其传统文化之自信，恐终无政治新生命之可言也。"③身在政治圈外的钱穆始终试图唤醒圈内的反思意识，进而主张："我们还得把自己历史归纳出自己的恰当名称，来为自己政治传统划分它演进的阶段，这才是尊重客观实事求是的科学精神。若只知道根据西方成说，附会演绎，太随便，亦太懒惰，决不是学者应取的态度。"④钱穆呼吁发展"中国政治学"，以能理解中国政治之历史和现实，进而设计出现代政制之工具。对此，张认为钱氏的看法是完全错误的。"吾人处此中西交通时代，应对于中国政治中国社会，与西方同以一种立场，一种定义分类法，先行试用，指出其共通者何在，所以见其为同种现象，自有同种公例之可求；更从而指出相异者何在，以见其既有特种情形存在，乃不能不加以另行说明或曰限制条件。反之，倘吾人注重其相异者，乃谓西方科学方法根本上不适用于中国政治与社会，推至其极，将谓中国自有中国政治学，不可与西方一炉而冶，中国自有中国社会学，不可与西方共通，则其末流之弊，必至于中国应有中国植物学，中国应有中国动物学。此为世界治学方法上极重大问题，不可不注意者也。""中西交通"，是时代之根本特征。张君劢认为，中国学者认识中国政治、中国社会，应当采取西方的概念、推理、表达工具，即一般的、普遍的"科学方法"，以之分析、判断中国政治、中国社会，以先见其与西方之同，再见其与西方之异。此为现代中国知识生产之

---

① 张君劢：《中国专制君主政制之评议》，台北：弘文馆出版社，1986年，第5、6、8页。

② 张君劢：《中国专制君主政制之评议》，台北：弘文馆出版社，1986年，第208页。

③ 钱穆：《中国政治与中国文化》，《世界局势与中国文化》，北京：九州出版社，2011年，第218页。

④ 钱穆：《中国传统政治》，《国史新论》，北京：九州出版社，2011年，第82页。

唯一正当方式，否则，必荒唐、愚蠢以至于建立中国植物学、中国动物学云。他说："钱氏诚爱护中国文化，应将中国政治、中国社会推到世界一般政治学、一般社会学之大炉中，示人以共同者何在，然后吾国政治与社会，乃能为世界所共晓；而其所以异者之出之于中国特别情形者，亦可随之而大明。"①他进而强调，在东西文化密切交流的时代，以自身的特殊传统推翻现代学科概念方法、"振起学术与人对抗"，既不可行，也不可能，更有违名实相符的传统治学之道。现代西方学科自有概念与定义，"决非吾人本其传统所能推翻者也"，"现代人治学，须各谨守范围，共遵定义，其有特创之知者，亦必提出一连串事实以为根据。倘但曰中国如此不如彼，而其立论经不起考验。此非所以振起学术与人对抗之法，且大反乎循名责实之道。"②学术各有分科，治学各有专门，张氏将此称为学者之间相处应遵的逻辑，"如曰此为我所独，非人之所能，或更进一步曰，此为人之所有，我之所当拒，则东西之间，将有一道鸿沟，或一道长城成为障壁。"③张君劢当然不希望这样的"文化鸿沟"或"文化长城"存在。

张君劢批评钱穆方法论的错误还在于钱氏的研究将中国两千年的古制与西方民主制度强相比附是不适宜的。他说："吾读钱著深入有所感者，其书名曰《传统政治》，意在探讨旧历史之真相，然其衷心所崇拜者，实为现代西方政治。其称宰相为副皇帝者，以西方责任内阁总理为背景者也。其称士人政府为平民政府者，以现代人民参政为背景者也，其所以重六部而轻九卿者，以现代西方内阁中各部为背景者也。"④张君劢确是准确地抓到了钱穆在治学方法上的某些缺陷与矛盾之处。钱氏为了证明中国传统政治非君主专制，处处以西方宪政民主制度的若干特征来比附传统政治机构，这显示出中国学术界的尴尬：即使欲图自设标准，超越西方标准，也不得不以西方原标准作为"标准的标准"。

概言之，钱穆的立论，以及张君劢的商榷，观点各执一端，但其方法却是一致的，即以西方政治作为立论标准。钱氏一一比较的结果是，别人有的我也有，且更早更好；而张的结论是，别人有的我皆无，固当应进行制度移植。

除方法论外，对于钱文的各主要观点，张氏也做了逐条反驳。以主要观点而言，如中国传统政治是否君主专制。钱穆认为中国的传统政治并非以君主专制为核心。"自秦以下，百官之长为丞相……丞相即副天子也"，"天子为一国之元

---

① 张君劢：《中国专制君主政制之评议》，台北：弘文馆出版社，1986年，第8页。
② 张君劢：《中国专制君主政制之评议》，台北：弘文馆出版社，1986年，第219页。
③ 张君劢：《中国专制君主政制之评议》，台北：弘文馆出版社，1986年，第534页。
④ 张君劢：《中国专制君主政制之评议》，台北：弘文馆出版社，1986年，第163页。

首，而丞相乃百官之表率，天子诏书非丞相副署不得行下。因天子之世袭而有王室，丞相百官不世袭而有政府。天子拥有尊位，政府掌其实权。"①基于此，钱穆认为君主专制之名不适用于中国之君主。张君劢予以了反驳。他认为，"钱穆所称许者为君主以下所设之宰相、三省制及文官制等。钱穆何以不首及君主制之本身？此由于其深知君主制之无可辩护也。"②"君主制度之下，无人民主权之规定，无国会之监督，无三权分立之牵制"，才导致其专制性③。"试考察秦、汉、唐、宋历史，自秦始皇以下逮洪宪帝制，何一而非以一人之意独断独行，视天下为一家私产者乎？其间虽有贤明与昏庸之主之分，其以天下为一家之私，如出一辙。"④张君劢还对钱穆观点之成因进行过探讨。他认为，钱穆之所以如此保守，是因为"民国当局，习于君主专制时代遗下之权好风气，名为民主，而实行专制，虽屡经试验，终成纷乱不已之政局。钱穆失望之余，乃激而返求诸历史，且表彰传统政治……尚以为古代制度中，犹有可以补救民国以来政治之过失者"⑤。张氏认为钱穆此举乃"倒退钟表时间之举，吾人所不敢附和，而不能不与之明辨者也"⑥。

对具体的宰相制、三省制、监察制，两人也有不同认识。张君劢认为，钱著对于历史上宰相制度的叙述沿革有不实之处，且"多'掩其不善而著其善'之辞"⑦。他认为，宰相、三省、文官等制，皆由君主制衍生而出，非西方制度可以比拟，"其制度之忽此忽彼，其人之忽黜忽陟（如萧何之入狱），皆由君主一人之好恶为之，不能与今日西方国家之内阁总理与文官制相提并论。"⑧民主国家的总理与中国传统的宰相是不同的，"一为君主之私人，一为一党与全国之公仆；一则其地位根据于宪法与民意，一则凭君主一人之好恶；一则以领袖资格独立行使其权力，一则国事之最后决定，听命于君主"⑨，两者不可相提并论。而古代三省制"一司取旨，一司封驳，一司执行，只可谓为分职，不可视同民主政

---

① 钱穆：《中国传统政治与儒家思想》，《政学私言》，北京：九州出版社，2011 年，第 125 页。
② 张君劢：《中国专制君主政制之评议》，台北：弘文馆出版社，1986 年，第 18 页。
③ 张君劢：《中国专制君主政制之评议》，台北：弘文馆出版社，1986 年，第 15 页。
④ 张君劢：《中国专制君主政制之评议》，台北：弘文馆出版社，1986 年，第 18 页。
⑤ 张君劢：《中国专制君主政制之评议》，台北：弘文馆出版社，1986 年，第 83 页。
⑥ 张君劢：《中国专制君主政制之评议》，台北：弘文馆出版社，1986 年，第 83 页。
⑦ 张君劢：《中国专制君主政制之评议》，台北：弘文馆出版社，1986 年，第 43 页。
⑧ 张君劢：《中国专制君主政制之评议》，台北：弘文馆出版社，1986 年，第 18 页。
⑨ 张君劢：《中国专制君主政制之评议》，台北：弘文馆出版社，1986 年，第 60 页。

治下之三权分立"①，三省之制只是分职而非分权，在承平及干练君主执政时尚可收一时之效，但"此帝皇时代三省制之所以不适于今日，非另以立法、司法、行政三权鼎立制代之不可矣"②。张君劢认为，古代的谏诤制度也无法与西方的民意监督制相提并论，其是软弱无力附属于君权之下的。

钱穆尤其称赞了科举制及由此而来的"士人政府"，并肯定士人在历史上的作用。"所谓士人政府者，即整个政府由全国各地之知识分子即读书人所组成"③，以德性学问为标准的士人政权是人民参政的唯一正途，这能使政民一体。张君劢认为，钱文混淆了考试铨选与人民参政。中国由考试选拔之文官造成的不过是官僚政治，而西方文官制度与政党政治相辅相成，其政府行政受议会监督。他说："无民意监督机关之国，虽有考试制之文官，而文官黜陟，不受法律保障。如是文官制，可以视同人民参政乎？可以代替民意机关乎？"④张君劢对于"士人政府"并不恭维，"吾欲问钱穆者，所谓士人政府之政策之预备，事先有何调查？有何报告书乎？政策之决定，既由君主裁决可，而何以立朝者各有主张乎？究竟谁有权赞成，谁有权反对，其准绳安在？如此一国三公我谁适从之局中，何制度可言乎？何种传统可为后人遵守者乎？"⑤总之士人政府不如代议政府。张君劢对传统士人也做了否定性的评价，所谓士类或曰文人，其出身由于科举，挟文章为长技，其本领不过在向君主尽言、草拟万言章奏而已，"处此国际竞争剧烈之世，谓因仍吾国士类之旧习，可以致国家于治安康乐之境者，吾不信也。"⑥张君劢相信，中国考试制度的某些优点，现代西方宪政体制当中的文官制已经具备，无须刻意仿古而求得。

在中西"分权与法治"问题上，钱氏认为，西方政治重在分权与法治，中国传统政治之病也在过于注重分权与法治，中国本已过多，因此不必用西方分权与法治来挽救传统政治。张君劢认为，钱氏所言，好似西方之分权、法治即中国传统之分权、法治，其实二者名同而实异。西方之分权乃孟德斯鸠之行政、立法、司法三权分立之意，钱穆所谓分权即宰相、御史大夫与各部分之分权；西方所谓法治是法律至上的朝野共守宪法，而钱穆所谓法治系指唐"六典"之类的历代规制，"内容不同，意义不同，即令所用语言文字相同，其无当于彼此了解或达到

①张君劢：《中国专制君主政制之评议》，台北：弘文馆出版社，1986 年，第 71 页。
②张君劢：《中国专制君主政制之评议》，台北：弘文馆出版社，1986 年，第 73 页。
③钱穆：《中国传统政治》，《国史新论》，北京：九州出版社，2011 年，第 96 页。
④张君劢：《中国专制君主政制之评议》，台北：弘文馆出版社，1986 年，第 93 页。
⑤张君劢：《中国专制君主政制之评议》，台北：弘文馆出版社，1986 年，第 110 页。
⑥张君劢：《中国专制君主政制之评议》，台北：弘文馆出版社，1986 年，第 104 页。

彼此同意之结论，可以断言者矣"①。

钱穆还对西方政党政治表示了不屑，认为西方"分党而争之政治，并非理想中推之四海而皆准，行之百世而无弊之政治也"，而且推行多党政治的政府"永不能代表国家之全部民众，永只能代表国家比较多数之民众而已"②。而且，钱穆尤其反对"革命与组党"，"组党为的是要革命，革命后仍还只重在组党……而中国近代政党的构成，显然不由社会下层的真正民众，而仍是社会中层的知识分子在活动，在主持。他们只想把民众投归党，没有想把党来回向民众，于是变成了由党来革民众的命。这样的组党革命，将永不会有成功之前途。"③张君劢则相信，"现代政治不能一日离开政党，是为显然易见之事"④，认为现代政党政治原则正可以救治中国历史上的朋党、党锢之害，是实现民主政治的正途。张君劢也是政党政治之积极实践者，从青年时代起就积极参与政党活动，并组织政党，以政党领导人身份参与立宪。钱穆在《师友杂忆》中所记述的几次与张君劢的交往，都有张氏执意政治的记述。两人在大陆时期唯一的一次见面，就因张君劢"愿相与作政治活动，庶于当前时局可有大贡献"，弄得"语不投机"。⑤后来，到了香港，两人再次晤面。钱穆回忆："君劢又提旧议。谓君今当知追悔。彼方欲约集民社青年两党及其他人士流亡在港者，共创一新党，勉余加入。余言：'君积年从事政治活动，对国家自有贡献，鄙意向不反对。特今日局势大变，欲在国民党共产党外另创一新政党，事非仓促可成。鄙意宜邀合数人，作精详之商讨，从根本上草创一救国家救民族之百年大计。先拟一新政纲，然后本此政纲再邀同志，创建新党。此新党之党员，宜少不宜多。此新党之活动，宜缓不宜急。务求培养新精神，贮蓄新力量，作久远之打算。不宜在眼前只求经济充裕，声气广大。流亡无出路者人数何限，骤谋乌合，仅增扰乱，何期贡献。倘君有意先邀集此会议，余亦愿陪末席，供献刍荛。'忽一日，在茶楼又晤君劢，彼告余最近即拟赴印度，已曾以余意转告诸友，盼随时同商大计。余言：'前所告者，乃创建新党之根本大计，余虽未获与君深交，然亦略知君之为人，故敢轻率妄言。但此决非筑室道谋之事，与余不相熟者，纵不以迂愚相讥，余又将从何处发言。姑俟君印度归后再谈可也。'"⑥再后来，钱穆至美国访学。"张君劢闻

① 张君劢：《中国专制君主政制之评议》，台北：弘文馆出版社，1986年，第207页。

② 钱穆：《中国传统政治与儒家思想》，《政学私言》，北京：九州出版社，2011年，第125页。

③ 钱穆：《中国传统政治》，《国史新论》，北京：九州出版社，2011年，第116页。

④ 张君劢：《中华民国民主宪法十讲》，北京：商务印书馆，2014年，第92页。

⑤ 钱穆：《八十忆双亲师友杂忆合刊》，北京：九州出版社，2011年，第174页。

⑥ 钱穆：《八十忆双亲师友杂忆合刊》，北京：九州出版社，2011年，第273—274页。

余至旧金山，特请人来约期相见。时君劢伤腿未愈，行动不便。余夫妇赴其寓，君劢留晚餐。余问君劢：'闻君曾提议国政三大端，有否其事。君尊西方民主，似应返台湾提出，并可向街头宣传。未获同情，亦可锲而不舍，争而不休。今远羁美国，只向政府动议，此仍是中国传统士大夫少数意见高出民众多数意见之上。与君往日参加制宪意态若不同。'君劢未深辩"①。细绎文意，钱穆对张君劢的政治活动深不以为然，甚至带有几分"蔑视"，从中也可一窥他对西方政党政治的态度。

三

至于中国政治制度未来如何走向？未来中国该采取怎样的政治制度，钱、张两人其实都没有给出明确的答案。

至于中国政治的前途，钱穆对孙中山的宪法设计方案极为推崇。他认为，孙中山宪法构想不是简单地照搬思想观念，而是多取法于中国传统政制，又广泛吸纳他国既有经验，从而合乎中国人观念、合乎中国传统政治精义，切实可行，此正为中国现代政治发展之正道。孙中山在见证西式观念在中国政治中之失灵后，以其政治家的敏锐转向中国政制传统；钱穆在见证西式观念所致中国人历史文化认知之混乱后，同样转向中国政制传统；两人均以此为本构造中国政治学，构想现代中国之良好而可行的宪制。故钱穆肯定孙中山的政治思想，绝非附和当政者，而是出自其延续中国历史文化之热心与自身学术研究之心得。

在《政学私言》中，钱穆写道："中国传统政治之最高理论与终极目标即为一种民主政治，而此种民主政治之所向往，即一种公忠不党或超派超党无派无党之民主政治。中山先生之五权宪法，本为融通中外而创设，故其精神所寄，亦自涵有公忠不党超派超党无派无党之精义，其所以为适切国情之点亦在此。"②当日本于1945年9月9日在南京投降签字日之清晨，钱穆奋笔疾书《建国信望》，全面阐明其建国纲领，全依中山遗教为框架，因为他断定："孙中山先生之三民主义，将为此后新中国建国之最高准绳。"③关于政制，钱穆谓："新中国之政治发展，必然将向'民主政治'之途而迈进""此种民主政治，大体必遵照中山

① 钱穆：《八十忆双亲师友杂忆合刊》，北京：九州出版社，2011年，第324页。
② 钱穆：《中国传统政治与五权宪法》，《政学私言》，北京：九州出版社，2011年，第5页。
③ 钱穆：《建国信望》，《政学私言》，北京：九州出版社，2011年，第253页。

先生民权主义之理想而实现。"①钱穆在引发张君劢批评的《中国传统政治》一文最后，再次高度肯定孙中山之思考方法："在近代中国，能巨眼先瞩，了解中国传统政治，而求能把它逐步衔接上世界新潮流的，算只有孙中山先生一人……在西方所倡三权分立的理论下，再加添中国传统考试、监察两权，使在政府内部自身，有一套能为社会自动负责之法制；而一面又减轻了近代西方政治之对立性与外倾性，把来符合中国自己的国情。"②

钱穆是一位学者，从中国传统出发对中国的政治制度建设积极倡言，而张君劢不只是一个学者，同时还是政党领袖。他因缘际会地成为中华民国宪法起草者，并在完成起草后又著《中华民国民主宪法十讲》，阐述此宪法之精神和原则，但他大体不认可孙中山的五权宪法方案，故在参与宪法起草过程中尽最大努力削减孙中山方案之最有中国属性的部分。张君劢明确提出：他所起草之宪法草案，"立脚点在调和中山先生五权宪法与世界民主国宪法之根本原则；中山先生为民国之创造人，其宪法要义自为吾人所当尊重，然民主国宪法之要义，如人民监督政府之权，如政府对议会负责，既为各国通行之制，吾国自不能自外。"③在孙中山五权宪法设计中，考试权和监察权乃依据中国传统政治经验、为矫正西方三权分立宪制之明显缺陷而设，由此显示出孙中山宪法方案之中国性。而张君劢相信，三权分立是各国通行之例，中国考试制度的某些优点，现代西方宪政体制当中的文官制已经具备。还有，设立国民大会是孙中山宪制思想之基础，张君劢则深不以为然，从多个角度提出怀疑，而倾向于政协会议上提出的"无形国大"，即张君劢所说"合四万万人而成为国民大会，此为我人对于直接民权的理想"④，实即取消国民大会。张君劢的一些设想不为国民党所接受，国民大会和五权方案都写入了宪法草案。但实际上五五宪草迭经修改之后，实可谓偏离孙中山宪法方案，而逼近张君劢方案，考试院和监察院日益萎缩，形如摆设。

钱穆的宪制思想与张君劢隐然直接对立。其中对考试院、监察院的设立，钱穆就站在孙中山一边。他说："中山先生五权宪法中考试、监察两权，厥为中国传统政制精义所寄。考试制度之用意，即在'公开政权，选贤与能'。夫真能代表民意者，就实论之，并不在人民中之多数，而实在人民中之贤者。中国传统考试制度，即在以客观方法选拔贤能，而使在政府中直接操政。……中山先生于民

---

① 钱穆：《建国信望》，《政学私言》，北京：九州出版社，2011年，第257页。

② 钱穆：《中国传统政治》，《国史新论》，北京：九州出版社，2011年，第114页。

③ 张君劢：《中华民国民主宪法十讲》，北京：商务印书馆，2014年，"自序"，第1页。

④ 张君劢：《中华民国民主宪法十讲》，北京：商务印书馆，2014年，第47页。

权主义中即详论'权''能'之分别，又特倡'知难行易'之学说以为其政论之根据。若论多数，则不知不觉之民众必占上选，然真能代表民众中不知不觉之多数者，转在少数先知先觉与后知后觉之人才，故据中山先生之意见，亦必主张贤能代表之传统观念。"①"中山先生主张'治权'与'政权'划分，又主张以'考试'限制人民之被选举权；此两理论，必将透彻发挥，以为中国新政治之基石。尤其是后一理论，乃中国传统政治精义所在，中国人将大胆提出，以确然完成将来新中国的新政治。"②

孙中山的宪法思想，在强烈反传统的文化气氛中未能完全落实。钱穆说："大体上，在他总是有意参酌中外古今而自创一新格，惜乎他的意见与理想，不易为国人所接受。人人只把一套自己所懂得于外国的来衡量，来批评，则孙先生的主张，既不合英、美，又不合苏联，亦不合德、意，将见为一无是处。无怪他要特别申说'知难'之叹了。"③钱穆忧虑，现代中国特面临之最大挑战，是精英群体对自身历史、文化之封闭，专心寻求西方之尊重，而不是寻找切合于中国民众秩序意向之优良制度。恐怕正是这种封闭甚至于冷漠，导致近世中国各路精英之创制立法，频频遭遇失败。此一事实显示孙中山思考方法之可贵："推敲孙先生政治意见的最大用心处，实与中国传统政治精义无大差违。他只把社会最下层的民众，来正式替换了以往最上层的皇室。从前是希望政府时时尊重民意，现在则民意已有自己确切表达之机构与机会。……此一理想，自然并不即是完满无缺，尽可容国人之继续研求与修改。但他的大体意见，则不失为已给中国将来新政治出路一较浑括的指示。比较完全抹杀中国自己传统，只知在外国现成政制中择一而从的态度，总已是高出万倍。"④孙中山之创造性宪法构想未能完全落实，但这并不意味着孙中山先生的思路和方法失败了。钱穆说："我们当知孙中山的'三民主义'与'五权宪法'，并不是确经试验而失败了。他的那番理想与意见，实从未在中国试验过，而且也未经近代中国的知识分子细心考虑与研索过。"⑤"将来中国政治若有出路，我敢断言，决不仅就在活动上，决不仅是在革命与组党上，也决不仅是在抄袭外国一套现成方式上，而必须触及政治的本质。必须有像孙中山式的，为自己而创设的一套政治理想与政治意见出现。纵使

---

① 钱穆：《中国传统政治与五权宪法》，《政学私言》，北京：九州出版社，2011年，第7页。
② 钱穆：《建国信望》，《政学私言》，北京：九州出版社，2011年，第259页。
③ 钱穆：《中国传统政治》，《国史新论》，北京：九州出版社，2011年，第115页。
④ 钱穆：《中国传统政治》，《国史新论》，北京：九州出版社，2011年，第115页。
⑤ 钱穆：《中国传统政治》，《国史新论》，北京：九州出版社，2011年，第115—116页。

这些意见与理想，并不必是孙中山的'三民主义'与'五权宪法'；而孙中山的'三民主义'与'五权宪法'，也仍还有留待国人继续研求与实行试验之价值。这是我穷究了中国二千年传统政治所得的结论。"①在《中国历史研究法》中，钱穆这样感喟："只有孙总理的三民主义，努力要把中国将来的新政治和已往历史的旧传统，连根连脉，视作一体。可惜他的见解，尚不为一般国人所了解。一般国人只还是说，中国自秦以下二千年政治，只是专制黑暗。他们像是根据历史，但他们并不真知历史。不知乃不爱，但求一变以为快。"②钱穆希望："正在此五十年代病上加病的中国，内部新生命之健康力量早已逐步的好转与前进。孙中山先生倡导的三民主义与辛亥革命，这是一个元气淋漓的，唯一的能从积极正面乐观而进一步的方向来指导中国前途的。……这是从中国传统五千年生命本源里面产生的新力量；这是自我确立，不是自我抹杀。这才是复兴中国一大火种。……我们只希望将此火种在每一个中国人的心头燃烧起来。"③

　　钱、张这一场文字交锋，在学术史、思想史上都具有重要意义。张君劢以十多倍原文的规模对钱著做评判，这在学术史、思想史上都是罕见的。钱穆曾批评主张中国传统政治是专制独裁的人们，不肯细心研究中国历史上明白记载的制度与事迹，张君劢的厚重之作是一种身体力行的反驳。平心而论，史学并非张氏的长项。张氏原只想写一书评式文字，但一翻正史、十通，兴致所至，已不复是针对钱文而发的商榷意见，而是凭自己的哲学、政治学、宪法学功底，以史实张扬自己的一整套政治主张。

① 钱穆：《中国传统政治》，《国史新论》，北京：九州出版社，2011年，第116—117页。

② 钱穆：《中国历史研究法》，北京：九州出版社，2011年，第173页。

③ 钱穆：《五十年来中国之时代病》，《历史与文化论丛》，北京：九州出版社，2011年，第228—229页。

超越门户　和通会合

——钱穆与杨联陞

杨联陞，原名莲生，原籍浙江绍兴，1914 年 7 月生于河北保定，1937 年毕业于清华大学经济系，1940 年赴美留学，1942 年获哈佛大学硕士学位，1946 年完成《晋书·食货志·译注》，获博士学位，后留在哈佛远东语文系执教，誉满海内外，有"汉学界第一人"（费正清语）、"此间最深于中国文字历史之人"（胡适 1943 年 10 月 14 日日记）之美誉。

在钱穆先生的全集中，有一册名为《素书楼余渖》，其中收有他致友人、及门、大陆亲人的书信若干，其中数量最多的是致杨联陞的信函，多达四十通。内容大多是论学，涉及《论语新解》《朱子新学案》和许多古籍，还有关于写书、读书、买书的事。身在大陆的杨氏外孙蒋力先生又通过台湾素书楼基金会觅得了与之对应的杨联陞的信函近三十通，并将这些信函整理辑成《莲生书简》一书。钱、杨两人的学术交往更趋明晰。

一

九一八事变后，北京大学历史系开设了中国通史课，由钱穆主讲。此课大受学生的欢迎，连其他学校的学生都来旁听。每堂课上都有近三百人，甚至有些人只能站着听课。时在清华大学读书的杨联陞，就曾去北大旁听，"对钱先生全史在胸的气概甚为心折"[①]。钱穆不一定会认得当年的每一位学生，直到 1960 年他到哈佛大学讲学时，才知道杨联陞也是当年那些学生中的一个。钱穆回忆："杨

[①] 余英时：《中国文化的海外媒介》，《钱穆与中国文化》，上海：上海远东出版社，1994 年，第184 页。

联陞教授告余，彼其时肄业清华大学，亦前来旁听。"①

　　钱穆没有读过杨联陞的英文著作，但对杨氏通过课堂讲授、著作、书评、私人接触等方式，把中国史学传统中成熟而健康的成分引进西方汉学研究之中的做法十分欣赏。1955 年，当余英时初到美国时，钱穆就写信给他说："杨君治经济史有年，弟能常与接触，定可有益。"②同年《新亚学报》创刊出版，杨联陞在《哈佛亚洲学报》上撰文推荐，着重介绍了钱穆在《发刊词》中所提及的"考据与义理不可偏废"的观念。③

　　很快，两年后的 1957 年，钱、杨两人终于再续前缘。这一年，杨联陞受哈佛燕京社委托，到日本和台湾地区、香港地区落实申请哈燕社研究计划的补助一事。8 月，杨联陞初谒钱穆于新亚。后来他回忆说："新亚时在农圃道，附近平房尚多。陈伯庄先生是宾四先生的学侣兼棋友，宾四先生带我步行奉访，还要走过一段颇有野趣的农圃，大约是菜畦，今日恐无痕迹了。那一次只同伯庄先生下了两盘棋，分先互胜，宾四先生观棋不语。听说两位先生棋力相当。"④

　　《素书楼余渖》收录的钱穆致杨氏的书信中，最早的一通写于 1959 年 5 月 19 日。因为美国耶鲁大学有意邀请钱穆前往讲学半年，钱穆致信杨氏，坦言："穆在此十年，极苦劳瘁，倘能出国，不仅长其见闻，而藉此转换环境，于贱体当有补益。"⑤此后，两人又有数次通信往来。到了 1960 年 1 月 11 日，钱穆赴美启程前七天，致信杨联陞通报行程，而后毫不隐瞒地道出自己的想法："此下当择一清闲之境，将平素胸中蓄积，再能写成几部有系统之著作，以追赎此一段时间内学业荒废之内疚心情，则个人之一生亦庶可谓有始有卒，恃兄相知，故敢率吐所怀，想不因以见哂也。"⑥可见身在香港的钱穆，已把远在哈佛的杨联陞视为相知了。

　　1960 年春，钱穆来到美国，在耶鲁大学讲学。哈佛大学燕京学社也前来邀

---

① 钱穆：《八十忆双亲师友杂忆合刊》，北京：九州出版社，2011 年，第 164 页。

② 余英时：《中国文化的海外媒介》，《钱穆与中国文化》，上海：上海远东出版社，1994 年，第 165 页。

③ 余英时：《中国文化的海外媒介》，《钱穆与中国文化》，上海：上海远东出版社，1994 年，第 184 页。

④ 杨联陞：《中国文化中"报""保""包"之意义》，贵阳：贵州人民出版社，2009 年，第 53 页。

⑤ 钱穆：《致杨联陞》（1959 年 5 月 19 日），《素书楼余渖》，北京：九州出版社，2011 年，第 182 页。

⑥ 钱穆：《致杨联陞》（1960 年 1 月 11 日），《素书楼余渖》，北京：九州出版社，2011 年，第 184 页。

请钱穆去做学术演讲。燕京学社对新亚研究所的成立和发展可谓居功甚伟，钱穆自然慨然应允。钱穆当时演讲的题目为"人与学"。由杨联陞做介绍并担任翻译。在介绍演讲嘉宾时，杨联陞回忆了自己当年在北平听钱穆讲课的盛况，并推重钱穆是当代硕果仅存的少数大师之一。因为钱穆其时正在撰写《论语新解》一书，故而他的演讲皆从《论语》中发挥而来。在涉及中西为学之不同时，钱穆举宋代欧阳修一人经、史、子、集四部兼通为例，说明"中国学问主通不主专，故中国学术界贵'通人'，不贵专家。苟其专在一门上，则其地位即若次一等"①。

当时前来听钱穆演讲的人很多，钱门弟子余英时在，史语所主将李济也在。李济平时喜欢做青白眼，余英时那天偶然注意到他在听演讲的过程中，做白眼时多，做青眼时少。这一小小的意外发现也印证了余英时的一个观点，即"当时台北学术界主流对钱先生和新亚书院确有一种牢不可破的成见，李济之先生不过表现得更为露骨而已。（据说当时'研究院'的领导层中，还是胡适之先生的成见最浅。）"②

在哈佛，钱穆向杨联陞相赠他的两本专著，"一为余之《国史大纲》抗战期间在重庆之国难第一版，一为余之通史课上所发之参考材料"，"余受其国难新版，为余手边无有者。其参考材料，则嘱联陞教授仍留架上，或有足供参考处，余未之受"③。

在耶鲁大学讲学的闲暇时间，钱穆着手改写《论语新解》旧稿。《论语新解》是钱穆"刻意"写的一部《论语》的"通俗本"④。然而，正是这部通俗本，钱穆历时十余年方得完成。他"开始写《新解》，是在1952年春末，那时学校在桂林街"，计划"用最浅近的白话来写，好使初中以上学生人人能读"⑤。但在写作过程中，他发现"欲以通俗之白话，阐释宏深之义理，费辞虽多，而情味不洽。又务为浅显，骤若易明，譬如嚼饭哺人，滋味既失，营养亦减"，仅写了一百零二章就停笔了，"意不如改用文言，惟求平易，较可确切。"⑥但由于当时钱穆的事务繁忙，《论语新解》的重写工作一直推迟到1960年春赴美讲学之时，时隔近八年之久才继续。在美期间，钱穆在日记里记下完成的章数，每周做

---

① 钱穆：《八十忆双亲师友杂忆合刊》，北京：九州出版社，2011年，第316页。

② 余英时：《中国文化的海外媒介》，《钱穆与中国文化》，上海：上海远东出版社，1994年，第185页。

③ 钱穆：《八十忆双亲师友杂忆合刊》，北京：九州出版社，2011年，第164页。

④ 钱穆：《漫谈〈论语新解〉》，《新亚遗铎》，北京：九州出版社，2011年，第405页。

⑤ 钱穆：《漫谈〈论语新解〉》，《新亚遗铎》，北京：九州出版社，2011年，第404、405页。

⑥ 钱穆：《论语新解》，北京：九州出版社，2011年，"序"，第3页。

一总结，最后在离开美国前撰成初稿。

1960 年 10 月 4 日，钱穆回到香港。在此后的日子里，钱穆断断续续地重校《论语新解》。1962 年 4 月，杨联陞赴日本京都大学讲学之时飞经香港，逗留一日，宿于钱穆在沙田西林寺附近的寓所"和风台"。对已经完稿的《论语新解》，杨氏提出了一些建议。钱穆还嘱托杨联陞去日本时觅购日人研究《论语》的著作，以便《论语新解》的定稿。很快，钱穆就收到杨氏从京都寄来的日本《论语》研究专著。钱穆随之重校此文稿，"伊藤、物氏、安井三书，均逐条细看，最后又得竹添氏《会笺》及其他数种，大抵东邦人对《论语》之所得，亦已揽其大体。"[1] 这些日本人的著作，对钱穆的写作大有裨益。钱氏曾自言："我从日本买回来的三部书，第一部是伊藤仁斋的《论语古义》，第二部是物茂卿的《论语征》，第三部是安井息轩的《论语集说》。这三部书，正好代表着日本学者治《论语》学的三阶段。东瀛学风，本和我大陆息息相通。伊藤仁斋的书，笃守程、朱理学家言。物茂卿的书，则相当于我们自王船山下至毛奇龄与戴东原，有意批驳宋儒，力创新义。到安井息轩则受清代乾、嘉以下汉学家影响，实事求是，在训诂考据上用力，而重返到汉、唐注疏古学上去。我按着三书先后次序，逐章分看，正如把朱注《论语》下到近代此数百年来中国学术界汉、宋之争的旧公案，重新在心头温一遍。"[2] 这样读过一章之后，"心中对此一章自然会浮现出一番见解来"，然后再与原稿对照，如果两者一致，就算原稿通过了，如果少许差别，再仔细比较，择优而定，但也有比较难以决断的时候，那就是当见解与原稿相反时，"其间取舍抉择，煞是不易"，于是只好放下，待日后再思考决断，一直到 1962 年 12 月，全稿才校读完毕，等待付排出版。但此时又"怕不易发现自己错处，因此决定将此稿再压几个月"，书稿一直压到 1963 年暑假前才开始排印，排印校稿时，"又有两章，彻头彻尾改动了"，而在最后一稿校字时，"又已改动了十章左右"。[3]

对于此段撰书经历，钱穆在《师友杂忆》中记述："余之《论语新解》初稿，已在耶鲁完成，自得新居，重理前业。取《朱子语类·论语》各条逐一细玩，再定取舍。适杨联陞自哈佛来，亦来余山上宿一宵，归途经日本，余嘱其代购日本人著《论语》三种，一主程朱，一主陆王，一遵乾嘉汉学。虽多本中国旧

---

① 钱穆：《致杨联陞》（1962 年 11 月 21 日），《素书楼余渖》，北京：九州出版社，2011 年，第 185 页。

② 钱穆：《漫谈〈论语新解〉》，《新亚遗铎》北京：九州出版社，2011 年，，第 410 页。

③ 钱穆：《漫谈〈论语新解〉》，《新亚遗铎》，北京：九州出版社，2011 年，第 411—412 页。

说，从违抉择各异。余又再玩三书，细审从违。如是再逾半年，稿始定。"①

《论语新解》于 1963 年 12 月由香港新亚研究所出版。此时的钱穆，已然把杨联陞视为学术上可资探讨的"同道"。当他重校《魏晋南北朝学术文化与当时门第之关系》一文时，已有意识地主动向杨氏请教："不知兄对此题有何指教，或日本及欧美方面有必须过目之著作与论文示知，或可于付印前能获得一诵为感。"②

二

1964 年，钱穆获准休假，决意以三年的时间撰写《朱子新学案》。自此，他的学术研究就与杨联陞更紧密地联系起来。一方面当然是出于对杨氏博学多识的欣赏，希望能时时听取他有益的建议；另一方面则是出于研究经费的问题。

1964 年 9 月 29 日，钱穆致信杨联陞，就询问杨"不知吾兄在美能否代为介绍一基金会机构申请补助"。他的要求不高，"只望按月能有三千到四千港币即可满足"③。杨联陞对钱的研究计划及撰述主旨大加赞誉，指出："来示所论极精辟，以朱子论朱子，而求其真与全，从而下一评价，自然是主要工作。但有一附带题目亦可作（或找研究员研究生帮作）者，为朱子对后世之影响，后人对朱子见解（包括误解）乃至此种见解与误解在思想界与社会上所发生之影响，亦是一大问题，值得算一总账（自然此总结只能到目下为止）。先从国内下手，再论日本、韩国、越南等处之影响。以往讨论此类问题者，多就新儒家泛论，恐有不切实处。自然愈到后世，思想上交光互影之处愈多。"不过，依照哈燕社的惯例，其补助的对象一向都是学术机构，杨联陞在去信中说明了情况，并建议"先生之《朱子新学案》，最好在研究所计划中一并提出"。④ 杨联陞在与钱穆信中，提到自己时言必谦称"晚学"。

1964 年 11 月 28 日，钱穆信告杨联陞，他已经退休了，所幸研究所把他的

① 钱穆：《八十忆双亲师友杂忆合刊》，北京：九州出版社，2011 年，第 336 页。

② 钱穆：《致杨联陞》（1962 年 11 月 21 日），《素书楼余渖》，北京：九州出版社，2011 年，第 186 页。

③ 钱穆：《致杨联陞》（1964 年 9 月 29 日），《素书楼余渖》，北京：九州出版社，2011 年，第 187 页。

④ 杨联陞：《致钱穆》（1964 年 10 月 28 日），《莲生书简》，北京：商务印书馆，2017 年，第 57—58 页。

研究计划列入了所里向哈燕社申请的补助计划；接下来他介绍了计划中要撰写的《朱子新学案》的四部分，这里面也体现了杨联陞的建议："……第四部分则如兄来示，须研寻到朱子学对此下之影响。"他感慨道："兄博涉广通，恨不能同在一处可以时时请益。惟望浏览所及，涉思所到，其有关穆此一研究者，随时指示则不胜感幸。"①

杨联陞看过钱穆的计划，建议他此编下及后世治朱学者。1965 年 1 月 21 日钱穆复函称，这样一来篇幅更为庞大，断不能加入此三年计划中。他遗憾地表示："惜在此极少可与谈者。纵笔及之，聊当请教。"谈到申请经费补助，他说："穆历年来为新亚事遇有乞援机会，总是踊跃为之。今值自身个人问题，却无此勇气，究不知此事希望如何？……故恳切欲得外面之补助也。"②

杨联陞看准了钱穆这项研究的学术价值，而且相信钱穆定能不负众望完成一部大著作，因此积极为申请补助而奔忙。经过杨氏与哈燕社半年多的斡旋，哈燕社同意拨出经费。据余英时后来回忆，最后还是杨联陞的慷慨陈词使这一破天荒的申请案得以顺利通过。③

1965 年 5 月 10 日，杨联陞驰函将此佳音通报钱穆："哈燕社董事会上星期开会，先生之《朱子新学案》研究计划顺利通过，细节由裴约翰社长与唐君毅先生商定，大约可以按月致送研究费六七百元。因在手续上须经过新亚研究所，不久裴社长即将致书唐先生，请唐先生与先生商定后，写一正式提案。……又，哈燕社对于东亚各处研究计划之审查，因需要专门学者之协助，有一顾问委员会，委员皆哈佛本校教授，下年由晚学担任委员会主席。请告知唐先生，如果新亚研究所在研究方面有新计划，或在训练研究人员方面有所改进，在向哈燕社正式提出之前，如果有所咨询，请随时写信，晚学当尽所知以对也。"④不过，此时钱穆与新亚研究所矛盾激化。杨联陞后来只能再次努力说服哈燕社，使哈燕社补助款可以不经过新亚研究所而直接支付给钱穆。

---

① 钱穆：《致杨联陞》（1964 年 11 月 28 日），《素书楼余渖》，北京：九州出版社，2011 年，第 193、194 页。

② 钱穆：《致杨联陞》（1965 年 1 月 21 日），《素书楼余渖》，北京：九州出版社，2011 年，第 195、193—194 页。

③ 余英时：《中国文化的海外媒介》，《钱穆与中国文化》，上海：上海远东出版社，1994 年，第 185 页。

④ 杨联陞：《致钱穆》（1965 年 5 月 10 日），《莲生书简》，北京：商务印书馆，2017 年，第 66 页。

三

在钱穆研究课题的影响下，杨联陞也开始对朱子和宋学产生兴趣，两人之间的学术友谊也突飞猛进，两地之间飞鸿不断。杨联陞相继浏览了《朱子语类》、陆九渊的《象山集》、王通的《文中子》等古籍。1965 年 2 月 15 日，钱穆致杨联陞的信函中道："吾兄近亦读《语类》，可相讨论，快何如之。"①2 月 24 日，杨联陞复函，提出对朱子的己见："朱子重视明辨是非，极似孟子"；"朱子：'尝见画底诸禅宗，其人物皆雄伟，故杲老谓临济若不为僧，必作一渠魁也。'又曰：'尝在庐山见归宗像，尤为可畏，若不为僧，必作大贼矣'"。他说："此论甚妙，不意帖括之外，尚有此途可以笼络豪杰。"②3 月 9 日，杨联陞再函钱穆："朱好辩，陆亦何尝不好辩，两家皆以孟子自居也。《象山集》曰：'尝闻王顺伯云：本朝百事不及唐，然人物议论远过之，此议论其阔可取。'"③

有意思的是，1965 年 2 月 15 日的信寄出后，未等杨联陞回信，钱穆又有心得，3 月 1 日这天又提笔写信，先道"前奉一函，谅可先达"，然后对收到的 2 月 24 日杨氏来函所提及的问题"敬逐一奉答如下"④。3 月 16 日，钱穆致杨联陞函曰："关于《朱子新学案》之申请，多蒙扶掖，更深感谢。"随后他提出禅学研究与中国文化学术史关系"实深实大"，他以为有三部分工作可做：一是辨伪，二是用历史演进眼光去研究，三是用近代西方心理学尤其是精神分析一派来推说禅宗转变。他还答复了杨函所询朱子晚年定论之说，并期待尽快看到杨联陞关于人物与议论的一篇新作。最后一段又说："来书又提当时人书往返，不但留稿，亦多传抄广布，此层亦是大有意思。"⑤

钱穆学识广博，学风严谨，使得杨联陞受到不少启发。1965 年 3 月 16 日，

---

① 钱穆：《致杨联陞》（1965 年 2 月 15 日），《素书楼余渖》，北京：九州出版社，2011 年，第 195 页。

② 杨联陞：《致钱穆》（1965 年 2 月 24 日），《莲生书简》，北京：商务印书馆，2017 年，第 62—63 页。

③ 杨联陞：《致钱穆》（1965 年 3 月 9 日），《莲生书简》，北京：商务印书馆，2017 年，第 64 页。

④ 钱穆：《致杨联陞》（1965 年 3 月 1 日），《素书楼余渖》，北京：九州出版社，2011 年，第 196—198 页。

⑤ 钱穆：《致杨联陞》（1965 年 3 月 16 日），《素书楼余渖》，北京：九州出版社，2011 年，第 199—200 页。

杨联陞写信告诉余英时："近数周与宾四先生通信，讨论《朱子新学案》，因此翻阅几种南宋人文集，颇有兴趣。宋代思想与制度可作之问题甚多，可惜无暇深入。"①"无暇深入"，是杨氏事实之语。但是，对于钱穆来说，受过规范西方学术训练的杨联陞的确是一个可以讨论的对象，而且这样的讨论对钱穆起到了小叩大鸣的作用。在写作期间，杨联陞则始终作为很好的倾听者和冷静的审察者，与钱穆一同感受著述过程中的百转千回和柳暗花明。钱穆在致杨氏的信函中屡有感慨之言："学问进步，有时非人力勉强可冀。安以俟之，穷年累月，忽有一线光明在眼前呈现，此亦敝帚自珍之心理之所由来也。"②"穆之写《学案》，颇不多用思索，每于静坐后起身，时有新意涌出。苦思不得其解者，一时领会，倍增乐趣也。"③"考据已成癖好，而凡所发见，乃于《朱子》思想之递进，及其与二程之精神不同、血脉有异，可不致成为穆一时凭空之推论，此尤最近岁月来所最感满意者。"④而有了重大心得，苦于身旁寂静一片，无人分享，急欲与人言说之情想必也是难以自抑的。故钱穆自言："午后在极热中摘写此两卷中重要诗篇，凡得四十八首，而兴有未尽，惜乎空堂寂寂，无人可语，走笔相告，得勿笑其狂愚否。"⑤"在此绝无人可讨论，大是闷事。"⑥而同为学人的倾听者也往往感受触动，更深刻体会为学之艰难，急于将此喜悦广布天下学人。不及钱氏著作全部完成，杨联陞便建议将《朱子新学案》部分成稿交《清华学报》先行发表。"关于朱子对后人影响以及其他类似问题，先生不拟撰文发挥者，最好能写成箚（札）记，积得若干条后，分批发表，对后学可以多所启发，学海虽大，多投几片石亦能振起波澜"⑦。后来就有了《朱子从游延平始末记》一文的发表。而到了整部著述全部完成之时，钱氏最想感谢与分享的当然非杨联陞莫属了。"此书非足下相助，恐不得有今日，荏苒岁月，幸溃于成，故尤欲最先奉告

① 余英时：《中国文化的海外媒介》，《钱穆与中国文化》，北京：商务印书馆，2017年，第185页。

② 钱穆：《致杨联陞》（1965年8月25日），《素书楼余渖》，北京：九州出版社，2011年，第203页。

③ 钱穆：《致杨联陞》（1966年9月9日），《素书楼余渖》，北京：九州出版社，2011年，第215—216页。

④ 钱穆：《致杨联陞》（1967年7月18日），《素书楼余渖》，北京：九州出版社，2011年，第220页。

⑤ 钱穆：《致杨联陞》（1966年2月14日），《素书楼余渖》，北京：九州出版社，2011年，第207页。

⑥ 钱穆：《致杨联陞》（1966年5月17日），《素书楼余渖》，北京：九州出版社，2011年，第211页。

⑦ 杨联陞：《致钱穆》（1966年8月27日），《莲生书简》，北京：商务印书馆，2017年，第77页。

也。"①

1969 年，《朱子新学案》完稿在即。3 月 28 日，杨联陞以个人名义致函哈燕社，再次替钱穆申请印刷费补助 3000 美元。4 月 29 日，杨联陞函告钱穆补助已批准。钱穆复函："《朱子新学案》印费蒙为洽定，此一问题获得解决，此皆盛意所赐，感激之情难可言宣。"②

盛暑中，钱穆一气写完十万字的"朱子学提纲"（即"序言"），旋即开始自校 90 万字的手稿。其后，由于身体欠佳等诸多因素的影响，钱穆的皇皇巨著《朱子新学案》至 1971 年 11 月由台北三民局发行。这样一来，《朱子新学案》的撰写，虽预计三年结束，但实际上从 1964 年开始直到 1969 年才大体完成，全部工作完毕则已经到了 1971 年。杨联陞对此书"序言"赞叹不已，对余英时说："钱先生的中国学术思想史博大精深，并世无人能出其右。像这样的《提纲》，胡适之先生恐怕是写不出来的。"③

四

随着学术友谊的加深，两人对彼此生活上的关心也与日俱增。

杨联陞孤身在异国做故国学问，用力过甚，加之少有朋友可以排解内心苦闷，患上了严重的抑郁症和高血压，身体状况时好时坏。情真意切的慰问之语，在钱穆去函中比比皆是。如"尊况想当健复如常，不胜悬念"④、"自大驾健复出院，穆迄未敢率尔通书，免扰清神，顷惟一切胜常，至为祷祝"⑤。杨联陞因身体原因，不能过分劳心用脑，因此钱穆建议他多作学术笔记："著书太辛苦，写长篇论文亦复费心力，以兄博学，多写笔记，自宋以后学术上第一等书往往多

---

① 钱穆：《致杨联陞》（1971 年 3 月 14 日），《素书楼余沈》，北京：九州出版社，2011 年，第241 页。

② 钱穆：《致杨联陞》（1969 年 5 月 8 日），《素书楼余沈》，北京：九州出版社，2011 年，第236 页。

③ 余英时：《中国文化的海外媒介》，《钱穆与中国文化》，上海：上海远东出版社，1994 年，第186 页。

④ 钱穆：《致杨联陞》（1967 年 1 月 26 日），《素书楼余沈》，北京：九州出版社，2011 年，第218 页。

⑤ 钱穆：《致杨联陞》（1967 年 7 月 18 日），《素书楼余沈》，北京：九州出版社，2011 年，第220 页。

是此类，直至《东塾读书记》，此下殆成绝响，此事大可提倡也。"①

钱穆还将自己的养生之道推荐给杨联陞，如静坐冥想及打太极拳等。1966年5月17日，钱穆复函杨联陞，此信几乎专谈"静坐"："抑穆久有此心，亦欲足下修习此道。足下博涉，自《道藏》中自加探索，不必多访时下习静坐者之意见。最好能先习太极拳，动中求静，有利无弊。穆对此道自谓有心得，待足下先习其架势，穆当为足下罄竭其说。学太极一两年，再继之以静坐，此最稳妥。此中实有中国传统甚深经验，并可单独一人，在室内在床上随宜练习。于现代社会之生活，并无甚大抵触。……足下体况不甚强，私心甚愿能稍分读书心力在此方面，积之三数年，便知以前所化时间之决不浪费耳。……不妨先习坐功，最先只在椅上（惟须矮脚椅），或床上坐卧，练呼吸，息思虑，每日自一刻钟至一小时，久久亦必有效。然后再正式静坐，总求勿急功求近利为佳，甚望能一试。"②1967年1月26日钱穆在复函中再次介绍了静坐的好处，而后建议："遇天气晴朗和煦之日，能到湖边草地散步、静坐兼而为之，常看湖光水色，必可宁神息虑。从尊寓去湖边，雇一车为时不久，每周能有一次则更佳矣。惟此时适值冬令，恐不易去户外作此等活动耳。"③钱穆还提议杨氏练习太极拳，"太极拳有意再温习否，若能买一矮圆凳，得闲静坐，可不必在床上，亦不必用垫，亦不必盘腿，较近自然。"④杨联陞称"先生对养生之指示均是经验之谈，自当力行"⑤，"每天早晨体操约十五至二十分钟，杂糅太极拳、八段锦与西式瑜伽，自名三合操。"⑥

由于有着共同的爱好，两人在信函中还多次提及对日本超一流棋手林海峰棋艺的观感。

1967年，钱穆计划迁居台北，致信告知了杨联陞。杨氏迅即复函表示"此实上策"，还表示，"迁居费如有所需，自美金数百至千元，晚学皆可随时奉

---

① 钱穆：《致杨联陞》（1969年12月28日），《素书楼余渖》，北京：九州出版社，2011年，第240页。

② 钱穆：《致杨联陞》（1966年5月17日），《素书楼余渖》，北京：九州出版社，2011年，第210页。

③ 钱穆：《致杨联陞》（1967年1月26日），《素书楼余渖》，北京：九州出版社，2011年，第219页。

④ 钱穆：《致杨联陞》（1966年9月9日），《素书楼余渖》，北京：九州出版社，2011年，第215页。

⑤ 杨联陞：《致钱穆》（1967年9月6日），《莲生书简》，北京：商务印书馆，2017年，第83页。

⑥ 杨联陞：《致钱穆》（1968年11月24日），《莲生书简》，北京：商务印书馆，2017年，第96页。

借，万勿见外"①。七八月间，钱穆在台逾月，左右奔跑，在外双溪觅得一处土地准备建造新居。8月25日，钱穆函告杨联陞："承许借款应急，雅意至感……（明年）七八月之间，如可来台，穆之新居已成，当扫榻以待，盼能多留，一面可饱览故宫所藏，一面可沦茗抵膝多作长谈。……大驾如能多留时日，亦不妨读书写作也。幸熟计之，勿一面即去为望耳。"②"勿一面即去为望"，即不要见一面就走，多么恳切的期待和请求啊！杨联陞复函："明年来台虽是以开会为题，只要时间允许，自当遵命下榻至少一夜，以便多聆教益。"他不失时机地提出一个新的请求："兹有恳者，先生得暇，拟请裁尺许宣纸为书一联（在一张纸上写，不必分开，更不必装裱，寄下到此，配一镜框，甚为方便）：'平肩担道义，庸手著文章'，此是晚学近日窃改前人之句。晚学蒲柳之质，下驷之材，难作人师，浪拥皋比，姑以此两语自为警勉，意谓平肩亦可分道义，庸手犹当勉著文章。"③9月，时年72岁的钱穆从香港迁居台北，暂入住金山街一公寓房。在离开香港前，他于9月22日有一函致杨联陞，信中说，他改了对联中的"平""庸"二字。9月29日，杨联陞复函："联语蒙先生重改两字，极为妥善。对联既工，蕴义尤富，双肩只手人人所有，圣哲凡愚原应平等，自勉勉人亦相通贯，双肩又可解为用全力，只手又可解为独立不倚。至于晚学原拟之'平''庸'二字，先生仍欲求跋语中附著，随而存之，已为大幸。"④钱穆没有让杨联陞期待许久，"嘱书之件甚不自惬；曾上下午各书一幅，请陈雪屏兄代择其一，承加奖借，更增愧汗。"⑤杨联陞复函致谢，称钱穆所书对联"法诗疏朗，似有初唐人意味"⑥。

1968年7月下旬，杨联陞有两周的台北之行，钱、杨在台北终于晤面，杨联陞也应邀在钱穆的新居下榻，成为新居下榻"第一人"，他感到"至以为荣"。8月25日，钱穆致函杨联陞，在落款后又及："此间门牌已编定为'台北士林外双溪临溪里二邻六号之五'。穆为新居取名'素书楼'，墙角悬榜，以便来访者。穆幼年，先慈余居无锡老宅素书堂之东边。前在成都，闻先慈噩

---

① 杨联陞：《致钱穆》（1967年7月23日），《莲生书简》，北京：商务印书馆，2017年，第83页。

② 钱穆：《致杨联陞》（1967年8月25日），《素书楼余渖》，北京：九州出版社，2011年，第222页。

③ 杨联陞：《致钱穆》（1967年9月6日），《莲生书简》，北京：商务印书馆，2017年，第83页。

④ 杨联陞：《致钱穆》（1967年9月29日），《莲生书简》，北京：商务印书馆，2017年，第85页。

⑤ 钱穆：《致杨联陞》（1968年3月18日），《素书楼余渖》，北京：九州出版社，2011年，第224页。

⑥ 杨联陞：《致钱穆》（1968年3月5日），《莲生书简》，北京：商务印书馆，2017年，第87页。

耗，悬吾室曰'思亲彊学之室'，今又逾廿七年矣。思亲之情，先后犹一，然精力已退，不敢再以'彊学'自居，名此楼曰'素书'，亦聊志余思亲之意而已。"①1969 年 3 月 3 日，钱穆又函曰："此间园中栽树栽花大体已告一段落，有老树，有新苗，有苍松四枝极可爱，然非到暑间不能知其果活否。有枫树，有樱花等，皆幼苗移来，须到今年冬明年春始可观。不知大驾果能重来台北一赏此小园风物乎？企予待之。"②这年春天的钱穆，精神甚佳。安闲的环境，使他恢复到每月三万字的写作进度。而大洋彼岸的杨联陞，此时又处于身体欠佳的状态，已不再参加任何会议，哈燕社顾问一事也移交给了余英时。

1972 年秋，杨联陞前后住院三月有余，其夫人忧劳过甚，也伤及身体，至第二年春夏之间才均见恢复。5 月 18 日杨联陞函告钱穆近况，特别感激地提到余英时，"渠在最近两年实是晚学大臂助，病能早日恢复亦因功课有人负责，可以放心也。"③6 月 8 日，杨联陞复钱穆 5 月 26 日函，对先生《双溪独语》的写作体裁表达了自己的建议：两种并用，一种与古人晤对，另一种自为宾主。④

1974 年初，陈捷先由美国来台湾地区，带来杨联陞送给钱穆的一幅画。3 月 2 日，钱穆函谢："蒙赐画一幅，不胜拜嘉，此书已由捷先携去代为装裱，惜最近久未晤，不克将尊画悬之堂室，为新年增一新景也。今年秋，'中央研究院'院士会议，不识大驾能来台获一畅晤否？"他又提到最近为孔孟学会写孔孟两传时的感叹："深感学无止境而年力已迈，不能再有多大进步，真是惭愧。亦恨无人讨论，只是埋头苦索，更增其寂寞之感耳。"⑤此为《素书楼余渖》一书所收的钱穆致杨联陞书信的最后一通。

1985 年 1 月 19 日，杨联陞在给妻兄缪钺的信中，通报了拜谒钱穆的情况："曾谒钱宾四先生于寓所，视力已不佳，目仍能发光，确是异秉。长谈不倦，步履轻便如昔，可喜。宾四先生道及与我兄论学之乐，甚怀念也！"⑥缪钺原本是

① 钱穆：《致杨联陞》（1968 年 8 月 25 日），《素书楼余渖》，北京：九州出版社，2011 年，第 231 页。

② 钱穆：《致杨联陞》（1969 年 3 月 3 日），《素书楼余渖》，北京：九州出版社，2011 年，第 235 页。

③ 杨联陞：《致钱穆》（1973 年 5 月 18 日），《莲生书简》，北京：商务印书馆，2017 年，第 113 页。

④ 杨联陞：《致钱穆》（1973 年 6 月 8 日），《莲生书简》，北京：商务印书馆，2017 年，第 115 页。

⑤ 钱穆：《致杨联陞》（1974 年 3 月 2 日），《素书楼余渖》，北京：九州出版社，2011 年，第 244 页。

⑥ 杨联陞：《致缪钺》（1985 年 1 月 19 日），《莲生书简》，北京：商务印书馆，2017 年，第 372 页。

杨氏在保定读中学时的老师，因"爱其才，嫁以一妹"。缪钺与钱穆也算"旧识"。1942年钱穆至遵义浙江大学讲学时结识了缪钺。两人对新儒家有过争论，在《中国学术思想史论丛》（二）就收有钱氏的《与缪彦威书论战国秦汉间新儒家》一文。后来，钱穆来到江南大学，意欲聘请缪钺，但缪钺婉拒了。钱穆回忆："及在江南大学，彦威在蜀，以书招之。彦威为侍老母，惮远行，未受聘。"[1]

虽然，钱、杨此后的信札不见于世，但两人的交谊仍在延续。1977年，香港中文大学新亚书院院长金耀基推出"钱宾四先生学术文化讲座"，逐年亲迎钱穆、李约瑟、小川环树、狄百瑞、朱光潜等国际著名学者来港担任讲座讲者。1985年10月，杨联陞来港演讲，对中国文化中"报""保""包"三个钥辞做了渊渊入微的精彩阐析。金耀基说："只有像联陞先生那样具有文字学、史学和社会科学的修养，才能做到触类旁通，揭微抉隐的境地，诚然，这三次演讲，如不是限于时间，一定还可以有更多的发挥。"[2]

五

众所周知，钱穆与以胡适、傅斯年为首的考订派学人关系素来不睦，但杨联陞超越了门户之见，与胡适等人也保持了长达数十年的交谊。20世纪40年代，胡适卸任驻美大使后，在哈佛结识了包括杨联陞、周一良在内的后辈学人，有意延揽他们入北大任教。1946年4月17日，拿到博士学位的杨联陞曾到纽约看望病中的胡适，说到要回国任教，但后来杨联陞因为机缘而未能回国，但他与胡适的感情与日弥深而且终生不渝。

现今《论学谈诗二十年——胡适杨联陞往来书札》就收有两人的信札205通，时间起于1943年10月，止于1962年2月胡氏逝世前夕。按余英时的序文，这些信大略可分为前期（1943—1944）和后期（1949—1958），前期是指胡适卸任驻美大使移居纽约的时期，书信的一个核心是关于《水经注》的讨论，其分量仅次于胡适与王重民的通信；后期是"胡适最失意、最穷困、最灰溜溜的时代"[3]，他们除继续谈《水经注》外，还论说中国社会思想史上的一些问题。对

---

① 钱穆：《八十忆双亲师友杂忆合刊》，北京：九州出版社，2011年，第315页。

② 蒋力：《杨联陞别传》，北京：商务印书馆，2018年，第161页。

③ 唐德刚：《胡适先生逝世廿五周年纪念演讲会讲稿》，转引自欧阳哲生：《容忍比自由更重要》，北京：时事出版社，1999年，第926页。

于不甘寂寞却陷入寂寞境地的胡适而言，和晚一辈的杨联陞论学谈诗也许是他晚年中最感安慰之事。余英时说："他们论学二十年，达到了相悦以解、莫逆于心的至高境界。这一知性的乐趣，寓隽永于平淡之中，自始至终维系着两人师友之间的深厚情谊。后世读他们的书信集的人，是不能不为之神往的。"①

关于杨联陞的学术成就，钱门弟子严耕望、余英时都有着很高的评价。严氏说："他通晓数国语文，凡中外学人讨论中国学术问题，他发现谬论，必直言批驳，不留情面，为国际间公认的汉学批评名家。莲生亦自谓为'汉学的看家狗，看到人家胡说，必高叫一声'，不啻为胡说的一股吓阻力量！"②余氏将杨联陞誉为"中国文化的海外媒介"，还评介："在五十年代中期，杨先生毫无疑问已为世界汉学界'第一流'而兼'第一线'的学人。"③"在整个世界的汉学研究来说，有杨先生与没有杨先生是大有不同。他提高了汉学水平，他的工作是不朽的。"④

1990 年 8 月 30 日，一代大师钱穆在台北走到了生命的终点，享年 95 岁。两个多月后的 11 月 16 日，杨联陞在病魔的折磨下离开人世，享年 76 岁。

---

① 胡适：《致杨联陞》（1943 年 11 月 18 日），《论学谈诗二十年——胡适杨联陞往来书札》，合肥：安徽教育出版社，2001 年，第 10 页。

② 严耕望：《钱宾四先生与我》，《治史三书》（增订版），上海：上海人民出版社，2016 年，第302 页。

③ 余英时：《中国文化的海外媒介》，《钱穆与中国文化》，上海：上海远东出版社，1994 年，第164 页。

④［美］张凤：《一怀孤月映清流》，《哈佛心影录》，上海：上海文艺出版社，2000 年，第 13 页。

师生高谊　薪火相传

——钱穆与李埏

钱穆一生执教 75 年，桃李满天下。在钱穆众弟子中，李埏是其甚为器重的一位。在十余年的时间里，李埏曾四度随师问学，聆听教诲。钱穆晚年撰写《师友杂忆》时对弟子惜墨如金，但在记李埏时却不吝笔墨，将 20 世纪三四十年代师生交往的深厚情谊诉诸笔端，再三致意。钱穆去世后，李埏则挥笔写下《昔年从游之乐，今日终天之痛——敬悼先师钱宾四先生》长文，追忆随师问学、亲承教诲之乐。这段令人钦羡的学谊关系，在现代学术史上留下了一段佳话。

四度追随问学

李埏，字子沰，号幼舟，1914 年 11 月出生于云南路南（今石林）。1935 年 7 月，李埏以云南省头名的成绩考入北京师范大学历史系读书。1936 年秋冬之际，钱穆受聘到北师大兼课，讲授"秦汉史"。

当时钱穆住在"马大人胡同，近东四牌楼，师大校址近西四牌楼，穿城而去，路甚遥远"[①]。但他去师大上课，"从未请过一次假，也没有过迟到、早退"，"每上课，铃声犹未落，便开始讲，没有一句题外话。特别给学生们感受最深的是，他一登讲坛，便全神贯注，滔滔不断地讲。以炽热的情感和令人心折的评议，把听讲者带入所讲述的历史环境中，如见其人，如闻其语。"[②]李埏回忆说："我在中学时，已阅读过《通鉴》《史记》和《汉书》；在读私塾时代，

---

① 钱穆：《八十忆双亲师友杂忆合刊》，北京：九州出版社，2011 年，第 166 页。

② 李埏：《昔年从游之乐，今日终天之痛——敬悼先师钱宾四先生》，《钱穆纪念文集》，上海：上海人民出版社，1992 年，第 6 页。

还背诵过《史记菁华录》以及《古文观止》中所选的秦汉文章，如《过秦论》《治安策》《贵粟疏》等等。因此，初上课时，还自以为有点基础，并非毫无所知。不料，听了几次课后，我便不禁爽然自失。我简直是一张白纸啊！过去的读书，那算是什么读书呢。过去知道的东西，不过是一小堆杂乱无章的故事而已。我私自庆幸有机会遇到这样一位良师，闻所未闻，茅塞顿开，能多听到一句教言也好。所以每当下课，一些高年级同学陪着先生边走边质疑、请益，我也跟在后面侧耳而听。"①

李埏对老师的称赞并非夸大其词。钱穆讲秦汉史已有多年，对秦汉史的解读自有其独到之处。当年在北大哲学系读书的牟宗三曾不止一次说过，"讲秦汉史以钱宾四先生为最好"，"研究秦汉史莫不以钱先生为宗师"。②所以李埏称钱穆所讲"闻所未闻，茅塞顿开"，诚非虚言。李埏受益良多，从此定下了立志从事史学的决心。③为了追随名师，他决定转学北大。不过，李埏的愿望并没得到实现。卢沟桥的枪炮响了，他仓皇南归。

1938年秋后，西南联大在昆明开学。已经在大理师范学校任教的李埏，回到昆明转入联大历史系读书。经过长时期的辗转流徙，师生俩终于在滇中得以重见。为撰写通史著作《国史大纲》，钱穆卜居宜良岩泉寺，一周三天时间埋首山中从事著述，三天时间赴昆明讲授中国通史课。当时的西南联大，播迁未定，没有自己的校舍，临时借用城外的昆华农校和城内的昆华中学上课。钱穆的通史课，安排在城外的昆华农校主楼上的一个大教室里。这是西南联大当时最大的一个教室，大约有一百多套桌椅，可坐二百多个学生。即便如此，教室还是座无虚席，人满为患。钱穆走上讲台，需得从学生课桌上踏桌而过。

当时，正值抗日战争最为困难的时刻。钱穆讲课时以充沛的感情，痛述国难惨史，阐发民族精神和历史的教育意义。言者惊心，听者动魄，学生既获得了系统的历史知识，又受到了深刻的爱国主义教育。李埏回忆当时的情形时说："先生的讲授，感情是那样的奔放，声音是那样的强劲而有力，道理是那样深切著明。那时正是国难方殷，中原陷没，学校播迁甫定，师生们皆万分悲愤之际。因此，先生的讲演更能感人动人，异乎寻常。两个小时的课，自始至终，人皆屏息而听，以致偌大一个教室，人挤得满满的，却好像阒无一人似的。从先生的讲授

---

① 李埏：《昔年从游之乐，今日终天之痛——敬悼先师钱宾四先生》，《钱穆纪念文集》，上海：上海人民出版社，1992年，第6—7页。

② 陈勇：《最后一位国学大师：钱穆传》，上海：上海人民出版社，2019年，第128页。

③ 林文勋：《李埏教授学术述略》，《史学史研究》，2003年第1期。

中，学生们不唯大大增加了国史的知识和兴趣，而且强化了爱国主义思想和民族自信心。有的人受历史虚无主义和全盘西化等思想的影响，对国史不甚重视，听后也有转变而大异于往昔。这样的课堂讲授，岂止授业解惑而已。"①

钱穆喜好游览，即使是在蛰居岩泉下寺期间，也抽暇游遍了宜良南山诸峰。有一次，他又约上学生李埏，遍游了昆明附近的石林、瀑布、山洞诸胜。《师友杂忆》对此做了详尽的描述。

钱穆来昆明授课之时，下榻于昆明东城才盛巷的单身宿舍。每到周五、周六下午，学生纷纷前往拜谒、请益。据李埏回忆，大约是第一学期最末一周的星期五下午，他到才盛巷去看望老师，钱穆对他说："最近在写《国史大纲·引论》，即将脱稿。拟脱稿后休息一下，看看滇中山水。听说石林很奇，就在你们路南。你寒假能否陪我一游吗？"李埏听了喜出望外，于是和钱穆约定行期，由他接送导游。当他去宜良迎候时，一见面钱穆便将《国史大纲》的"引论"原稿交给他，说："此稿于前二日写完，是我南来后最用力之作。等从石林回来，我便要送昆明《中央日报》去发表。你可在此数日内先读一读。"②李埏当夜即挑灯快读一遍，到路南后又仔细诵读一遍，成为读此宏文的第一人。《国史大纲》正式出版后，李埏对师著也提出了自己的看法与建议。《素书楼余渖》中收有钱穆致李埏一信，称："书中于唐、宋以下西南开发及海上交通，拟加广记述。其他如宋以下社会变迁，所以异于古代者，尚拟专章发之。"③正是钱穆就李埏所提出的体例、章节的问题所做出的回应。

1939 年 7 月，钱穆离开昆明回苏州省亲，隐居耦园一年。在此期间，师生间多有通信往来。8 月 26 日钱穆在回李埏的信中说："去年仆往来宜良、昆明间，常恨少暇未能时相见面。方期此次来滇，可以稍多接谈之机会，而事与愿违，谅弟亦深引为怅也。惟师友夹辅虽为学者一要事，要之有志者自能寻向上去。望弟好自努力，益励勿懈！"④1940 年 1 月 8 日，钱穆致信李埏："此次杜门，遂成索居。不仅使弟等失望，即穆亦同此孤寂。惟有志者能自树立为贵，虽

---

① 李埏：《昔年从游之乐，今日终天之痛——敬悼先师钱宾四先生》，《钱穆纪念文集》，上海：上海人民出版社，1992 年，第 11—12 页。

② 李埏：《昔年从游之乐，今日终天之痛——敬悼先师钱宾四先生》，《钱穆纪念文集》，上海：上海人民出版社，1992 年，第 12 页。

③ 钱穆：《致李埏》（1941 年 4 月 16 日），《素书楼余渖》，北京：九州出版社，2011 年，第 318 页。

④ 钱穆：《致李埏》（1939 年 8 月 26 日），《素书楼余渖》，北京：九州出版社，2011 年，第 314 页。

此隔绝，精神自相流贯，甚望弟之好自磨砺也！"①

　　1940 年秋，李埏与好友王玉哲一同考上了北大文科研究所的研究生，共同写信给钱穆报告喜讯。此时钱穆已就职成都齐鲁大学国学研究所，常以师生分隔两地不能见面讨论为憾，去信加以鼓励。1941 年 1 月 20 日，钱穆在给李埏、王玉哲的信中说："两弟皆卓越，平日甚切盼望，期各远到。恨不能常相聚，不徒有益于两弟，亦复有益于我耳。再三读来字，岂胜怅惋！然学问之事，贵能孤往。隔阔相思，往往有一字、一语触发领悟，较之面谈为更深切者。故师友集合，有时不如独居深念，对古人书悟入之更透更真；而师友常聚，亦有时不如各各睽违，而精神转相近合者。窃愿以此相勉，并盼时时勤通讯闻，亦足补其缺憾。"②对远在千里之外的弟子，钱穆仍时时记挂在心，未尝忘怀。

　　1943 年 2 月，钱穆接受浙江大学史地系主任张其昀的邀请，自成都赴遵义，在浙大讲学一月。因缘际会，李埏此时正好在该校史地系任教。此时，师生之间已有三年半未曾见面了，李埏喜悦的心情自然溢于言表。钱穆到达遵义后住老城水碉街，和李埏住处极近，中间只隔一座郑莫祠，步行三分钟即到。当时浙大当局非常看重钱穆，为他配备了专门的厨师。钱穆邀请李埏等人共食，因此李埏"每天必见先生至少三次"，可以说是与钱穆朝夕相处。这是李埏追随钱穆问学的第三段时光。

　　有一次，钱穆问学生最近在读何书，李埏回答正看完一本克鲁泡特金写的《我的自传》。钱穆索观其书后，兴趣大增，让学生代为寻找其他有关安那其主义（Anarchism，即无政府主义）的书籍。李埏随即帮其寻得三种，钱穆拿到后边看边讲，认为"安那其主义与中国先秦道家思想，有可比较之处"，并连续讲了两三个早晨。随后，他依据李埏提供的材料，断以己意，写成《道家思想与西方安那其主义》一文，发表在《思想与时代》月刊第 22 期（1943 年 5 月）上。

　　李埏追随钱穆问学的第四段时光，是钱穆抗战胜利后第二次入滇、任教昆明五华学院时期。抗战胜利后，战时迁滇各大学与学术机构次第复员离去，昆明高校仅存云南大学。社会贤达于乃仁、于乃义兄弟在旧有五华书院的基础上筹建私立五华学院。兄弟俩素知李埏为钱穆学生，交谊深厚，于是托他代为敦请钱穆来校任教。云大文史系主任方国瑜听说五华学院请钱穆入滇讲学，也有意相聘。1946 年 4 月 22 日，钱穆给李埏回信道："连奉三札，恳切期望之意溢于言表，

　　①钱穆：《致李埏》（1940 年 1 月 8 日），《素书楼余渖》，北京：九州出版社，2011 年，第 315 页。

　　②钱穆：《致李埏书》（1941 年 1 月 20 日），《素书楼余渖》，北京：九州出版社，2011 年，第 316 页。

岂胜感奋。穆之一切为弟深知，他日果来滇，只求一清闲之住处，有充足之书籍，又得真心好学者三数辈相从，有讲论之乐，其他无多求矣。"①6月6日又致信李埏："穆顷薄游青城，小住旬日，昨始返蓉，获诵两缄，至以为慰。书院与云大聘书并旅费两共卅万元均已收到，应聘书签章奉上，即乞分别转致。"②此时的钱穆，未能重返北大。他对学术界的门户之见已有深刻体认，决定退居边缘，"力避纷扰"，于是欣然应允，再入滇中。

1946年11月27日，钱穆乘机由上海飞抵昆明。于乃义、周介清、方国瑜、李埏、周锡年及昆明教育界数十人到机场迎接。钱穆接受五华、云大聘约，"策杖南来"，李埏的居中协调起了至关重要的作用，诚如云南本地报刊《正义报》所言，"李幼舟先生为钱穆先生高足，于宋代历史有精深研究，此次钱先生惠然允来讲学，即得李君之敦促。"③

五华学院分北院、南院两处，北院在昆明大西门外龙翔街，南院在翠湖公园、中文、外语、历史、物理、地质五系在此上课。钱穆在五华学院担任文科研究所所长，并主讲中国思想史，共32讲。他最初在翠湖昆华图书馆授课，后因听课的人太多，上课地点移到容纳人数较多的北院大礼堂"学山堂"进行。中国思想史前六讲（上古、孔子、孟子和其他儒家、墨子、道家、名家）由于乃义记录整理，发表在1947年1月创刊的《五华月刊》上。

1947年8月，五华学院创设人文科学研究班，以钱穆为研究班主任导师。为此，钱穆还亲自拟定人文研究班"三年修业纲领"，开了一份"文史书目举要"，分阅读、讲论、撰述三部分。他又向五华提出设"专书选读"课，先定七种古籍，由文史系学生选习。钱穆自任《左传》一课，由李埏代为辅导。

在五华、云大任课期间，钱穆还为军官学校将校训练团讲"中国古代军事史"。抗战时他曾打算为西南联大的学生开设军事地理课，后因离滇入川而作罢。此次开设军事史课，终遂前愿。讲课时钱穆命李埏前往，随堂笔录，以备将来撰专书之用。钱穆又结合讲课内容，写下《春秋车战不随徒卒考》等论文，发表在李埏主持的《民意日报》"文史"副刊上。

钱穆在五华任教之初，寓居于翠湖公园，1947年春迁居唐家花园。唐家花

---

① 钱穆：《致李埏》（1946年4月22日），《私立五华文理学院档案资料汇编·附录》，昆明：云南大学出版社，2009年，第589—590页。

② 钱穆：《致李埏》（1946年6月6日），《私立五华文理学院档案资料汇编·附录》，昆明：云南大学出版社，2009年，第590页。

③ 《正义报》1946年8月2日，收录于《私立五华文理学院档案资料汇编》，昆明：云南大学出版社，2009年，第33页。

园为唐继尧故居，在昆明北门内圆通山，由李埏承租。钱穆播迁蜀中时就患有胃病，多年为苦，迁入唐家花园后，由李埏夫妇照顾生活，胃病稍得缓解。钱穆晚年在《师友杂忆》中回忆说："余与李家同食……由李埏妻亲任烹调。同桌五人，余乃俨如其家之老人。然而从此余之一日三餐遂获妥善之解决，余之体力乃亦日健。"①唐家花园中有一西南文化研究室，为唐家藏书之地，与所租小院相距百步。钱穆每日看书、著述其中，甚为方便。唐园甚大，几占圆通山之半，佳木葱茏，曲径通幽。钱穆朝夕散步其间，起居安适，心境大快。他晚年回忆说："余前半年在翠湖日亲水，此半年在唐氏家园乃日亲山，亦初来所未料也。"②

1947 年 7 月，钱穆东归无锡。不久他去信辞五华及云大来年之聘，两校皆大失望，乃托于乃仁乘其赴沪办理商务之便，专程赴无锡敦请。钱穆见对方盛情难却，答应再入滇中做短期讲学。9 月 24 日，钱穆从上海乘飞机抵昆明，在五华讲学两月后，东返无锡。李埏送钱穆至机场，握手而别，不料此一分别，竟成永诀。1949 年春，钱穆离开大陆，南走香港，从此师生俩云水相隔，音讯断绝。1990 年 8 月 30 日，钱穆在台北去世，李埏写下《昔年从游之乐，今日终天之痛》长文痛悼乃师："四十年来，想见惟梦寐中。先生归道山，亦不得执拂尽礼。终天之恨，竟成了终天之痛，伤已。"③

谆谆教诲

李埏在北平师大就读期间听钱穆讲"秦汉史""自以为有点基础"，结果几堂课后感觉"闻所未闻，茅塞顿开"。一次课后，他鼓起勇气上前求教，把自己课上所思所想一一告之老师，认为过去读书实无所得，等于白念。钱穆听后开示道："你过去念过的书，也不能说是白念。以后再念，也不是一遍便足。有些书，像史汉通鉴，要反复读，读熟，一两遍是不行的。你现在觉得过去读书是白读，这是一大进境。可是后之视今，亦犹今之视昔。古人说，学然后知不足，教然后知困。学无止境呀！现在你应当着力的，一是立志，二是用功。学者贵自得师。只要能立志、能用功，何患乎无师。"钱穆还谆谆告诫李埏，"现在你应当

① 钱穆：《八十忆双亲师友杂忆合刊》，北京：九州出版社，2011 年，第 255 页。
② 钱穆：《八十忆双亲师友杂忆合刊》，北京：九州出版社，2011 年，第 255 页。
③ 李埏：《昔年从游之乐，今日终天之痛——敬悼先师钱宾四先生》，《钱穆纪念文集》，上海：上海人民出版社，1992 年，第 24 页。

着力的，一是立志，二是用功"，的确是钱穆作为老师苦口婆心的金石良言。[①]
钱穆又言像《史》《汉》《通鉴》一类的经典古籍，要反复读，读熟，仅读一两
遍是不行的，则涉及博览与精读的问题。读书贵博，在博览群书后又贵能博而返
约，因为一个人的精力毕竟有限，而中国的古籍充栋塞屋，不可能将其读完，故
精读、熟读几部经典名作是极为必要的。钱穆的这一番教导同样使初涉学问门径
的李埏受用无穷。李埏后来写文章谈读书为学之道时说，"书确乎太多了，怎么
可能全都熟读呢！这里就有一个博览与精读的问题。……大致说来，如果平时注
意了博览，又能把所学范围内的几部最紧要书籍精读，其他次要的就不必花同
样多的劳动了"，"在博览的同时，精熟地读几部紧要书是做学问的一个基本
功。"[②]这些话的确与当年钱穆的教导是分不开的。难怪李埏后来在回忆当年乃
师的教诲时说："这番教言，真可谓金石良言。去今虽已五十多年，但每忆及，
仿佛还在耳际。……先生的教导，真使我一生受用不尽啊！"[③]

　　民国以来，学界推崇断代史研究，追求"窄而深"的专家之学。钱穆对此深
不以为然，常在课堂上告诫学生："历史学有如建筑物的建构，由完整的图案到
一砖一瓦都不能缺少；甚至可以说一砖一瓦（专题研究）之缺失，或者不会影响
整个建筑物（史学）的安危及整体的运作；但整体图案（通史、通识）的缺失，
则必然影响整个建筑物的安危及运作，非千万块精制的砖瓦所能补救。"[④]所以
他主张博通与专精互济，强调治史当"先从'通史'入门"，"能治通史，再成
专家，庶可无偏碍不通之弊"[⑤]。李埏在西南联大时选择治宋史，钱穆惟恐弟子
陷入"窄而深"的研究中不能自拔，多次当面指点门径："治史须识大体，观大
局，明大义。可以着重某一断代或某一专史，但不应密闭自封其中，不问其他。
要通与专并重，以专求通，那才有大成就。晚近世尚专，轻视通史之学，对青年
甚有害。滇中史学同仁不少，但愿为青年撰中国通史读本者，唯张荫麟先生与
我，所以我们时相过从，话很投机。你有志治宋史，但通史也决不可忽。若不知

　　① 李埏：《昔年从游之乐，今日终天之痛——敬悼先师钱宾四先生》，《钱穆纪念文集》，上海：
上海人民出版社，1992 年，第 7 页。

　　② 李埏：《读书与灌园》，《李埏文集》第 5 卷，昆明：云南大学出版社，2018 年，第 217—218 页。

　　③ 李埏：《昔年从游之乐，今日终天之痛——敬悼先师钱宾四先生》，《钱穆纪念文集》，上海：
上海人民出版社，1992 年，第 7 页。

　　④ 陈启云：《儒学与汉代历史文化》，《陈启云文集（二）》，桂林：广西师范大学出版社，2007
年，"代序"，第 1 页。

　　⑤ 钱穆：《略论治史方法》，《中国历史研究法》，北京：九州出版社，2011 年，第 143—144 页。

有汉，无论魏晋，那就不好，勉之勉之！"①

关于如何读书？为什么读书？读书的宗旨和目的何在？这也是钱穆在与李埏交谈中常常谈论的话题。在钱穆看来，任何一位学者在读书为学时，都不可能与他所处的那个时代分疆划立，他都要有强烈的现实关怀和社会担当意织。唯有如此，读书才有目的，治学才具有意义。如果完全抹去对现实的关怀，埋首学问，不问世事，即便你有第一流的成就仍会退居第二流的。李埏回忆说："先生讲课、谈话极少重复，但对学史致用一事却谆谆再三言之。先生说：学史致用有两方面，一是为己，二是为人。为己的意思是自己受用。若不能受用，对自己的修养毫无作用，那何必学呢？为人就是为国家、为社会。倘若所学对国家、社会毫无益处，那是玩物丧志，与博弈没有什么不同。近世史学界崇尚考订，不少学者孜孜矻矻，今日考这一事，明日考那一事，至于为何而考，则不暇问。这种风气，宋时朱子已批评过。你们决不宜盲目相从，只窥一斑，不睹全豹，要识其大者。"②

钱穆一生寄情山水，游兴极浓，这与他对游山与读书关系的独到理解不无关系。他在西南联大教书期间，由李埏陪同，游过石林、芝云洞、大叠水等名胜。他在浙大讲学期间，也常和李埏一道出游。当时正值春天，"遍山皆花，花已落地成茵，而树上群花仍蔽天日"。师生俩"卧山中草地花茵之上"，谈古论今，"流连不忍去"③。他说："中国乃如一幅大山水，一山一水，又必有人文点染。……故游中国山水，即如读中国历史，全国历史尽融入山水中。""中国地理，得天既厚，而中国人四千年来经之营之，人文赓续自然之参赞培植之功，亦在此世独占鳌头。计此后，在中国欲复兴文化，劝人读中国书，莫如先导人游中国地。身履其地，不啻即是读了一部活历史，而此一部活历史，实从天地大自然中孕育酝酿而来。"④

李埏对钱穆说，初在北平听老师讲课，惊其渊博，同学们皆说老师必长日埋头书斋，不然哪会有如此成就。及在昆明，赴宜良山中，见老师耐住寂寞，埋首著述，"益信向所想像果不虚"，"及今在此，先生乃长日出游。回想往年在学校读书，常恨不能勤学，诸同学皆如是。不意先生之好游，乃更为我辈所不

① 李埏：《昔年从游之乐，今日终天之痛——敬悼先师钱宾四先生》，《钱穆纪念文集》，上海：上海人民出版社，1992年，第13页。
② 李埏：《昔年从游之乐，今日终天之痛——敬悼先师钱宾四先生》，《钱穆纪念文集》，上海：上海人民出版社，1992年，第21页。
③ 钱穆：《八十忆双亲师友杂忆合刊》，北京：九州出版社，2011年，第234页。
④ 钱穆：《中国文学论丛》，北京：九州出版社，2011年，第217、244页。

及。今日始识先生生活之又一面。"①钱穆听后，因势利导地启发道："读书当一意在书，游山水当一意在山水。乘兴所至，心无旁及。故《论语》首云：'学而时习之，不亦悦乎也。'读书游山，用功皆在一心。能知读书之亦如游山，则读书自有大乐趣，亦自有大进步。否则认读书是吃苦，游山是享乐，则两失之矣。""孔子《论语》云：'仁者乐山，知者乐水。'即已教人亲近山水。读朱子书，亦复劝人游山。君试以此意再读孔子、朱子书，可自得之。太史公著《史记》，岂不告人彼早年已遍游山水。从读书中懂得游山，始是真游山，乃可有真乐。《论语》曰：'有朋自远方来，不亦乐乎？'如君今日，能从吾读书，又能从吾游山，此真吾友矣。从师交友，亦当如读书游山般，乃真乐也。"②钱穆在游山玩水、谈天说地时不经意间讲出的读书为学道理，让李埏深有所悟。他说："今日从师游山读书，真是生平第一大乐事。当慎记吾师今日之言。"③

1943年3月，钱穆离开遵义返成都，临别前手书杜甫《奉简高三十五使君》一诗赠予李埏。诗云："当代论才子，如公复几人。骅骝开道路，鹰隼出风尘。行色秋将晚，交情老更亲。天涯喜相见，批豁对吾真。"钱穆一生对门下弟子的称许颇有分寸，在他看来过度的夸赞会使他们骄傲，妨碍其学业的进步。像如上这样借用杜诗"当代论才子，如公复几人"来夸赞学生的，在他一生中的确是绝无仅有的。可见，在钱穆的心中，李埏应是他理想的学术传人。

也遗憾，也欣慰

李埏进入西南联大读书的第二学期，正逢钱穆上中国通史课的下半段，从唐代"安史之乱"讲起。这正是李埏最感兴趣的部分。据他回忆，"当讲到庆历变政和熙丰变法何以发生、何以失败，以及范仲淹、王安石、司马光等人的政见、学术、人品时；当讲到宗教文化，如禅宗、理学，及其代表人物慧能、神秀和程朱陆王等等时；当讲到南北经济文化之转移时……我都觉得闻所未闻，有一种茅塞顿开之乐。"④

李埏的回忆当有根据。何炳棣回忆，1939年秋他初至昆明，联大学生丁则

---

①钱穆：《八十忆双亲师友杂忆合刊》，北京：九州出版社，2011年，第234页。

②钱穆：《八十忆双亲师友杂忆合刊》，北京：九州出版社，2011年，第234、235页。

③钱穆：《八十忆双亲师友杂忆合刊》，北京：九州出版社，2011年，第235页。

④李埏：《昔年从游之乐，今日终天之痛——敬悼先师钱宾四先生》，《钱穆纪念文集》，上海：上海人民出版社，1992年，第14页。

良兴奋地告诉他："年前钱穆（宾四）先生的中国通史，尤以唐宋间经济重心之南移，甚为精彩，其《国史大纲》即将问世，不可不读。"①钱穆的老师吕思勉也盛赞此书中"'论南北经济'一节"，又认为"此书所论，诚千载只眼也"②。

钱穆对宋史精彩绝伦的讲述，给初涉宋史领域的李埏以极大的震撼，把原本免修的宋史"定为自己着重努力的一门功课"。那时张荫麟也正为联大历史系开宋史课，他采取专题讲授方式，内容和钱氏的通史课多不同。李埏同时选修，同样深受教益。他说："我后来之所以专心研读宋代历史，不能不感激两先生诱导之赐。"③

钱穆离开西南联大回苏州省亲期间，李埏由张荫麟指导钻研宋史，其本科毕业论文《宋代四川交子兑界考》深得张氏的认可。当李埏去信给钱穆汇报时，钱穆当即回信道："张荫麟先生年来专意宋史。弟论文经其指导，殊佳！在此无书，抑短扎不足剖竭，不能有所匡率矣。"④他在信中对学生所取得的成绩表示满意，也流露了不能在其身边亲自加以指导的遗憾。

不过，钱穆在其文章中对有宋一代的总体评价不高。他在《国史大纲》第六编《两宋之部》开篇即言："与秦、汉、隋、唐统一相随并来的，是中国之富强"，而宋的统一"却始终摆脱不掉贫弱的命运"，"这是宋代统一特殊的新姿态。"⑤该书第 31 章即以"贫弱的新中央"为题，其下则用"宋代对外之积弱不振""宋室内部之积贫难疗"两节加以叙述，但是，这并不妨碍钱穆对宋儒的推崇。他称"讲中国学术史，宋代是一个极盛时期。上比唐代，下比明代，都来得像样"。⑥在《中国近三百年学术史》中，他提出清代汉学渊源于宋学，"不知宋学，则亦不能知汉学，更无以评汉宋之是非"的主张。在《国史大纲》中，他对说宋学为疏陋之学、"至清始务笃实"的观点大加批驳，称"自宋以下学术，一变南北朝隋唐之态度，（南北朝、隋、唐虽盛衰治乱不同，但学术上同带有狭义的贵族门第性，故所治多为文艺诗赋，所重多在当代典章。稍稍逸出，求高僧，谈玄理，却与世法不相贯——原注）都带有一种严正的淑世主义"⑦，"'士当先天下之忧而忧，后天下之乐而乐'是那时士大夫社会中一种自觉精神之最好

①　何炳棣：《读史阅世六十年》，桂林：广西师范大学出版社，2005 年，第 117 页。

②　钱穆：《八十忆双亲师友杂忆合刊》，北京：九州出版社，2011 年，第 48 页。

③　李埏：《昔年从游之乐，今日终天之痛——敬悼先师钱宾四先生》，《钱穆纪念文集》，第 14 页。

④　钱穆：《致李埏》（1940 年 1 月 8 日），《素书楼余渖》，北京：九州出版社，2011 年，第 315 页。

⑤　钱穆：《国史大纲》下册，北京：九州出版社，2011 年，第 563 页。

⑥　钱穆：《中国史学名著》，北京：九州出版社，2011 年，第 221 页。

⑦　钱穆：《国史大纲》下册，北京：九州出版社，2011 年，第 854 页。

的解释"①。钱穆早年喜陆王心学，于理学各家中"偏嗜阳明"，抗战时在南岳衡山，读王龙溪、罗念庵二人文集，"于王学得失特有启悟"；居华西坝时，细读《朱子语类》《指月录》两书，"于朱学深有体悟"。他以后发表《二程学术述评》《朱子学术述评》《朱子心学略》《周程朱子学脉论》《朱熹学述》《朱子读书法》《朱子与校勘学》《朱子之辨伪学》等文，晚年更是写出了"综六艺以尊朱"的巨著《朱子新学案》，对宋代理学的研究做出了开拓性的贡献。

1940 年秋，李埏以优异成绩考上北大文科研究所史学部的研究生，师从向达、姚从吾。此时，钱穆已移居成都华西坝。李埏给老师写信汇报学习情况，流露出以宋儒学术为今后主要的研究方向之意，钱穆深表赞同，多次去信加以点拨。他说："弟有志治宋史，极佳。所需《续资治通鉴长编》，当代访觅。……又，私意治宋史必通宋儒学术；有志于国史之深造者，更不当不究心先秦及宋、明之儒学。"②又说："弟能研讨宋儒学术，此大佳事。鄙意不徒治宋史必通宋学，实为治国史必通知本国文化精意，而此事必于研精学术思想入门，弟正可自宋代发其端也。欧、范两家皆甚关重要。惟论学术方面，欧集包孕较广。弟天姿不甚迟，私意即欧集亦可泛览大意。不如于宋学初期，在周、程以前，作一包括之探究。大体以全氏《学案》安定、泰山、高平、庐陵四家为主，或可下及荆公、温公。先从大处着手，心胸识趣较可盘旋，庶使活泼不落狭小。"③从信中可以看出，钱穆对李埏治宋儒学术抱有极大的期许，希望他在这一研究领域勇猛精进。

当年钱穆对李埏治宋儒学术抱有极大的期许，但弟子并未追随老师的脚步完全跟进。李埏把更多的精力投向了宋代经济史的研究，写出了《北宋交子的起源》《宋代四川交子兑界考》《北宋楮币起源考》等一批重要论文，尤其是1943 年发表的《北宋楮币起源考》一文，推断出交子产生时间的上限，把过去一直悬而未决的交子产生的时间问题向前推进了一大步，深得学界好评。中华人民共和国成立后，李埏信奉马列，服膺唯物史观，在个人的学术生命中了经历了一次"脱胎换骨"的角色转换。他自述："在解放前，我对于历史唯物主义毫无所知，而时常不明历史发展之所以然而苦恼。解放以后，我开始学习马克思列宁主义。这真是一盏指路明灯，一接触就令人欲罢不能。五十年代初那几年。我把

---

① 钱穆：《国史大纲》下册，北京：九州出版社，2011 年，第 602 页。

② 钱穆：《致李埏》（1941 年 1 月 20 日），《素书楼余渖》，北京：九州出版社，2011 年，第316 页。

③ 钱穆：《致李埏》（1941 年 4 月 16 日），《素书楼余渖》，北京：九州出版社，2011 年，第317 页。

过去所读的古籍全收起来，尽读马列之书及许多较早用马克思主义观点进行研究中国史学的著作。"①此时的李埏，把经济史的研究领域由宋代延伸到整个中国古代。1956 年，李埏在《历史研究》第 8 期上发表了《论我国的"封建的土地国有制"》，在学术界引起了反响。此后，他相继发表了一系列文章，如《〈水浒传〉中所反映的庄园与矛盾》《试论殷商奴隶制向西周封建制的过渡问题》《略论唐代的"钱帛兼行"》等。这些研究，对土地所有制、商品经济、古史分期等重要问题进行了探讨分析，提出了一系列重要见解，李埏也由此被认为是中国土地国有制和西周封建论的重要代表人物。②进入 20 世纪 80 年代，李埏再次投入教学与科研工作中，先后撰述了《试论中国古代农村公社的延续和解体》《从钱帛兼行到钱楮并用》《经济史研究中的商品经济问题》《再论我国的封建的土地国有制》《三论中国封建土地国有制》《论中国古代商人阶级的兴起》等数十篇论文，出版了《中国封建经济史研究》《中国封建经济史论集》《宋金楮币史系年》《中国古代土地国有制史》等著作，对唐宋经济史、中国土地制度史、商品经济史等领域做了开创意义的研究，奠定了他在这些领域中的学术地位。

　　这时的李埏治的不是乃师所希望的学术，钱穆对他的影响也渐渐变得模糊，但这并不意味着他就完全忘记了当年老师的教导，将其治学理念和方法抛诸脑后。当年钱穆以"专精仍不妨博涉"教导弟子，从李埏经济史研究的学术实践来看，他完全践行了乃师的治学理念。晚年李埏的学术研究视角，又一次"转向"到他所擅长的唐宋，并上溯至秦汉、先秦，最终回到了乃师所希望的道路之上。为了探寻中国商品经济史的源头，他转入了对《史记·货殖列传》的研究，穷数年之力，写成《〈史记·货殖列传〉时代略论》《论中国古代商人阶级的兴起——读〈史记·货殖列传〉札记》《〈史记·货殖列传〉引〈老子〉疑义试析》《〈史记·货殖列传〉对老子语的评论》《〈史〉〈汉〉论子贡货殖考异》等一系列学术论文。

　　钱穆认为，历史研究主要包括政治制度、社会经济、学术思想三大主干，由于他始终坚持学术思想为历史"最中层之干柱"，认为它决定着"上层之结顶"的政治制度，远比"下层之基础"的社会经济重要，因而他历史论著的主要

---

① 李埏：《〈中国封建经济史论集〉序言》，《不自小斋文存》，昆明：云南人民出版社，2001年，第 747 页。

② 李伯重口述，张昌山、施海涛撰文：《我的父亲李埏先生》，《思想战线》，2012 年第 2 期。

内容，大多是以学术思想为核心的，他学问研究的重心在学术思想史上。[①]尽管他在经济史、制度史的研究上也下过功夫，写过一些著作，如《中国历代政治得失》《中国经济史》讲义（叶龙整理），但与学术思想史这一领域相比，的确不可同日而语。换一句话说，经济史是钱穆学术领域中相对薄弱的环节，而这一薄弱环节最终被他的弟子李埏给弥补了。

对于李埏的学术研究，老师钱穆或许曾经留下过些许遗憾，又或许为学生在自己相对薄弱的领域实现突破而感到欣慰吧。

---

① 陈勇：《略论钱穆的历史思想与史学思想》，《史学理论研究》1994 年第 2 期。

谆谆教导 "旁支"出彩

——钱穆与严耕望

1941 年 3 月 19 日，钱穆应邀来到内迁四川乐山的武汉大学讲学一个月。3 月 23 日上午 7 时，钱穆开始讲"中国政治制度史导论"。讲坛原定在一间教室内，但由于前来听讲的人太多，临时改在大礼堂。钱穆的讲课，深深吸引了一位名叫严耕望的学生。严氏回忆："先生一开讲，就说历史学有两只脚，一只脚是历史地理，一只脚就是制度。中国历史内容丰富，讲的人常可各凭才智，自由发挥。只有制度和地理两门学问都很专门，而且具体，不能随便讲。但这两门学问却是历史学的骨干，要通史学，首先要懂这两门学问，然后自己的史学才有巩固的基础。"严耕望当时正对这两门学问产生浓厚兴趣，在听到这番话后"感到非常兴奋"，以致"后来几十年的努力，坚定不移的偏向这两方面发展"。①

一

严耕望，1916 年出生于安徽桐城，1937 年考入西迁四川嘉定（今乐山）的武汉大学，就读于历史系。1941 年 3 月，钱穆应邀赴武大讲学。此时严耕望临近毕业，其论文《秦汉地方行政制度》已写成若干章，于是常在夜间前往钱穆寓所请益。严耕望回忆："我三四度晋谒，皆在晚间，以免耽搁先生时间。我的毕业论文已写成四章，先成三章已送呈导师吴其昌子馨先生，近成第二章先呈先生批阅。先生问我看了些什么书，我列举了些书名，内有《水经注》。先生问何以看此书？我曰，一则我喜欢看写景文，前人常说此书写景文优美；二则我想考知

①严耕望：《钱穆宾四先生与我》，《治史三书》（增订版），上海：上海人民出版社，2016 年，第 257 页。

秦代县名。先生很高兴地笑着说，能知道自《水经注》中考查秦县，已是入门了！"钱穆向他指出了论文的不足之处："你的论文，原料已搜集详备，惟后代著作，如《山堂考索》《廿二史考异》诸书尚未阅，可取其研究成绩为之补充。"钱穆还建议他将封建与行政分开，以免有含混之弊。[①]

钱穆还问起严耕望毕业后的打算，严耕望说："武大历史系明年将办研究所，我想先到中学教一年书，明年再回校读研究所。"钱穆说："教书颇费时间，既无家累，或许可到齐鲁研究所任助理员为佳。"[②]钱穆在学术上的鼓励、信任、期许，溢于言表，使刚入史学门径的严耕望有点受宠若惊。

钱穆在武大讲学四十余天，课余还应校外团体的邀请做演讲。4 月 28 日，他应江苏省同乡会之请，做"我所提倡的一种读书方法"的演讲。他在演讲中说："现在人太注重专门学问，要做专家。事实上，通人之学尤其重要。做通人的读书方法，要读全书，不可割裂破碎，只注意某一方面；要能欣赏领会，与作者精神互起共鸣；要读各方面高标准的书，不要随便乱读。至于读书的方式，或采直闯式，不必管校勘、训诂等枝节问题；或采跳跃式，不懂无趣的地方，尽可跳过，不要因为不懂而废读；或采闲逛式，如逛街游山，随兴之所至，久了自然可尽奥曲。读一书，先要信任它，不要预存怀疑，若有问题，读久了，自然可发现，加以比较研究；若走来就存怀疑态度，便不能学。最后主要一点，读一书，不要预存功利心，久了自然有益。"[③]

此次演讲，严耕望也前去聆听，受益颇大。严氏自言，这几次交流和演讲，对他后来的读书治学都产生了不小的影响。

二

1941 年夏，从武汉大学毕业的严耕望，果然前往齐鲁大学国学研究所。一年后，他在武汉大学时的同学钱树棠也来了。钱树棠是严氏"大学时代最佩服的好友"。两人"读书意向有高度联系，相互影响"。钱树棠是"以中文见长考入

①严耕望：《钱穆宾四先生与我》，《治史三书》（增订版），上海：上海人民出版社，2016 年，第 258 页。

②严耕望：《钱穆宾四先生与我》，《治史三书》（增订版），上海：上海人民出版社，2016 年，第 258 页。

③严耕望：《钱穆宾四先生与我》，《治史三书》（增订版），上海：上海人民出版社，2016 年，第 257—258 页。

历史系的"，严耕望受他的影响，也选习了许多中文系的课。而严耕望对历史地理学的兴趣，也影响了钱树棠。①在齐鲁大学国学研究所，两人又像从前一样，食同桌、寝同室，同进同出，朝夕相处。严耕望说，两人同读《史记》，钱树棠"于书眉用蝇头小字节录名家评语殆遍"，他虽然也很用功，但不如钱精勤。两人同摩杨守敬《水经注图》，钱"笔笔依循不苟"，他却只能"大致规摩"，以"凡细节处，杨氏亦只以意为之"来解嘲，这也让他觉得自己在"天分、勤力、旧学根柢"上，样样都比不了钱树棠。这中间有严耕望的自谦成分在内，但钱树棠的认真勤学应是事实。对于钱、严两生，钱穆也有对比之论："钱生博览多通，并能论断。严生专精一两途，遇所疑必商之钱生，得其一言而定。然钱生终不自知其性向所好，屡变其学，无所止。后余在无锡江南大学，钱生又来问学，仍无定向。"②

在齐鲁大学国学研究所，严耕望受到了系统的学术训练。他继续大学期间的研究课题，把大部分时间花在研究秦汉地方行政制度史上。钱穆对他的学术研究给予了很大的鼓励。据严耕望回忆，当他怀着忐忑不安的心情把他写的第一篇论文《楚置汉中郡望考》送呈先生审阅时，钱穆看完后笑着说："这篇文章写得非常好，若能如此，《责善》前途有望了！"钱穆历教南北各小中大学，识人无数，竟然对学生说出这样赞许的话。严耕望惊喜之余，研究秦汉行政制度的信心更足了。不久，严耕望又写成第二篇论文《汉武帝始创年号辨》，钱穆看后，对他说："此文甚好，实出我意料之外！"③自此，严耕望用功更勤，信心更足，论文质量更高。国学所的刊物《责善》半月刊陆续出版 10 期，他先后发表了 5 篇论文，而且他的成名作《两汉太守刺史表》及《秦汉地方行政》初稿，都在此间完成。钱穆多次鼓励他"做学问极有希望"，有一次闲谈时甚至说："你是我认识的最有希望的学生，树棠前途不如你！"④

更重要的是，严耕望从钱穆那儿学到了让他受用一生的治学为文之道。钱穆告诫他，治学要向大处、远处看，切忌近视或规模太小，"我们读书人，立志总要远大，要成为领导社会、移风易俗的大师，这才是第一流学者！专守一隅，

---

①严耕望：《钱穆宾四先生与我》，《治史三书》（增订版），上海：上海人民出版社，2016 年，第 264 页。

②钱穆：《八十忆双亲师友杂忆合刊》，北京：九州出版社，2011 年，第 229 页。

③严耕望：《钱穆宾四先生与我》，《治史三书》（增订版），上海：上海人民出版社，2016 年，第 263 页。

④严耕望：《钱穆宾四先生与我》，《治史三书》（增订版），上海：上海人民出版社，2016 年，第 264 页。

做得再好，也只是第二流。……例如你们两个（手指钱树棠与我）现在都研究汉代，一个致力于制度，一个致力于地理，以后向下发展，你们读书毅力与已有的根柢，将来成就，自无问题，但结果仍只能做一个二等学者。纵然在近代算是第一流的成就，但在历史上仍然要退居第二流。我希望你们还要扩大范围，增加勇往迈进的气魄"①。他还说："你将来必然要成名，只是时间问题；希望你成名后，要自己把持得住，不要失去重心；如能埋头苦学，迟些成名最好！"②钱穆的这些谆谆教诲，严耕望铭记在心，自励自惕，不敢或忘。

齐鲁大学国学研究所有研究员、助理员十余人，各自钻研，每星期六举行讲论会一次，每月出外旅行一天。讲论会分组轮流，每次由一位研究员两位助理员轮流演讲或报告，然后共同讨论。有一次，轮到严耕望做学术报告，他的讲题是"两汉地方官吏之籍贯限制"。严耕望根据一千多条材料进行统计，得出了两点结论：其一，自汉武帝以后，凡是朝廷任命的长官皆非所统辖地区的本地人，县令长不但不用本县人，也不用本郡人。其二，州郡县长官是外地人，但他们所任命属僚，一定要是本地人。严氏认为自己的这一小小结论微不足道，无甚价值，哪知却得到了钱穆的极尽称赞。钱穆听完报告后说，这绝不是一个小问题，而是一个极重要、极有意义的大发现。接着他在弟子报告的基础上大加发挥：秦汉时代，中国刚由分裂局面进入大一统时代，封建潜在势力仍然存在，且交通不便，极容易引发割据观念。若用本地人做本地长官，则名为统一国家，其实在文化意识上并不统一，这对于刚刚形成的大一统局面极为不利。汉制地方长官全用外地人，自不易发生割据自雄的局面。但是，本地民情只有本地人最清楚，规定地方长官任用的属僚须为本地人，既可避免长官任用私人，又可使地方行政顺利推行。所以，这一条规定极有意义，不可等闲视之。钱穆的这一番总结对严耕望日后的治学启发很大。他说："这一席话启示我们研究问题时，不但要努力地搜取具体丰富的材料，得出真实的结论，而且要根据勤奋的成果，加以推论、加以发挥，使自己的结论显得更富意义。"③

在齐鲁大学国学研究所，严耕望不仅钦佩钱穆的学术和敬业精神，而且耳濡目染了先生的为人。刚到研究所的第一天，他就感受到了家庭般的温暖。"先生

---

① 严耕望：《钱穆宾四先生与我》，《治史三书》（增订版），上海：上海人民出版社，2016年，第265页。

② 严耕望：《钱穆宾四先生与我》，《治史三书》（增订版），上海：上海人民出版社，2016年，第268页。

③ 严耕望：《钱穆宾四先生与我》，《治史三书》（增订版），上海：上海人民出版社，2016年，第262页。

领我到住处，对于一切起居饮食，乃至铺床叠被、整理书物诸些琐事，都细心指点周到。而且在不足一天的时间内，来我房间五六次之多，诚恳关切，宛如一位老人照顾自家子弟一般，令我感到无比的温暖。"①夏天，师生经常聚居消夏亭研读讨论，清风徐来，荷叶飘香，一番山林习读情趣，别有风味。春天，繁花溢香，花红柳绿，他们到附近的田野踏青，席地藉草，或坐或卧，看青天飞鸟，望白云变幻，师生之间随意漫谈，学生每每得到不少启发。

严耕望也不是唯老师是从，他本着学术乃天下公器的精神，对其师引以为豪的《国史大纲》提出了自己的修改意见："立论精辟，迥非一般通史述作可相比肩，将为来日史学开一新门径。惟行文尚欠修饰，或且节段不相连属，仍不脱讲义体裁。"②他建议老师再花几年工夫做进一步的整理，一方面该补充的加以补充，另一方面对文字则给以修饰，每节每章写成浑体论文，并求通俗易懂。③

1943年秋，由于校董事会内部纠纷，人事改组，波及研究所。钱穆改任华西大学教授，率领学生到华西大学后园一幢洋房居住，各就职业。钱穆介绍严耕望到四川大学做研究生，但严耕望想到父亲年逾八十，身体欠佳，思乡日浓，遂接受安徽学院的聘书准备返乡教书。1944年4月，严耕望拜别钱穆，齐鲁大学国学研究所三年日夕追随的美好时光至此终结。对于这段岁月，严耕望在晚年回忆说："谈起钱先生，我与先生曾经朝夕相处，作息追随将近三年，后来联系时间又长久，受到的影响也最大。除了学术方向的引导与诱发，教我眼光要高远，规模要宏大之外，更重要的是对于我的鼓励。"④

三

1944年4月13日，严耕望辞别恩师，由成都启程返安徽老家桐城。但走到重庆，中原战事复起，通道断绝，不得不在重庆北碚停留下来，"生活不安，无

---

①严耕望：《钱穆宾四先生与我》，《治史三书》（增订版），上海：上海人民出版社，2016年，第259页。

②严耕望：《钱穆宾四先生与我》，《治史三书》（增订版），上海：上海人民出版社，2016年，第269—270页。

③严耕望：《钱穆宾四先生与我》，《治史三书》（增订版），上海：上海人民出版社，2016年，第270页。

④严耕望：《钱穆宾四先生与我》，《治史三书》（增订版），上海：上海人民出版社，2016年，第256页。

缘常亲书册，诚恐一切理想均成幻影。"① 情急之下，严耕望于 1945 年 7 月毛遂
自荐，向傅斯年写去了申请书信，并附上三篇学术论文，欲入中央研究院历史语
言研究所读书研究。未想竟不出一个月即得傅氏的回信，批准了他入所研究的请
求。回信中云："大著匆匆拜赞，甚佩。敝所近年亦甚凋零，辱承不弃，何幸
如之！……以大著论，自当为助理研究员，然若毕业未满两年，亦只可为助理
员……大著已寄李庄开会审查，当可通过。"②

此种情况，在当时及之前均非常例。在此前的 1936 年，郭绍虞也曾向傅氏
写信自荐，并展示了自己的研究成果，结果却以"不在本所研究范围之内"被回
绝。③ 同样，傅氏也拒绝了由罗文干和汪兆铭推荐的吴廷燮。④ 另外，诸如马衡、
钟凤年、王世襄、蔡哲夫、薛砺若等亦被傅氏以"本所限于经费""一时无法借
重"等托词而拒之门外。而严耕望之所以能入史语所，除了母校武汉大学校长王
星拱的推荐，更主要的则是因为严氏论著所反映出的治学路数与风格，包括其运
用史料的观点以及其他诸如在工具、方法与治学心态等方面，均与傅斯年所提倡
的新学术标准相接近。同样的情景，还发生在陈述、周一良、王利器的身上。这
些他所垂青的学生，无一例外都在史料考证方面显示出相当的功力和才华，更
确切些说，其所钟情和肯定的乃是科学实证一派的治学路向，顺之者纳，异之
者拒。

这一拒一纳之间，体现的正是傅斯年在史语所创立之初定下的用人原则：
"当确定旨趣，以为新向，以当工作之径，以吸引同好之人，以敬谢与此项客观
的史学、语学不同趣者。"⑤ 傅斯年领导的史语所，因治学观念及学术见解等原
因，与钱穆存有难以调和的分歧，故双方不合由来已久。对此，严耕望有过一段
精辟的论述："盖自抗战之前，中国史学界以史语所为代表之新考证学派声势最
盛，无疑为史学主流；唯物一派亦有相当吸引力。先生虽以考证文章崭露头角，

① 严耕望：《致顾颉刚》（1946 年 1 月 1 日），《顾颉刚书信集》卷三，北京：中华书局，2011
年，第 227 页。

② 傅斯年：《致严耕望》（1945 年 8 月 20 日），《傅斯年全集》第七卷，长沙：湖南教育出版社，
2002 年，第 287 页。

③ 杜正胜、王汎森：《新学术之路："中央研究院"历史语言研究所七十周年纪念文集》，台北：
"中央研究院"历史语言研究所，1998 年，第 37 页。

④ 王汎森：《傅斯年：中国近代历史与政治中的个体生命》，北京：生活·读书·新知三联书店，
2012 年，第 94 页。

⑤ 杜正胜、王汎森：《新学术之路："中央研究院"历史语言研究所七十周年纪念文集》，台北：
"中央研究院"历史语言研究所，1998 年，第 33 页。

为学林所重，由小学、中学教员十余年中跻身大学教授之林。但先生民族文化意识特强，在意境与方法论上，日渐强调通识，认为考证问题亦当以通识为依旧，故与考证派分道扬镳，隐然成为独树一帜、孤军奋斗的新学派。而先生性刚，从不考虑周遭环境，有'自反而缩虽千万人吾往矣'之勇决气概，故与考证派主流巨子之间关系并不和谐。"[①]

首次见面时，傅斯年希望严耕望暂时留在他身边帮助他处理文书事宜。严耕望认为他没有能力处理此事，而且与自己的学术研究计划相冲突，直接予以拒绝。素有家长制作风的傅斯年却并不以为忤，遂让他直接去史语所所在地四川南溪县李庄镇报到。1946年，史语所复员南京鸡鸣寺旧址。随这次搬迁的还有大批史语所新旧藏善本书库（包括三万多份的珍贵石刻拓本）。傅斯年把重任委派给入所仅逾一年、资历尚浅的严耕望。获得如此机会，对严耕望而言是一次增长学术功力的良好契机，同时也意味着傅氏对他的信任与栽培。此后，严氏大量利用史语所收藏的各种碑刻拓本，作为自己考证制度的重要依据，解决了制度史上诸多关键问题，取得的学术成就发前人未发之覆。1949年初，严耕望又随史语所迁址台湾，直至1964年转任香港中文大学新亚书院，严耕望在史语所工作共23年。严耕望对傅斯年此知遇之恩念兹在兹，以实际学术贡献作为他最好的也是最后的回报。其一生重要著作均交付史语所出版，重要学术论文也几乎全部曾发表于《史语所集刊》。

四

尽管傅斯年与钱穆学术之间壁垒森严，作为学生辈的严耕望却是"学问不可无宗主，必不可有门户"，在这两种截然不同的史学取向熏陶下，取长补短，左右逢源。他曾自谦："虽然始终自觉才气不够，但总想朝大处、远处、高处看，可谓'虽不能至，心向往之！'"[②]严耕望所撰论文与其他同人终不大相同，既有史料学派所极力提倡的注重史料的严谨态度，不失史语所的规范，更有钱穆所推崇的对中国历史文化精神的内在理解与通盘认识，意境更为开阔，可谓绣花针的考证功夫与开山斧的宏观史识兼而有之。《中国地方行政制度史》《唐仆尚丞

①严耕望：《钱穆宾四先生与我》，《治史三书》（增订版），上海：上海人民出版社，2016年，第279页。

②严耕望：《钱穆宾四先生与我》，《治史三书》（增订版），上海：上海人民出版社，2016年，第300页。

郎表》《唐代交通图考》"无一不是在规模浩大、笼罩全面的研究中产生"，"以《中国地方行政制度史》而言，前两册写秦汉，后两册写魏晋南北朝，表面上看来似为一种概括式的专史。但认真的读者一定会发现，书中每一章每一节都有精密考证的创获。不过，他所做的是在五十年代地毯式的全面考证，而不像多数考证那样，只是蜻蜓点水式的"①。历史语言学家黄彰健即与严耕望讲："你在史语所，但所写论文与史语所一般同人不大相同。"②胡适也称赞"此君的校史工作，能见其细，又能见其大，甚不易得"③。

为了更为清晰地表达这一意思，有必要引用严耕望的夫子自道："最后有幸进入史语所。在当时，这是历史考证学的中心，在意趣与方法论上，虽与李、钱两师所揭橥者不同，但正可长短互济，而且少年时代数学训练的基础正可大派上用场。所以此后我的学术论著，可谓是此前的训练与史语所的传统两种不同的取向，糅合融铸而成。基本上，一点一滴的精研问题，不失史语所的规范。但意境上，较为开阔，不限于一点一滴的考证。所以每写一部书，都注意到问题的广阔面，因此规模甚大，但仍扎实不苟。"④

综观严氏的治学历程可谓极为幸运。严耕望一生的事功，从学术传承上说，受钱穆长期亲切的鼓励与教诲；从成长环境方面说，又在"旧域维新的史语所"⑤二十年潜心研读，此间图书丰富，工作自由，这当然与傅斯年密切相关。对于史语所的工作自由，语言学家李方桂有言："他在史语所工作了十几年时间，他想做的事情，傅斯年从不曾拒绝过，只要他想做的研究，傅斯年无不赞成。这很难得。"多少年后，李方桂回忆傅斯年，文章的题目就是《让你做你想做的事》。⑥从傅斯年、钱穆、严耕望三人关系的角度看，钱穆将严耕望引进史学大门，确定了研究方向和领域之后，便将他"交给"傅斯年。两个有着尖锐矛盾的史学大师成就了个后起之秀，也算是学界一段佳话。如同对业师钱穆一样，严耕

① 余英时：《中国史学界的朴实楷模——敬悼严耕望学长》，《治史三书》（增订版），上海：上海人民出版社，2016年，第321页。

② 严耕望：《钱穆宾四先生与我》，《治史三书》（增订版），上海：上海人民出版社，2016年，第300页。

③ 胡适：《致杨联陞》（1957年9月12日），《论学谈诗二十年：胡适杨联陞往来书札》，合肥：安徽教育出版社，2001年，第400页。

④ 严耕望：《钱穆宾四先生与我》，《治史三书》（增订版），上海：上海人民出版社，2016年，第300页。

⑤ 杜正胜、王汎森：《新学术之路："中央研究院"历史语言研究所七十周年纪念文集》，台北："中央研究院"历史语言研究所，1998年，第22页。

⑥ 石兴泽：《傅斯年别传》，北京：中国社会出版社，2005年，第178页。

望对于傅斯年同样充满了感激之情。1976 年，严耕望已是 60 岁的老人，回忆自己的生活经历、学术道路，对傅斯年充满感念，满怀深情地写道："我之能有今天这一点成就，一大半当归功于史语所的优良环境——图书丰富，工作自由并且生活安定。……若非傅先生的远见，建立了那样好的环境，让有志之士能从心所欲的研究，又若非他让我进入研究所，并尽可能的（地）照顾，那么我虽然具备了内在的一切条件，但浮沉在这样一个纷乱不安的社会中，纵然今天仍可能在大学中觅得一枝栖，但要想在学术上有一点成就，那就绝对不可能了！所以每当我想起二十多年前的往事，对于这位前辈学人傅孟真先生，总是寄予永恒的无限的感念！"[①]

五

1949 年，严耕望随史语所迁台，寓居台北新竹杨梅镇，钱穆则南走香港，创办新亚书院。居港期间，钱穆为办学之事常去台北，严耕望也多次专程赶来看望老师，问候起居，故师生之间常得相聚。

1955 年初，严耕望撰成《唐仆尚丞郎表》，正为下一步的治学方向踌躇不定。是从事两部《唐书》的考订，还是从事工程浩大的唐代人文地理研究？这两项计划均工程浩大，非投入毕生的精力和时间不可，很难两者兼顾。恰巧钱穆为新亚书院的事来台北，严耕望就"两难"问题求教于老师。钱穆稍加思索，讲了这样一番话："你已花去数年的时间完成这部精审的大著作（指《唐仆尚丞郎表》）。以你的精勤，再追下去，将两部《唐书》彻底整理一番，必将是一部不朽的著作，其功将过于王先谦之于两《汉书》。但把一生精力专注于史籍的补罅考订，工作实太枯燥，心灵也将僵滞，失去活泼生机；不如讲人文地理，可从多方面看问题，发挥自己心得，这样较为灵活有意义。"[②]严耕望深感老师的这一番话极有意义，大受启发，立即决定放弃两部《唐书》的整理计划，专心做历史人文地理的研究。这一次谈话，对于严耕望后来的治学方面产生了决定性的影响，于是才有了今天令我们叹为观止的巨著——《唐代交通图考》。

1954 年，钱穆托人专程到杨梅敦请严耕望到新亚任教，助他一臂之力。但

①严耕望：《我对傅斯年孟真先生的感念》，《治史三书》（增订版），上海：上海人民出版社，2016 年，第 315—316 页。

②严耕望：《钱穆宾四先生与我》，《治史三书》（增订版），上海：上海人民出版社，2016 年，第 273 页。

严耕望留恋史语所良好的研究环境,以学业未成为由,婉拒了老师的邀请。1963
年8月,严耕望的好友、钱穆在西南联大时的学生李定一赴香港联合书院任教,
劝严同往。第二年春假,李氏返回再来邀请。严耕望称自己正在撰写《隋唐地方
行政制度》,待书稿写好后再考虑前往。李以为严已有去港之意,故将这一消息
告诉了钱穆。2月21日,钱穆给严耕望去信一封,称"弟驾有来港之意,惊喜
交并",又称新亚研究所"本欲增一导师名额,久欲延弟来任此职,而所请经
费,至今尚未决定"。24日、29日又连写两信,告诉严氏增加研究所导师名额
一事,已获港府快速通过,盼他尽快赴港就任,并称"如弟不来,使穆出言失
信,此后遇其他交涉,将受影响"。同时,严耕望也连续收到李定一写来的两封
信,云"宾师此次大费周章,始有此一缺;若兄不就,则宾师颇难过","此事
宾师系硬向中文大学特要之导师,并郑重申明,已有极佳人选","如兄不来,
则宾师不能下台"。几天后,严耕望又收到新亚研究所导师聘书。"事已至此,
已无回环余地,若仍坚持不去,实在对不起二十余年来心神俱契的恩师",赴港
之事就此决定。①

　　1964年8月底,严耕望赴新亚书院任职,此时钱穆因种种原因辞去院长职。
对于老师的辞职,严耕望内心深表赞同。严耕望在1962年3月致信老师,劝他
为学术急流勇退,摆脱行政干扰,重新回到研究岗位上。钱穆读信后,感慨不
已,于3月19日回信道:"即日奉来书,相念之意溢于纸外,诵之感慰。惟儒
家处世必求有一本末终始之道,穆在此办学,亦是一时之不得已,惟既已作始,
应有一终,此刻尚非其时。弟缄云云,穆实无时不在筹虑中也。此刻只有力求护
摄之道,不使精力过于浪掷,人事应酬已省无可省,内部只问大体,此外分层负
责,亦不多操心。自问多已做到。只是年岁日迈,精力有限即复摆弃百事,亦恐
不足副相知如吾弟之深望耳。回顾(民国)廿六年后,此二十五年全在乱离窘迫
中过去,岂能无慨于中。"②钱穆辞职后,潜心学术,数年间就写成五大册的皇
皇巨著《朱子新学案》,为他晚年的学术"新刺激"、学术"新生命"画上了一
个完美的句号。严氏称此书是老师"晚年又部境界很高而论证密实必可久传的大
著作,倘若仍负责校务,绝不可能有此成就"③。真可谓知师莫若弟子。

---

　　①严耕望:《钱穆宾四先生与我》,《治史三书》(增订版),上海:上海人民出版社,2016年,
第275—276页。

　　②钱穆:《致严耕望》,《素书楼余渖》,北京:九州出版社,2011年,第323页。

　　③严耕望:《钱穆宾四先生与我》,《治史三书》(增订版),上海:上海人民出版社,2016年,
第278页。

1967 年，钱穆定居台北，严耕望仍在香港中文大学新亚书院和新亚研究所任教，但师生关系并没有因分居台港两地而疏远减弱。从 1967 年 7 月至 1982 年 7 月的 15 年间，钱给严的亲笔信就多达 44 封，信中有谈论古诗的，有论治学途径的，有谈学术写作的，也有鼓励学生坚守学术的。比如，他在 1972 年 2 月 20 日的一封信中说："古人治学本无文史哲之分，如读《通鉴》，温公于两书外多增唐人小说笔记，不仅有关史事，其间有甚深蕴蓄属于义理方面者。温公此书，实已文史哲三者兼顾。专论文与史，班（固）不必不如马（司马迁），若论义理，则所差远甚。……东莱（吕祖谦）《古史》，一见便是史；温公《通鉴》史中兼融文哲。弟试从此两义参入，学问必可更上一层。"[1] 又如在 1973 年 2 月 23 日的信中说："学问贵会通，若只就画论画，就艺术论艺术，亦如就经论经，就文史论文史，凡所窥见先自限在一隅，不能有通方之见也。"[2]

钱穆才情横溢，著作颇丰，但在 1948 年 4 月 "中央研究院" 第一次院士会议上选出的 81 名院士中，钱穆竟未当选。严耕望感到论学养、成绩与名气，恩师落选，不可思议，时人有 "诸子皆出王官之讥"。为了摒弃史语所的门户之见，1957 年，他勇敢地给胡适写了封信，希望他能考虑钱穆的院士提名。他写道："（钱）先生学术地位、中外声誉早已大著，独树一帜，愈孤立，愈显光荣；但就研究院而言，尤其就胡先生而言，不能不有此一举，以显示胡先生领袖群伦的形象。"[3] 后来由于多种原因，钱穆仍然未能当选。直到 1968 年，钱穆才当选为 "中央研究院" 院士。从这里可以看出严耕望对老师的挚爱，他无意拔高老师，但他却不愿别人贬损老师，他觉得应该为老师争得本应属于他的荣衔。

六

20 世纪 50 年代，余英时有一次问钱穆，在他过去教过的许多学生中，究竟谁才是他最欣赏的？钱穆毫不迟疑地说，他最看重的是 "'中央研究院'史语所的严耕望，现已卓然有成"[4]。

---

[1] 钱穆：《致严耕望》，《素书楼余渖》，北京：九州出版社，2011 年，第 325—326 页。

[2] 钱穆：《致严耕望》，《素书楼余渖》，北京：九州出版社，2011 年，第 331 页。

[3] 严耕望：《钱穆宾四先生与我》，《治史三书》（增订版），上海：上海人民出版社，2016 年，第 280 页。

[4] 余英时：《中国史学界的朴实楷模——敬悼严耕望学长》，《治史三书》（增订版），上海：上海人民出版社，2016 年，第 318 页。

钱穆对严耕望的治学有极大的影响，但严耕望也没有完全遵从老师的意趣。钱穆希望严耕望走一流路线，但严耕望认为大本大源的通贯之学，不是常人所能办得到的，觉得自己的才性近于追求确实而稳定的历史知识，适合研究具体的问题，所以他的主要工作涉及两大领域：一是政治制度史，二是历史人文地理。

在制度史研究方面，严耕望在 50 岁以前就出版了《两汉太守刺史表》《秦汉地方行政制度》《魏晋南北朝地方行政制度》《唐仆尚丞郎表》等专书，研究范围由秦汉拓展到隋唐。在中国古代地方行政制度的研究上，他大量运用石刻资料证史，将文献与考古资料融为一体，穷尽史料，无孔不入，重建秦汉至南北朝的地方政府组织，填补了汉唐之间的制度研究空白。其《秦汉地方行政制度》作为"民国初年以来秦汉史学界四本有划时代意义的名著之一"①，被视为"20世纪秦汉地方行政制度史研究的扛鼎之作"②，成为"学习秦汉史必须研读的书籍"③。1955 年后，严耕望转向人文地理的研究，潜心于《唐代交通图考》的写作。该书考订唐代的交通地理沿革，内容涉及唐代各州府军镇、馆驿津梁、山川形势，道里远近，凡涉及中古交通，不论片纸巨篇，皆搜罗详密，是他"一生心力所萃的最重要的著作"④，最终成为研究唐代交通路线和交通制度这一领域无法绕开的权威性著作。余英时说："像《唐代交通图考》这样的大计划，在西方或日本都只能出之于集体实践之一途，即由计划的主要执行人指导一二十个助手分头进行。现在耕望则以一手之力完成之，他的恒心和精力足以惊天地而动鬼神了。"⑤廖伯源说："每种都是逾百万字之大书，俱是严肃精密之考证著作，又范围广大、自成体系，可谓博大精深兼而有之"，"此为史语所学风之典范。"⑥杨联陞也赋诗赞道："体大思精多创获，严公政考早流传。新编又见追双顾，管教方兴数百年。"⑦

钱穆学贯四部，著作等身，但他学问研究的重心则在学术思想史，制度和

---

① 廖伯源：《严耕望先生对石刻史料之运用》，《古今论衡》2003 年第 10 期。

② 周天游、孙福喜：《20 世纪中国秦汉史研究》，《历史研究》2003 年第 2 期。

③ 高明士：《中国史研究指南》第一册，台北：联经出版事业公司，1990 年，第 281 页。

④ 严耕望：《钱穆宾四先生与我》，《治史三书》（增订版），上海：上海人民出版社，2016 年，第 277 页。

⑤ 余英时：《中国史学界的朴实楷模——敬悼严耕望学长》，《治史三书》（增订版），上海：上海人民出版社，2016 年，第 321—322 页。

⑥ 廖伯源：《回忆与怀念》，《充实而有光辉：严耕望先生纪念集》，台北：稻禾出版社，1997 年，第 72、75 页。

⑦ 严耕望：《钱穆宾四先生与我》，《治史三书》（增订版），上海：上海人民出版社，2016 年，第 303 页。

历史地理只是他治史的两只脚，藉以站稳而已。所以钱氏在这两方面尽管也下过功夫，写过一些著作，如《史记地名考》《古史地理论丛》《中国历代政治得失》，但与学术思想史这一领域相比，的确不可同日而语。换句话说，制度史和历史地理方面的研究，是钱穆学术研究中相对薄弱的环节，而这一薄弱的环节最终为他的弟子严耕望所弥补。从这个意义上讲，严耕望光大了钱门学术，成为钱门学术最重要的传人之一。1970 年，54 岁的严耕望当选为台湾"中央研究院"院士，成为钱门弟子中最早当选院士之人。

严耕望尤为感到向青年学者讲治史方法的重要性，于百忙中拨冗写下了《治史经验谈》《治史答问》《钱穆宾四先生与我》（合编为《治史三书》），用自己的切身体验，介绍了历史研究的基本方法、基本规律、论题的选择、论著的标准、论文体式、引用材料与注释方式、论文撰写与改订、努力途径与工作要诀以及生活修养与治学之间的关系等史学研究入门的基本途径。在这些书里，他没有装腔作势，也没有板着面孔进行道德说教，所谈的都是切身的甘苦和感悟，语言朴实，内容丰富，好像在和青年学者对话交流，让读者亲切而全面地了解他的治学历程和治学经验。

钱穆把严耕望视为自己学术最主要的传人，不过严却谦称自己并不是他老师最主要的传人，因为钱穆研究学问的重心在学术思想史上，而学术思想史又非他所长，而且是他最薄弱的一环。所以他说，"我虽然受到宾四师的影响极大，私人感情似也最密切，但在学术上，却不能算是先生的最主要的传人"，"我只是先生学术的一个旁支而已。"①

钱穆欣赏严耕望，不仅因为他学有所成，更因为他的"为学问而学问""为学术而学术"的对历史研究近乎宗教式的献身精神。在他人环境及时代风气的影响下，严耕望沉着冷静，不为外物所牵，不为权位名利所役。1962 年 7 月，"中央研究院"院长王世杰希望严耕望写一部《中国政治制度史》。然而，严耕望认为他的研究方向"已经转移到历史地理方面去，要想兼顾两方面实在不可能"，没有把握限期完成一部大书，遂予以婉拒。其后，王世杰又希望仿照剑桥史系列著作，编撰一部《中国通史》，由严耕望领导编纂中古史的部分。这是一项浩大的工程，也是一部能够流传后世的工作，只要成功便可以暴得大名。如此美差，严耕望再次婉拒。表面原因是他认为自己没有行政能力，恐怕辜负王世杰的美意，实际是因为他自己早订有系统的研究计划，非三四百万字不能解决，如果

---

① 严耕望：《钱穆宾四先生与我》，《治史三书》（增订版），上海：上海人民出版社，2016 年，第 300、301 页。

接下此种写作项目，必将难以完成自己的研究计划。更有趣的段子是，1959年7月蒋介石来到"中央研究院"视察，因没有预先通告，找不到人，蒋遂前往史语所找人。当时严耕望独自在研究室工作，打着赤膊，闻声出来看了一下，没有接待，又回去做自己的研究了。在史语所工作期间，他坚持"三不"原则，除专心全力做自己的研究工作外，所外之请一概推辞，既不参加任何活动（包括学术活动），连学术会议也不主动参加，甚至极少外出兼课，"工作随时努力，生活随遇而安"。1973年端午节，钱穆致信弟子，感喟："流亡海外学术界二十余年来，真能潜心学术，有著作问世者，几乎无从屈指，唯老弟能淡泊自甘，寂寞自守，庶不使人有'秦无人'之叹。"①

七

在中国近代史学家中，严耕望特别推崇陈垣、陈寅恪、吕思勉和他的老师钱穆，誉之为"现代史学四大家"。就严氏治学途辙观之，诚如余英时所言，"他较近于陈垣与吕思勉，而稍远于陈寅恪和宾四师。这是毫无可疑的。然而他于四大家的优点则能兼收并揽。他的规模宏大承自宾四师，辨析入微取诸陈寅恪，平实稳健尤似陈垣，有计划而持之以恒则接近吕思勉。他在史学上终能达到通博与专精相反相成的境界决不是幸致的。"②诚哉斯言！

对于老师的学术，作为弟子的严耕望有着客观公允的评论。他说："先生天才横溢，境界亦高，是学术界一位不世出的奇才。在五十岁左右之前，迭出几部极有分量的著作……五十岁稍后，正是学养成熟而精力未衰的阶段，正当有高度发挥。但世局不安，被迫到香港办学，十余年间，耗尽心力，虽有述作，但多讲录散论之类，视前期诸书远有逊色！"③

严耕望是"中国史学界的朴实楷模"（余英时语），虽然选择了"专家"之路，但却成就了"通人"之学。在《中国学术通义》中，钱穆指出，"今天的学问已是千门万户，一个人的聪明力量，管不了这么多；因此，我们再不能抱野心要当教主，要在人文界当导师。所谓领导群论，固是有此一境界；但一学者，普

① 钱穆：《致严耕望书》，《素书楼余渖》，北京：九州出版社，2011年，第332页。

② 余英时：《中国史学界的朴实楷模——敬悼严耕望学长》，《治史三书》（增订版），上海：上海人民出版社，2016年，第323—324页。

③ 严耕望：《钱穆宾四先生与我》，《治史三书》（增订版），上海：上海人民出版社，2016年，第277页。

通却也只能在某一方面作贡献，学问不能只有一条路，一方面，也不可能由一人一手来包办。"[①] 由此可以看出，钱穆心中的通人和专家并非处于互不相容的地位。严耕望选择了与自己性情相近的专业作为毕生献身之所在，钱穆是极为赞许的。他选择了二流路线，最终成为一流学者。

概言之，百年后重温严耕望的人生历程和学术之路，会发现这些内容与其名字一样朴实无华，却充实而有光辉。他的身上能看到很多今人稀缺的品质，无愧于一个纯粹而坚强的知识人。世俗时代，学者何以安身立命？有人自甘堕落，有人遁入宗教，严耕望则以学术为托命，以实现学术理想为人生最大价值。其"为学术而学术"的观念，我们可以保留意见；其学术道路，我们今天或许难以复制。但是，我们今天回顾严耕望，还是能够清晰地看到，在世俗时代，做一个纯粹、正直、坚韧的知识人的可能性。

---

① 钱穆：《中国学术通义》，北京：九州出版社，2011 年，第 310 页。

衣钵承继　薪传海外

——钱穆与余英时

1990 年 8 月 30 日，"一代儒宗"钱穆在台北逝世。远在重洋之外的余英时听闻消息，悲恸不已，写下挽联："一生为故国招魂，当时捣麝成尘，未学斋中香不散。万里曾家山入梦，此日骑鲸渡海，素书楼外月初寒。"① 以此表达一位从学 40 年的弟子对老师的深情和敬意。

"望之俨然，即之也温，听其言也厉"

余英时，1930 年 1 月生于天津。其父余协中毕业于燕京大学，在美国科尔盖特大学（Colgate University）留学，获得历史学硕士学位，进而在哈佛大学做研究，师从著名史学家阿瑟·施莱辛格。这位施莱辛格的女婿正是美国汉学的奠基人费正清。余协中回国之后，在南开大学任教。在此期间诞下了余英时。

1937 年，抗日战争爆发，余英时随伯父一家逃到故乡安徽潜山，在那里度过了九年的乡居生活。抗战胜利后，余英时北上与父亲团聚，先以同等学力考取华北大学二年级，后又插班进入燕京大学历史系二年级。1950 年春天，他由北京到香港，自以为短期探望父亲，很快就会回到大陆，但父亲要求他进入刚创办的新亚书院，跟随钱穆读书。

初次见面，钱穆就给余英时留下了深刻的印象：这个老师十分严肃，不苟言笑，个子虽小，但神气充足，尤其是双目炯炯，好像要把人的心都照亮了。② 虽然他早在燕京大学时就曾经读过钱穆的《国史大纲》《中国近三百年学术史》

---

① 余英时：《一生为故国招魂》，《钱穆与中国文化》，上海：上海远东出版社，1994 年，第 19 页。
② 余英时：《犹记风吹水上鳞》，《钱穆与中国文化》，上海：上海远东出版社，1994 年，第 7 页。

和《先秦诸子系年》，但初见钱穆时还是有一种"敬而远之"的感觉。新亚书院虽然初创，但校纪很严，余英时首先须经过一场考试才能正式转学。那次考试由钱穆亲自主持，没有书面考题，考试时只让他临场用中英文各写一篇读书的经历和志愿之类的文字，这对燕京大学的高材生来说，可谓驾轻就熟，不一会就交了卷。钱穆当场阅卷，当即录取。令余英时感到诧异的是，钱穆不仅看了他的中文卷，同时还看了他的英文卷。他原以为，钱穆是完全靠自学成功的"土产"学者，怎么会看懂英文呢？崇敬之情油然而生。这次特殊的考试，对余英时而言是一件值得引以为傲的事："因为钱先生的弟子尽管遍天下，但是从口试、出题、笔试、阅卷到录取，都由他一手包办的学生，也许我是唯一的一个。"①

那时新亚的学生很少，水平参差不齐，钱穆教学时无法尽情发挥，必须尽量迁就水准低的学生，余英时因此在课堂上收获寥寥。他坦言，从钱穆那里受益最多的是在课堂之外。余英时的父亲也在新亚授课，钱穆与他们一家相处融洽，节假日他常和余英时一家去太平山顶或去石澳海边泡茶馆，下棋、打牌、聊天，有时能玩上一整天。慢慢地，师生之间也熟稔了。余英时对钱穆的感觉也由最初的"敬而远之"到后来的"即之也温"了，师生之间不拘行迹，甚至彼此也会幽默一下。余英时说："但是，他的尊严永远是在那里的，使你不可能有一分钟的忘记。但这绝不是老师的架子，绝不是知识学问的傲慢，更不是世俗的矜持。他一切都是自自然然的，但这是经过人文教养浸润以后的那种自然。我想这也许便是中国传统语言所谓的'道尊'，或现代西方人所说的'人格尊严'。这种尊严使得你在他面前永远会守着某种分寸，然而又不觉得受到什么权威的约束。"②

据余英时晚年回忆，"第一学期我始终认为在新亚是暂时歇歇脚，暑假后将回到燕京，因此不仅对书院不太注意，而且和钱先生也没有课外的交往。我真正认识新亚书院的性质，并奉钱先生为终身之师是一九五〇年秋季决定长期留港以后的事"③，"因此我认为我正式进入钱先生门下应该从此时算起"④。正是在1950年秋季，余英时曾发愤对《国史大纲》做一些钩玄提要的功夫，把书中的精要之处摘录下来，分成条目，以备参考。写成几条后，呈送钱穆过目，这是他第一次向钱穆请教。钱穆没有因为学生推崇自己而引以为傲，反而教育学生："你做这种笔记的功夫是一种训练，但是，你最好在笔记本上留下一半空页，将

① 余英时：《犹记风吹水上鳞》，《钱穆与中国文化》，上海：上海远东出版社，1994年，第9页。
② 余英时：《犹记风吹水上鳞》，《钱穆与中国文化》，上海：上海远东出版社，1994年，第11页。
③ 余英时：《余英时回忆录》，台北：允晨文化实业股份公司，2018年，第100页。
④ 余英时：《余英时回忆录》，台北：允晨文化实业股份公司，2018年，第103页。

来读到别人的史著而见解不同时可以写在空页上以备比较和进一步研究。"①

钱穆的这番话听起来很寻常，但却对余英时产生很大的启示，他由此知道了钱穆对学问的态度：《国史大纲》是他对历史的系统见解，但他不认为这是唯一的看法，而是允许别人从不同角度得出不同的结论。另外，钱穆的话也在提醒余英时，初学者更应该在不同之处用心，然后去追寻自己的答案。余英时因此懂得，学问的系统应该是开放的而不是封闭的。他说："从此以后，我便常常警惕自己不能武断，约束自己在读别人的论著——特别是自己不欣赏的观点——时，尽量虚怀体会作者的用心和立论的根据。"②由此，余英时后来在谈到钱穆的学术思想时说："钱穆是开放型的现代学人，承认史学的多元性，但同时又择善固执，坚持自己的路向。"③

在北平就读期间，余英时深受梁启超、胡适的思想启蒙，对于传统的中国文化持批判态度，但在新亚又受到了钱穆、唐君毅等的熏陶，使得余英时对于传统文化有了深深的同情。他说："我私下受钱先生开导和指导，最得益的是如何读中国文史哲的典籍。他把重点放在对文本内内外外的彻底认识上面。内则'一字之义'必不可少放过，这相当于清代学人所强调的训之学，补则对文本必不可作孤立的理解，而当和同类的文本加以异同的比较，然后才能认清它所在整体历史脉络中的真实地位。大致上说，他始终在尽量培养我读书、作研究的基本能力。"④"钱先生虽有明确的价值取向——他信奉儒家的价值系统——但他并不把自己的价值系统（相当于古人所说的'道'或'道统'）直接向我灌输。如果借用韩愈在《师说》中的词句，我可以说，钱先生教学的具体着手处，是在'授业'和'解惑'上面，'传道'即寓于其中，而避免采用一般宗教家的'传教'方式。他似乎认为只要我具备了读书和研究的基本能力，最后自己便能找到'道'。在这一点上，他是孟子的信徒。孟子说：'君子深造之以道，欲其自得之也。'又说：'夫道若大路，然，岂难知哉？人病不求耳。子归而求之，有余师。'钱先生始终鼓励我对于中国文化传统求得一种深入的整体了解，找出它作为一个源远而流长的文明体系的特征所在。其实这便是他心中的'道'，但是我必须'深造自得'，不能直接把他求'道'所得接受过来，以为己用。"⑤余英

---

① 余英时：《犹记风吹水上鳞》，《钱穆与中国文化》，上海：上海远东出版社，1994年，第13页。

② 余英时：《犹记风吹水上鳞》，《钱穆与中国文化》，上海：上海远东出版社，1994年，第13页。

③ 余英时：《犹记风吹水上鳞》，《钱穆与中国文化》，上海：上海远东出版社，1994年，第13页。

④ 余英时：《余英时回忆录》，台北：允晨文化实业股份公司，2018年，第105—106页。

⑤ 余英时：《余英时回忆录》，台北：允晨文化实业股份公司，2018年，第105页。

时在悼念其师的文章中，曾提到了一个细节：一年暑假，香港酷热。钱穆胃溃疡的毛病犯了，孤零零地躺在教室的空地上。余英时去看他，钱穆说他想读王阳明的文集。余英时便去商务印书馆给他买了一部。在那样艰困的环境，在那样无助的时刻，钱穆念念不忘王阳明的文章。①钱穆对中国文化的热爱与痴迷，给余英时留下了深刻的印象。

余英时在新亚书院就读之时，正值新亚最艰难的时期。为了筹募经费，维持生计，钱穆常常在香港与台湾之间疲于奔波，在新亚的授课也就时断时续。1952年4月，钱穆在台演讲之时，被屋顶大块坠落的水泥击中头部，在台湾医治休养，错过了当年夏天余英时的毕业典礼。余英时在新亚书院度过了两年多的读书时光，"我上钱先生的课，一共不过一个半学年而已。"②

1952年夏初，余英时从新亚书院毕业，是新亚第一届3名毕业生之一。第二年，新亚得到亚洲基金会的资助，在九龙太子道租了一层楼筹办新亚研究所。钱穆在台湾受伤病愈回香港后不久，又努力争取到哈佛燕京社的帮助，正式成立了新亚研究所。研究所招生对象是原新亚毕业生和其他高校的学生，录取后修业两年，经所外考试人员阅卷、口试才能毕业。由此可见，新亚研究所虽然初创，但操作非常规范、严格。余英时选择进入新亚研究所，继续师从钱穆从事学术研究。余英时回忆："钱先生是我的研究导师，但并不给我任何研究课题，他要我自己选定题旨后再和他讨论，这似乎是孟子'深造自得'原则的实践。"③此时，余英时的研究兴趣是汉魏南北朝的社会经济史。钱穆一再叮咛他，希望他不要过分注意断代而忽略贯通，更不可把社会经济史弄得太狭隘。为了让余英时安心学术，他不止一次强调学者不能太急于自售，以致被时代的风气卷去，变成了吸尘器中的灰尘，要能做到"人不知而不愠"。晚年余英时感慨道："这也是我在他直接指导下，正式研究中国史的开始，我一生的学术路可以说是在这一阶段奠定的。"④

新亚五年的读书生活，成为余英时一生中难以抹去的记忆。对于余英时而言，此阶段的钱穆具有生命塑造者的作用。他曾说，"因为这几年是我个人生命史上的关键时刻之一。我可以说，如果我没有遇到钱先生，我以后四十年的生命

①余英时：《犹记风吹水上鳞》，《钱穆与中国文化》，上海：上海远东出版社，1994年，第10—11页。

②余英时：《犹记风吹水上鳞》，《钱穆与中国文化》，上海：上海远东出版社，1994年，第13页。

③余英时：《余英时回忆录》，台北：允晨文化实业股份公司，2018年，第106页。

④余英时：《余英时回忆录》，台北：允晨文化实业股份公司，2018年，第106页。

必然是另外一个样子"，"这五年中，钱先生的生命进入了我的生命，而且发生了塑造的绝大作用。"①

"将来担重任者，非弟莫属也"

1955 年秋天，余英时参加第二届"哈佛燕京社访问学人计划"，以新亚书院助教的名义到哈佛学习。一年后，他又跟随杨联陞继续攻读博士学位，开始了学术生命的又一转折。杨联陞一直戏称余英时是带艺投师。余英时在《从〈反智论〉谈起》一文中写道："我到美国后，中国史的业师是哈佛大学的杨联陞先生。杨先生既渊博又严谨，我每立一说，杨先生必能从四面八方来攻我的隙漏，使我受益无穷。"②从 1956 年秋到 1961 年冬，余英时做了杨联陞五年半学生后，后来又和杨联陞一起从 1966 年至 1977 年教了九年的中国通史和中国制度史（其中有两年时间在香港任职）。

虽然远隔重洋，但是师生之情未断，身处异国的余英时还是经常向钱穆请教问学，尤其是 1960 年 5 月 21 日，钱穆对余英时的博士论文初稿《汉晋之际士之新自觉与新思潮》的指导，可见钱穆治学严谨、指导后学的学人风范。

钱穆不仅认真阅读了几万字的长文，而且还花了整整一天的时间回信，并直言不讳地谈了自己的修改意见。现根据余英时保留下来的信笺摘录如下：

弟原论文正因太注重自觉二字，一切有关政治社会经济等种种外面变动，弟意总若有意撇开，而极想专从心理变动方面立论，但内外交相映，心理变动有许多却受外面刺激而生，弟文立论，时觉有过偏之处。

学术思想之传统，此事甚不可忽，东汉思想，因于时变，而有由儒转道，由周孔转老庄之趋势，弟文因一意在内心自觉一点上故意渲染，转于此前人共有之观念上忽略了，不能有深细之阐发。

若论学术系统之全面整理，除儒道两家外，法家一方面甚不宜忽视，晚汉下及魏晋，此一方面极该注意。

作历史性的研究，最要能划清时代的界限，弟原文之一大缺点，未先把东

① 余英时：《现代危机与思想人物》，北京：生活·读书·新知三联书店，2005 年，第 502 页。

② 余英时：《从〈反智论〉谈起》"后语"，《中国思想传统及其现代变迁》（《余英时文集》第二卷），桂林：广西师范大学出版社，2004 年，第 347 页。

汉与西汉之转变处明白划出，则没有一明白的开头，下面亦没有一明白的结束。究竟所谓魏晋时代之思想与风气，后面又向何处变化，其转变之时期与关捩在哪里，必须有一个交代，前有起后有迄，此一论文始得成体。然此事虽上穷下究，费较大功夫，虽论文下笔，于题前体后不须多写，然论文之精彩与警策处，则必须化此工夫始见也。

鄙意若欲作一番对当时学术较全面之整理，其事甚不易，一年时期恐难完成。弟之新论文不如以当时士大夫之意态与学风两点为主，因学风可以从外面说，较易着手，即如史学，马班已有甚大不同，魏晋以后史学，大可注意……只从学风入手，起事似较易着手，学风与学者之内心意态乃一事之两面。如此下笔，弟之原论文大体仍可用，较之另作一题难易相差甚远，不知弟意以为如何。

弟原论文似未参考叶水心之《习学记言》，及王船山之《读通鉴论》……再及章太炎之《检论》，此三书须仔细阅读，得一语两语可以有大用。

关于撰写论文之体例方面，穆别有几项意见，供弟采撷：（一）在撰写论文前，须提纲挈领，有成竹在胸之准备，一气下笔，自然成章，弟之原文，似嫌冗碎软弱，未能使读者一开卷有朗然在目之感……（二）弟文一开始即有近人言之已详，可不待再论云云，此下如此语例，几乎屡见不一见，鄙意此项辞句，宜一并删去。（三）……鄙意凡无价值者不必多引，亦不必多辨……即附注亦然，断不能以争多尚博为胜。（四）正文中的许多枝节，转归入附注，则正文清通一气，而附注亦见精华。[①]

由此可见，钱穆就此篇论文如何扣题论述，如何分析，参考何文，以及如何撰写等诸方面，钩玄提要，不厌其烦地给余英时做了周密细致的指导。

今天重新捧读余英时的《汉晋之际士之新自觉与新思潮》时，可以发现余氏采纳了钱穆的指点，首先开门见山表达了自己的观点："盖时贤之用心，或偏重于士族政治、经济势力之成长，或深入于清谈之政治背景之隐微，要多为分析之作，而鲜有综贯之论。斯篇主旨以士之自觉为一贯之线索而解释汉晋之思想变迁。"[②]读者对作者所要论述的主题朗然在目，一看便知。再如论述"汉晋之际新思潮的发展"时，余英时也采纳了钱穆的观点，主要从学者与学风方面阐述儒家经学之衰弱与老庄思想兴起的原因。

---

①《钱宾四先生论学书简》，余英时：《钱穆与中国文化》，上海：上海远东出版社，1994年，"附录一"，第227—230页。

②余英时：《士与中国文化》，上海：上海人民出版社，2003年，第251页。

当时的余英时预备读完博士学位后再回到新亚执教。钱穆在信函中多次予以鼓励，如，"新亚研究所总是异军特起，若循此十年廿年，应可有些影响，深望弟能早归，将来担重任者，非弟莫属也。"①"至新亚方面，仍当虚位相待。明年弟能来，固自大佳。"②正因为如此，余英时在美期间的主要精力放在西方历史和思想史方面，如罗马史、西方古代及中古政治思想史、文艺复兴与宗教改革等，对浩如烟海的中国史籍除了以前在大陆和香港的根基外，在国外很少涉猎，不免透露了焦急的心情。

这时，钱穆又写信勉励他，叫他不要心慌，并以朱熹的"放宽程限，紧着工夫"的话来勉慰他。所谓"放宽程限"，就是说做学问是一辈子的事，不可能毕其功于一役，所以，不必心慌焦急；所谓"紧着工夫"，就是要时时有紧迫感，要认识到，只有付出一点一滴的努力，才会有一尺一寸的收获。钱穆的话，说出了做学问的真谛，余英时自谓这是"让我终身不能忘记的"③。钱穆强调，"治学当就自己性近，又须识得学术门路"。他分析，余英时的"才性"，"为文似近欧阳，不近韩柳，盼多读欧阳公文字，穆于欧阳公，常所深契，然韩柳境界万不宜忽，欧阳不从韩公入门，绝不能成欧阳也。"他建议余英时"以黄、全为宗，再参以清代各家碑传，于弟此后治学术思想史行文，必有绝大帮助"，"穆前举叶水心、王船山两家乃参考其意见，至于行文，弟似不宜学此两家耳。"钱穆自称，"平常持论，为学须从源头处循流而下，则事半功倍。"他批评余英时，如，"弟临文前太注意在材料收集，未于主要论点刻意沉潜反复，有甚深自得之趣，于下笔时，枝节处胜过了大木大干，此事最当注意。""感到弟之工夫，尚在源头处未能有立脚基础，故下语时时有病。""弟今有意治学术思想史，则断当从源头处用力，白不宜截取一节为之。"④

1960 年春，钱穆在耶鲁大学讲学期间，哈佛大学燕京学社也曾前来邀请钱穆去做学术演讲。对新亚研究所的成立和发展来说，雷少华可谓居功甚伟。在哈佛大学见到雷少华之后，钱穆亲自表达了自己对他的深切谢意。雷少华说："哈

①钱穆：《致余英时》（1957 年 12 月 5 日），《素书楼余渖》，北京：九州出版社，2011 年，第343 页。

②钱穆：《致余英时》（1961 年 7 月 7 日），《素书楼余渖》，北京：九州出版社，2011 年，第365 页。

③余英时：《钱穆与现代中国学术》，桂林：广西师范大学出版社，2006 年，"序"，第 4 页。

④《钱宾四先生论学书简》，余英时：《钱穆与中国文化》，上海：上海远东出版社，1994 年，"附录一"，第 229、231 页。

佛得新亚一余英时，价值胜哈佛赠款之上多矣，何言谢。"①可见余英时在哈佛人心目中的重要地位。余英时的脱颖而出乃至蜚声中外，与钱穆的谆谆教诲密切相关。

1962 年，余英时博士毕业，论文是《东汉的生死观》。接着，他到密歇根大学任教去了。在密歇根大学时，他有一次担任了某位学生的博士论文答辩委员会成员。这位学生原先在国内时担任军职，在余协中手下任参谋秘书；这位学生比余英时大 12 岁，但对余英时始终执弟子礼。他，就是后来名动史学界的黄仁宇。

1973 年，余英时回到香港中文大学担任新亚书院院长。此时，正值中文大学改制，他被任命为改制工作组主席。

所谓中大改制，就是把原来联邦制的三个书院改为一元制的大学，这就势必侵蚀新亚书院的独立性，余英时因此得罪了新亚的师生们，包括钱穆、唐君毅等在内的九位新亚校董因此愤而辞职。其时在新亚的创校元老只剩唐君毅一人，唐氏对余英时的学术曾经予以莫大的帮助。余英时说："唐先生在思想上对我的影响仅次于钱先生……我曾修过他的西方哲学史课程，却没有随他读中国哲学史。这也许是因为我的兴趣偏重在学术史、思想史方面，现在已记不清楚当时为什么没有听他有关中国哲学的课了。我受到他的影响，不在听课，而是读到他源源不断的论著，包括专书和报刊论文。此外他作过多次公开学术讲演，也对我发生了很大的启示和挑战。"②不过，这次一元制的改革，导致这对昔日师生之间爆发了严重的冲突。余英时甚至认为，唐君毅一直在背后指使人给他贴大字报，想当面对质。对于"大字报事件"，刘伍华在唐君毅去世后的悼念文章中写道："当唐师见到新亚学生贴出大字报反对中大削弱书院权力的改制时，他也率直地要求同学为他贴上一张大字报；他如此做，完全没有考虑有利与否的问题，结果，这件事引致某些人士误会唐师煽动学生反对中大改制，同时亦不明白唐师跟当时学生为了文化理想及法理精神而反对中大改制之用心，不亦悲夫！""唐师虽因中大改制之事而跟某些人士意见不合，但他从来未有就私人方面攻击这些人；反之，他曾对我说：'这些人在中大仍算是你的老师，在事上可以据理跟他们力争，但就辈分及关系上，仍当给他们尊敬。'唐师仁者之心，一方面能尽量地欣

---

① 钱穆：《八十忆双亲师友杂忆合刊》，北京：九州出版社，2011 年，第 315 页。

② 余英时：《余英时回忆录》，台北：允晨文化实业股份公司，2018 年，第 111—112 页。

赏他人的长处，但另一方面却能叫辨是非。"①

随着改制成功，心力交瘁的余英时于 1975 年回到了美国。在香港的三年时间，尽管并不愉快，但他的学术道路依然顺坦。1974 年，他当选为台湾"中央研究院"院士，成为"中研院"成立以来最年轻的院士。此后，他的著作多以母语中文发表。何俊指出："这两年的服务也令他身心疲惫，但深藏于他心中的中国感情似乎更被触动，更需要合理的安顿。"②

此后的余英时，在哈佛大学待了两年又转赴耶鲁大学任教，10 年后又转到普林斯顿大学，还在康乃尔大学担任第一任胡适讲座访问教授。据说斯坦福大学也曾想将余英时"挖"去，但余英时明言普林斯顿是其学术的最后一站。

钱穆与余英时这对师生的交谊，并没有因为时间的推移而淡化。余英时说："在美国教学和研究已三十年，钱先生的著作当然是和我的工作分不开的。"③"最近十几年，我大概每年都有机会去台北一两次，多数是专程，但有时是路过，每次到台北，无论行程怎么匆促，钱先生是我一定要去拜谒的。这并不是出于世俗的礼貌，而是为一种特殊的情感所驱使。我们师生之间的情感是特别的，因为它是在患难中建立起来的；四十年来，这种情感已很难再用'师生'两个字说明它的内容了。"④

"先生门人长于学术思想史，各有贡献者甚多，余英时显最杰出"

在美国华人史学家中，能与余英时齐名比肩的，是他的同年好友许倬云。香港中文大学成立"余英时先生历史讲座"，第一届讲者就是许倬云。许倬云多次谈及余英时的学术和两人的友谊。有听众问许倬云文史界的学者情况，他说最佩服的是余英时。在同李怀宇的谈话中，许倬云认为，尽管余英时跟他性格不一样，学习方向不一样，但他们互相切磋，互相砥砺，而且互相规劝。许氏认为："他是了不起的学者，会抓题目，文章做得细致，写得滴水不漏。比如他写《朱熹的历史世界》，写思想史的人从来不写的，他考证朱子的交游来往，写得那么

① 刘伍华：《悼唐君毅老师》，《纪念集》下（《唐君毅全集》第 38 卷），北京：九州出版社，2016 年，第 460—461 页。

② 余英时：《余英时英文论著汉译集》，上海：上海古籍出版社，2005 年，"序言"，第 2 页。

③ 余英时：《现代危机与思想人物》，北京：生活·读书·新知三联书店，2005 年，第 502 页。

④ 余英时：《现代危机与思想人物》，北京：生活·读书·新知三联书店，2005 年，第 494 页。

细密严谨，这我赶不上他。英时的厉害处，是由小见大，这是他的可佩之处。不止我一个人佩服他，张灏也佩服他，金耀基也佩服他。"①对于《朱熹的历史世界》，许倬云曾经不止一次提及。他说："余英时在2003年写了一本书《朱熹的历史世界——宋代士大夫政治文化的研究》，发现南宋的理学其实是学者想做到内圣外王，王安石即是致力于外王的功夫。"②在回答听众问及余英时和严耕望治学路数问题时，许倬云评价余氏说："他写的真正得力之作是《论戴震与章学诚》。最近写的这本书《朱熹的历史世界》是替宾四先生写序文才写出来的。……这部宋代思想史已经出来了，它不仅会解决上一代的历史，而且对儒家学派本身的学风，理论基础都会有很深的影响，这是无可否认的。"③在谈及钱、余的师承关系时，许倬云说："他是个了不起的人才，百年难得一见。他的老师钱穆先生，钱穆先生有这个徒弟是非常幸运的，这就是我愿意提的最重要的一个人物。"④

至于对余英时在学术成就上的评价，华人史学家圈的认可度是比较高的。王冀认为："余英时教授是哈佛大学远东研究专业的博士。在哈佛大学、密歇根大学、普林斯顿大学都曾担任过教授，在美国的第二代华人教授中是非常出色的一位。"⑤哈佛大学教授李欧梵对于余氏的古文功底也十分佩服。他曾比较他这一代的留学生和上一代的留学生以及上上一代哈佛的中国留学生，说："第一个感觉就是他们老一辈学者的国学和古文根基比我这一代强多了，我这一代师长辈恐怕也只有余英时先生一人可以匹敌，这是一个事实，但也令我深觉遗憾。"⑥与杨联陞同辈的留美史学家何炳棣发表了《北魏洛阳城郭规划》一文，余英时写信予以赞扬。何炳棣写道："至今不忘的是，杨联陞兄生平最得意弟子、才气横溢、自视甚高的余英时，居然有信致我，赞我'才大如海'，使我既感且愧。"⑦何炳棣一生自视甚高，如此看重余英时的评价，从一个侧面也可看出对余英时学术的认可。

对于余英时的学术脉络及学术特点，还必须引用同为钱门弟子的严耕望的一段话："先生门人长于学术思想史，各有贡献者甚多，余英时显最杰出，我只是

---

① 许倬云口述、李怀宇撰写：《许倬云谈话录》，桂林：广西师范大学出版社，2010年，第225页。

② 许倬云：《从历史看人物》，桂林：广西师范大学出版社，2007年，第18页。

③ 许倬云：《从历史看管理》，桂林：广西师范大学出版社，2005年，第34—37页。

④ 许倬云：《从历史看管理》，桂林：广西师范大学出版社，2005年，第32—33页。

⑤ 王冀：《我在国会图书馆的岁月》，北京：北京师范大学出版社，2009年，第73页。

⑥ 李欧梵：《我的哈佛岁月》，北京：人民文学出版社，2010年，第151页。

⑦ 何炳棣：《读史阅世六十年》，桂林：广西师范大学出版社，2005年，第363页。

先生学术的一个旁支而已。"①余英时不仅是钱穆的高足，更谓他的嫡传。从学术脉络上来说，抑或从内心情感、精神意愿上来说，余英时都与其师有着踪迹可寻的联系，但余英时对其师不是全部的刻板的"成像"，而是有继承，有超越，形成了自己独特的学术思想体系。

比如，钱穆对中国传统知识分子（所谓的"士"）在文化传统上的特殊意义多有阐释，重要的代表作有《中国知识分子》《中国文化传统中的士》《再论中国文化传统中的士》。在这些论文中，钱穆凭借深切的感悟和款款的深情，以"素描"的笔调追忆了中国历朝历代知识分子的风韵神志、才气品性，栩栩如生，淋漓尽致。他对中国古代知识分子浓墨重彩地作了肯定的描绘，而只是淡妆素裹地刻画了中国当前的知识分子。为什么会这样厚古薄今呢？其深意钱穆在《中国知识分子》一文中已经充分阐述："最要关键所在，仍在知识分子内在自身一种精神上之觉醒，一种传统人文中心宗教性的热忱之复活，此则端在知识分子之自身努力。一切外在环境，全可迎刃而解。若我们肯回溯两千年来中国传统知识分子之深厚蕴积，与其应变多方，若我们肯承认中国传统文化有其自身之独特价值，则这一番精神之复活，似乎已到山穷水尽疑无路，柳暗花明又一村的时候了。"②钱穆期盼当代知识分子学习传统"士"的人文精神，但他并没有指出怎么学的问题。换言之，他只是提出了问题，而没有给出问题的答案。余英时正是追寻其师的问题，对当代知识分子的功能给出了自己的答案。他认为，"士作为一个社会阶层的精神风貌"，"文化和思想的传承和创新自始至终都是士的中心任务。"③简而言之，面对钱穆提出的在西方文化的冲击下中国文化何去何从的问题，余英时指出，无论是"全盘西化论"抑或"传统本位论"，都使得理想与现实大相径庭，所以静下心来，审视传统，了解西方，在此基础上"重建文化"是当前知识分子的首要任务。"文化重建必须建立在对中西文化的真实了解的基础之上，这正是我们几十年来应该从事但是却没有认真进行过的基本工作。"④用形象的话说，余英时超过他的老师之处，在于他把中西之"士"（知识分子）做了宏观上的比较，使一幅简洁的素描顿时变成了色彩斑斓的"油画"。

①严耕望：《钱穆宾四先生与我》，《治史三书》（增订版），上海：上海人民出版社，2016年，第301页。

②钱穆：《中国知识分子》，《国史新论》，九州出版社，2011年，第178页。

③余英时：《士与中国文化》，上海：上海人民出版社，2003年，"引言"，第1页。

④余英时：《中国思想传统的现代诠释》，南京：江苏人民出版社，1995年，第59页。

又如，自从西方近代文化以坚船利炮为物质载体撞开中国的大门后，中西文化之争就成为一个亘古不变的话题。其间出现激进主义的"全盘西化论"，主张以西方文化打倒中国传统文化，也不乏保守主义的"中国文化本位论"，以中国传统文化抗拒西方文化。钱穆、余英时都认为，以往的这些运动都有其自身难以克服的缺点。关于文化的总体看法，钱穆论述了物质的（或自然的、经济的）、社会的（或政治的、集团的）、精神的（或心灵的）三个文化的层次①。他说："人生必须面对三个世界，第一阶层里的人生面对着'物世界'，第二阶层里的人生面对着'人世界'，须到第三阶层里的人生，才开始面对'心世界'。面对'物世界'的，我们称之为'物质人生'。面对'人世界'的，我们称之为'社会人生'。面对'心世界'的，我们称之为'精神人生'。我们把人类全部生活划分为三大类，而又恰恰配合上人文演进的三段落三时期，因之我们说文化有上述之三阶层。"②余英时继承和发展钱穆的文化变迁三层次的观点，提出了文化四层次说："首先是物质层次，其次是制度层次，再其次是风俗习惯层次，最后是思想与价值层次。大体而言，物质的、有形的变迁较易，无形的精神的变迁甚难。"③关于中西文化异同，钱穆、余英时都反对所谓"中国比西方落后一个历史阶段"的说法，反对不加分析地把中西文化传统与性格不同，看成落后与进步的区别。关于中西文化类型，钱穆根据自然环境的不同，从源头处将人类文化分为三种类型：一是游牧文化，二是农耕文化，三是商业文化。中国属于农耕文化，西方属于游牧商业文化，两者有着本质的不同。④余英时则从价值系统的角度来考察中国文化的类型，指出中国人对于人间价值超越性的源头——"天"只做肯定而不去穷究到底，采取一种"六合之外，圣人存而不论"的态度，因而中国的两个世界——现实世界与超越世界是互相交涉、离中有合、合中有离的。而西方人的态度却迥然不同，他们自始便要在"天"上"打破砂锅问到底"，于是"逼"出了一个"上帝"的观念，因而西方的两个世界是泾渭分明的。两人的结论基本上是一致的，都认为中西方属于不同的文化系统，中国的历史文化背景与西方根本不同，这就决定了中国文化无法亦步亦趋地照抄西方的模式。关于中西文化的特性及对待之态度，钱穆认为："先把此人类历史上多彩多姿各别创造的文化传统，平等地各自尊重其存在；然后能异中求同，同中见异，又能集异建

---

① 钱穆：《文化学大义》，北京：九州出版社，2011年，第7—11页。

② 钱穆：《文化学大义》，北京：九州出版社，2011年，第9—10页。

③ 余英时：《中国思想传统的现代诠释》，南京：江苏人民出版社，1989年，第46页。

④ 钱穆：《文化学大义》，北京：九州出版社，2011年，第24页。

同，采纳现世界各民族相异文化的优点，来会通混合建造出一个理想的世界文化……文化自大，固是一种病；文化自卑，亦非正常心理。我们能发扬自己文化传统，正可对将来世界文化贡献。我能堂堂地做一个中国人，才有资格参加做世界人。"①余英时提出相类似的观点："应该从一般文化的通性转向每一具体文化的个性"，"在检讨某一具体文化传统（如中国文化）及其在现代的处境时，我们更应该注意它的个性。"②余英时进一步指出中国文化价值系统重建，简言之，就是理清中国文化与现代生活之间的关系，也就是中国文化的"现代化"问题。

再如，关于清代学术思想解释，钱穆在肯定清学有其创新的一面的同时，强调宋明理学没有中途消失，在清代仍有其生命，至少晚明诸遗老还是荡漾在理学的余波中。余英时力持师说，并从思想史的角度出发，运用独特的"内在理路"的分析方法，从而得出了令人信服的结论——清学是儒家知识主义的兴起和发展。章学诚是清代中叶学术思想史上重要的思想家，与戴震并称两个高峰，两水分流。《论戴震与章学诚》是余英时的名著。在这部名著里，可以看到作者一方面吸取其师的建议，另一方面在利用新史料的基础上精心考证研究，具有独特的思想火花，熠熠生辉。

---

① 钱穆：《中国历史研究法》，北京：九州出版社，2011年，第136页。

② 余英时：《内在超越之路》，北京：中国广播电视出版社，1992年，第6页。

参考文献

一、著作类

1. 陈勇：《最后一位国学大师：钱穆传》，上海：上海人民出版社，2019年7月。

2. 汪学群：《钱穆评传》，北京：中国青年出版社，2019年4月。

3. 魏兆锋：《新亚书院研究：1949—1965》，北京：九州出版社，2019年2月。

4. 侯宏堂：《"新宋学"之建构：从陈寅恪、钱穆到余英时》，合肥：安徽教育出版社，2009年3月。

5. 张建安：《文化人的"死"与"生"》，北京：商务印书馆，2014年11月。

6. 王汎森：《近代中国的史家与史学》（增订本），西安：陕西人民出版社，2022年9月。

7. 陈勇：《民国史家与史学（1912—1949）》，上海：上海大学出版社，2014年5月。

8. 欧阳哲生：《胡适与中国新文化：史事与诠释》，北京：社会科学文献出版社，2022年10月。

9. 耿云志：《胡适年谱》，福州：福建教育出版社，2012年8月。

10. 顾潮、顾洪：《顾颉刚评传》，南昌：百花洲文艺出版社，2015年3月。

11. 顾潮：《顾颉刚年谱》，北京：中华书局，2011年1月。

12. 陈雪：《傅斯年评传》，北京：中华工商联合出版社，2018年1月。

13. 马亮宽：《傅斯年评传》，北京：中国社会科学出版社，2014年8月。

14. 张耕华：《吕思勉传》，成都：四川人民出版社，2023年10月。

15. 张耕华、李永圻：《吕思勉先生年谱长编》，上海：上海古籍出版社，

2012 年 12 月。

16. 姜义华：《章炳麟评传》，上海：上海人民出版社，2020 年 1 月。

17. 王玉德：《钱基博评传》，武汉：湖北人民出版社，2018 年 11 月。

18. 周轶群：《吴宓的精神世界》，北京：商务印书馆，2023 年 6 月。

19. 傅宏星：《吴宓评传》，武汉：华中师范大学出版社，2008 年 12 月。

20. 赵建永：《汤用彤评传》，武汉：湖北人民出版社，2019 年 1 月。

21. 赵建永：《汤用彤先生编年事辑》，北京：中华书局，2019 年 1 月。

22. 汤一介、赵建永：《汤用彤学记》，北京：生活·读书·新知三联书店，2011 年 4 月。

23. 汪荣祖：《陈寅恪评传》，南昌：百花洲文艺出版社，2010 年 3 月。

24. 卞僧慧、卞学洛：《陈寅恪先生年谱长编》，北京：中华书局，2010 年 4 月。

25. 王承军：《蒙文通先生年谱长编》，北京：中华书局，2012 年 2 月。

26. 蒙默：《蒙文通学记：蒙文通生平和学术》（增补本），北京：生活·读书·新知三联书店，2006 年 11 月。

27. 景海峰、黎业明：《梁漱溟评传》，南昌：百花洲文艺出版社，2010 年 3 月。

28. 李渊庭、阎秉华：《梁漱溟先生年谱》，桂林：广西师范大学出版社，2003 年 7 月。

29. 宋志明、梅良勇：《冯友兰评传》，北京：中国青年出版社，2016 年 6 月。

30. 李中华：《冯友兰评传》，南昌：百花洲文艺出版社，2010 年 3 月。

31. 宋志明：《熊十力评传》，南昌：百花洲文艺出版社，2015 年 3 月。

32. 叶贤恩：《熊十力传》，北京：团结出版社，2020 年 4 月。

33. 李欣荣 、曹家齐：《张荫麟评传》，广州：广东人民出版社，2014 年 1 月。

34. 王思隽、李萧东：《贺麟评传》，南昌：百花洲文艺出版社，2010 年 3 月。

35. 宋志明：《贺麟评传》，北京：中国青年出版社，2018 年 1 月。

36. 中国社会科学院哲学研究所西方哲学史研究室编：《贺麟先生百年诞辰纪念文集》，北京：中国社会科学出版社，2008 年 8 月。

37. 王永太：《凤鸣华冈：张其昀传》，杭州：浙江人民出版社，2006 年 4

月。

38. 陈满意：《集美学村的先生们》，南京：江苏人民出版社，2018 年 10 月。

39. 汪丽华、何仁富：《唐君毅先生年谱长编》，北京：中国社会科学出版社，2018 年 9 月。

40. 刘越：《徐复观政治思想研究》，北京：知识产权出版社，2021 年 8 月。

41. 刘义林、罗庆丰：《张君劢评传》，南昌：百花洲文艺出版社，2010 年 3 月。

42. 李贵忠：《张君劢年谱长编》，北京：中国社会科学出版社，2016 年 8 月。

43. 蒋力：《杨联陞别传》，北京：商务印书馆，2018 年 7 月。

44. 杨联陞：《莲生书简》，北京：商务印书馆，2017 年 10 月。

45. 胡适纪念馆编：《论学谈诗二十年：胡适杨联陞往来书札》，合肥：安徽教育出版社，2001 年 8 月。

46. 李埏、李伯重：《良史与良师：学生眼中的八位著名学者》，北京：清华大学出版社，2012 年 1 月。

47. 林磊：《严耕望先生编年事辑》，北京：中华书局，2015 年 1 月。

二、论文类

1. 〔美〕周质平：《“打鬼”与“招魂”：胡适钱穆的共识与分歧》，《鲁迅研究月刊》2018 年第 10 期。

2. 印永清：《新文化运动中胡适与钱穆文学观之比较》，《华东师范大学学报》（哲学社会科学版）1996 年第 1 期。

3. 陈勇：《试论钱穆与胡适的交谊及其学术论争》，《史学史研究》2011 年第 3 期。

4. 陈勇、杨俊楠：《钱穆与老子其人其书的考证：兼论与胡适的争论》，《厦门大学学报》（哲学社会科学版）2018 年第 4 期（总第 248 期）。

5. 张晓唯：《钱穆的“胡适情结”》，《读书》2009 年第 8 期。

6. 孙新梅：《胡适和钱玄同的辨伪成就》，《吉林省教育学院学报》2016 年第 32 卷第 11 期（总第 431 期）。

7. 郑善庆：《房谋杜断？——论钱穆与顾颉刚的分野》，《书屋》2010 年第 8 期。

8. 李政君：《"始善终隙"：顾颉刚与胡适关系再审视》，《史学月刊》2016 年第 12 期。

9. 顾德融：《试评顾颉刚与钱穆的友情和学术交流：兼谈当前文明起源的争论》，《中国史研究动态》2006 年第 12 期。

10. 王尔：《传说与伪造的分野：重读 1930—1931 年钱穆与顾颉刚"刘歆伪经"之争》，《上海文化》2015 年第 11 期。

11. 罗义俊：《钱穆与顾颉刚的〈古史辨〉》，《史林》1993 年第 12 期。

12. 陈勇：《疑古与考信：钱穆评古史辨派的古史理论》，《学术月刊》2000 年第 5 期。

13. 张峰：《傅斯年史学思想的悖论》，《淮阴师范学院学报》（哲学社会科学版）2015 年第 3 期。

14. 朱渊清：《傅斯年的史学思想》，《人文中国学报》2012 年年刊。

15. 黄红：《为中国寻找现代认同：傅斯年史学思想的价值追求》，《重庆科技学院学报》（社会科学版）2012 年第 9 期。

16. 张京华：《疑古、考古与中国现代学术走向：以傅斯年对古史辨派态度的转变为中心》，《新视野》2007 年第 1 期。

17. 李长银：《"重建"成就"疑古"：傅斯年与"古史辨运动"》，《兰州月刊》2017 年第 1 期。

18. 陈勇：《钱穆与新考据派关系略论：以钱穆与傅斯年的交往为考察中心》，《上海大学学报》（社会科学版）2007 年第 14 卷第 5 期。

19. 翁有为：《求真乎？经世乎？——傅斯年与钱穆学术思想之比较》，《文史哲》2005 年第 3 期（总第 288 期）。

20. 杜正胜：《从疑古到重建：傅斯年的史学革命及其与胡适、顾颉刚的关系》，《中国文化》1995 年第 12 期。

21. 石兴泽：《傅斯年与钱穆的交往和分歧》，《盐城师范学院学报》（人文社会科学版）2005 年第 25 卷第 2 期。

22. 陈启云：《中国人文学术的近代转型：胡适、傅斯年和钱穆个案》，《河北学刊》2010 年第 30 卷第 1 期。

23. 田文丽：《略论吕思勉、钱穆通史编纂思想的异同》，《剑南文学（经典教苑）》2011 年第 11 期。

24. 张耕华、朱伟明：《吕思勉、钱穆治史观念与风格异同之比较：以"西汉政制"及相关问题为例》,《清华大学学报》(哲学社会科学版)2016 年第 1 期(第 31 卷)。

25. 陈勇、张慧:《中国现代史学学脉的传承:吕思勉与钱穆》,《中国图书评论》2010 年第 11 期。

26. 陈开林:《钱穆佚文〈对于章太炎学术的一个看法〉:兼论钱穆对章太炎评价之转变》,《图书馆工作》2016 年第 3 期。

27. 孔祥增:《文化两昆仑:钱基博与钱穆》,《船山学刊》2009 年第 4 期(复总第 74 期)。

28. 翁有为:《"弘道":抗战时期的钱穆与吴宓》,《孔子研究》2014 年第 5 期。

29. 田依白:《不同的阅历,相似的思想,多样的启示:吴宓与钱穆教育观之比较》,《牡丹江大学学报》2010 年第 19 卷第 3 期。

30. 汤一介:《汤用彤学术交往三则》,《中国文化》2004 年第 1 期。

31. 张建安:《汤用彤:钝儒之典型,学问之大家》,《江淮文史》2014 年第 1 期。

32. 陈勇:《汤用彤与钱穆交谊述略》,《湖南科技学院学报》2012 年第 33 卷第 2 期。

33. 项念东:《钱穆论陈寅恪:一场并未公开的学术论争》,《博览群书》2008 年第 3 期。

34. 项念东:《陈寅恪与钱穆史学思想之分歧》,《博览群书》2008 年第 6 期。

35. 陈勇、张云孟:《论钱穆与陈寅恪的交谊与学术》,《中国图书评论》2012 年第 5 期。

36. 宫陈:《由经入史,辨异通观:蒙文通与中国史学史》,《绵阳师范学院学报》2017 年第 36 卷第 12 期。

37. 黄涛:《试论蒙文通的经学立场与史学研究:以〈古史甄微〉为中心》,《史学理论与史学史学刊》2016 年第 1 期。

38. 路新生:《试论疑古史学对蒙文通的影响:以蒙文通的中国传说时代古史研究为例》,《齐鲁学刊》2010 年第 3 期(总第 216 期)。

39. 何晓涛:《蒙文通与中国史学史》,《四川大学学报》(哲学社会科学版)2004 年第 3 期。

40. 宋薇、付丽芬、刘桂荣:《梁漱溟钱穆文化哲学比较管窥》,《理论探讨》2006 年第 2 期（总第 129 期）。

41. 周良发：《梁漱溟与钱穆的文化观比较》，《阿坝师范高等专科学校学报》2011 年第 28 卷第 4 期。

42. 王晓黎：《钱穆与梁漱溟"文化三路向"说之比较》，《徐州师范大学学报》（哲学社会科学版）2010 年第 36 卷第 2 期。

43. 王毕铮：《"觉"与"通"：梁漱溟与钱穆对中国哲学的反思》，《新余学院学报》2015 年第 20 卷第 6 期。

44. 张蓬：《近代以来中国学术发展的路径抉择及其反思：以钱穆与冯友兰为中心》，《河北学刊》2012 年第 32 卷第 3 期。

45. 陈勇：《钱穆与冯友兰》，《思想与文化》2020 年第 2 期。

46. 王晓黎：《钱穆与冯友兰境界说比较研究》，《云南师范大学学报》（哲学社会科学版）2009 年第 3 期。

47. 乐爱国：《冯友兰、钱穆对朱熹心性论的不同诠释及其学术冲突》，《中共宁波市委党校学报》2016 年第 6 期。

48. 曾海龙：《从由佛归儒到以儒衡佛：熊十力思想的归趣》，《福建论坛》（社科教育版）2011 年第 1 期。

49. 周良发：《熊十力与梁漱溟的交谊和学术辩难》，《中共郑州市委党校学报》2012 年第 6 期（总第 120 期）。

50. 韩强：《熊十力与贺麟新儒学的比较》，《甘肃理论学刊》2019 年第 2 期。

51. 李德仁：《众说西南联大新儒家》，《孔学研究》（第十二辑）"云南孔子学术研究会第十二次学术研讨会暨第三届会员代表大会论文集"，2005 年 12 月。

52. 李欣荣：《同途殊归：钱穆、张荫麟通史观之比较》，《近代史学刊》2011 年辑刊。

53. 黄修明、陈勇：《学者的交往与时代关怀：张荫麟、钱穆交往述论》，《历史教学》（下半月刊）2010 年第 14 期（总第 603 期）。

54. 陈勇、兰永海：《贺麟与钱穆》，《宜宾学院学报》2013 年第 13 卷第 10 期。

55. 何方昱：《理想与现实之间：〈思想与时代〉月刊同人的政治诉求》，《社会科学》2008 年第 8 期。

56. 吕若涵：《宏论与私言：论钱穆的战时文章》，《东南学术》2017 年第

2 期。

57. 魏本亚：《汪懋祖"学术化苏高"的表征、意蕴及启示》，《徐州师范大学学报》（教育科学版）2011 年第 2 卷第 4 期。

58. 罗庆云、戴红贤：《民国教育家汪懋祖文言文教育思想研究：以 1934 年有关文言文教育争论为中心》，《武汉大学学报》（哲学社会科学版）2013 年第 66 卷第 1 期。

59. 项红专：《汪懋祖的"学术化"办学理念及实践》，《中小学管理》2010 年第 1 期。

60. 陈勇：《钱穆与唐君毅》，《宜宾学院学报》2019 年第 19 卷第 8 期。

61. 严红：《钱穆与中国文化传承问题研究：新亚书院与新亚精神》，《沈阳教育学院学报》2011 年第 13 卷第 4 期。

62. 何卓恩：《徐复观对钱穆的学术批评》，《团结报》2015 年 8 月 20 日。

63. 任剑涛：《文化卫道与政治抉择：以徐复观、钱穆为例的讨论》，《文史哲》2007 年第 2 期（总第 299 期）。

64. 邵华、陈勇：《港台新儒家的〈中庸〉考释之辩：以钱穆、徐复观、唐君毅的相关争论为例》，《河南师范大学学报》（哲学社会科学版）2018 年第 45 卷第 2 期。

65. 熊展钊：《钱穆宋明理学研究管窥：以张君劢为参照》，《昆明学院学报》2011 年第 8 期。

66. 翁有为：《钱穆政治思想研究》，《史学月刊》1994 年第 4 期。

67. 姚中秋：《再思张君劢、钱穆之争：文明与宪制之辩》，《清华大学学报》（哲学社会科学版）2017 年第 2 期。

68. 安东强：《杨联陞的学术转向及论学旨趣述论》，《中山大学学报》（社会科学版）2015 年第 1 期（总第 253 期）。

69. 陈勇、王嘉淳：《钱穆与李埏的交谊和学术传承》，《史学史研究》2019 年第 1 期。

70. 邬建麟：《试论严耕望在史语所的特殊之处》，《淮北师范大学学报》（哲学社会科学版）2013 年第 34 卷第 1 期。

71. 孙勇才：《道不同不相为谋：论余英时与现代新儒家》，《河南师范大学学报》（哲学社会科学版）2005 年第 32 卷第 2 期。

72. 李如涛、唐玉：《试论钱穆与余英时的儒学观》，《淮北煤炭师范学院学报》（哲学社会科学版）2009 年第 30 卷第 1 期。

73. 张笑龙：《钱穆、余英时对清代学术思想史的研究》，《齐鲁学刊》2012 年第 6 期（总第 231 期）。

74. 徐国利、张笑龙：《钱穆、余英时的章学诚学术思想研究》，《史学月刊》2010 年第 5 期。

75. 辛华：《话说余英时对新儒家的质疑》，《人文杂志》1994 年第 3 期。

76. 张昭军：《钱穆"新史学"思想解析》，《中国高校社会科学》2015 年第 1 期。

77. 时广东：《钱穆与中国新史学》，《西南交通大学学报》（社会科学版）2001 年第 2 卷第 4 期。

78. 刘增光：《孔子的心学与史学：钱穆〈论语〉学探微》，《人文杂志》2018 年第 1 期。

79. 徐国利：《钱穆史学思想研究》，中国社会科学院研究生院 2000 年博士学位论文。

80. 陆思麟：《从朴学到理学：钱穆学术思想研究》，南京大学 2012 年硕士学位论文。

81. 王自富：《熊十力和钱穆人性论的比较研究》，江西师范大学 2017 年硕士学位论文。

82. 刘秀俊：《"中国文化的海外媒介"：杨联陞学术交往探要》，山东大学 2010 年博士学位论文。

83. 朱斌：《民国学术史上被湮没的一页：齐鲁大学国学研究所述论》，山东大学 2017 年博士学位论文。

后 记

德国哲学家黑格尔有一个很有名的论断：中国是一个没有历史的国家。

黑格尔为什么要这么说呢？因为，他认为中国的历史一直都是王朝的循环往复，一层不变，没有一点进步。

但钱穆先生并不认同这样的观点，他认为中国几千年来，虽然都是王朝的重复更迭，但每个朝代都不是一成不变的，比如制度、经济、文化都是在不断变化的。

怎么做才能推倒黑格尔的观点呢？当然是写历史，讲历史。

全面抗日战争爆发期间，钱穆先生随校西迁，在西南联大任教。还没安定下来，钱穆先生就开始着手写中国历史。他把自己关在距离昆明70公里的岩泉寺，用了一年时间完成书稿，并于1940年出版《国史大纲》。

在该书的引论部分，钱穆先生对读者提出"对其本国已往历史有一种温情与敬意"的希望。很多年前，当我读到此话后，不由被深深地感动了。

于是，我开始关注先生的生平，阅读先生的著作。随着对钱穆先生认识的深入，我越来越被先生对传统文化的真挚感情所感动。我想写一部关于先生的书，历经数度寒暑，最终写成了《钱穆与同时代学人》一书。虽然文中的观点比较肤浅，也比较零散，但大体表达了作为后学的我的一些认识。

在写作过程中，我阅读和参考了大量已有的研究成果，借鉴了其中的观点。在此，对那些研究者表示感谢。

现在九州出版社给我一个机会，得以把近些年我对钱穆先生的一些理解和思考呈现给读者。九州出版社在2011年出版的《钱穆先生全集》成为我研读钱穆先生的首选资料。

《钱穆与同时代学人》是我研究钱穆先生的第一部作品，《钱穆〈师友杂忆〉正误（1895—1950）》《钱穆与新亚书院》目前已经完成初稿，希望在不久的将来也能有机会与读者见面。

说到中国现代人文学术史，无锡的钱氏家族是一个很值得谈论的话题。与钱穆先生同宗不同支的钱基博先生精通经史，对清人别集的研究尤其精深，著述等身；其哲嗣锺书先生更是以汇通中西、浩瀚深邃的《谈艺录》和《管锥编》而名闻当代。对钱基博、锺书父子的研究，目前已成显学。相较而言，对钱穆先生的著作和生平的研究，仍然显得不够。

在钱穆先生的故乡七房桥，钱氏老宅已经修复，早已没有了昔日的僻远和寂寞，那条名叫啸嗷泾的小河依然流淌不息，现在到了该为先生做些什么的时候了。

2024 年 11 月 10 日于半斋